Daniela Eiletz-Kaube

KulturSchock Tansania

„Mkono mmoja, hauchinji ng'ombe"
Wörtlich: „Eine einzige Hand kann keine Kuh schlachten."
(Sprichwort aus Tansania)

078ts kk

Impressum

Daniela Eiletz-Kaube
KulturSchock Tansania

erschienen im
Reise Know-How Verlag Peter Rump GmbH
Osnabrücker Str. 79
33649 Bielefeld

3., neu bearbeitete und komplett aktualisierte Auflage 2014

Gestaltung
Umschlag: G. Pawlak
Inhalt: amundo media GmbH
Fotos: siehe Bildnachweis Seite 324

Lektorat (Aktualisierung): amundo media GmbH

Druck und Bindung
Wilhelm & Adam, Heusenstamm

ISBN 978-3-8317-1928-0
Printed in Germany

Dieses Buch ist erhältlich in jeder Buchhandlung Deutschlands, der Schweiz, Österreichs, Belgiens und der Niederlande.
Bitte informieren Sie Ihren Buchhändler über folgende Bezugsadressen:

Deutschland
Prolit GmbH, Postfach 9, D-35461 Fernwald (Annerod)
sowie alle Barsortimente

Schweiz
AVA Verlagsauslieferung AG
Postfach 27, CH-8910 Affoltern

Österreich
Mohr Morawa Buchvertrieb GmbH
Sulzengasse 2, A-1230 Wien

Niederlande, Belgien
Willems Adventure, www.willemsadventure.nl

Wer im Buchhandel trotzdem kein Glück hat, bekommt unsere Bücher auch über unseren
Büchershop im Internet: www.reise-know-how.de

Daniela Eiletz-Kaube
KULTURSCHOCK
TANSANIA

Vorwort

Ein Feuerwerk an Natursensationen, das Besucher in Scharen anlockt – das ist die Schokoladenseite von Tansania. Kinder mit großen müden Augen, aufgeblähten Bäuchen und die Machenschaften korrumpierender Eliten – das ist seine weniger ermutigende Seite.

Zuerst die Euphorie, dann die Ernüchterung: So ergeht es vielen, die länger als die obligaten zwei, drei Wochen bleiben, in denen man gerade einen Bruchteil der sensationellen Naturschauspiele anschauen kann. Warum werden von einem Weißen ständig Geld und Geschenke erwartet? Warum haben so viele Kinder Malaria? Warum unternimmt niemand etwas gegen die korrupten Politiker? Wo ist das ganze Geld der Entwicklungshilfe geblieben? Warum werden Weiße (fast) überall bevorzugt behandelt? Warum denkt niemand an Konsequenzen oder einfach nur mal an morgen?

Reisende bewerten Tansania vor dem Hintergrund einer westlichen Kultur. Westliche Gesellschaften, z. B. Deutschland, die Schweiz oder Österreich, sind in der Regel zukunfts- und leistungsorientiert, beharren auf Pünktlichkeit und Bescheidenheit, stellen die Freiheit eines Individuums in den Vordergrund, wollen das Morgen minutiös geplant und versichert haben. Wer Tansania nun anhand dieser Maßstäbe bewertet, wird bald verzweifeln. In Tansania ist das Heute wichtiger als das Morgen, das es ja noch gar nicht gibt. Von der Zeit lässt man sich nicht diktieren, wozu also pünktlich sein? Leistung lohnt sich nicht, denn die Verwandtschaft fordert ungeniert ihren Anteil ein. Leute, die erfolgreicher als der Rest sind, werden als respektlos betrachtet. Bescheidenheit ist Tansaniern fremd, denn wer nicht versucht, irgendwo einen Krümel abzubekommen, ist selbst schuld. Und Freiheit? Wozu frei sein, wenn sich die Menschen über ihre Rolle in der Großfamilie definieren und man sich dem Diktat der Autoritäten nicht entziehen kann?

Der Kulturschock erwischt hier viele Reisende, so auch meinen Mann Kurt und mich. Tansania anhand westlicher Maßstäbe und Interpretationsversuche verstehen zu wollen, ist von vornherein zum Scheitern verurteilt. Oft hatten wir das Gefühl, frei nach „Captain Kirk" in ein Paralleluniversum geraten zu sein. Wir erlebten Tansania aus unterschiedlichen Blickwinkeln: Zuerst reisten wir als Touristen über ein Jahr durch Tansania und Ostafrika, danach wechselten wir die Seiten und leiteten eine Saison lang eine Safari-Lodge im Selous Game Reserve. Erfolge und Misserfolge pflasterten unseren Alltag: So schafften wir es, ein Fahrzeug zu importieren, die täglichen Bestechungsversuche gelassen hinzunehmen und bürokratische Schikanen zu meistern, doch Handwerker mit dem Flicken eines Daches zu beauftragen oder die Bauern im Dorf mit der Gemüseversorgung der Lodge zu betrauen, daran bissen wir uns die Zähne aus.

Erst nach einer bestimmten Zeit der Beobachtung, der Gespräche, der Resignation und des Lesens von unzähligen Büchern zum Thema begannen wir auch an einem Tansania Gefallen zu finden, das nicht nur aus einer Art verklärtem Ethnokitsch à la „Die Weiße Massai", dem Kilimanjaro oder Herden von Elefanten besteht.

Denn die Unplanbarkeit des Lebens hier macht schließlich die Faszination des Landes aus. Man weiß nie, wo Löwen gerade faul im Schatten liegen. Genauso wenig weiß man, ob die Fähre heute oder eher erst morgen ablegt. Jeder Griff zum Lichtschalter kann eine Überraschung bereithalten. Da mag es gar nicht mehr aufregen, dass man zum dritten Mal in Folge von der Polizei zur Kasse gebeten worden ist – einfach nur, weil man weiß und potenziell „reicher" ist. Jeder Aufenthalt in Tansania ist wie eine Reise zu sich selbst – wo sich scheinbar „normale" Bedürfnisse angesichts der Gegebenheiten vor Ort sehr schnell relativieren. Man erkennt, dass viel vom gewohnten Firlefanz der leistungs- und effizienzorientierten Konsumwelt nicht gebraucht wird, um gut leben zu können. Wer diese Erkenntnisse zulässt, kann angesichts der Unwägbarkeiten des tansanischen Alltags verstehen lernen, was für jeden Einzelnen wirklich wichtig ist.

Bequeme und Ungeduldige werden sich in Tansania nicht wohlfühlen, ebenso wenig wie Hightechfreaks, Shopaholics oder Menschen, die für ihre „Entwicklungshilfe“ ewigen Dank erwarten. Jene aber, die in Tansania mehr als nur die rotgewandete Maasai, weiße Strände und quirlige Impalas sehen, werden belohnt: Mit dem bunten, afrikanischen Alltag, der marktschreierischen Geschäftigkeit auf den Straßen oder dem typischen Bongo-Flava-Beat in der Kneipe um die Ecke. Es erstaunt und versöhnt, wie unbeirrbar sie den Widrigkeiten ihres Alltags die Stirn bieten und dennoch viel mehr Lebensfreude als Westler in sich zu tragen scheinen. Familiäre und nachbarschaftliche Abhängigkeiten prägen das Miteinander; der kollektive Zusammenhalt gibt Egoismus keinen Raum. Wer mit offenen, unverklärten Augen und Ohren durch das Land reist, wird mit erfrischend neuen Ansichten über lieb gewonnene Gewohnheiten belohnt. Ausländischen Weltverbesserern widersetzt man sich in Tansania mit stoischer Ruhe und verweigert notorisch vieles von dem, was im Westen als der Weisheit letzter Schluss gilt. Wie sonst könnten die Tansanier nach fast 200-jährigen „Bekehrungsbemühungen“ so vehement an ihren überlieferten Glaubensvorstellungen festhalten? Besucher werden feststellen, dass sich die Tansanier ganz bewusst gewisse Rosinen aus dem modernen Kuchen picken, wie Mobiltelefone, Internet oder westliche Statussymbole, während Althergebrachtes wie die Großfamilie oder die strengen Hierarchien unantastbar sind. Besucher werden auch erkennen, dass Tansania zwischen Tradition und Fortschritt zerrissen ist, die gesellschaftlichen Spielregeln aber zunehmend hinterfragt werden. Diese Erkenntnisse sind ermutigend und stimmen hoffnungsfroh.

Bei 130 verschiedenen Ethnien, die in Tansania leben, kann natürlich nicht jeder kulturellen Einheit Genüge getan werden. Im dem vorliegenden KulturSchock-Band habe ich bewusst verallgemeinert, habe versucht, „allgemeingültige“ Deutungsweisen anzubieten, um Reisende mit einem möglichst umfassenden Tansania-Kompass auszustatten. Leute, die länger im Spannungsfeld einer oder mehrerer unterschiedlicher Ethnien leben, werden jedoch schnell merken, dass diese sich ebenso unterscheiden wie ein Dik-Dik von einer Giraffe. Als eine Art Startguthaben auf dem Tansania-Konto wird der Band aber wertvolle Dienste leisten können.

Der vorliegende KulturSchock-Band will Brücken schlagen zwischen den Realitäten vor Ort und den Erwartungshaltungen der Besucher. Dabei gibt sich Tansania wie eine Diva: schön, aber zugleich unnahbar und ein wenig zickig. Anfangs ist man von ihrer Schönheit geblendet. Doch nur jenen Menschen, die lang genug bleiben, zeigt sie ihr wahres Gesicht. Daraufhin verlassen die einen fluchtartig das Land und fühlen sich zutiefst verletzt. Die anderen komxmen wieder, immer wieder. Einige bleiben sogar. *Karibu sana Tanzania* – „Willkommen in Tansania!“

Daniela Eiletz-Kaube

Inhalt

Extrainfos im Buch
ergänzen den Text um anschauliche Zusatzmaterialien, die von der Autorin aus der Fülle der Internet-Quellen ausgewählt wurden. Sie können bequem über unsere spezielle Internetseite **http://ks-tansania.reise-know-how.de** aufgerufen werden.

Coca-Cola-Lieferung in Dar es Salaam

Exkurse zwischendurch

081ts kk

Verhaltenstipps von A bis Z

< Oft sind es die Frauen, die ihre Kinder ernähren und für den Lebensunterhalt sorgen müssen: Frauen unterwegs zum Markt in Mbeya, um Feldfrüchte zu verkaufen (Foto: 001ts kk)

- **AIDS:** Beim Geschlechtsverkehr muss in jedem Fall ein Kondom verwendet werden. Ergebnisse von HIV-Tests könnten gefälscht sein; verbalen Beteuerungen sollte man lieber keinen Glauben schenken, weitere Informationen zum Thema ab Seite 205.
- **Alkohol:** Ausländern wird der Konsum von Alkohol zugestanden. Man sollte akzeptieren, dass Tansanier Einladungen zu einem Bier gegebenenfalls ausschlagen. Es ist nicht ratsam, Einheimische zum Trinken von Alkohol überreden zu wollen, z. B. den eigenen Fahrer auf einer Safari nach Sonnenuntergang. Die meisten Familien haben auch ohne eine Abhängigkeit ihrer Männer schon genügend Probleme.
- **Anrede:** In Tansania ist es wichtig, genau zu wissen, welchen gesellschaftlichen Rang der Gesprächspartner und man selbst einnehmen, dementsprechend passt man die Anrede an, wie auf S. 273 genau ausgeführt.
- **Baden/Nacktbaden:** Nacktbaden ist in Tansania absolut inakzeptabel. Baden in angemessener, nicht zu aufreizender Kleidung ist im Einzugsbereich der Lodges und Hotels am Strand meist möglich. Kollidiert die Lage der Unterkünfte mit Dorf- oder Stadtgebieten, kann Baden Probleme für Touristen bedeuten (starrende Männer, keifende Frauen, Pöbeleien bis hin zu Handgreiflichkeiten). In Bagamoyo, an den Stadtstränden von Dar es Salaam, in Kilwa oder auch an Abschnitten auf Mafia Island oder Pemba Island müssen Besucher in den Unterkünften nachfragen, wie sonnenbadende Ausländer aufgenommen werden.
- **Begrüßung/Verabschiedung:** Die angemessene Begrüßung ist eines der wichtigsten Höflichkeitsgebote in Tansania. Die Tansanier nehmen sich immer Zeit dafür. Um nicht in Fettnäpfchen zu treten, sollten selbst Ausländer wissen, ob der Gesprächspartner älter oder jünger als man selbst ist oder ob dem Gegenüber eine respektvolle Anrede gebührt. Mehr dazu auf Seite 273.
- **Bekleidung:** Angemessene Kleidung ist ein äußerliches Zeichen von Respekt. Sowohl an der muslimisch geprägten Küste als auch im christlich dominierten Landesinneren wird ordentliche Kleidung erwartet. Dazu zählen Hemden, Blusen und Shirts mit Ärmeln (die Schultern sollten bedeckt sein), kurze Hosen und Röcke, die bis oder über das Knie reichen. Lange Hosen werden sowohl bei Frauen als auch bei Männern akzeptiert. Lange Röcke werden bei Frauen wohlwollend goutiert. Absolut unpassend sind Träger- oder Spaghetti-Tops, transparente Kleidung, tiefe Ausschnitte sowie kurze Röcke und Hosen.
- **Bestechung:** Einwanderungsbeamte, Polizisten, Apotheker, Buschklinikpersonal, am Busbahnhof, sogar wenn man nach dem Weg fragt – mehrmals am Tag gerät man in Situationen, in denen Geldgefäl-

ligkeiten erwartet werden. In den meisten Fällen, z. B. bei Polizisten, wechseln 2000 TSH (80 Cent) den Besitzer. Bei Weißen sind die Forderungen häufig höher, aber mehr als 5000 oder 10.000 TSH (2 bzw. 4 Euro) sollte man unter keinen Umständen geben. Bei Aufenthaltsgenehmigungen oder größeren bürokratischen Angelegenheiten könnte das Bestechungsgeld auch ein Vielfaches davon betragen.

Am besten wäre es ohnehin, keine Bestechungsgelder zu geben, um das lästige System nicht zu unterstützen und stattdessen die Sache auszusitzen. Wer z. B. von der Polizei (möglicherweise zu Unrecht) zu einem Strafmandat verdonnert wurde, tut gut daran, dieses ohne Aufschlag zu bezahlen. Immerhin gehen die 25.000 TSH (10 Euro) dann an den Staat und nicht in die Tasche des Polizisten, weil er dafür eine Quittung ausstellen muss. Nicht gerade fair, aber wenn mehr Menschen so handeln würden, würden die Polizisten bald niemanden mehr am Straßenrand erpressen.

- **Bettelei:** In den größeren Städten begegnen den Reisenden bettelnde Menschen vor allem an stark befahrenen Kreuzungen. In vielen Fällen handelt es sich bei den Bettlern um körperlich beeinträchtigte oder sehbehinderte Menschen. Sie klopfen an Autoscheiben und verharren oft minutenlang vor dem Fenster. Wer nichts spenden möchte, ignoriert die Leute einfach oder macht ihnen in einem freundlichen Ton klar, dass man nicht interessiert ist. *Sina pesa kwa leo* (dt. „Heute habe ich kein Geld") könnte man freundlich sagen. Ein paar Münzen zu geben, ist ebenso in Ordnung. Es können auch Lebensmittel gespendet werden.

Kleidung darf schmutzig oder alt sein, sollte aber in jedem Fall bestimmte Körperteile bedecken

Selbstfahrer werden erleben, dass sich junge Männer aufdrängen, etwa um die Windschutzscheibe zu putzen, Nüsse oder Zeitschriften zu verkaufen oder um parkende Autos zu waschen oder zu bewachen. Hier gilt dasselbe: Wer das nicht möchte, ignoriert die jungen Männer oder macht ihnen freundlich klar, dass ihre Dienste nicht erwünscht sind. Selbstfahrer sollten ihre Autos von innen verriegeln und die Fenster nur so weit öffnen, wie notwendig.

Bettelnde Kinder in Städten können zwar Mitleid erregen, aber es wäre besser, nichts zu geben, um der Praxis Einhalt zu gebieten. Bettelnde Kinder können nicht zur Schule gehen, sondern werden von den Eltern zum Betteln angehalten. Das Geld kommt nicht den Kindern zugute, sondern wird von Vätern oder Brüdern konfisziert. Manchmal fordern Kinder von den ausländischen Besuchern recht dreist „pipi" (dt. Bonbons), „nipe pesa" (dt. „Gib mir Geld!") oder „nipe kalamu" (dt. „Gib mir einen Stift!"). Durch unreflektiertes Schenken haben Besucher bereits zuvor dieses Verhalten „antrainiert".

Wer Kinder unterstützen möchte, sollte besser an Organisationen spenden. Viele Lodges und Camps unterstützen karitative Einrichtungen oder wissen zumindest, welche einen guten Ruf haben.

- **Blickkontakt:** Männer werten Blickkontakt als Aufforderung zu einem Gespräch; häufig mit sexueller Konnotation, sofern die Blicke mit Frauen ausgetauscht werden. Einheimische Frauen blicken zu Boden, wenn sie von Männern angesprochen werden; das sollten auch ausländische Reisende machen, sofern sie unbehelligt bleiben wollen.
- **Drogen:** Obwohl Drogen vergleichsweise billig sind, ist dennoch vom Kauf Abstand zu nehmen, da sowohl der Besitz als auch der Handel strafbar sind. Bei Händlern könnte es sich um verdeckte Ermittler handeln, die Bestechungsgelder erpressen wollen. Die Regierung plant stärkere Kontrollen und strengere Gesetze.
- **Einladungen:** Wer zufälligerweise während einer Mahlzeit bei Bekannten weilt, darf davon ausgehen, eingeladen zu sein. Erstaunlicherweise gibt es stets genügend zu essen. Anscheinend wird grundsätzlich davon ausgegangen, dass Gäste kommen könnten und dementsprechend wird immer reichlich zubereitet.

  Die Gastgeber werden bestrebt sein, nur das Beste auf den Tisch zu zaubern, auch wenn die Haushaltskasse knapp bemessen ist. Bei solchen Gelegenheiten ist davon auszugehen, dass die Familien mög-

> Von Hochzeitsgästen erwartet man, dass sie die Feier entsprechend ihren Möglichkeiten mitfinanzieren

024ts kk

licherweise über ihre Verhältnisse leben, nur um einen ausländischen Gast zu bewirten.

Da ein Westler die Bewirtung in seinem eigenen Heim nicht erwidern kann, werden in der Regel Gegenleistungen erwartet. Das können beispielsweise frische Ananas vom Markt oder frischer Fisch sein, andererseits aber auch Telefonguthaben über 2000 oder 5000 TSH (80 Cent bzw. 2 Euro), Batterien oder ein Päckchen Tee – Hauptsache praktisch und dem Alltag dienlich.

Weniger angebracht sind hingegen Gastgeschenke, wie sie bei uns üblich sind: Wein, Blumen oder Schokolade bzw. Pralinen.

Gäste müssen formal darum bitten, ein Haus betreten zu dürfen, denn oft gibt es keine Haustür oder aber sie steht immer weit offen. Ein paar Meter vor der Tür wird deshalb bereits *hodi* gerufen, ein Wort, mit dem man um Einlass bittet. Meist kommt dann einer der Hausbewohner nach draußen, selten darf man das Haus tatsächlich betreten, da die Wohnverhältnisse sehr beengt sind. Mit *karibu* signalisieren die Hausbewohner, dass die Besucher herzlich willkommen sind. Insbesondere in muslimischen Haushalten ist es fremden Männern, die nicht zur Familie gehören, untersagt, das Haus zu betreten. Sollte man wider Erwarten herein gebeten werden, so müssen unbedingt die Schuhe vor der Tür ausgezogen werden.

Gästen wird immer etwas zu trinken und zu essen angeboten. Selbst wenn man gerade keinen Hunger verspürt, sollte man doch ein paar Happen zu sich nehmen, um die Hausfrau nicht zu beleidigen. Danach wird es aber akzeptiert, nicht mehr am Mahl teilzunehmen oder gar aufzustehen. Gäste sollten auf der anderen Seite auch das Feingefühl mitbringen, etwas weniger zu essen, wenn sie sehen, dass nicht so viel vorhanden ist. Die Höflichkeit gebietet es, einen Bissen auf dem Teller zu lassen. Er zeigt der Hausfrau, dass genügend Essen aufgetischt wurde und der Gast nicht mehr hungrig ist.

- **Ess- und Trinksitten:** Beim Essen wird nicht auf eine besondere Etikette geachtet. Ob mit der rechten Hand oder Messer und Gabel, ohne oder mit Serviette – alles ist okay. Üblicherweise werden in den landestypischen Gasthäusern und in Privathaushalten vor und nach dem Essen warmes Wasser und Seife gereicht, entweder von der Frau des Hauses oder der Bedienung. Wenn kein Wasser gebracht wird, befindet sich irgendwo im Raum ein Eimer oder Waschbecken, in dem die Hände gewaschen werden können. Essensreste auf dem Tisch oder dem Boden sind kein Problem.

Vor dem Fotografieren sollte man unbedingt um Erlaubnis fragen

- **Fahrer und Guides:** Kaum ein Tansania-Besucher wird ohne Fahrer oder Guides auskommen. Sie haben ihre Berechtigung: Sie sind ortskundig, sprechen die lokale Sprache und sind mit den Gegebenheiten vor Ort (Straßenverkehr, Polizisten, Bestechung) vertraut. Viele westliche Besucher stoßen sich daran, nicht ganz so individuell unterwegs sein zu können, aber sowohl Fahrer als auch Guides (z. B. für Safaris, Dorfbesuche, Wanderungen) sind die beste Versicherung eines Reisenden. Man muss sich einfach daran gewöhnen, dass man häufig auf Fahrer und Guides angewiesen ist. Sie erwarten eine Verpflegung, also mindestens eine Mahlzeit mit Getränken und Trinkgeld. 5000–10.000 TSH (2–4 Euro) pro Ausflug oder für einen Taxifahrer pro Tag sollten reichen. *Driverguides,* die Besucher durch die Nationalparks kutschieren und Safaris erlebnisreich machen, erwarten mehr: 10–15 US$ pro Person und Tag im Fahrzeug sind mittlerweile Usus. Bei mehr als vier Personen im Fahrzeug kann man sich die erwarteten 30–40 US$ pro Tag teilen.
- **Fotografieren:** Die Menschen haben kein Verständnis dafür, dass Westler Fotos zum schieren Selbstzweck schießen, denn das Konzept von Erinnerungen ist ihnen fremd. Viele glauben, dass die Fotos verkauft werden, man kann sich keinen anderen Nutzen dafür vorstellen. Hinzu kommt, dass muslimische Menschen nicht gern abgelichtet werden und in ganz abgelegenen Ecken sogar noch Aberglauben diesbezüglich herrscht, z. B. dass Fotos die Seele eines Menschen töten.

  Aus diesen Gründen sollte man Personen vor dem Fotografieren um ihre Erlaubnis bitten. Kaum ein Tansanier wird der Bitte aber ohne monetäre Gegenforderung nachkommen, wobei die frech geforderten Summen von 10.000 TSH (4 Euro) nicht einfach gezahlt werden sollten. 2000 (80 Cent) oder maximal 5000 TSH (2 Euro) sind in diesem Fall schon angemessener.

  Viele Menschen freuen sich auch über Naturalien oder gar den Abzug eines Fotos. In ganz abgelegenen Gegenden wissen die Menschen oft nicht einmal, wie sie selbst aussehen – da wird ein Foto wie der größte Schatz gehütet. In abgelegenen, ländlichen Gegenden wird man vermutlich aber auch auf Leute treffen, die sich einfach aus Prinzip nicht fotografieren lassen – auch nicht für Geld.

  Sicherheitsrelevante Gebäude dürfen unter keinen Umständen fotografiert werden. Dazu zählen Regierungsgebäude und die Residenz des Präsidenten und Einrichtungen wie z. B. Militärbasen, Flughäfen, Brücken oder Gefängnisse. Ebenso wenig dürfen Polizisten oder Militärangehörige abgelichtet werden.

- **Freundschaften:** Nur weil Einheimische Besucher gerne und häufig *rafiki* (dt. Freund) rufen, bedeutet das noch nicht, dass sie zu wahren Freunden werden. Freundschaften zu schließen zwischen Tansaniern und Ausländern, ist sehr schwierig. Im Zweifelsfall ist davon auszugehen, dass Tansanier Ausländern selten ihre Freundschaft oder ihre Dienste anbieten, ohne eine Gegenleistung zu erwarten.
- **Geld:** Geld horten oder für bestimmte Anschaffungen Geld zur Seite zu legen, ist den meisten Tansaniern fremd. Die wenigsten verfügen über ein Konto. Sie haben kaum Bezug zu Geld – weder zum eigenen noch zu fremdem. Weder mit Wechselgeld noch mit geborgtem Geld nimmt man es genau. Von letzterem darf man nicht erwarten, es jemals zurückzuerhalten. Häufig werden Besucher recht freimütig um Geld angeschnorrt, was natürlich nicht belohnt werden sollte.
- **Geschenke:** Ohne Gegenleistung sollten Privatpersonen keine Geschenke gemacht werden, weder Kindern auf der Straße noch Erwachsenen, die um Geld bitten. Wer das Bedürfnis hat, Menschen zu unterstützen, sollte dies lieber über ein geprüftes karitatives Projekt tun.
- **Gesprächsthemen:** Am unverfänglichsten sind Gespräche über Familie, Arbeit, harmlose Krankheiten oder den Alltag in Tansania. Auch Politik und Korruption sind Themen, die niemanden persönlich treffen (außer man hat es mit einem Polizisten oder einem Regierungsbeamten zu tun). Gern lauschen Tansanier Geschichten aus fernen Ländern, die so ganz anders sind als das eigene. Tabuthemen hingegen stellen definitiv Sexualität, Seitensprünge, AIDS, die Folgen von Armut sowie Praktiken wie Genitalverstümmelung und Beschneidungen dar.

  Generell sollten Besucher behutsam dabei vorgehen, das Leben im Westen zu beschreiben. Irreversible Missverständnisse entstehen dadurch, dass Tansanier ihre Lebenswirklichkeit mit dem abgleichen, was Besucher über ihre Heimatländer aussagen (Beispiel s. S. 259).
- **Guides (selbsternannte), flycatcher und beachboys:** Guides können im Urlaub sowohl Schutz als auch Sicherheitsrisiko sein. Gute Guides können das Reisen immens erleichtern und mit wertvollen Tipps helfen, z. B. beim Transport oder bei Behördengängen. Wer geschichtliches oder botanisches Wissen erwartet, darf nur auf die gut ausgebildeten, lizenzierten Guides der Agenturen zurückgreifen. Von Exkursionen oder Safaris, die bei *flycatchern* oder *beachboys* gebucht werden,

⟩ Bei Waren wie diesen versuchen viele Tansanier, durch Feilschen einen guten Preis zu erzielen

052ts kk

sollte man aber die Finger lassen. Im Kapitel „Vom Geben und Nehmen" (ab Seite 279) wird ausführlich dazu Stellung genommen.

- **Händeschütteln** bei der Begrüßung ist üblich, hängt aber von der Religion des Gegenübers ab. Männern ist es generell untersagt, muslimischen Frauen die Hand zu reichen, während muslimische Männer grundsätzlich keiner Frau die Hand geben dürfen. Nicht-muslimische Männer und Frauen empfinden Händeschütteln als überaus höflich. Männer legen beim gegenseitigen Händeschütteln einen festen Händedruck an den Tag, derjenige der Frauen ist häufig betont schwach. Dabei kann es oft auch vorkommen, dass gerade junge Frauen als Zeichen der Höflichkeit und Unterwürfigkeit einen Knicks machen (besonders auf dem Land).
- **Handeln/Feilschen:** Handeln und Feilschen gehören in Tansania zum guten Ton. Am besten erkundigt man sich bei Reiseleitern oder Einheimischen über die üblichen Preise, bevor das Geschäft über die Bühne gehen soll, dann kann man sich den Spielraum nach unten leicht ausrechnen.

  Jeder Kunde sollte davon ausgehen, dass das erste Preisangebot heillos übertrieben ist. Der Käufer muss sein Erstgebot abgeben, das im Normalfall mindestens 50 % unter dem ausgerufenen liegt. Von nun an nähern sich Interessent und Händler in 500er- und 1000er-Schritten (TSH) dem endgültigen Verkaufspreis, der im Idealfall dem erfragten landesüblichen Preis entspricht.

  Entscheidend für den Verhandlungserfolg ist der Faktor Zeit. Wer zur rechten Zeit am rechten Ort ist, hat schon halb gewonnen. Wer kurz vor Tagesende auf den Markt geht, für den stehen die Chancen auf ein gutes Geschäft 50:50. Wenn die Ausbeute an diesem Tag gut war, wird kaum ein Händler die Notwendigkeit sehen, seine Produkte allzu günstig zu verkaufen. An mageren Tagen hingegen wird man sogar ohne hartes Verhandeln angemessene Preise erzielen können. Mit ein bisschen Übung wird das Verhandlungsgeschick bald perfektioniert sein und das Handeln vielleicht sogar Spaß machen. Denn nichts anderes ist die Feilscherei für die Einheimischen – ein beliebter Zeitvertreib, eine Art Spiel, aus dem beide Partner als Gewinner hervorgehen sollten. Manchmal werden theatralische Mienen eingesetzt, manchmal empört gestikuliert, aber niemals sollte man laut oder ausfallend werden, denn sonst stehen die Geschäftsbeziehungen von vornherein unter einem schlechten Stern. Die gegenseitige Zufriedenheit ist im Normalfall die Basis für weitere erfolgreiche Geschäfte, die künftig auch schneller abgewickelt werden könnten.

- **Hierarchien:** Innerhalb der tansanischen Gesellschaft herrschen strikte Hierarchien, die sich dem Westler erst nach mehrjährigem Aufenthalt im Land erschließen. Weil sie von Weißen oft nicht erkannt und ignoriert werden, scheitern viele Entwicklungshilfeprojekte oder auch ausländische Projekte im Tourismus, beispielsweise Lodges oder Camps. Das westliche Ideal der Teamarbeit existiert ebenso wenig wie flache Hierarchien oder Gleichberechtigung. Ausländer stehen in der Rangordnung immer über den Afrikanern, deshalb werden sie bevorzugt behandelt.
- **Höflichkeit**: Die Höflichkeit gebietet es, Zeit für ein Begrüßungsritual (s. S. 274) zu haben. Ein kurzer Dialog mit vier, fünf Frage-Antwort-Spielen reicht vollkommen.

  Wer etwas kaufen, erwerben oder einfach bekommen möchte, verwendet das höfliche *naomba. Naomba* (wörtlich „ich bitte um“) wird überall eingesetzt, egal ob man ein Kilo Tomaten am Markt erstehen möchte, bei Freunden um ein Glas Wasser bittet oder wenn der Polizist den Führerschein begutachten will.

  Geschenke nimmt man immer mit beiden Händen entgegen, insbesondere, wenn man der Person, von der man etwas erhält, Respekt und Anerkennung zollen möchte. Oft werden beide Hände parallel verwendet, meist fassen sich die Leute mit der linken Hand einfach an den rechten Arm, um anzudeuten, dass beide Hände im Spiel sind. Diese Geste gilt häufig auch für das Händeschütteln. Überhaupt wird die rechte Hand als saubere Hand angesehen, mit der man anderen Menschen die Hand schüttelt und Dinge anfasst. Noch vor wenigen Jahren, als in Tansania noch kein Toilettenpapier erhältlich war, wurde die linke Hand mangels Möglichkeiten schon mal dazu verwendet, auf der Toilette das Gröbste zu beseitigen. Deswegen wurde sie lange Zeit als unrein empfunden und war für den zwischenmenschlichen Gebrauch nicht geeignet

- **Homosexualität:** 95 % der Tansanier lehnen Homosexualität ab, sie ist von Gesetzes wegen verboten und mit hohen Geld- oder gar Gefängnisstrafen belegt. Aus diesem Grund denken die meisten Menschen auch nicht gleich an gleichgeschlechtliche Liebe, wenn zwei Männer oder zwei Frauen gemeinsam reisen oder sich sogar ein Zimmer teilen. Bei Frauen gibt es so gut wie nie Probleme, wenn sie sich ein Zimmer teilen. Im Zweifelsfall sollten gemeinsam reisende Männer unterschiedliche Zimmer beziehen oder Unterkünfte, die von Weißen betrieben werden, aufsuchen. Gleichgeschlechtliche Paare sollten sich in der Öffentlichkeit niemals als Paar zeigen. Absolut tabu: Zärtlichkeiten in der Öffentlichkeit.
- **Kritik:** Kritik hat in Tansania kaum Platz, sie wird nicht artikuliert. Man nimmt die Dinge hin, wie sie sind und versucht, sie durch die Blume, z. B. mit *kangas* (S. 235), o. ä. zu artikulieren. Aus diesem Grund kann man mit Kritik von Ausländern auch nichts anfangen, egal ob im Hotel an der Rezeption oder im Arbeitsleben.
- **Mitfahrgelegenheiten:** Selbstfahrer werden von Einheimischen häufig mit den Worten *naomba lifti* („Ich bitte Dich um eine Mitfahrgelegenheit") gebeten, mitgenommen zu werden, insbesondere in abgelegenen Gebieten, in denen Busse nur sporadisch anzutreffen sind. Es ist von Fall zu Fall zu entscheiden, ob scheinbar harmlose Fußgänger mitgenommen werden sollten. Möglicherweise muss eher mit Diebstahlsdelikten als mit körperlichen Übergriffen gerechnet werden. Auf dem Land und bei Frauen, die mitgenommen werden möchten, ist die Gefahr meist sehr gering.
- **Müll:** Es gibt keine Mülltrennung und nicht einmal überall Mülltonnen oder -eimer. Einheimische werfen Abfall beim Autofahren einfach aus dem Fenster und der meiste Müll wird vor der eigenen Haustür entsorgt. Besucher sollten mit gutem Beispiel voran gehen, wiewohl die Tansanier uns für das Sammeln von Müll oder das Entsorgen in Mülleimern belächeln. Alle Plätze sollten so verlassen werden, wie man sie selbst gerne vorfinden möchte.
- **Prostitution:** In den Städten und in den von Weißen frequentierten Lokalen warten zahllose Prostituierte auf willige Männer. Männliche Prostitution existiert ebenfalls, aber eher in Sansibar. Wer ein paar Stunden Glück sucht, darf unter keinen Umständen auf Kondome verzichten (siehe hierzu das Kapitel AIDS ab Seite 205).

- **Schlange stehen:** Nur wer lauter ruft, stärker drängelt und längere Hände als seine Konkurrenten hat, wird im Postamt, in der Bank oder am Fährhafen von Dar es Salaam an die Reihe kommen. Im äußersten Notfall können Westler hier ihren „Ausländerbonus" ausspielen. Weiße werden üblicherweise bevorzugt behandelt und niemand wird es ihnen nachtragen, denn man kommt nur weiter, wenn man Vorteile (Beziehungen, Stellung der Familie oder Hautfarbe) auch nutzt.
- **Sicherheit, allgemein:** Wie in fast allen afrikanischen Ländern üblich, wird von unseren Außenministerien auf die „erhöhte Sicherheitsgefährdung" hingewiesen. Es wird vor erhöhten terroristischen Aktivitäten und Terroranschlägen gewarnt. Vor allem in der Küstenregion Tansanias und auf den Inseln Sansibar und Pemba, aber auch auf öffentlichen Plätzen, in Hotelanlagen, in Bars, Diskotheken, Nachtklubs sowie beim Besuch von touristischen Sehenswürdigkeiten und religiösen Stätten wird zu äußerster Vorsicht geraten. Ausländische Einrichtungen bzw. von Ausländern besuchte Hotel- und Ferienanlagen können leicht ins Visier von Terroristen geraten. Demonstrationen, Aufmärschen oder gewaltsamen Auseinandersetzungen ist grundsätzlich nicht beizuwohnen, wobei auf Sansibar und Pemba besondere Vorsicht angesagt ist.
- **Straßenverkehr:** Es gibt nur ein Gesetz im Straßenverkehr: Der Stärkere hat immer Vorrang. Je größer das Fahrzeug, desto rücksichtsloser ist das Verhalten auf der Straße. Bus- und Lkw-Fahrer stehen im Ruf, sich wie Rowdies zu gebärden, was teilweise die hohe Anzahl der Verkehrstoten erklärt. Wer zu Fuß geht oder mit kleinen motorisierten Fahrzeugen (Moped, *bajaji*) unterwegs ist, sollte besonders defensiv auftreten. Mehr dazu findet man auf S. 288.
- **Ticketkauf:** Beim Kauf von Bus- und Zugtickets ist Folgendes zu beachten: Alle Bustarife, egal ob bei *Daladalas* (Kleinbusse) oder Überlandbussen, sind staatlich geregelt. Die Tarife hängen von den gefahrenen Kilometern sowie dem Komfortgrad des Busses ab. Am teuersten sind die *luxury buses*, am billigsten die *ordinary buses*. Vor einer Fahrt erkundigt man sich besten auf www.sumatra.or.tz oder in den *booking offices* über die aktuellen Tarife. Überlandbusse erheben keine Gepäckgebühren *(cargo fees)* oder andere dubiose Posten, die kreative Ticketverkäufer für weiße Besucher erfinden. Tickets dürfen nur direkt beim Schalter oder im Bus gekauft werden. Wer Tickets über Mittelsmänner kauft, die sich im Einzugsgebiet von Busbahnhöfen herumtreiben, ist

075ts kk

selbst Schuld, wenn er übers Ohr gehauen wird. Man sollte immer am Tag vor der Abreise und ohne Gepäck mitzuführen Tickets kaufen, um nicht unter Zeitdruck zu geraten. Ausschließlich an den *kondakta* (erkennbar am blauen Hemd und recht ordentlichen Hosen) ist in den Minibussen und Daladalas das Beförderungsentgelt zu bezahlen.

- **Toilette/Notdurft:** Über Notdurft zu sprechen, ist nicht mit großen Tabus behaftet, man darf sich aber nicht in der Öffentlichkeit beim Stuhlgang erwischen lassen. Die Nutzung der (meist akzeptablen) Toiletten in westlich geprägten Restaurants oder Kaffeehäusern in den Städten ist nicht an den Genuss von Speisen oder Getränken gebunden. Für alle, die über Land im Busch oder in ländlichen Gegenden unterwegs sind, ist die Buschtoilette am Straßenrand neben dem Fahrzeug am hygienischsten.
- **Zärtlichkeiten:** Zärtlichkeiten in der Öffentlichkeit auszutauschen, ist inakzeptabel. Dazu zählen Küsse, Umarmungen oder Händehalten. Händehalten unter Männern ist ein Zeichen von Freundschaft und hat mit Liebe oder Intimität nichts zu tun.
- **Zeitverständnis:** Pünktlichkeit ist keine Tugend, sondern vielmehr eine Last. Pünktlich kommen und gehen meist nur Menschen, die mit Westlern zu tun haben, z. B. in der Tourismusbranche. Verkehrsmittel sind allerdings recht pünktlich.

Diese Befreiung von den Zwängen der Zeit kann auch etwas Positives haben: Jeder Tansanier hat Verständnis für Verspätungen, man wartet einfach seelenruhig, bis die Person zur Verabredung auftaucht (gut zu wissen für den Fall, dass sich das Flugzeug oder der Zug verspäten).

Die geschichtlichen Wurzeln

„Yaliyopita, yamepita, yaliyobaki, tuyatupe."
„Was vergangen ist, ist vergangen; das, was von heute übrig ist, lass uns wegwerfen."

(Sprichwort aus Tansania)

◁ Auf Sansibar und an der Festlandküste handelte man vornehmlich mit Menschen. In Stone Town erinnert ein Denkmal neben der Anglikanischen Kirche an die Opfer der Sklaverei (Foto: 091ts Dreamstime.com © Tr3gi).

Die Wiege der Menschheit

Viele Reisende legen auf halbem Weg zwischen Arusha und der Serengeti in der trockenen und staubigen Savanne bei der **Oldupai Gorge** (üblicherweise auch als Olduvai Gorge bezeichnet) eine mehr als willkommene Rast ein - aber nicht wegen der geschichtlichen Bedeutung der Schlucht, sondern vielmehr um sich nach der langen Autofahrt die Beine zu vertreten und das arg strapazierte Sitzfleisch zu entlasten. So kommt dieser landschaftlich wenig liebliche Landstrich dennoch zu beeindruckenden Besucherzahlen.

Nichts an der Oldupai Gorge, die versteckt mitten im wunderbaren Great Rift Valley liegt, ist wirklich spektakulär - weder die Schlucht noch die goldbraune Savanne noch das kleine Museum. Nur seine historische Tragweite beschert dem unscheinbaren Ort internationale Anerkennung, nämlich dass vermutlich von diesem Landstrich ausgehend der *Homo erectus* seinen weltweiten Siegeszug angetreten hat.

Das sogenannte Great Rift Valley, der **Große Afrikanische Grabenbruch,** erstreckt sich über eine Distanz von mehr als 6000 km von Syrien bis nach Mosambik. Er entstand durch tektonische Aktivitäten der Erdkruste. Während die Bruchkante von wenigen Hundert bis zu einigen Tausend Metern vom Talboden aufragt und somit ein lohnenswertes Fotomotiv darstellt, hat das Gebiet des Grabenbruchs als Fundort zahlreicher anthropologischer Funde Bedeutung erlangt. Untersuchungen legen den Schluss nahe, dass hier **Frühformen des modernen Menschen** lebten. In der Oldupai Gorge beispielsweise fand das Wissenschaftlerehepaar *Mary* und *Louis Leakey* hominide Spuren, die über 3,7 Mio. Jahre alt sein dürften. Ähnliche Fossilien, die gar als älter gelten, wurden unweit davon entdeckt, in Westkenia oder Äthiopien. All diese Funde gelten als Indikatoren für die heute kaum mehr umstrittene Out-of-Africa-Theorie, der zufolge sich sowohl der *Homo erectus* als auch der *Homo sapiens* von Afrika aus in der Welt verbreitet hat. Deshalb wird insbesondere der ostafrikanische Raum gern als „Die Wiege der Menschheit" bezeichnet.

Sensationsfunde wurden nicht nur aus dem Great Rift Valley gemeldet, sondern auch aus anderen Landesteilen. So entdeckte man bei **Isamila** (nähe Iringa) Steingerätschaften, die vermuten lassen, dass dort bereits vor 200.000 Jahren Hominide lebten. Während halb Europa noch unter

☒ Der Große Ostafrikanische Grabenbruch gilt als Wiege der Menschheit

Extrainfo 1 (s. S. 8): Virtueller Besuch bei den einzelnen Ausgrabungsstätten in der Oldupai Gorge, die für Besucher nicht zugänglich ist

einer Eisdecke schlummerte, produzierten die damaligen Bewohner im heutigen Siedlungsgebiet der Hehe bereits **äußerst effektive Steinwaffen.** Seit Ende der 1960er-Jahre wurden hier Tausende von Objekten freigelegt, hauptsächlich Steinkeile und -äxte. Hinzu kommen Fossilien längst ausgestorbener Tiergattungen, z. B. eines archaischen Flusspferdes oder einer Giraffe mit kurzem Hals. Damit zählt Isamila zu den bedeutendsten Steinzeitfundorten Afrikas und die Fundstücke gehören zu den ältesten aus dieser Periode der Menschheitsgeschichte.

Auch die Felsmalereien von Kondoa Irangi (Zentraltansania) deuten darauf hin, dass die heutige Menschenspezies vor etwa 10.000 Jahren schon existiert haben muss. Die wenig erforschten und selten besuchten **Kolo Rock Paintings** südlich von Babati, die 2006 in die Liste des UNESCO-Weltkulturerbes aufgenommen wurden, befinden sich in einigen Hundert Höhlen und an Felswänden an den westlichen Hängen des Great Rift Valley. Der Großteil der kartierten Felsmalereien zeigt Menschen (als Strichmännchen stilisiert) auf der Jagd und Wildtiere, darunter Elenantilopen, Riedböcke, Kudus oder Elefanten. Ebenso häufig kommen Abbildungen der für die Gegend typischen Wolfsmilchgewächse vor. Über das Alter der Malereien herrscht Uneinigkeit. Die Schätzungen reichen von 1500 bis sogar 6.000–10.000 Jahren, gesicherte Beweise gibt es jedoch keine. Die Höhlen spielen heute noch eine bedeutende Rolle in den Ritualen der Hadza und der Sandawe (siehe dazu auch das Kapitel „Die letzten Buschmänner: die Hadza“).

C2ts kk

Die Jahrhunderte der Fremdherrschaft (1502–1919)

„Mtaka nyingi nasaba, hupata mingi misiba."
„Wer mit seiner Abstammung prahlt,
wird selbst viele Probleme bekommen."
(Sprichwort aus Tansania)

Schon früh hatte sich im heutigen Bundesgebiet von Tansania ein buntes Vielvölkergemisch gebildet, das hauptsächlich von zwei großen Gruppen beherrscht wurde: den muslimisch dominierten Swahili an der Küste und auf den Inseln und den diversen Bantu-Völkern aus Nigeria und Kamerun im Hinterland. (Siehe dazu auch die Kapitel „Kiswahili - der kleinste gemeinsame Nenner" und „Ein Potpourri aus Ethnien und Sprachen".)

Die portugiesische Schreckensherrschaft (1502–1698)

Erst mit dem Aufschwung in der kommerziellen Schifffahrt im 15. Jh. gelangte Afrika in das Bewusstsein der europäischen Wirtschaftstreibenden und Politiker. Von jeher war den Europäern der **Seeweg nach Indien** durch die arabisch-islamische Präsenz im Indischen Ozean abgeschnitten. Möglichkeiten, diese wirtschaftliche und religiöse Dominanz zu unterbrechen, mussten gefunden werden. Afrika von der westlichen Seite zu umschiffen, um über Südafrika und das Kap der Guten Hoffnung nach Ostafrika und schließlich nach Indien zu segeln, war eine davon. 1487/88 gelang dies dem portugiesischen Seefahrer *Bartholomäo Diaz*. Aber erst 1498 steuerte der portugiesische Seefahrer **Vasco da Gama** als erster Europäer die kenianischen Häfen Mombasa und Malindi an. Die überwältigende Gastfreundschaft der Einheimischen ließ die Seefahrer schwer beladen mit Geschenken und exotischen Waren zurück nach Europa segeln, wo sie für einige Furore sorgten. Es dauerte nicht lange, bis die Seemacht Portugal die Herrschaft in Ostafrika gierig an sich zu reißen begann.

Als der umtriebige *Vasco da Gama* 1502 seinen Fuß auf **die florierende Stadt Kilwa** im Süden Tansanias setzte, hatte der Ort bereits über 500 Jahre Handel und Wohlstand erlebt. Schon im Jahr 1331 hatte sich der marokkanische Gelehrte *Ibn Battuta* in seinem Reisebericht von der Schönheit, der Macht und vom Prunk der Stadt außerordentlich angetan gezeigt. Wie überwältigend muss da erst der Anblick all des Reichtums für die nach einer monatelangen entbehrungsreichen Überfahrt ausgezehrten Seemänner gewesen sein! Bei den Stadtbewohnern sorgten die fremden, hellhäutigen Menschen für Verwunderung, zumal der Zweck ihrer langen Reise offensichtlich nicht der Handel war. Die Seeleute wurden in den kühlen Steinhäusern mit ihren dicken Mauern willkommen geheißen, man kredenzte ihnen auf feinstem chinesischen Porzellan würzige Speisen und gab ihnen kühlende Seide für die schwüle Hitze der Nacht. Den überheblichen Portugiesen, der Seemacht par excellence, war so viel Reichtum fast schon zuwider – vor allem weil es nicht der eigene war.

Die Wirtschaft Portugals war bereits seit dem 13. Jh. importorientiert gewesen, das Land konnte sich praktisch nicht selbst ernähren. Wirtschaftliche Überlegungen – marode Staatsfinanzen und eine verarmte Bevölkerung – veranlassten die Portugiesen dazu, sich neue Handelspartner und Hoheitsgebiete zu sichern. Der anfängliche Versuch, Handel mit den afrikanischen Küstenstädten zu treiben, scheiterte kläglich, denn die portugiesischen Waren standen hier nicht hoch im Kurs. Also verlegten sich die Portugiesen auf kriegerische Invasionen, bei denen sie nicht gerade zimperlich vorgingen. Wenn sie eine Stadt enterten, dann wurde geplündert, gemordet und gebrandschatzt. Die militärische Überlegenheit durch Feuerwaffen machte sie praktisch unbesiegbar und die Küstenstädte waren alsbald unter ihrer Kontrolle. Überdies führten die Portugiesen ein Steuersystem ein, das die wirtschaftliche Kraft der ostafrikanischen Städte noch zusätzlich schmälerte.

Wegen der militanten Portugiesen verlegten die einheimischen Händler ihre **Handelsrouten ins Landesinnere,** woraufhin der Küstenhandel fast vollständig zusammenbrach. Die hohen Zölle und der Rückgang des Handels führte zur Verarmung der Küstenstädte; die Ausbeute der Portugiesen sank zusehends. Genau 200 Jahre sollte die Oberhoheit der Portugiesen an den ostafrikanischen Gestaden andauern. Sie endete in einem ökonomischen Supergau für die einst größte Seefahrernation der Welt.

Da war es ein Leichtes für die **arabischen Omani,** in den verarmten Küstenstädten Verbündete zu finden und die Orte nach und nach einzunehmen. Nach mehreren kriegerischen Auseinandersetzungen fiel 1698 die letzte portugiesische Bastion Mombasa (Kenia) und die ungeliebten Europäer mussten sich zurückziehen. Im 18. Jh. versuchten sie erfolglos, große Teile der Ostküste erneut unter ihre Herrschaft zu bringen und mussten sich schließlich mit Mosambik zufriedengeben.

Obwohl sie sang- und klanglos endete, **hinterließ die portugiesische Herrschaft in Tansania Spuren.** Den Stierkämpfen auf Pemba wird nachgesagt, portugiesischen Ursprungs zu sein, genau wie einigen Wörtern in Kiswahili, z. B. *pesa* („Geld"), *meza* („Tisch") oder auch *gereza* („Gefängnis", „Befestigungsanlage"). Man nimmt an, dass die Muster des *kanga,* des Wickeltuches der Frauen, ursprünglich von den portugiesischen Taschentüchern stammten (siehe Kap. „Mode und Schönheit").

Das blutige Jahrhundert – Elfenbein und Sklaverei (1698–1860)

Nach der Vertreibung der Portugiesen aus Mombasa, dem wichtigsten Handelszentrum Ostafrikas, müssen die Menschen die Befriedung wohl als erlösend empfunden haben. Schließlich wurden die arabischen Omanis - die neuen Kolonialherren der Küstengebiete - mit offenen Armen empfangen. Die **Araber** gingen klug vor: Sie ließen die Swahili-Kultur aufs Neue erblühen, begannen expansiv Handel mit den Anrainerstaaten des Indischen Ozeans zu treiben und führten ein (von indischen Beratern entwickeltes) Steuerwesen ein. Um 1730 stand fast die gesamte Ostküste wieder unter arabischer Herrschaft.

Durch den natürlichen Tiefseehafen entwickelte sich **Sansibar,** die zweitgrößte Insel (nach Madagaskar) an der ostafrikanischen Küste, in der Zeit zwischen dem Abzug der Portugiesen bis zum Ende des 19. Jh. zur wichtigsten Handelsdrehscheibe für Dattel- und Kokosnusspalmen und für ostafrikanische Sklaven. Von hier aus wurden ab 1808 die Inseln und Anrainerstaaten des Indischen Ozeans sowie der arabische Raum mit Sklaven beliefert. In den islamischen Reichen der arabischen Halbinseln waren Sklaven von jeher ein Teil der Gesellschaft und man traf sie in vielen Funktionen an, als Hausdiener ebenso wie als Gaukler, Haremswächter oder gar als persönliche Berater. Für wohlhabende Muslime war ein Sklave neben seiner Arbeitskraft auch ein Statussymbol.

Im Jahre 1808 hatte das **Verbot des Sklavenhandels** im britischen Königreich für Aufregung unter jenen Geschäftemachern gesorgt, die mit dem Menschenhandel gutes Geld verdienten. Da die meisten britischen Besitzungen aber in Westafrika lagen, verlegten die Sklavenhändler ihre Geschäfte kurzerhand nach Ostafrika, dem Staatsgebiet der Omanis. Selbige hatten keine moralischen Bedenken, weder gegen die Mehreinnahmen, noch gegen die Handelsware.

Insbesondere die Kultivierung der Gewürznelke auf dem fruchtbaren Boden von Sansibar ab 1818 und die **Plantagenwirtschaft** anderer exotischer Früchte wie Kaffee, Vanille und Zucker auf Mauritius und La Réunion verlangte nach Arbeitskräften und brachte einen grausamen Wirtschaftsmotor in Gang, der Sansibars wirtschaftliche und politische Stellung festigte. Zur Verdeutlichung: Weit über 50 % der Steuereinnahmen Sansibars zu dieser Zeit stammten aus dem Sklavenhandel.

⊡ Sklaven, Gewürze und Elfenbein bescherten den osmanischen Herrschern ein feudales Leben. Der einstige Glanz lässt sich heute noch erahnen.

004ts kk

Obwohl die Plantagen und die Geschäfte blühten, dürften für die Verlegung der Hauptstadt von Muskat nach Sansibar wohl private Gründe ausschlaggebend gewesen sein. 1832 übersiedelte der Sultan *Sayyid* samt seinem gesamten Hofstaat auf die liebliche Insel, denn sie hatte sein Herz im Sturm erobert. Er ließ eine imposante Steinstadt aus dem Boden stampfen, die heute als **Stone Town** in aller Welt bekannt ist. Mit dem Sultan zogen viele einflussreiche und wohlhabende Familien in **die neue Hauptstadt,** in den ersten Jahren vervierfachte sich deren Population auf 20.000 Einwohner. Das wirtschaftliche und politische Zentrum Ostafrikas und des Oman war geboren.

Sultan Sayyid kann als einer der einflussreichsten Magnaten seiner Zeit bezeichnet werden, denn gemeinsam mit seinen Söhnen kontrollierte er einen Großteil des afrikanischen Sklavenhandels. Sie verloren sich nicht in Gebietsansprüchen oder gieriger Expansionspolitik, sondern konzentrierten sich auf das Wesentliche: Geld zu verdienen. Der Erfolg gab ihnen recht. Die Zulieferbetriebe sowie die arabischen und indischen Subunternehmer des gewaltigen Imperiums profitierten vom stetigen Warenfluss. Auf dem Festland wurden damals ganze Landstriche entvölkert – eine unbeabsichtigte ethnische Säuberung besonderen Ausmaßes.

Während entwurzelte, geschundene und entwürdigte Afrikaner gleichsam wie Nelken oder Kautschuk in den arabisch-indischen Raum exportiert wurden, kamen bei der Elite von Europa, Indien und China die **Stoßzähne der afrikanischen Elefanten** in Mode. Weiße Klaviertasten, kunstvolle Billardkugeln, Messer- und Schirmgriffe oder filigrane Zier- und

Steckkämme fanden bei den zahlungskräftigen Kunden reißenden Absatz. Dem gestiegenen Bedarf musste mit veränderten Jagdmethoden begegnet werden. So formierten sich Berufsjäger, die rund ums Jahr auf Elfenbeinjagd gingen, was die monetären Gewinne ins Unermessliche steigen ließ. Religiöse Bedenken - denn sowohl Elefanten als auch Elefantenfriedhöfe galten bei manchen Ethnien als heilig - wurden kommerzieller Gier geopfert. Laut der Statistik eines deutschen Händlers wurden beispielsweise in den 1880er-Jahren an die **570.000 kg Elfenbein aus Ostafrika** jährlich nach Deutschland importiert, was je nach Größe der Elefanten etwa 3000 bis 3500 getötete Tiere bedeuten musste. Noch heute ist der illegale Handel mit Elfenbein kaum unter Kontrolle zu bringen und Tansania gehört noch immer zu den Toplieferanten für China, Japan, Arabien und einige europäische Staaten. Seit 2009 hat die Wilderei auf alarmierend starke Weise zugenommen, der Elefantenbestand soll um über 30 % zurückgegangen sein. Experten gehen momentan von 30 toten Dickhäutern pro Tag aus.

Die weiße „Entdeckung" Tansanias – Männer auf der Suche nach Sensationen und Ruhm (1846–1880)

Die Erfindung von mechanischen Spinnrädern und Webstühlen in England läutete schließlich eine neue Ära in der Industrie ein, die schnell auf Kontinentaleuropa herüberschwappte. Plötzlich konnte man auf viel billigere Art Textilien erzeugen und sie teuer weiterverkaufen. Das Bürgertum florierte, viele verdienten sich eine goldene Nase in den ersten Jahren der **Industrialisierung.** Die Idee machte Schule und konnte - nach der Erfindung der Dampfmaschine - beliebig auf andere Industriezweige übertragen werden. Ein rasantes Wirtschafts- und Bevölkerungswachstum war die Folge. Der Hunger nach Rohstoffen dominierte genauso die politischen Diskussionen wie die Erschließung neuer Siedlungsgebiete für die Staatsbürger.

Im modernen Wirtschaftsaufschwung und ihrer offensichtlichen Überlegenheit in Technik, Industrie, Medizin und Gesellschaft sahen die europäischen Mächte einen Freibrief für die „Eroberung" neuer Rohstoff- und Siedlungsmärkte. Trotzdem waren **die ersten Entdeckungsreisenden** eher von Neugier und dem Verlangen nach Ruhm getrieben. Ihren Berichten zufolge wäre das scheinbar „herrenlose" Afrika vergleichsweise billig und risikoarm zu erobern. Neben einem stolzen Sendungsbewusstsein in Sachen Industrialisierung und Fortschritt waren es vor allem die **Missionare,** die die „Entdeckung" Ostafrikas forcierten. Getrieben vom christlichen Dienst am Nächsten enstand in geistlichen Kreisen die Idee, auch in Afrika, bis dato ein durchweg schwarzer Fleck auf der christlichen Landkarte, „verlorene Seelen" zu retten und die „Barbarei" zu beenden. Obwohl die protestantische Kirche Missionierungen ablehnte, fanden sich kleine Gruppen, die sich die „Missionsrechte" gegenseitig zuteilten. Zwischen den einzelnen Gruppierungen in Deutschland, der Schweiz und Großbritannien herrschten intensive Beziehungen und so kommt es nicht von ungefähr, dass die 1799 in Großbritannien gegründete *Church Missionary Society* deutsche Missionare nach Ostafrika sandte. 1846 setzten **Ludwig Krapf** und **Johannes Rebmann** erstmals ihren Fuß auf tansanischen Boden.

005ts kk

Rebmann war der erste Europäer, der 1848 den schneebedeckten Kilimanjaro zu sehen bekam (was damals für heftige Kontroversen unter den Gelehrten führte, da es am Äquator ja keinen Schnee geben konnte). Der beiden Missionare Erzählungen über einen großen Binnensee in Ostafrika waren es schließlich, die im Jahr 1857 die abenteuerlustigen britischen Entdeckungsreisenden *Richard Francis Burton* und *John Hanning Speke* zur ersten Ostafrika-Expedition starten ließen. Es folgten der Schotte *David Livingstone* (1866) und 1871 – auf der Suche nach *Livingstone* – der Brite *Henry Morton Stanley*.

Mit ihren Berichten und Vorträgen waren sie alle Wegbereiter für die folgende Kolonialisierung Ostafrikas, obwohl sie sich vermutlich der Konsequenzen nicht bewusst waren. Der Westen spricht in diesem Zusammenhang immer gern von „Entdeckungen", ausgehend vom allzu eurozentristischen Weltbild, das teilweise noch heute in unseren Köpfen tief verankert ist. In Wahrheit **waren die Nordeuropäer die letzten,** die Afrika kennenlernten, denn schon Jahrhunderte vorher war es griechischen, arabischen und asiatischen Händlern bekannt.

⌃ Kirchen werden dank der großzügigen Spenden aus den deutschsprachigen Ländern aufwendig restauriert (hier in Dar es Salaam)

006ts kk

Deutsche und britische Kolonialisierung (1880–1919)

Auf offene Ohren stießen die Forschungsberichte aus dem Inneren Afrikas bei den europäischen politischen und wirtschaftlichen Führern. Man erkannte die Chance, dass die für die europäische Versorgung wichtigen Rohstoffe Sisal, Baumwolle, Kaffee, Weizen, Mais oder Ähnliches nicht mehr aus Südamerika importiert werden mussten. Gerade die Briten, damals die führende Industrienation, bauten ihre Außenhandelsbeziehungen mit dem Sultanat von Sansibar und Ostafrika systematisch aus. 1872 schufen sie die erste regelmäßige Postschiffsverbindung zwischen England und Sansibar. Im Jahr darauf wurde erstmals in der Geschichte des Omanischen Reiches ein **britischer Generalkonsul** in Sansibar eingesetzt. Die Briten rechtfertigten ihre Präsenz in Ostafrika vor allem mit ihrer Mission, die Sklaverei beenden zu wollen (was 1873 auch offiziell geschah). Primär hatten sie jedoch – wie alle anderen Interessenten auch – nicht humanistische, sondern ganz banale wirtschaftliche und politische Motive. Durch den Vertrag von Helgoland-Sansibar im Jahr 1890 wurde Sansibar schließlich ein Protektorat Großbritanniens. Zugleich regelte der Pakt die Gebietsansprüche der beiden härtesten Konkurrenten in der Besatzung Ostafrikas. Die anderen europäischen Staaten sahen das **Engagement der Briten in Ostafrika** natürlich kritisch, denn jede Nation wollte am Kuchen Afrika mitnaschen. Gleich mehrere Länder (Großbritannien, Spanien, Belgien, Frankreich, Italien und Deutschland) versuchten zu Beginn der 1880er-Jahre, Besitzansprüche in Afrika geltend zu machen.

⌃ In Bagamoyo finden sich Relikte deutscher Kolonialisierung

Am strategisch wichtigen Kongo, mit allen seinen Bodenschätzen, eskalierte die Situation schließlich. Der deutsche Reichskanzler *Otto von Bismarck,* berief Ende 1884 die **Kongokonferenz** ein, die im englischen Sprachraum auch als „Berliner Konferenz" bekannt ist. Sie sollte vor allem die Zuteilung Kongos regeln. Westafrika ging an die Franzosen, der Kongo an Belgien, die Briten erhielten Südafrika. Das damalige Festlandtansania, Tanganyika, wurde (neben anderen Territorien) den Deutschen zugeteilt, während British East Africa das heutige Kenia umfasste. Den Vertragsstaaten wurden zudem Handelsfreiheit in den afrikanischen Gebieten gewährt. Da an Afrika vorwiegend wirtschaftliches Interesse bestand, wurden in den europäischen Reichen als Folge der Kongokonferenz Handelsgesellschaften gegründet, die die Erlaubnis erhielten, afrikanisches Territorium für die wirtschaftliche Ausbeutung in Besitz zu nehmen.

Deutschlands treibende Kraft bei der Kolonialisierung war **Dr. Carl Peters** (1856–1918). Sein Name ist untrennbar mit der **Kolonie Deutsch-Ostafrika** verbunden. Als junger studierter Philosoph von knapp über 20 Jahren mit rassistischer und sozialdarwinistischer Grundhaltung begann er bei seinem Onkel, der ein Importunternehmen in London besaß, zu arbeiten. Hier in England setzte er sich intensiv mit der britischen Kolonial- und Weltpolitik auseinander und entwarf ähnliche Kolonialstrategien für sein Heimatland Deutschland. Glühende Verehrung für den britischen Imperialismus wird ihm nachgesagt. Derart geprägt kehrte er 1884 nach Berlin zurück und – so erzählt es die Geschichte – unterbreitete seine Ideen einigen Freunden bei einem abendlichen Glas Rotwein. In seinen Augen war das deutsche Volk sowohl durch seine körperlichen Merkmale als auch durch seine intellektuelle und kulturelle Überlegenheit mehr als würdig, unter allen zivilisierten Nationen die Weltherrschaft zu übernehmen. Er suchte Verbündete unter dem Adel und den Politikern und fand schließlich in Graf *Behr-Bandelin* einen ebenbürtigen Mitstreiter. Am 28. März 1884 konnte *Peters* bei einer Rede vor dreißig illustren Persönlichkeiten aus Wirtschaft und Politik seine Standpunkte eloquent in Szene setzen und schaffte es, noch am selben Tag die rein wirtschaftlich orientierte **Deutsch-Ostafrikanische Gesellschaft** (DOAG) aus der Taufe zu heben. Ziel des Unternehmens war es, deutsche Ackerbau- und Handelskolonien zu errichten.

Mit allen lauteren und unlauteren Mitteln wurde versucht, die Finanzierung für eine erste „Expedition" auf die Beine zu stellen, um zur Kolonisation geeignete Ländereien in Afrika zu erwerben. Am 10. November 1884 schließlich erreichte *Peters* Sansibar. Doch welche Blamage: Bei der Ankunft eröffnete ihm der deutsche Konsul, dass die Reichsregierung die **Eroberungszüge** nicht gutheiße und dass *Peters* auf sich allein gestellt sei.

Große Namen mit schalem Nachgeschmack

Von einer Verurteilung des Kolonialismus und seiner Ideologie durch die politische Führung ist man in Deutschland noch Lichtjahre entfernt. Zu tief sitzen Denkweisen, zu schmerzhaft ist der Irrtum, zu groß scheint die Angst vor Wiedergutmachungszahlungen. Selbst wenn die Ereignisse im historischen Kontext gesehen werden müssen, so wird der Bewältigung der Kolonialgeschichte nach wie vor geschichtsverfälschend und bewusst manipulierend entgegengewirkt. Während die Aufarbeitung des Nationalsozialismus ganze Bibliotheken füllt und Institute beschäftigt, steckt die Aufarbeitung des Kolonialismus noch in den Kinderschuhen. Mit der Kolonie Deutsch-Ostafrika sind Namen wie General Lettow-Vorbeck oder Hermann von Wissmann untrennbar verbunden. Viele Straßen oder Kasernen sind nach diesen und anderen Persönlichkeiten der deutschen Kolonialzeit benannt oder eben jene halten heute noch Ehrenbürgerschaften in ihren Geburtsstädten. Implizit wird darin noch immer die Überlegenheit der eigenen Kultur und des Staatswesens sowie von religiösen oder moralischen Werten angedeutet, denn mit Namensvergaben für öffentliche Gebäude und Straßen sollen ja Personen geehrt werden, die sich um das Land oder das Gemeinwohl verdient gemacht haben.

Eine der größten Mythen der deutsch-ostafrikanischen Kolonialverklärung ist dabei wohl ***General Paul von Lettow-Vorbeck*** *(1870–1964), der bis heute als militärischer Held und eine Art Lichtgestalt von deutschen Soldaten verehrt wird. Dass er sich seinen militärischen Heiligenschein durch Brutalität, Menschenverachtung und Rücksichtslosigkeit erworben hat, wird dabei gern unter den Teppich gekehrt. Von Lettow-Vorbeck erlernte die Militärtaktik der „Verbrannten Erde" von der Pike auf, als er sich während des Boxeraufstandes in China seine ersten Sporen verdiente. Später war er in Deutsch-Südwestafrika aktiv, wo er seine Strategien im brutalen Kampf gegen die Herero und Nama perfektionierte. Doch erst in Deutsch-Ostafrika, wo er 1914 seinen Dienst antrat, wurde er als „Löwe von Afrika" zur Legende. Als untadeliger preußischer Offizier kämpfte er mit aller militärischer Gewalt für sein Vaterland. Dass von Lettow-Vorbeck dabei humanitäre oder wirtschaftliche Folgen völlig ausblendete, deckte erst der Historiker Uwe Schulte-Varendorff 2006 auf, der die erste (!) kritische Auseinandersetzung mit dem General verfasste. Daraus geht hervor, dass Lettow-Vorbeck mit der afrikanischen Zivilbevölkerung wenig zimperlich umging. Seine angeblich so treu ergebenen Askari gaben ihm nicht ohne Grund den Beinamen „der Herr, der unser Leichentuch schneidert". Schulte-Varendorff schätzt die Zahl der Toten, die auf von Lettow-Vorbecks Kriegsführung und den Terror unter der Zivilbevölkerung zurückzuführen sind, auf 700.000.*

Ähnliches gilt für ***Hermann von Wissmann*** *(1853-1905), der gemeinhin als einer der herausragenden Soldaten und Entdeckungsreisenden Afrikas bezeichnet wird. - Allein die Bezeichnung „Entdeckungsreisender“ oder „Forschungsreisender“ ist dabei schon problematisch, denn was galt es zu erforschen und zu entdecken? Aus der europäischen Sicht ist die Antwort klar, aber aus der afrikanischen ...? - Die erste Durchquerung Afrikas von West nach Ost konnte Wissmann für sich verbuchen; es folgten mehrere Expeditionen im Auftrag des belgischen Königs Leopold II. Den ersten großen militärischen Ruhm brachte ihm die Niederschlagung des Bushiri-Aufstandes 1889 bei Pangani. Seine schlagkräftige „Wissmanntruppe“, die aus deutschen Offizieren und Unteroffizieren sowie sudanesischen und mosambikanischen Söldnern bestand, hatte den Aufstand nur mittels beispielloser Gewalt und Terror unter Kontrolle gebracht. Von Kaiser Wilhelm II. jedoch wurde Wissmann 1890 für seine militärischen Erfolge in Tansania geadelt. Auf die „Wissmanntruppe“ geht die spätere „Kaiserliche Schutztruppe für Ostafrika“ zurück, die in den weit über 60 kolonialen Auseinandersetzungen einschließlich des Maji-Maji-Krieges (siehe dazu auch den Exkurs „Die Chronologie des Widerstands“ ab Seite 40) eine unrühmliche Rolle spielen sollte. Am erfolgreichsten setzen sich die Hehe zur Wehr, die ihren Widerstand aber mit vielen Todesopfern bezahlten. Wissmann war also einer der Architekten der blutigsten Verbrechen der gesamten deutschen Kolonialgeschichte. Genaue Zahlen über die afrikanischen und deutschen Gefallenen in Ostafrika fehlen, dennoch ist es mehr als fragwürdig, dass in mehr als 20 Städten Deutschlands noch immer Straßen nach Hermann von Wissmann benannt sind.*

100ts

Quelle: Schulte-Varendorff, Uwe: Kolonialheld für Kaiser und Führer - General Lettow-Vorbeck. Chr. Links Verlag, Berlin 2006

⌃ Hermann von Wissmanns Rolle in Afrika wird heute deutlich kritischer gesehen als noch vor einigen Jahren

Durch die Absage der Reichsregierung wurde *Peters* Ehrgeiz nur noch angestachelt und er annektierte danach auf eigene Faust Ländereien. Auf hinterlistige Weise rang er den Häuptlingen, die nicht einmal lesen konnten, geschweige denn Deutsch oder Englisch verstanden, „Schutzverträge" ab und bemächtigte sich der Landrechte, wobei die Annexion der tansanischen Gebiete willkürlich und eher zufälliger Natur war. Diese „Erwerbungen" legte er dem deutschen Reichskanzler *Bismarck* vor, der sich immer noch widerwillig der ganzen Sache gegenüber zeigte. *Peters,* der die Gunst der Stunde kommen sah, versuchte den Reichskanzler zu erpressen, indem er drohte, die Erwerbungen an die Belgier und ihren König *Leopold* zu verkaufen, der nach der Kongokonferenz fleißig dabei war, sein Reich in Zentralafrika auszubauen. Dem konnte *Bismarck* nicht tatenlos zusehen und gewährte Dr. *Carl Peters* schließlich die **kaiserlichen Schutzbriefe,** die ihm Tür und Tor für eine ungehinderte Expansion öffneten. Damit war der Grundstein für die spätere Kolonie Deutsch-Ostafrika gelegt. Weitere privat finanzierte Expeditionen folgten, sodass das Küstengebiet bald mit einem Netz von fadenscheinigen Verträgen überzogen war. Am 28. April 1888 gelang es der DOAG, vom Sultan von Sansibar einen Küstenstreifen am Festland zu pachten. Nach der Niederschlagung des sogenannten Bushiri-Aufstandes (siehe dazu auch den Exkurs „Die Chronologie des Widerstands") aber nahm die deutsche Regierung vom Schutzbriefsystem Abstand und **rief formell eine deutsche Kolonie aus.** Die DOAG beschränkte sich von da an nur mehr auf den Betrieb von Plantagen und Handelsniederlassungen.

Ab diesem Zeitpunkt galt der Kilimanjaro im Kaiserreich als „höchster Berg Deutschlands" und musste als Wahrzeichen der gigantomanischen Kolonialpolitik herhalten. Der mit 5895 Metern höchste Berg Afrikas wurde zum „Kaiser-Wilhelm-Spitz" umbenannt. Die neue Kolonie umfasste Gebiete innerhalb der Staatsgrenzen von **Tansania, Burundi und Ruanda.** Etwa acht Millionen Menschen lebten hier, darunter auch zahlreiche arabische Händler aus dem Oman, die Maasai und andere Ethnien, die nicht Bantu-Ursprungs waren. (Siehe dazu auch das Kap. „Ein Potpourri aus Ethnien und Sprachen".)

Nach der völligen Vereinnahmung Tansanias versuchten die Kolonialbehörden rücksichtslos, **das Land nach deutschem Vorbild umzukrempeln.** Es wurde beispielsweise versucht, dem Land deutsche Verwaltung und Effizienz überzustülpen. Man baute Schulen, Spitäler und Straßen, der Maisanbau wurde eingeführt. Die Kolonialbehörden trieben Steuern ein, die nicht etwa in Naturalien, sondern in Geld zu zahlen waren. Das zwang die Tansanier, als Lohnarbeiter auf den Plantagen (Sisal, Baumwolle, Kokosnüsse) der Weißen zu arbeiten. Andere mussten sich als Tagelöh-

007ts kk

ner oder Zwangsarbeiter bei den großen Eisenbahnprojekten verdingen, z. B. der Usambara-Bahn von Tanga nach Moshi und der *Central Line* von Dar es Salaam nach Kigoma. Zudem ignorierten die Kolonialherren die Hoheitsgebiete einheimischer Herrscher ebenso wie ethnische Zugehörigkeiten. So wurde bei der **Grenzziehung zwischen Kenia und Tansania** ein und dasselbe Volk der Maasai zwei verschiedenen Ländern zugewiesen, was heute zur Folge hat, dass sich Verwandte nicht ohne Reisepass besuchen können.

Die wirtschaftliche Ausbeutung der Region stand klar im Vordergrund der Kolonialpolitik. Man siedelte Deutsche an und unter ihrer Führung wurden Plantagen für Baumwolle, Hanf, Kautschuk, Kokospalmen, Tabak oder Kaffee betrieben. Doch die riesigen, ökologisch nicht an die tropischen Bedingungen angepassten Plantagen hatten durch Seuchen und Ungeziefer empfindliche Einbußen erlitten. So versuchte man, das System

Die europäische Einmischung in Ostafrika brachte mehr Verlierer als Gewinner

Die Chronologie des Widerstands (1888–1907)

Die koloniale Inbesitznahme erfolgte in Tansania nicht ohne Widerstand. Von den ***61 größeren Strafexpeditionen und Unterwerfungsfeldzügen*** *gelten der Bushiri-Krieg bei Pangani (1888–1889), der Aufstand der Hehe bei Iringa (1891–1894) und der Maji-Maji-Aufstand in Südtansania (1905–1907) als Meilensteine der Auflehnung gegen die deutschen Kolonialherren.*

Zuallererst rebellierte die wirtschaftliche Elite, nämlich die Araber, die den Handel in Ostafrika zu dieser Zeit bestimmten. Auch der äußerst lukrative Sklavenhandel mit Menschen aus Ost- und Zentralafrika war in ihrer Hand. Als die Deutschen die Registrierung von Land und Eigentum einführen wollten, stellten sich arabische Händler und Grundbesitzer des Großraumes Pangani dagegen. Weil die Kolonialisten den Sklavenhandel verbieten wollten, fürchtete man einen Verlust von Einnahmen und Grundbesitz. So begann der sogenannte ***Bushiri-Krieg*** *(1888–1889), der auch als Araberaufstand bekannt wurde.*

Zeitgleich wurden in mehreren Küstenorten des Nordens Revolten angezettelt. ***Abushiri bin Salim al-Harthi,*** *ein Plantagenbesitzer in der Nähe von Pangani, avancierte bald zum Anführer, da er schon bei Tabora Erfahrung im Krieg gegen die Deutschen gesammelt hatte. Anfangs waren die Aufständischen auch erfolgreich und drängten die Deutschen zurück ins Hinterland. Doch rasch waren die europäischen Verbündeten mit Schiffen zur Stelle, um die Versorgung der Rebellen zu blockieren. Hermann von Wissmann sollte den Aufstand niederzuschlagen. Als tropenerfahrener Kämpfer wusste er, dass die europäischen Soldaten die Schlachten in der Tropensonne nicht aushalten würden, also rekrutierte er afrikanische Krieger. Nach mehreren blutigen Gefechten schlug die 1000 Mann starke deutsche Schutztruppe schließlich im November 1889 den Aufstand nieder.*

1890 nahmen die Hehe die Gebietsansprüche der Kolonialbeamten nicht widerspruchslos hin, als Iringa – strategisch gut gelegen – zur Militärstation ausgebaut werden sollte. Sie begannen den jahrelang andauernden ***Hehe-Aufstand*** *(1891–1894). Die Kolonialisten wollten die Karawanenstraße sichern, die vom Lake Tanganyika über das Landesinnere zur Küste führte und wirtschaftlich wichtig war. In den folgenden acht Jahren widersetzten sich die lediglich mit Speeren ausgerüsteten Hehe in zahlreichen Gemetzeln und Guerillaangriffen tapfer den deutschen Soldaten. Zu Hause in Deutschland hagelte es Kritik seitens der Politik und der Presse, da die für die Kolonialverwaltung veranschlagten Budgets weit überschritten wurden. Doch schließlich bescherte nicht Geld oder militärische Macht dem Kolonialreich den Sieg, sondern eine besonders grausame Taktik, nämlich die der „Verbrannten Erde". Nach einem Jahr waren die Kräfte der He-*

he 1898 so sehr geschwächt, dass selbst ihr Anführer Mkwawa die Waffen streckte: Um nicht lebend in die Hände seiner Feinde zu fallen, beging der Herrscher kurzerhand Selbstmord. Sein Kopf wurde abgetrennt und der Heeresleitung als Siegeszeichen übergeben. Von dort gelangte er auf unbekannten Irrwegen noch vor Ausbruch des Ersten Weltkriegs nach Deutschland. Obwohl die Rückgabe der Trophäe im Versailler Vertrag von 1919 schriftlich vereinbart worden war, sollte es nach zahlreichen britischen Interventionen letztlich noch über 30 Jahre bis 1954 dauern, ehe der Schädel in einer feierlichen Zeremonie den Hehe zurückgegeben wurde. Heute ist er in dem kleinen Museum von Kalenga (in der Nähe von Iringa) ausgestellt. In Tansania verehrt man Mkwawa noch immer als einen unerschrockenen Nationalhelden.

Der wohl brutalste und blutigste Krieg wurde im Süden geführt, wo eine weitere Erhöhung der Steuern (unter anderem die Einführung der „Hüttensteuer"), die noch mehr Männer zu Plantagenarbeit gezwungen hätte, sowie die immer schlimmer werdenden Bedingungen auf den Plantagen das Fass zum Überlaufen brachten. Unter der Federführung der indischen und arabischen Händler vereinigten sich über 20 Ethnien im ***Maji-Maji-Krieg*** *(1905–1907) gegen das ungeliebte Regime. Als Kinjikitile, ein Prophet und Zauberer, versprach, der Genuss seines Zauberwassers („maji" bedeutet Wasser) ließe die Gewehrkugeln der Kolonialisten wie Wasser an den Aufständischen abprallen, erlebte der Aufstand großen Zulauf. Betroffen war der ganze Süden, von Kilwa bis zum Lake Malawi. Die Antwort der Kolonialisten auf die Rebellion waren grausam und brutal. Nach den ersten verlustreichen Kampfhandlungen änderten die Tansanier ihre Strategie, weil der Zauber nicht zu wirken schien. Sie starteten einen erbitterten Guerillakrieg. Die Deutschen bestraften die Bewohner in den aufständischen Gebieten mit Todesurteilen und dem Abbrennen ihrer Häuser und Felder. So starben im Maji-Maji-Krieg mehr Menschen als bei allen anderen deutschen Kolonialkriegen, und zwar durch Verhungern. Die größte Rebellion gegen die Kolonialbehörden in Deutsch-Ostafrika zog nachhaltige Folgen nicht nur für die Regierung, sondern auch das Sozialgefüge der Tansanier hatte. Schätzungen zufolge sollen bis zu 300.000 Menschen – ein Drittel der Bevölkerung des Südens – den Tod gefunden haben.*

Die rassistische, menschenverachtende und selbstherrliche Grundhaltung der Kolonialherren erregte Unmut in Deutschland, woraus schließlich eine Verbesserung der Lebensbedingungen vor Ort und eine neue Kolonialverwaltung resultierte. In Tansania wird der Maji-Maji-Krieg als wichtiges Ereignis der eigenen nationalen Identität angesehen. Man erkennt in ihm sogar Anfänge der nationalen Vereinigung, die 1964 in der ***Staatsgründung*** *gipfelte.*

profitmaximierend zu adaptieren. Ganz bewusst wurden die Einheimischen durch hohe Steuern in die Lohnarbeit gedrängt, u.a. durch die berühmte **von Wissmann konzipierte „Hüttensteuer"**, bei der vermutlich die bloße Existenz einer solchen besteuert wurde. Letztere war übrigens eine der Hauptursachen für den Ausbruch des Maji-Maji-Krieges. Indem die Tansanier dazu gezwungen waren, in harter Arbeit auf den Plantagen die Steuern überhaupt erst zu verdienen, konnten sie der Arbeit auf ihren eigenen Feldern nicht mehr nachkommen, was eine gravierende Lebensmittelverknappung zur Folge hatte.

Wirtschaftlicher Aufschwung war ohne **Infrastruktur** nicht möglich (einer der vielen Gründe, warum Afrika heute nach wie vor wirtschaftlich nicht rentabel funktionieren kann) und so investierten die deutschen Kolonialherren in Eisenbahnprojekte, Schiffslinien und Telegrafenstationen. Die erste Eisenbahnstrecke, die Nordbahn, wurde 1894 eröffnet und führte von Tanga nach Pongwe (heute ist diese Linie stillgelegt). Weitere große Meilensteine in der verkehrstechnischen Erschließung des Landes sind die *Central Line* von Dar es Salaam nach Kigoma (die heute noch in Betrieb ist) und der Schiffsverkehr auf dem Lake Tanganyika (heute ebenfalls noch mit demselben (!) Schiff in Betrieb). Zahlreiche Stimmen im In- und Ausland, wollen deshalb gegenwärtig der deutschen Kolonialherrschaft ein nicht ausschließlich vernichtendes Urteil ausstellen, sondern mahnen dazu, die positiven Folgen für Tansania ebenfalls mit in Betracht zu ziehen.

Im Jahr 1913 lebten rund 4170 Deutsche in Deutsch-Ostafrika. Aber trotz sämtlicher Bemühungen rentierte sich die Kolonie nicht und mit dem Beginn des Ersten Weltkriegs 1914 brach die gesamte Wirtschaft schlussendlich zusammen. Schlachten des **Ersten Weltkriegs** wurden auch in Deutsch-Ostafrika gefochten, wobei die deutsche Schutztruppe unter General *Paul von Lettow-Vorbeck* bis ins Jahr 1918 zahlreiche Schlachten gegen die Briten aus Kenia kämpfte, aber letztlich von diesen bis nach Mosambik zurückgedrängt wurde.

Die Kapitulation im November 1918 in Europa nahm nur das Unvermeintliche in Ostafrika vorweg – die militärische und politische Niederlage Deutschlands. Letztlich verlor Deutschland nicht nur den Krieg, sondern durch den Vertrag von Versailles (1919) auch die ostafrikanischen Besitzungen an den Völkerbund. Damit gehörte das gesamte Ostafrika bis zur Unabhängigkeit zu **Großbritannien,** allein der Status der Gebiete variierte: Kenia war ab 1920 britische Kronkolonie, Tanganyika stand als Mandat des Völkerbundes (Vorläufer der Vereinten Nationen ohne Beteiligung der Vereinigten Staaten) unter britischer Verwaltung, Uganda und Sansibar blieben unverändert Protektorate.

Die jüngere Geschichte (1919–2014)

„Hlari yashinda utumwa."
Wörtlich: „Ein Leben in Freiheit ist besser als ein Leben in Sklaverei."

(Sprichwort aus Tansania)

Der Weg in die Unabhängigkeit (1919–1964)

Der Völkerbund, eine internationale Organisation mit Sitz in Genf, nahm kurz nach dem Ende des Ersten Weltkrieges seine Tätigkeit auf. Er sah seine Aufgabe darin, die Mandatsgebiete auf eine Unabhängigkeit vorzubereiten und in den jeweiligen Regionen den Frieden zu sichern. Für Tansania bedeutete dies, dass das britische Weltreich die staats- und völkerrechtlichen Interessen des sogenannten „Tanganyika Territory" zu wahren hatte.

Deutsche Siedler und Missionare wurden ausgewiesen. Um die kollabierte Wirtschaft wieder in Schwung zu bringen, wurden indische Geschäftsleute und Investoren eingeladen, sich in Tansania anzusiedeln. 1925 führten sie die *indirect rule* ein, ein bestimmtes Herrschaftssystem, wie es vor allem in den britischen Kolonien üblich war. Dabei wurden die lokalen, traditionell gewachsenen Machtstrukturen in die Kolonialverwaltung mit einbezogen, indem man z. B. den Stammesführern eine **teilweise politische Selbstbestimmung** auf kommunaler Ebene gestattete. Allerdings mussten sich die *chiefs* an die Vorgaben der Mandatsverwaltung in Dar es Salaam halten. Klares Ziel dieser Strategie war es, kulturelle Eigenheiten und soziale Strukturen innerhalb der Bevölkerung zu erhalten, um eine Auflehnung gegen die Fremdherrschaft zu verhindern.

Außer dieser indirekten Art der Herrschaft gab es jedoch in der Zeit des britischen Mandats **wenig Einmischung.** Die Briten hatten keine Verwendung für das Territorium und wussten im Grunde wenig damit anzufangen. Außer bildungspolitischen Unternehmungen wurden kaum Infrastrukturmaßnahmen oder andere sichtbare Bauvorhaben in Angriff genommen. Das einzige nennenswerte Unternehmen scheiterte kläglich: Das britische Ernährungsministerium startete an den Ufergestaden des heutigen Mtwara ein agrarindustrielles Großprojekt (1946–1951), den sogenannten **„Tanganyika Groundnut Scheme"** (dt.: Tanganyika-Erdnussplan), der Großbritannien mit Erdnüssen (für Erdnussbutter und Erdnussöl) im großen Stil versorgen sollte. Das teuerste und größte Vorhaben der britischen Kolonialregierung sollte riesige Flächen im tansanischen Hinterland (bis nach Dodoma in Zentraltansania und Tabora im Nordwesten) urbar machen, Zehntausende Arbeitsplätze schaffen und auch der Nahrungsmittelknappheit im Land entgegenwirken. Stattdessen endete es in einer Pleite von unermesslichen Dimensionen – hauptsächlich wegen eklatanter Planungsmängel. So wurde beispielsweise übersehen, dass für die Kultivierung von Erdnüssen in vielen Teilen Tansanias zu wenig Niederschläge vorkommen und dass es nicht genügend Trinkwasserreservoirs für die Arbeitersiedlungen gab. Der lehmige Boden war für Agrarwirtschaft nicht geeignet; zudem schienen die Planer einfach die Tücken des Transports ignoriert zu haben. Ein Tag Regen – der ja eigentlich erwünscht war – reichte schon aus, um Straßen unpassierbar zu machen oder Bahngleise zu unterspülen. Zusätzlich kämpfte das Projekt mit Löwen- und Nashornattacken, mit Traktoren, die dem Boden nicht gewachsen waren und mit ausbleibenden Regenfällen. Als die Hafenanlagen von Mtwara 1950 fertiggestellt wurden, stand der Tanganyika-Erdnussplan bereits vor dem Bankrott. Laut Berechnungen wurden für das fehlgeschlagene Projekt Gelder im heutigen Gegenwert von 950 Mio. Euro ausgegeben – ohne auch nur im Entferntesten etwas erreicht zu haben. Noch heute gilt der Ausdruck *Groundnut Scheme* im englischen Sprachgebrauch als geflügeltes Wort, wenn es um die Vergeudung öffentlicher Gelder in der Entwicklungshilfe geht.

So blieb Tansania ein ungeliebtes Stiefkind Großbritanniens, ganz im Gegensatz zu Kenia. Die Briten hatten in Tansania kaum Siedler (und auch keine Siedlungsansprüche) und so verlief die nationale **Unabhängigkeitsbewegung** weit weniger dramatisch als beispielsweise im Nachbarland Kenia. Es gab kaum Konflikte um Grundbesitz, Farmen oder Ähnliches. Durch den massiven Ausbau des Bildungssystems durch die Briten wuchs früh eine Art tansanisches Bildungsbürgertum heran, das eloquent und vehement mehr politische Mitsprache forderte. 1928 formierte sich der erste Vorläufer einer politischen Partei, die *Tanganyika African Association (TAA),* die 1954 von *Julius Nyerere* zur *Tanganyika African National Union (TANU),* zur ersten von der UNO anerkannten Massenpartei des Landes umfunktioniert wurde. Der Katholik **Julius Nyerere** (1922–1999) war einer der ersten Tansanier, der in London studieren durfte und anschließend als Lehrer arbeitete. Er schaffte es, das Land hinter sich zu vereinen und im Namen des Volkes und der Partei nationale Selbstständigkeit und politische Selbstbestimmung für Tanganyika bei den Briten einzufordern. Die wiederum sahen ohnehin keinen wirtschaftlichen Nutzen in ihrem Mandatsgebiet mehr und leisteten keinen Widerstand gegen die Unabhängigkeitsbewegung.

Nachdem die britische Verwaltung dem Land am 9. Dezember 1961 formal die Unabhängigkeit gewährt hatte, wählte man 1962 den charismatischen *Nyerere* zum Staatspräsidenten von Tanganyika, das sich zur Republik im britischen Commonwealth erklärte. Kurz nach der Unabhängigkeitserklärung von Sansibar am 10. Dezember 1963, der eine blutige Revolution vorangegangen war, verbanden sich die beiden Staaten Tanganyika (Tan) und Sansibar (San) und gründeten am 26. April 1964 die **Vereinigte Republik Tansania.** Man einigte sich darauf, Sansibar einen semi-autonomen Status zu gewähren.

Aus diesem Grund wählt Sansibar seinen eigenen Präsidenten, der dem Staatspräsidenten von Tansania als Vizepräsident untergeordnet wird. Richtigerweise ist Sansibar keine Insel, sondern ein **Insel-Archipel,** das aus der Hauptinsel Unguja (sprich Ungudscha) - das landsläufig als Sansibar bekannt ist –, Pemba und an die 50 anderen kleinen Inseln besteht. Die dritte größere vorgelagerte Insel, nämlich Mafia Island, gehört politisch gesehen zur Küstenregion des Festlandes und nicht zum Sansibar-Archipel, wie man meinen möchte.

Mwalimu („Lehrmeister") *Julius Nyerere* wurde erneut zum Staatspräsidenten der jungen Republik ausgerufen (und *Sheikh Abeid Karume* aus Sansibar als sein Vizepräsident). Bis 1980 wurde *Nyerere* vier Mal wiedergewählt.

Afrikanischer Sozialismus – der Traum des Julius Nyerere

Mit **Mwalimu Julius Nyerere** wurde die **sozialistisch-kommunistische Ära** in Tansania eingeläutet, sozusagen als Gegenbewegung zur bisherigen kapitalistisch-ausbeuterischen Regierungsform der europäischen Mächte.

1967 proklamierte *Nyerere* die *Arusha Declaration*, in der er die Ideen zu seiner gesellschaftlichen Neuordnung beschrieb, die ein neues, seiner Meinung nach gerechteres Tansania hervorbringen würde. Sein **Regierungsprogramm** fußte vor allem auf dem Plan, die kurzfristige wirtschaftliche Denkweise des westlichen Kapitalismus zu eliminieren und stattdessen langfristige Visionen für sein Land zu initiieren. Er träumte davon, die Klassen- und Stammesunterschiede abzubauen und dass Tansania nach Dekaden der kolonialen Fremdbestimmung endlich einen selbstbestimmten Weg einschlug. Er wollte sein Land unabhängig von Europa und den USA machen und den inneren Frieden festigen.

Ausgehend vom Vertrauen auf die eigenen Kräfte des Volkes, führte er das **Konzept der „self-reliance",** der Eigenständigkeit, in die tansanische Gesellschaft ein. Er träumte von einem Land, dass auf seine eigenen Fähigkeiten bauen könnte und eigene Ressourcen einsetzen wollte. Dies sollte vor allem durch Stärkung und Modernisierung der Landwirtschaft, Konzentration auf den Binnenmarkt und durch eine verstärkte Partizipation der Bevölkerung an der politischen und wirtschaftlichen Entwicklung erreicht werden.

Nyerere verstaatlichte die Banken und andere Wirtschaftsunternehmen, um eine egalitäre Gesellschaft zu schaffen und Ausbeutung sowie Abhängigkeiten zu beenden. Er initiierte eine Reform des Schulwesens, verbesserte soziale Dienste und, angelehnt an die russischen Kolchosen, forderte er die Gründung von dörflichen Produktionsgemeinschaften. Seine Vision baute darauf auf, dass die Kraft der Weiterentwicklung von **stabilen Großgemeinschaften,** den sogenannten *ujamaa* (Kiswahili für Familie, Gemeinschaft), ausgehen würde. Insbesondere wollte er damit die ländliche Entwicklung fördern und das massive ökonomische Gefälle zwischen Land und Stadt nivellieren. Weit im Busch verstreute Familien sollten sich zu neuen Ujamaa-Gemeinschaften zusammenschließen, die nach drei Prinzipien zu leben hatten: gegenseitiger Respekt, gemeinschaftliches Eigentum und die Pflicht zur Arbeit. Den neuen **Dorfgemeinschaften** entstünden dadurch Vorteile: Es ließe sich einfacher eine flächendeckende Schulbildung und Gesundheitsversorgung erreichen, die Arbeitsteilung erleichtere das Dorfleben und das Fehlen von Hierarchien würde die Stabilität fördern. Wirtschaftlich träumte *Nyerere* vor allem davon, dass auch ohne Technisierung Produktionssteigerungen in der Landwirtschaft (womit weit über 90 % der Bevölkerung ihr Auskommen fand) erreicht werden könnten und Tansania auf dem afrikanischen Markt wettbewerbsfähig würde.

So stampfte man in den Folgejahren – anfangs noch freiwillig, später unter Zwang – neue Dorfgemeinschaften aus dem Boden. Diese Dörfer waren ethnisch bunt gemischt, denn einer der Grundpfeiler des Systems sollte die nationale Einheit über Stammesgrenzen hinweg sein. Trotzdem mussten zwischen 1973 und 1977 elf Mio. Menschen gewaltsam, teilweise mit Militäreinsatz, umgesiedelt werden. In den neuen Dörfern mangelte es an der versprochenen Infrastruktur, **weder Wasserleitungen noch Strom** oder Straßen wurden jemals gebaut, da die zuständigen Politiker und Beamten die Gelder veruntreuten. Darüber waren die Menschen verbittert, denn dann hätten sie ja gleich in ihrem angestammten Lebensraum bleiben können. Es gibt heute noch viele solcher Dörfer in Tansania, z. B. Mto wa Mbu beim Eingang des Lake Manyara National Park oder Gezaulole am South Beach in Dar es Salaam.

⊳ Die Macht des Kollektivs wurde von Julius Nyerere instrumentalisiert

008ts kk

Abgesehen davon, dass die Menschen Zwangsumsiedlungen über sich ergehen lassen mussten, gab es für sie auch **keinerlei Produktionsanreize.** Warum sollten sie plötzlich mehr Agrarprodukte, auch für den Export, hervorbringen, wenn schon seit Generationen Subsistenzwirtschaft betrieben wurde und man damit sein Auskommen fand? So kam es zu Produktionsrückgängen, schmerzhaften Exporteinbußen und schließlich Versorgungsengpässen für die eigene Bevölkerung. Als einzig nennenswerte Industrie entwickelte sich die Textilindustrie, die auf die eigene Baumwolle zurückgreifen konnte und so immerhin zu jener Zeit Kleiderimporte aus dem Ausland überflüssig machte.

Letztlich scheiterte *Nyerere* daran, dass er seine eigene moralische Integrität als Maßstab angesetzt und dabei die **gesellschaftliche Realität** im Lande falsch eingeschätzt hatte. Die Realität der afrikanischen Großfamilie hielt seinem verklärten Bild nicht stand, denn Solidarität herrscht nur innerhalb der Familien - nicht aber der restlichen Gemeinschaft gegenüber. Außerdem hatten die politischen Eliten in Dar es Salaam keinerlei Interesse am Gleichheitsideal *Nyereres:* Ihnen ging es - entsprechend ihren traditionellen Hierarchievorstellungen - nur um die eigene Bereicherung. So zerschellte die gut gemeinte Umstrukturierung an falsch eingeschätzter Solidarität, überbordender Bürokratie und grassierender Korruption.

Forciert durch die Ölkrise in den 1970er-Jahren schlitterte Tansania in eine **Wirtschaftskrise,** die paradoxerweise in einer noch größeren Abhängigkeit von den Geberländern gipfelte. Der Traum vom gerechteren Tansania scheiterte schließlich an der Nicht-Finanzierbarkeit des sozialistisch-kommunistischen Systems, wie es auch gegen Ende des 20. Jh. in Osteuropa zu erkennen war. Mit seinem bemerkenswerten Rücktritt im Jahre 1985 gestand *Julius Nyerere* das **Scheitern seiner Politik** ein.

Zwar waren die wirtschaftlichen Erfolge ausgeblieben, allerdings hatte *Nyereres* Traum wenigstens kurzzeitig einen Anstieg der Alphabetisierungsrate und eine Verbesserung der Gesundheitsversorgung mit sich gebracht. Was er aber auf jeden Fall geschaffen hat, sind die **nationale Einheit** und die **Wahrung des inneren Friedens.**

Neben Ujamaa-Dörfern, die sich dem weit angereisten Besucher allerdings kaum erschließen, stechen besonders in Zanzibar Town, der Hauptstadt von Sansibar, **Reliquien aus der sozialistischen Zeit** ins Auge. Der erste Präsident Sansibars, *Sheikh Abeid Karume,* unterhielt beispielsweise gute Kontakte zu Kuba, Russland, China und der DDR. Mit Unterstützung seiner kommunistischen Freunde ließ er die Infrastruktur der Insel oberflächlich aufpolieren, z. B. mit Plattenbauten, die Zanzibar Town unübersehbar prägen. Von Stone Town, dem historischen arabisch-geprägten Altstadtkern und nunmehrigen Stadtviertel von Zanzibar Town, liegen sie nur einen Steinwurf entfernt.

Auch nach seinem freiwilligen Rücktritt hat *Nyerere* wie kein anderer das Land merklich geprägt und geeint. Ehrfürchtig wird er von der Bevölkerung noch heute „Vater der Nation" genannt. Kritik an *Nyerere* wird kaum zugelassen, obwohl Einwände bezüglich der Rechtsstaatlichkeit seiner Reformen (beispielsweise den Zwangsumsiedelungen) oder Bedenken gegenüber seinem diktatorischen Führungsstiltil, durchaus angebracht wären. Nichtsdestotrotz gilt: Weder ein Popstar noch der Papst könnten heute bekannter und beliebter als Mwalimu Julius Nyerere sein.

Tansania heute

Nach den wirtschaftlich ruinösen 20 Jahren galt es nun, das Land wieder auf Vordermann zu bringen, was aufgrund mangelnder politischer und wirtschaftlicher Erfahrung der handelnden Personen äußerst chaotisch vonstatten ging. Der IWF (Internationaler Währungsfonds) und die Weltbank waren sogleich mit Finanzhilfen zur Stelle, doch anstatt die Gelder in Straßenbau, Wasserversorgung oder Spitäler zu investieren, häuften sich **Korruptionsaffären um Ali Hassan Mwinyi** (geb. 1925), den Nachfolger *Nyereres*. Während die Oberschicht sich an den Finanzhilfen bereicherte, sickerte kaum etwas davon an die Bevölkerung durch. Durch die kontinuierlich steigenden Zinsen der internationalen Kredite verfing sich Tansania zudem immer tiefer in der Schuldenspirale. Fallende Weltmarktpreise für Agrarprodukte und Mineralien Hand in Hand mit steigenden Preisen für Importe von Industriegütern führten dazu, dass Tansanias Wirtschaft nicht mehr konkurrenzfähig produzieren konnte. Die Textilindustrie kollabierte und anhaltende Trockenperioden sowie der Flüchtlingsstrom aus dem benachbarten Ruanda taten ihr Übriges, um die Situation der meisten Tansanier dramatisch zu verschlechtern.

Während sich die allgemeine Wirtschaft in einem desaströsen Zustand befand, begann der **Tourismus** allmählich zu wachsen. Mit der Privatisierung der Hotels und Tourunternehmen konnte man direkter auf die Anforderungen der internationalen Gäste reagieren. Privatinvestoren bauten Lodges und die ökologischen Herausforderungen in den Nationalparks wurden endlich zur Chefsache erklärt.

Neben der allmählichen Öffnung für westliche Einflüsse konnte man sich auch nicht mehr länger den westlichen politischen Eckpfeilern wie der **Demokratie** verschließen. Erst 1993 wurde eine zweite Partei neben der regierenden *CCM* (*Chama Cha Mapinduzi,* zu deutsch „Partei der Revolution"), die aus der Fusionierung der *Tanganyika African National Union (TANU)* und der sansibarischen *Afro-Shirazi Party (ASP)* 1977 hervorgegangen war, zugelassen. Die neu gegründete Partei, die *Civic United Front* (auch als *Chama Cha Wananchi,* zu deutsch „Volkspartei", bekannt), fand ihre Anhänger vor allem unter den muslimischen Bürgern Sansibars und der Festlandküste.

Auf Druck der internationalen Geldgeber gab es 1995 die erste „freie" Mehrparteienwahl, aus der **Benjamin Mkapa** (geb. 1938) als neuer Staatspräsident hervorging. Er führte die Politik der Privatisierung staatlicher Betriebe weiter: Die National Bank of Commerce, die Telekommunikation, Energieversorgung und Teile der Wasserversorgung wurden in private Hände gegeben. Allerdings half auch hier der internationale

Druck ein wenig nach, um die Reformen rascher und möglichst effizient durchzuziehen.

Als einer der ersten Präsidenten Afrikas sprach *Mkapa* sich gegen den Präsidentenkult aus. Konsequenterweise hatte er darauf verzichtet, neue Geldnoten mit seinem Konterfei drucken zu lassen – was sonst in Afrika durchaus üblich ist. Trotz seiner Bemühungen um eine Politik der freien Marktwirtschaft, konnte er die tief verwurzelte Korruption und die Steuerflucht nicht unterbinden. Und auch die Privatisierung hatte bei Weitem noch nicht die erwarteten und erhofften Verbesserungen gebracht.

Obwohl seit 1992 Oppositionsparteien in Tansania verfassungsmäßig erlaubt sind, hat sich an der realen Einparteienlandschaft wenig geändert. Die *CCM,* die *Chama Cha Mapinduzi,* sitzt als Regierungspartei fest im Sattel; die schwache Opposition hat kaum Aussichten auf Gehör. Alle bisherigen Führer seit dem Rücktritt von *Nyerere* stammten aus der *CCM,* so auch auch der charismatische **Jakaya Mrisho Kikwete** (geb. 1950), der 2005 mit überwältigender Mehrheit von über 80 % als vierter Präsident seit der Unabhängigkeit 1962 an die Spitze der Republik Tansania gewählt und 2010 im Amt bestätigt wurde.

Seine Bilanz ist durchwachsen und von keinen großen Würfen geprägt. Er präsentiert sich als volksnaher Präsident im Stile eines *Nelson Mandela* und sieht sich als Galionsfigur eines Neuanfangs in Tansania. Als starker Politker mit Visionen und Mut wird er jedoch nicht wahrgenommen, obwohl er in einigen (Korruptions-)Skandalen hart durchgriff und mehrfach wichtige Minister entließ. Trotz kaum spürbarer Verbesserungen für die Bevölkerung hat er in seinen beiden Amtsperioden eine Art **„demokratischer Aufbruchstimmung“** eingeläutet.

Seine teils schwache, teils aber auch bewusst ins Alltagsleben eingreifende Führung stärkte den **Oppositionsparteien** den Rücken. Bestes Beispiel ist die *CHADEMA* (*Chama cha Demokrasia na Maendeleo,* „Partei für Demokratie und Fortschritt“), die regen Zulauf von jungen, gebildeten Stadtbewohnern aus der Mittelschicht erfährt. Die Medien berichten freimütig von den politischen Vorgängen; sie kritisieren und analysieren. Begierig saugen junge Leute Informationen aus den Zeitungen auf, verfolgen die Sitzungen des *bunge* (Parlament) im Fernsehen und wettern gemeinsam mit ihren Freunden gegen die eine oder andere Entscheidung. Die Oppositionsparteien nehmen plötzlich ihre Arbeit als Kontrollinstanz wahr, boykottieren Regierungsbeschlüsse, initiieren Kontrollausschüsse und schauen der Regierung genauer auf die Finger als je zuvor.

Demokratiepolitisch hat *Kikwete* sein Land auf einen guten Weg gebracht. Dennoch hat sich an den größten **Problemfeldern Infrastruktur, Korruption und Ineffizienz** nichts geändert. Der Profit und die gesellschaftlichen Umwälzungen sind der Politik immer zwei Schritte voraus. Für Gesundheit und Bildung wird nicht genug Geld ausgegeben, die Strom- und Wasserversorgung sind größtenteils zusammengebrochen, die Arbeitslosigkeit ist trotz Wirtschaftsboom hoch, die Korruptionsskandale ebben nicht ab, nur die Namen sind austauschbar. Armut, Verkehr, Umweltschutz, AIDS, Kriminalität und Drogen – die großen Fragen werden in Zeiten eines ungebremsten Wirtschaftswachstums immer drängender.

Zudem brodelt es im **Teilstaat Sansibar** wieder. In der Verfassung wurde verankert, dass der Teilstaat Sansibar und der Teilstaat Tansania eine Einheit bilden und dass die beiden Teilstaaten sich partnerschaftlich die Regierung teilen müssen. Diese Reform sollte den wirtschaftlichen und politischen Stillstand beenden. Doch das Aufatmen war nur von kurzer Dauer, als die Bewegung *Uamsho* („Erwachen"), welche die Errichtung eines islamischen Gottesstaats unter Einhaltung des Religionsgesetzes *Scharia* fordern, die politische Bühne betrat. Der Verbindung werden gar Kontakte zu *al-Qaida* und der somalischen al-Shabaab-Miliz nachgesagt.

Seitdem ist das viel gepriesene Klima der Toleranz auf Sansibar vergiftet. **Ausländischen Sitten wird der Kampf angesagt:** Parlamentarier bringen Vorschläge ein, westliche Kleidung unter Prügelstrafe zu stellen und den Alkoholausschank strikt zu kontrollieren. Wiederholt kam es zu Brandanschlägen auf Kirchen, öffentlichen Hasspredigten und heimtückischen Säureanschlägen auf Touristen und Geistliche.

Uamsho kann sich über ungebremsten Zulauf freuen. Die Sansibaris sind enttäuscht von beiden Regierungsparteien auf der Insel, die ihr Ideal verraten haben: eine **Abspaltung vom Festland,** die vorrangig deshalb angestrebt wird, weil die Sansibaris ihre muslimischen Belange in der Union zu wenig vertreten sehen. Ihre Ansichten, gelebten Traditionen und vor allem ihre Haltung gegenüber Touristen radikalisieren sich zunehmend. 80 % der Wirtschaftskraft der Insel stammen aus dem Tourismus. Obwohl neue Hotels fast im Wochentakt eröffnen, ist der große Wohlstand nicht bei den Bürgern angekommen. Armut und Drogen grassieren wie ansteckene Krankheiten und **Korruption und Arbeitslosigkeit** treten immer häufiger auf, je mehr die Insel boomt. Menschen vom Festland kommen auf die Insel, bringen befremdliche Werte mit und nehmen den Inselbewohnern Arbeitsplätze weg. Die Einheimischen sind so gut ausgebildet wie nie zuvor (u. a. auch durch Studienaufenthalte in Saudi-Arabien oder Iran, wo die jungen Sansibaris mit radikalen Ansichten konfrontiert werden, die sie beeinflussen), finden aber keine Arbeit.

Die **Furcht vor Extremismus** wächst – auch auf dem Festland, wo man diese Entwicklung mit Besorgnis beobachtet, insbesondere im Lichte der weltweiten Vermarktung des Reiseziels Tansania.

Die tansanische Gesellschaft

„Hana asili, hana fasili."
Wörtlich: „Er hat keine Quelle, er hat keinen Spross."

(Sprichwort aus Tansania)

◁ Mädchen werden früh zur Hausarbeit herangezogen (Foto: 009ts kk)

Kiswahili – der kleinste gemeinsame Nenner

Viele multiethnische Länder Afrikas und Asiens blicken neidvoll auf Tansania, denn in kaum einem anderen Land auf der Welt hat sich eine von allen im Staatsgebiet lebenden Ethnien akzeptierte Verkehrssprache wie das Kiswahili entwickelt. Sie ist natürlich gewachsen, hat sich den ständig wechselnden Anforderungen perfekt angepasst und konnte auch von keinem Kolonialbeamten per Dekret wegrationalisiert werden. Die Sprache ist frei von Ressentiments gegenüber vergangenen Kolonialregierungen und wird wertfrei vom Großteil der Tansanier - mehr oder minder korrekt - gesprochen.

Die Geburtsstunde des Kiswahili

Mit der Verlässlichkeit eines Schweizer Uhrwerks sorgen die beiden **Monsunwinde** *kaskazi* (von Oktober bis März) und *kuzi* (von April bis Oktober) seit Menschengedenken dafür, dass die *dhows,* die Segelschiffe der Händler zwischen Asien, Afrika und der arabischen Halbinsel verkehren können. Nicht nur Waren, sondern auch Ideen wurden mit den Schiffen transportiert. Da der Handel in erster Linie von den geschäftstüchtigen Arabern dominiert wurde, verbreiteten sich die **Lehren des Propheten Mohammed** in Windeseile entlang der Handelsrouten an den ostafrikanischen und indischen Küsten. Nach seinem Tod im Jahr 632 n.Chr. entbrannten machtpolitische Streitereien, an denen die Gemeinschaft der Mohammedaner zerbrach. Die Aufspaltung in zwei dominante Glaubensgemeinschaften, die Sunniten und die Schiiten, war die Folge. Durch machtpolitische Querelen kam es im Laufe der Jahre zu weiteren Absplitterungen, die der Grund dafür waren, dass unzählige Großfamilien ihre arabische Heimat verließen und aus Angst vor Verfolgung oder Repressalien mit den Winden nach Ostafrika segelten.

Arabischen Aufzeichnungen zufolge intensivierten sich die afro-arabischen Handelskontakte ab dem 8. Jh. Die arabischen Handelsleute ließen sich an der ostafrikanischen Küste nieder, um den Handel besser im Auge behalten zu können. Durch die Vermischung mit den ansässigen Ethnien entwickelte sich an der heutigen Küste von Tansania und auf den vorgelagerten Inseln eine besondere moslemische afro-arabische Kultur, die **Swahili-Kultur.** Die *Waswahili,* wörtlich „die Bewohner der Küsten", geben ihr den Namen und stellen in Tansania eine eigene Ethnie dar.

So wie die Makonde, die Chagga oder die Sukuma sind die Swahili (der Einfachheit halber wird die Kiswahili-Vorsilbe *wa-,* die Menschen im Allgemeinen bezeichnet, im Folgenden weggelassen; siehe auch den Exkurs

„Hakuna Matata") nur ein Teil des Ganzen, eine tansanische Ethnie unter vielen. Ihr wirtschaftlicher und gesellschaftlicher Einfluss aber hat ihre Sprache – das Kiswahili – weit über ihr Siedlungsgebiet hinweg bekannt gemacht und schließlich dazu geführt, dass die Sprache bekannter ist als das Volk selbst.

Die komplette ostafrikanische Küste, die im Einflussbereich der Monsunwinde steht, wird als Swahili-Küste bezeichnet. Sie beginnt in Südsomalia und zieht sich über Kenia und Tansania bis nach Nordmosambik, wo die Kraft der Winde allmählich nachlässt. Doch auch auf den Komoren und Mayotte und sogar an der Nordwestflanke Madagaskars wird Kiswahili gesprochen. Vereinzelt reichen Sprachinseln bis nach Ruanda, Burundi, Malawi und sogar jenseits des Lake Tanganyika bis in den Kongo.

Die arabischen Händler bezogen ihre Handelsgüter vornehmlich aus dem Herzen Tansanias und des afrikanischen Subkontinents. So verbreitete sich das Kiswahili allmählich – zuerst **entlang der Karawanenrouten,**

Hakuna Matata

Kaum eine andere afrikanische Sprache hat die westliche Wahrnehmung von Afrika so sehr geprägt wie das Kiswahili. Wer kennt sie nicht, den Löwen „Simba" („Löwe") aus „Der König der Löwen", seinen Freund „Rafiki" („Freund") oder das Titellied „Hakuna Matata" („Alles paletti", „Alles in Ordnung"). Ohne dass man es auch nur ahnt, verwendet man ***Kiswahili-Begriffe*** *wie „Safari" („Reise") oder „Jambo" (kein korrektes Kiswahili, wird nur für Touristen benutzt, um einen Gruß anzudeuten) auch in unserem Sprachraum. Selbst die geflügelten Worte „pole pole", was so viel wie „immer schön mit der Ruhe" bedeutet, gehen Mitteleuropäern leicht von den Lippen.*

Das Kiswahili unterscheidet die Sprachen und die Völker Tansanias anhand der Vorsilben, wobei der Wortstamm gleich bleibt. Den Sprachen wird ein „Ki-" vorangestellt, den Völkern ein „Wa-". Oft lauten die Hauptorte der Ethnien ebenfalls gleich. So sprechen die Luguru beispielsweise „Kiluguru" und stammen aus dem Gebiet der Uluguru Mountains. Gleiches gilt für die Waswahili, die Kiswahili sprechen. „Swahili" ist das englische Wort für die Landessprache Kiswahili, „(Ki-)Suaheli" wiederum die eingedeutschte Entsprechung. Die gleiche Systematik gilt übrigens auch für Ausländer, denn die Amerikaner und Engländer sprechen „Kingereza" und die Deutschen „Kigerumani". Der Einfachheit halber werden hier oft Termini ohne korrekte Präfixe verwendet.

später auch abseits davon. Schnell etablierte sich die Sprache als unerlässlicher Verständigungscode zwischen den unzähligen eigenständigen Königreichen und Kulturen Ostafrikas. Ähnlich wie das Esperanto oder auch Englisch dient Kiswahili heute noch der Verständigung über die Grenzen von Volksgruppen hinweg. Außer in sehr abgelegenen Regionen und bei den Maasai oder den Hadza – dort, wo die tansanische Regierung keine Schulen baut – spricht ein Großteil der tansanischen Bevölkerung Kiswahili, wenn auch teilweise nur als Zweit- oder Drittsprache.

Doch mit zunehmender Distanz zu Sansibar verändert sich auch die Verkehrssprache Ostafrikas. Die Bedeutung einzelner Wörter variiert, regional geprägte Dialekte herrschen vor, Betonungen verschieben sich, Suffixe werden weggelassen, grammatikalische Strukturen werden vereinfacht oder falsch benutzt. Dennoch wird dem grammatikalisch korrekten Einsatz der Sprache größte Hochachtung gezollt, noch dazu, wenn sich ein ausländischer Gast darum bemüht. Überhaupt rechnen es die Einheimischen den Besuchern hoch an, wenn sie mehr als die üblichen belanglosen Touristenfloskeln kennen. Ein paar Sätze Kiswahili, ein paar nützliche Redewendungen – und schon hat man sich ein wenig Respekt verschafft.

Kinder in Stone Town, deren Fröhlichkeit ansteckend ist

Ein paar Worte zur Sprache Kiswahili

Das Kiswahili ist eine um arabische und persische Elemente angereicherte **afrikanische Bantu-Sprache.** Etwa 30 bis 40 % des Wortschatzes ist arabischen Ursprungs, zahlreiche Lehnwörter kommen aus dem Persischen, aus indischen Sprachen (Gujarati, Sanskrit, Hindi) oder gar den Sprachen der ehemaligen Kolonialmächte (Portugiesisch, Deutsch). In den letzten Dekaden wurden hauptsächlich Lehnwörter englischen Ursprungs adaptiert und übernommen. Selbst heutzutage erlebt das Kiswahili laufend Zugänge aus dem Englischen, vor allem in Hinblick auf moderne Informationstechnologie. Kiswahili ist eine rastlose Sprache, die sich den Anforderungen des modernen Lebens beugt und ihren Wortschatz ständig erweitert.

Auf den ersten Blick mag das Kiswahili recht einfach aussehen, aber die **Komplexität der Sprache** offenbart sich erst im Detail. Gerade das Lernen der wichtigsten Phrasen, Floskeln und Vokabeln geht Neulingen recht leicht von der Hand. Dasselbe gilt für den Wortschatz, der sogar noch leichter zu begreifen ist, da die Sprache sehr bildhaft ist und verständliche Wortzusammensetzungen fast unbeschränkt möglich sind. Ein gutes Beispiel hiefür ist *ndege,* das in Kiswahili für Vogel steht, doch gleichzeitig, weil es sich ebenfalls durch die Lüfte bewegt, für Flugzeug. Ähnlich funktioniert auch das Prinzip des Wortes *mafuta:* Es steht für die Nahrungsmittel Öl, Fett und Butter, aber auch gleichzeitig für Benzin. Neben mehrdeutigen Einzelwörtern dominieren blumige Wortzusammensetzungen das Vokabular. In seiner Grundbedeutung heißt *shamba* Feld oder Acker. Das „Feld Gottes“ hingegen, *shamba la mungu,* benennt den Friedhof. Ähnlich funktioniert eine Zusammensetzung mit *maji* (Wasser). Das „Wasser der Orangen“ *(maji ya machungwa)* ist nicht anderes als Orangensaft. Schwieriger wird es dann schon, wenn es darum geht, die vielen Morpheme - die kleinen, bedeutungsschwangeren Einheiten wie li, la, ki, vi, wa etc. - richtig einzusetzen oder die Substantive den 15 Wortklassen zuzuordnen. Nur dann können Adjektive, Demonstrativpronomina und andere Satzbestandteile korrekt verwendet werden.

Eines der wichtigsten Merkmale der Sprache ist die **Verwendung von Nominalklassen:** Nomina, also Hauptwörter, werden nicht nach Geschlecht, sondern nach asexuellen Kriterien, wie menschlich, tierisch, pflanzlich, unbelebt oder nach der Größe in Nominalklassen eingeteilt. Jede der 15 Nominalklassen hat eigene Vorsilben für Ein- und Mehrzahl, die mit unseren Artikeln verglichen werden können. So verwendet man die Nominalklasse *m-/wa-* für Menschen, die *m(u)-/mi-*Klasse hingegen für Pflanzen, Bäume, Krankheiten und Geister. *Mto* (Mehrzahl

Extrainfo 2 (s. S. 8): Ein paar Brocken Swahili schaden nie! Sehr guter Online-Kurs.

watu) heißt „Mensch", *Mjerumani* beispielsweise „Deutscher" (Mehrzahl *Wajerumani*). Der „Baum" heißt *mti,* die „Bäume" *miti. Muhogo* steht für eine Maniokpflanze, *mihogo* steht für mehrere „Maniokpflanzen". Nach den Wortklassen richten sich die restlichen Satzbestandteile wie Verben, Adjektive, Numeralien, Pronomen oder Relativsätze. Der einfache Satz *Watu watatu wanaimba* (zu deutsch: „Drei Menschen singen") verdeutlicht das Prinzip. Übrigens verfügt das Kiswahili über Groß- und Kleinschreibung nach englischem Vorbild, denn Eigennamen, Sprachen, Länder und die Satzanfänge werden großgeschrieben.

Aufgrund der jahrhundertelangen wirtschaftlichen Dominanz und des Einflusses auf die gesamte Kultur gilt die vorgelagerte Insel Sansibar als Wiege der Swahili-Kultur. Das dort gesprochene Idiom ist als die reinste und **korrekteste Hochform des Kiswahili** im ganzen Kulturkreis anerkannt. Für Ausländer, die freiwillig oder aus beruflichen Gründen die Sprache lernen wollen, empfehlen sich daher die Sprachschulen auf Sansibar.

Doch der Teufel steckt im Detail: Obwohl das Kiswahili völkerverbindend ist, sehen seine inländischen Gegner in Tansania es differenziert. Der **Mangel an technischen Ausdrücken** mache es denkbar ungeeignet für wissenschaftliche Disziplinen. Außerdem könnten bei Einführung von Englisch als allgemeiner Amtssprache Übersetzungskosten eingespart werden. Die Befürwörter hingegen bemängeln, dass die Sprache jüngst einer **Simplifizierung und Verunstaltung** anheim gefallen sei. Selbst die Medien, die der Hochsprache Rückhalt geben sollten, spielen mit den Wörtern, fügen englische Termini ein und machen sich teilweise lustig über Formulierungen. Innerhalb Tansanias klagt man in den Schulen und Universitäten, dass die Kenntnisse der Schüler und Studierenden mangelhaft seien und dass immer weniger Tansanier das Hoch-Kiswahili, wie es auf Sansibar gesprochen wird, beherrschen. Gleichzeitig wenden sich die intellektuellen Kreise gewollt vom Kiswahili ab und versuchen sich durch die Verwendung des Englischen von der Masse abzuheben. Dass andere afrikanische Staatsoberhäupter Kiswahili nach dem Vorbild Tansanias in ihren Ländern etablieren wollen, dürfte jene Elite wohl kaum beeindrucken.

[>] Prachtvolle Swahili-Türen, filigrane arabische Lampen und aufwendige Schmiedekunst: das Kunsthandwerk auf Sansibar ist von arabischen und indischen Einflüssen geprägt

Faszinierende Swahili-Kultur

Von der Swahili-Kultur geht ein **Zauber** aus – nicht umsonst zählt die vorgelagerte Insel Sansibar zu den Touristenmagneten schlechthin. Auch Langzeitreisende oder Expats (im Land lebende Ausländer) können sich der Faszination schwer entziehen und kehren immer wieder hierher zurück.

Jene können die Unterschiede zwischen den restlichen Landesteilen und der Küste meist auch beim Namen nennen, denn die Swahili-Kultur ist für Ausländer **viel plastischer und emotional greifbarer** als beispielsweise die Kultur der Waluguru auf dem tansanischen Festland. Die Verzauberung fängt bei den Speisen an, setzt sich über das beeindruckende Kunsthandwerk und die prächtige Architektur fort und erreicht spätestens dann ihren Höhepunkt, wenn man am türkisblauen Ozean sitzt, die Füße in das wunderbar warme Wasser taucht und mit den Blicken den weißen Dreieckssegeln der Dhows (Segelschiffe) folgt.

In der Erinnerung der Reisenden dominieren vor allem sinnliche Eindrücke, **Bilder, Töne, Farben und Gerüche:** die schillernde Farbenpracht des *kikoy* (traditioneller, besonders farbenfroher Baumwollstoff), der beeindruckende Kontrast zwischen den weiß getünchten Häusern, den schwarzen Fensterrahmen und den bunten Fensterscheiben, das befreiende Türkisblau des Ozeans, das Eidottergelb des Curry, das warme Braun des Zimts, die verführerischen Düfte der exotischsten Gewürze, die kunstvollen Hennazeichnungen auf den Händen der Frauen, die mit ihrem *buibui* (schwarze Gewänder der Frauen) vollständig verhüllt zielstrebig durch die Gassen eilen. Unbekannte, exotische Gesänge erfüllen die Gassen in den schwülen Sommernächten, der Ruf des Imam taucht die Dörfer und Städte fünf Mal pro Tag in seine typischen Klangwolken, die mächtigen, ornamentreichen Swahili-Türen ziehen bewundernde Blicke auf sich. So werden Außenstehenden tagtäglich kleine Einsichten in die reichhaltige Kultur gewährt. Es ist der interkulturelle **Mix aus arabischen, afrikani-**

012ts kk

schen und indischen Elementen, der die Besucher fasziniert – in einem Mikrokosmos bekommt man das Beste aus drei Kulturkreisen serviert.

Im Gegensatz zur offensichtlicheren Swahili-Kultur eröffnet sich übrigens die **Kultur des tansanischen Hinterlandes,** wo die meisten Besucher auf Safari gehen oder Berge besteigen, nicht so eindringlich. Es gibt zumeist weniger Berührungspunkte zwischen Reisenden und Einheimischen – und wie viel erfährt man schon von dem Leben einer Ethnie oder den Traditionen eines Dorfes, wenn man sich im Zuge eines Kulturtourismusprogrammes gerade einmal zwei, drei Stunden dort aufhält? Fotos fangen die Stimmung nur unzureichend ein, selbst Souvenirs vermögen das Erlebte nur in groben Zügen wiederzugeben. Wie lassen sich die Emotionen beim Anblick eines Löwen (der Löwe steht symbolisch für das Festland) am besten einfangen? Gar nicht. Wie der Geschmack des intensiv gewürzten *pilau* (aromatischer Gewürzreis, der Sansibar symbolisiert) bewahren? Das ist ganz einfach: Man ersteht auf dem Markt ein paar Säckchen voller farbenfroher Gewürze.

Trotz all dieser sichtbaren Zeichen der Kultur bleibt den Reisenden die **Komplexität des Swahili-Kulturkreises** im Normalfall verborgen. Die Swahili verfügen über eine reichhaltige Kunsthandwerkstradition, ausgezeichnete Kenntnisse über das Meer und seine Bewohner sowie auch über den Schiffsbau, ein großes Pflanzenwissen und nicht zuletzt die einzigartige Schriftsprache des Kiswahili. Ihr ausgeprägtes Gespür für Naturheilkunde und Naturgeister macht sie zu anerkannten Heilern bis weit über die Landesgrenzen hinaus.

Wer schon einmal in einem typischen Swahili-Haus genächtigt hat, der weiß, dass ihr ausgeklügeltes Know-how in Bezug auf **Architektur** ebenso essenziell für diese Breiten wie zugleich bewundernswert ist. Die engen Gassen in Stone Town haben keinen anderen Zweck als flächendeckend die Stadt zu klimatisieren. Die äußerst praktische und Kühle bringende Bauweise der Häuser selbst macht so manchen schwülen Hochsommertag im Dezember erträglich. Die hohen Zimmer und die verwinkelte Raumaufteilung sorgen für eine ausreichende Zirkulation und regelrechte Windkorridore. Die kleinen Fenster lassen kaum Hitze hinein. Die dicken Wände aus Lehm – übrigens zur natürlichen Wärmedämmung heutzutage auch in Mitteleuropa durchaus wieder im Einsatz – sorgen für ein angenehmes, ausgeglichenes Raumklima. Das Dach – entweder gemauert oder aus *makuti* (getrocknete Kokospalmenblätter) – tut sein Übriges, um die Hitze abzuhalten. Es ist unverständlich, warum heute immer mehr Tansanier ihre Dächer mit Wellblech decken, aber nicht anders als bei uns ist der Glaube an den vermeintlichen Fortschritt oftmals stärker als die Vernunft.

Ein Potpourri aus Ethnien und Sprachen

„Mtu ni watu."
Wörtlich: „Ein Mensch ist viele Menschen."

(Sprichwort aus Tansania)

Tansania ist von jeher ein Vielvölkerstaat im klassischen Sinn, eine heterogene Mischung aus 130 **unterschiedlichsten Völkern, Sprachen und Kulturen.** Die Grenzen waren fließend, die Königreiche und Völker trieben Handel miteinander oder bekriegten sich, natürliche Barrieren wie der Lake Tanganiyka im Westen oder der Ruvumu River im Süden teilten das Gebiet.

Erst die deutsche Kolonialregierung begann damit, willkürlich Grenzen zu ziehen. Sogar einen Namen gaben sie dem künstlichen Konstrukt – **Tanganyika.** Der Begriff bezeichnete das unerforschte Land zwischen dem Hafenstädtchen Tanga und dem (von Europäern) damals noch unbenannten Lake Tanganyika (*nyika* bedeutet Wildnis oder unbewohnte Fläche). Unter der britischen Herrschaft wurde der Name erstmals für das Territorium Deutsch-Ostafrika verwendet – und somit von einem Seegebiet auf das ganze Land ausgedehnt. Doch erst die gemeinsamen Unabhängigkeitsbestrebungen gegen die ungeliebten Kolonialherren einten das bunte Völkergemisch.

Ethnie oder doch Stamm?

Tansanier und Afrikaner im weitesten Sinne sorgen sich nicht darum, dass im Klima der politischen Korrektheit der Terminus „Stamm" in westlichen Ländern verpönt ist. Für sie ist es ganz selbstverständlich, dass sie auf Formularen, bei der Registrierung zu Wahlen, bei Behörden oder bei der Ausreise in andere Länder nach ihrer Stammeszugehörigkeit („kabila", Kiswahili für Stamm) gefragt werden.

Für die Bürger der meisten afrikanischen Länder ***spielen Stämme eine identitätsstiftende Rolle,*** *viel mehr als es ein Staat jemals könnte. Die Stammesmitglieder folgen strengen gesellschaftlichen Hierarchien und die verschiedenen Stämme verfügen über einzigartige Riten, Traditionen, Geschichten, Mythen und sogar eigene Sprachen. Aus diesen Gründen werden in dem vorliegenden Buch unterschiedliche Bezeichnungen – Ethnie, Volk oder Stamm – ebenbürtig verwendet.*

Verglichen mit anderen Nationen Afrikas grenzt es fast an ein Wunder, dass die schiere Menge der unterschiedlichen Ethnien in Tansania **keine inneren Instabilitäten** erzeugt. Immerhin, in vielen anderen afrikanischen Ländern liegt gerade in dieser Zugehörigkeit zu einer bestimmten Ethnie der Schlüssel zur innerstaatlichen Zerrüttung. Sogar im Nachbarland Kenia beeinflusst der *kabila,* die ethnische Volksgruppe, alle politischen und wirtschaftlichen Entscheidungen.

Für Menschen aus der westlichen Welt ist das Konzept der **Volks- und Stammeszugehörigkeit** kaum nachvollziehbar, aber für Afrikaner stellt der Stamm die übergeordnete und identitätsstiftende Instanz dar. Zunächst definiert man sich als Mitglied einer bestimmten Ethnie, erst in zweiter Linie ist man Staatsbürger. Für die meisten Afrikaner, die in Dörfern abseits von Infrastruktur, Medien oder gar Strom leben, ist das Konstrukt „Staat" nichts weiter als eine inhaltlose Worthülse. Der Staat ist unsichtbar, er sorgt weder für das Wohlergehen der Menschen noch für die Gesundung der Kranken – er ist im täglichen Leben der Menschen einfach nicht existent. Selbst in den Städten, meist Schmelztiegel verschiedener Ethnien, steht die Stammeszugehörigkeit im Vordergrund. Man outet sich in erster Linie als Swahili, Chagga, Pare oder Nyakyusa und erst im Nachfragen wird erwähnt, aus welcher Region die Eltern stammen. Trotz der Wichtigkeit der eigenen Stammesherkunft scheinen für die meisten Tansanier Mischehen durchaus akzeptabel zu sein. Die Herkunft des Vaters hat dann Priorität, seine Ethnie, also seine Stammeszugehörigkeit, wird für die Kinder übernommen.

Nur dem vorausschauenden Politiker **Julius Nyerere** ist es zu verdanken, dass es zu keiner Zerrüttung zwischen den Ethnien gekommen ist, so wie in den Nachbarländern Ruanda oder Kenia. Während andere seiner (sozialistischen) Ideen an der afrikanischen Realität gescheitert sind, waren seine Bemühungen um die Einheit des Landes von Erfolg gekrönt. Gebetsmühlenartig bläute er den Tansaniern immer und immer wieder ein, dass zuerst der Staat kommt – und dann erst die Stammeszugehörigkeit. Als ermutigendes Ergebnis seiner fast prophetisch anmutenden Arbeit darf Tansania heute auf fast 60 Jahre Frieden zurückblicken.

Keiner der **knapp 130 Stämme** in Tansania hat so sehr die Oberhand gewonnen, dass es zu einer ungebührlichen Machtkonzentration kommen könnte. Zwar gibt es einige Volksgruppen, die zahlenmäßig überlegen sind, doch in einem Rahmen, der offensichtlich für die innere Stabilität vertretbar ist. Obwohl die Stämme der Sukuma und Haya (im Nordwesten, rund um den Lake Victoria), der Chagga (im Kilimanjaro-Gebiet), Gogo (rund um Dodoma), Makonde (im Süden), Nyamwezi (im Westen zwischen Lake Victoria und Lake Rukwa) oder Nyakyusa (im Südwesten) jeweils über 1 Mio. Angehörige haben, sind sie nicht dominierend. Die tansanische Politik und Wirtschaft liegen in der Hand mehrerer Stämme, nicht so wie beispielsweise in Kenia, wo die Kikuyu von jeher das Land regieren, die Verwaltung kontrollieren und die Wirtschaft dominieren.

Die meisten Tansanier sind **multilingual,** wobei der Großteil mindestens zweisprachig aufwächst, also mit der eigenen Stammessprache und zusätzlich der Schul- und Amtssprache Kiswahili. Nur ein kleiner Prozentsatz spricht darüber hinaus Englisch, die zweite offizielle Sprache.

Bei knapp 130 Volksgruppen sind die **Sprachen ebenso bunt gemischt** wie die Ethnien. Nebeneinander werden in Tansania Bantu-Sprachen, nilotische, kuschitische, khoisanische und arabische Sprachen gesprochen, die in friedlicher Koexistenz bestehen. Die Vielfalt ist wahrlich faszinierend (und auch einzigartig), vor allem, wenn man bedenkt, dass die meisten Sprachen Europas nur einer einzigen Sprachfamilie, nämlich der indoeuropäischen, zugeordnet werden (Ausnahmen: Finnisch, Estnisch, Ungarisch und Türkisch).

Offizielle Landessprache ist **Kiswahili:** Es ist die Sprache der Politik, der Regierung, der Pflichtschulen und der Medien. Die Sprache des Geldes ist jedoch (noch) zweifellos **Englisch.** Der Tourismus, westliche Investoren, Entwicklungsorganisationen, die UNO und nicht zuletzt die äußerst umtriebige EU benutzen Englisch als Verkehrssprache. Im Vergleich zu den einstigen britischen Kolonien Kenia oder Malawi ist es aber um die Englischkenntnisse der Tansanier generell schlechter bestellt. Sobald man die Ballungs- und Touristenzentren verlässt, wäre es gut, ein paar Brocken Kiswahili zu beherrschen.

Aus der Fülle der verschiedenen tansanischen Ethnien werden in den nachfolgenden Kapiteln einige der Völker exemplarisch porträtiert.

Die Krieger der Savanne: die Maasai

Auf dem Weg von Arusha in die nördlichen Nationalparks sind die rot- oder blaugewandeten Maasai ein **eindrucksvoller Blickfang.** Schlaksige Maasai-Jungen hüten die Herden und schauen gelangweilt den vorbeibrausenden Safari-Fahrzeugen nach. Kleinere Gruppen von Frauen wandeln entlang der Straßen auf dem Weg zum Markt oder zu Besorgungen und wehren sich wortreich und heftig gestikulierend gegen unziemliche Schnappschüsse. Am Gate des Ngorongoro Crater lassen sich Maasai gern in vollem Ornat gegen Honorar ablichten. Die Maasai zählen vermutlich zur bekanntesten Ethnie Afrikas; verklärte TV-Filme und seichte Trivialliteratur trugen gerade im deutschen Sprachraum dazu bei, ein verkitschtes Bild dieser Ethnie zu kreieren.

013ts kk

Die semi-nomadischen Krieger und Hirten **leben ausschließlich in Tansania und Kenia.** Vor mehreren Hundert Jahren begaben sich einige Maasai-Gruppen aus dem Grenzgebiet zwischen Kenia und Sudan auf Wanderschaft, um neues Land zu erkunden. Der Großteil der Maasai-Gruppierungen ist mittlerweile sesshaft geworden, zahlreiche Maasai-Familien gelten als Halbnomaden und wechseln alle paar Jahre ihren Aufenthaltsort, wenn die Böden unfruchtbar werden. Viele Maasai ziehen sogar in die Stadt Arusha und führen ein städtisches Leben. Das vornehmliche **Siedlungsgebiet** der Maasai befindet sich im Norden Tansanias, zwischen Moshi und Arusha, dem Great Rift Valley und in den Crater Highlands. Vereinzelt leben Clans auch im Süden oder in den Steinwüsten Zentraltansanias. Reisende werden Maasai im ganzen Land antreffen, also auch an der Küste und auf Sansibar. Vermeintliche Maasai könnten sich hier allerdings nur allzu leicht als verkleidete Tansanier entpuppen, die versuchen, auf diese Weise ein paar Schilling zu verdienen. Über die Anzahl der Maasai gibt es kein gesichertes Datenmaterial, denn in Tansania werden weder Ethnie noch Religion bei Volkszählungen abgefragt. Ungefähre Schätzungen liegen bei 450.000 Maasai in Tansania.

Kaum eine andere tansanische Ethnie **hält so stark an ihren Traditionen fest.** Sie sprechen *Maa* und ein oder mehrere Familienverbände leben

⌃ Das Land der Maasai ist karg und je nach Jahreszeit sogar trostlos

in einem Runddorf, dem *enkang* (im Deutschen auch Kraal oder Kral genannt), das aus kreisförmig angeordneten igluartigen Hütten, den *enkajı* (oder *boma* auf Kiswahili) innerhalb einer Umzäunung aus Dornengestrüpp besteht. Innerhalb eines Kraals arbeitet man für die Gemeinschaft, Individualismus oder Selbstbereicherung ist den Maasai fremd. Privateigentum im westlichen Sinne existiert nicht; im Vordergrund steht immer das Wohl der gesamten Gemeinschaft. Die stachelige Einfriedung hält Raubtiere und Großwild ab und dient auch als Tarnung, denn die Akazienzweige verschmelzen derart mit der Landschaft, dass ein *enkang* aus größerer Entfernung nur schwer zu erkennen ist. Im Gegensatz zu den restlichen Tansaniern glauben die Maasai an einen Gott, nämlich die weibliche Gottheit *EnkAi,* die für Fruchtbarkeit und das Gedeihen von Pflanzen, Tieren und Menschen verantwortlich ist. Auch spielen die Ahnen keine so große Rolle wie bei den meisten anderen afrikanischen Völkern. Dies mag vielleicht damit zusammenhängen, dass die Maasai von jeher Nomaden sind und Reisende nur schwerlich Gräber pflegen können.

Im Zentrum der Maasai-Gesellschaft stehen **die Rinder.** Die enge Beziehung zum Vieh manifestiert sich im ökonomischen und religiösen Bereich, in den sozialen Beziehungen, in der materiellen Kultur, der oralen Literatur, in der Medizin und der Hygiene. Die Herden werden sorgsam gehütet und nachts in einem Gehege in der Mitte des Kraals gehalten, um sie vor Dieben und Raubtieren zu schützen. Das Weiden und Gedeihen der Rinder hat allerhöchste Priorität, weswegen die halbnomandische Lebensweise der Maasai von den täglichen Wanderungen mit ihren Viehherden geprägt ist. Wenn das Land nicht mehr genug Futter und Wasser für die Herden hergibt, muss das Gebiet verlassen werden. Manche Männer besitzen über 1000 Rinder – ihr **Prestige** entspricht dann etwa dem eines wohlhabenden Managers in monetären Gesellschaften. In der Regel aber haben die Maasai weit weniger Rinder und **Armut** ist unter ihnen weit verbreitet.

Der Preis für eine Braut wird selbstverständlich in Rindern bezahlt; das Ansehen eines Mannes steigt mit der Anzahl der Rinder und der Frauen, die er sich damit leisten kann. Geschlachtet werden die Rinder nur zu besonderen Anlässen, denn bedeutender als das Fleisch selbst sind alle anderen Produkte der Rinderhaltung: Milch, Blut der lebenden Tiere, Urin als Heilmittel und Waschlotion oder Dung als Baustoff. Nach einer Schlachtung wird das Rind bis auf den letzten Bestandteil verwertet: Das Fell dient als Kleidung, die Hufe als Schmuck, der Magen als Wasserbeutel.

Die Maasai halten sich strikt an **Nahrungsmittelver- und -gebote** der Gemeinschaft. Traditionellerweise essen sie nur Fleisch und Milch der eigenen Tiere. Rinderblut darf nur zu bestimmten Anlässen zu sich genommen werden, z. B. nach einer Beschneidung, Geburt oder aufgrund krankheitsbedingter Schwäche. Auch die Älteren dürfen Rinderblut unter bestimmten Voraussetzungen trinken. Rituale und Zeremonien sind an noch strengere Auflagen zur Nahrungsaufnahme gekoppelt. Moderne Maasai aber halten sich nicht an althergebrachte Vorschriften, sie essen Eier genauso wie Mais, Bohnen oder gar *nyama choma* (gegrilltes Rindfleisch) außer Haus.

Das **Altersklassensystem** bestimmt das soziale Miteinander in einer Maasai-Gemeinschaft. Die Altersklassen gelten dabei ausschließlich für Männer, Frauen gehören automatisch der Altersklasse ihres Mannes an.

Drei markante Altersklassen, **das Knabenalter, das Kriegeralter und das Erwachsenenalter,** existieren. Darüber hinaus werden die einzelnen Altersklassen noch in weitere Lebensabschnitte unterteilt, auf die aber hier nicht detailliert eingegangen wird. Jede Altersklasse wie auch die weiteren Abschnitte, die ein Maasai-Mann im Laufe seines Lebens durchläuft, sind mit bestimmten Aufgaben, Rechten und Pflichten verbunden. Für Westler, die in Lebensjahren denken, kann das System schwierig zu verstehen sein, denn weniger das biologische Alter als vielmehr die geistige Reife bestimmen, in welcher Altersklasse bzw. welchem Abschnitt innerhalb einer Alterklasse sich ein Junge oder Mann befindet oder auch vorrücken darf. Dass bei den Maasai vielmehr die persönliche Eignung als das sture Festhalten an Lebensjahren im Vordergrund steht, hat praktische Gründe. Von jeder Altersklasse wird die Verrichtung gewisser Aufgaben erwartet, die der gesamten Familie und der Gemeinschaft zugute kommen. Das Dorf musste sich ja darauf verlassen können, dass die Mutigsten die Dörfer gegen Angreifer (Tiere und Menschen in kriegerischer Absicht) verteidigen können und die tüchtigsten Jüngeren die Rinder hüten.

Bei der Altersklasse der *laiyoni* handelt es sich um die unbeschnittenen Jungen bis zum Alter von 17, 18 Jahren. Selbst sie haben bereits wichtige Aufgaben in der Gemeinschaft zu erledigen: Als Vier- bis Fünfjährige werden sie von einem älteren Jungen in das Hüten von Kleinvieh, wie Ziegen, Schafe und vereinzelt Kühe in Kraalnähe eingeführt.

Wann ein *laiyoni* zu einem *moran,* einem Mitglied der Kriegerklasse, aufsteigen darf, bestimmt die geistige Reife, aber auch das Ansehen der Herkunftsfamilie oder die dem jungen Mann zugedachte Rolle innerhalb des Maasai-Verbandes. So kann es sein, dass der eine *laiyoni* die sehnlichst erwartete Beschneidungszeremonie, die *emorata,* mit 14 durchläuft, während ein anderer darauf bis zum Alter von 18 Jahren warten muss.

Von einer Altersklasse (oder von einem Klassenabschnitt) in die nächste gelangen die männlichen Maasai nur, indem sie sich **Zeremonien und Ri-**

ten unterziehen. Die unbeschnittenen Jungen werden also erst durch das Initiationsritual der Beschneidung zu Kriegern (*moran*) gemacht. Obwohl äußerst schmerzhaft und das manchmal über Monate, wenn die zur „Desinfektion" verwendete Asche genau das Gegenteil, nämlich eine Entzündung, hervorruft – wird die Zeremonie von den Jungen herbeigesehnt, denn sie markiert die Aufnahme in die ehrenvollste Altersklasse. Ohne Betäubungsmittel wird ihnen in einer aufwendigen Zeremonie von einem Älteren die Vorhaut abgetrennt. Auch wenn darüber nicht viel bekannt ist und nicht gern darüber gesprochen wird, endet die **Beschneidung** für viele Jungkrieger in lebenslangen Schmerzen und Disfunktionalität. Während der feierlichen Handlung darf ein Junge mit keiner Wimper zucken, um seinen Vater nicht zu entehren, keine Schande über die Familie zu bringen und zu beweisen, dass er der Aufgabe als Jungkrieger gewachsen ist. Als frisch gebackene Krieger, genauer gesagt als Jungkrieger oder *junior moran,* dürfen sich die Jungen erstmals der Autorität des Vaters entziehen. Nach einer „Lehrzeit", in der sie in Waffenumgang und Kampftaktiken geschult werden, übersiedeln sie vom elterlichen *enkang* in ein *emanyatta,* das Kriegerdorf, das ohne schützende Dornenumzäunung auskommen muss und wo ausschließlich Krieger wohnen. Es dient als eine Art Fort, das die Dorfgemeinschaft und das Vieh vor Übergriffen schützen soll. In dem *emanyatta* perfektionieren die jungen Männer ihre Überlebensstrategien gegenüber Mensch und Tier. (In der heutigen Zeit sind die meisten dieser Taktiken aber nur noch symbolischer Natur.) Als sichtbares äußeres Zeichen dürfen die Jungkrieger ab sofort einen der schweren Speere tragen. Sie gehen Beziehungen mit unbeschnittenen Mädchen ein und müssen jegliche Form von Alkohol meiden.

Nach einer bestimmten Zeit wechseln die Jungkrieger in den nächsthöheren Klassenabschnitt – wie jeder Aufstieg muss auch dieser von den Ältesten genehmigt werden. Nun dürfen sie die vom Vater geschenkten Kuhherden führen, d.h. nicht nur hüten, sondern auch geschickt über Preise verhandeln und bestmöglich verkaufen.

Nach etwa 10 Jahren beendet die prestigeträchtige **Eunoto-Zeremonie** das Kriegerdasein der Maasai-Männer. Die Zeremonie dauert mehrere Tage und findet in einem eigens für diesen Zweck angefertigten Krieger-Kraal statt. Die angehenden Exkrieger müssen sich dabei listigen Mutproben stellen. Einer der Höhepunkte der Zeremonie besteht darin, dass die Mutter (oder eine auserwählte Frau) dem Krieger im Sitzen den typischen Haarschopf abrasiert, was das Ende der Kriegerzeit symbolisiert. Der Krieger sitzt dabei auf dem gleichen Rindsleder, auf dem er Jahre zuvor bei der *emorata* beschnitten wurde. Danach wird der Kopf kunstvoll geschmückt. Nach zahlreichen weiteren Ritualen wird schließlich das Verbot von Milch- und Fleischverzehr aufgehoben, das während der Kriegerjahre bestanden hat. Nach der Eunoto-Zeremonie sind die Männer berechtigt, Familien zu gründen und Kinder in die Welt zu setzen. Traditionellerweise dürfen Maasai-Männer mehr als eine Frau heiraten. Sie stehen den Maasai-Verbänden als Mediatoren und Problemlöser zur Verfügung und nehmen die ungestümen *moran* unter ihre Fittiche. Als Zeichen dafür, dass sie keine Krieger mehr sind, tragen die Männer entrindete Stöcke statt Speere. Verwirrenderweise bezeichnen die Maasai diese Klasse als Senior- oder Vollkrieger, als *senior moran* oder *king'onde.*

Für viele Krieger ist der Eintritt in den neuen Lebensabschnitt wenig erfreulich, da er ihre aktiven und abenteuerlichen Juniorkriegerjahre beendet. Häufig schütteln und wehren sich die jungen Männer bei der Eunoto-Zeremonie, denn damit ist ihr Leben in Freiheit und Unabhängigkeit offiziell zu Ende.

Nach weiteren 15 Jahren – es können aber auch 13 oder 16 sein – dürfen die Männer in die Klasse der Älteren vorrücken. Sie brauchen nicht mehr zu kämpfen und zu verteidigen, sondern erhalten rituelle Machtmittel. Rechtschaffene Krieger, die sich bewährt haben, steigen zu den politischen Machthabern einer Gemeinschaft, dem **Ältestenrat,** auf. Sie unterrichten die Krieger und übernehmen rechtsprechende und administrative Aufgaben für die Gemeinschaft. So verteilen die Ältesten üblicherweise jeden Morgen die Aufgaben an die einzelnen Mitglieder der Gemeinschaft.

Für **Frauen gelten keine Altersklassen,** außer wenn sie einen Seniorkrieger heiraten, dann steigen sie in dessen Klasse auf. Trotzdem müssen sich die Mädchen Übergangsritualen unterziehen, um als vollwertige, eheberechtigte Frau angesehen zu werden. Sobald ein Mädchen das gebärfähige Alter erreicht hat, wird es beschnitten, d.h. die Klitoris wird mit einer Rasierklinge entfernt. Mit Milch, Asche und Kuhdung soll die Heilung gewährleistet werden und der jungen Frau werden sechs Wochen Genesungszeit zugestanden. Vielen **Mädchen kostet die Beschneidung das Leben** und der Großteil der Frauen leidet ein Leben lang unter den Folgen. Viele Maasai sind sich der Grausamkeit dieses Rituals bewusst und auch Männer versuchen, auf die Frauen einzuwirken, um Beschneidungen zu verhindern. Doch die Macht der Tradition ist stärker: Es sind vor allem die Mütter, die diesen Brauch fortsetzen – aus Angst, ihre Töchter würden zum Gespött der Gemeinschaft und von den heiratswilligen Männern verschmäht werden (vgl. Kapitel „Rituale und Feste").

▷ Bei den Maasai-Frauen gehört die Genitalverstümmelung immer noch zum Erwachsenwerden

085ts kk

Die **Aufgaben** von Frauen und Männern sind streng voneinander getrennt. Während **Männer für die Sicherheit,** also auch für die Zäune um die Häuser und Kraals, und die Rinderherden verantwortlich sind, haben **Frauen die Versorgung der Familie** zu garantieren. Sie sammeln Feuerholz, holen Wasser, melken die Kühe und kochen. Zudem ist der Hüttenbau Frauensache – immerhin gehört die Hütte ja auch der Frau, nicht dem Mann. Ein Maasai-Mann kann sich entscheiden, in welcher Hütte und bei welcher seiner Frauen er übernachtet. Wenn es ihm gefällt, kann er auch eine von seinen Frauen an einen Freund „ausborgen". Dass Maasai Männer mehrere Frauen heiraten dürfen, hat vor allem praktische Gründe. Während die erste Frau zumeist die Rolle der Vertrauten einnimmt, kommt jüngeren Frauen eher die Rolle als Magd und Dienstbotin zu. Schließlich ist die Arbeit, die durch große Viehherden und eine passable Kinderschar entsteht, nicht von einer Frau allein zu bewerkstelligen. Vielmehr wird da jede Hand gebraucht, die von der Erstfrau genauso wie die der Zweit- und Drittfrauen und die aller Kinder selbstverständlich auch.

Die Eckpfeiler der **Maasai-Lebensweise** sind in der tansanischen Moderne **stark bedroht.** Zum Leben und für den Handel reichen die Viehherden allein nicht mehr. Die willkürliche Landnahme der tansanischen Regierung für Nationalparks und der Verkauf von Großflächen an ausländische Meistbietende schränken den benötigten Lebensraum massiv ein. Außerdem kollidiert die allgemeine Schulpflicht mit der Altersklasse der *moran.* Viele junge Männer brechen die Ausbildung ab, da ihnen der Lebensabschnitt als Jungkrieger weit wichtiger und lohnender scheint als der Erwerb von Schulwissen. Maasai-Mädchen werden ohnehin früh verheiratet, somit bleibt auch ihnen ein Schulbesuch meist verwehrt.

So kommt **monetäre Armut unter Maasai** häufig vor, da sie keinen Zugang zu gut bezahlten Jobs haben und nur wenige Männer große Rinderherden besitzen. Durch den Verlust von Land dezimiert sich die Zahl der Rinder, die ein Maasai besitzt – während es in den 1960er-Jahren noch an die 30 pro Mann waren, sind es heute geschätzte 5. Im Grunde verachten sie Lohnarbeit, aber die Moderne hat auch vor den einst gefürchteten Kriegern nicht haltgemacht. Am ehesten sieht man Maasai-Männer noch als *askari,* als Wachmann, da sie wegen ihres Mutes und ihrer Ehrlichkeit gern eingestellt werden. Einige wenige engagieren sich in Handelstätigkeiten, andere suchen ihr Glück auf Sansibar, doch fast alle kehren nach einer bestimmten Zeit wieder in ihr Dorf zurück. Vielerorts partizipieren neuerdings Maasai-Dörfer am **Tourismus,** z. B. zahlen die Besitzer von auf Maasai-Boden errichteten Lodges und Camps Ausgleichsgelder an die Dörfer. Einzelne Maasai-Familien öffnen ihre Dörfer den Touristen. Interessierte Besucher dürfen Hütten betreten und nächtigen sogar im Dorf, z. B. im Maasai-Dorf Olpopongi westlich des Kilimanjaro. Oftmals fungieren Maasai-Männer als Guides bei Wanderungen oder Ausflügen. Vereinzelt gibt es auch Lodges, die von Maasai betrieben werden. Die Fäden im Hintergrund ziehen andere, aber die Maasai sind als Arbeitnehmer und Gastgeber für Touristen sichtbar. Mit den Einnahmen aus all diesen Erwerbstätigkeiten werden vor allem gemeinschaftliche Projekte wie Schulen oder Kliniken finanziert.

Zugleich werden die Maasai immens durch **HIV-Infektionen** bedroht. Sie verleugnen diesen Umstand zwar offiziell und tun es als „Seuche der Zivilisation" ab, doch ihr polygamer Lebenswandel hat AIDS zu einem täglichen Begleiter gemacht: Männer aus derselben Altersklasse dürfen Frauen untereinander austauschen und es spielt auch keine Rolle, wer der biologische Vater eines Kindes nun letztendlich ist. Männer bringen den Virus aus der Stadt ins Dorf und übertragen ihn auf ihre Frauen. Warum Kondome von allen Männern, egal ob Maasai oder anderen Ethnien, abgelehnt werden, kann im Kapitel „AIDS, eine Bedrohung für das soziale Gefüge" nachgelesen werden.

Misstrauen beherrscht die wechselseitigen Beziehungen zu anderen Ethnien und sogar zum Staat Tansania. Historisch bedingt hassten die Maasai die Bantu-Völker und bekriegten sie aufs Blut – bis heute blieb der gegenseitige Argwohn bestehen. Die Maasai wehren sich vehement gegen eine Eingliederung ins System. Sie umgehen die Schulpflicht (sowohl die der Jungs als auch die der Mädchen) und verweigern sich staatlicher

Bevormundung. Obwohl das Nomadentum das Land vor Überweidung schützt, wollen die Behörden dieser „altmodischen" Lebensweise den Riegel vorschieben und würden diese Ethnie lieber in „Reservaten" sehen. Die Maasai hingegen bestehen auf ihren Traditionen und halten sich nicht gern an die imaginären Nationalpark- oder gar Landesgrenzen.

Seit der sozialistischen Ära, als die nationale Einheit über Stammesgrenzen hinweg propagiert wurde, gelten die Maasai (so wie die Hadza, siehe unten) als rückständig und minderwertig. Selten können sie auf Unterstützung der lokalen oder nationalen Behörden zählen. Ihre Siedlungsgebiete sind infrastrukturell benachteiligt, es gibt kaum Schulen, Kliniken und Straßen, ganz zu schweigen von Strom oder Internetzugängen.

In der Regierung und den internationalen Entwicklungsorganisationen ist man sich einig, dass die Maasai **zur Sesshaftigkeit gezwungen werden** sollten. Damit hätten die nationalen und internationalen Stellen besseren Zugriff auf die Menschen. Doch nicht nur von außen, sondern auch intern bahnen sich Veränderungen an. Junge Maasai, die durch Entwicklungshilfeprojekte Schulbesuche finanziert bekommen, lehnen sich vereinzelt gegen die Maasai-Gesellschaft auf. Einige Organisationen konzentrieren sich besonders auf die Förderung von Maasai-Mädchen, um so der Praxis der Beschneidung Einhalt zu gebieten. Unabhängig davon, was die Maasai letztendlich aus ihrer Ausbildung machen werden, in allen Schulen zeigt sich dasselbe Bild: Die Maasai zählen immer zu den Klassenbesten.

Die letzten Buschmänner: die Hadza

Die letzten Buschmänner Tansanias, die **Hadza** (auch *Hadzabe* genannt) im Gebiet des Lake Eyasi im Norden sind weitläufig mit den *Khoi-San* verwandt, die heute hauptsächlich in Namibia, Südafrika und Botswana leben. Diese Ethnie zeichnet sich durch zwei Merkmale besonders aus: einerseits durch die Schnalz- und Klicklaute in ihrer Sprache und andererseits durch ihre körperliche Erscheinungsform. Anders als die negriden Völker Afrikas sind die Khoi-San-Völker kleinwüchsig, ihre Hautfarbe ist gelblich-braun und ihr Gesicht z. B. durch eine distinktive sichelförmige Lidfalte am inneren Randwinkel des Auges gekennzeichnet, die das Auge schlitz- oder mandelförmig erscheinen lässt (ähnlich wie bei den asiatischen Völkern). Genealogen gehen davon aus, dass die Hadza in direkter Linie auf die Urahnen der Menschheit zurückgehen. Man nimmt an, dass es noch ca. **2000 Hadza** gibt.

Sie sprechen *Hadzane,* eine mit dem *San* (Sprache der Khoi-San) weitläufig verwandte, aber dennoch in vielen Merkmalen eigenständige Klicksprache. Sie bestellen keine Felder, halten kein Vieh, haben keine dauerhaften Unterkünfte und keinen nennenswerten Besitz, kommen ohne Zeremonien aus und verzichten auf Verhaltensregeln. Alle Tiere des Buschs stehen auf dem Speiseplan der Hadza, außer Schlangen, die als Medizin verwendet werden, und Hyänen, weil sie Kadaver verspeisen. Traditionellerweise rauchen die Hadza Marihuana und starken Tabak. Mit ihren verschiedenen Nachbarstämmen (den *Iraqw,* den *Datoga* oder den *Isanzu*) pflegen sie friedlichen, wenn auch eingeschränkten Kontakt, doch mittels der Zweitsprache Kiswahili klappt die Verständigung ganz gut. Der Großteil der Hadza lebt traditionell als Jäger und Sammler, nur vereinzelt gehen sie einer bezahlten Arbeit auf den benachbarten Plantagen der Europäer oder als Fährten- und Spurenleser bzw. *guide* für Touristen nach. Eine Handvoll Hadza arbeitet sogar in regierungsnahen Positionen.

Seit einigen Jahren steht die traditionelle Lebensform des Jagens und Sammelns (von Honig oder Früchten), die bis vor Kurzem gänzlich ohne Geld, Religion oder gar Zeitmessung auskam, auf dem Prüfstand, denn die Volkszahlen sind rückläufig. Zum einen sind Inzest und mangelnde Hygiene dafür verantwortlich, dass viele Babies mit Missbildungen zur Welt kommen und Männer teilweise zeugungsunfähig geworden sind. Zum anderen haben der allgemeine Bevölkerungsdruck und die landwirtschaftliche Bodennutzung der letzten Jahre das Jagdgebiet der Hadza verkleinert. Viele Tansanier ziehen in das karge Hinterland von Karatu, um mit Zwiebelanbau gutes Geld zu verdienen. Die hier sesshaften Datoga, ein den Maasai ähnliches Volk von Viehhütern, pochen auf ihr Vorrecht an Weideland. Gleichzeitig haben sich einige Familienverbände der Hadza, besonders in der Nähe des Dorfes Man'gola, den Touristen geöffnet, nehmen sie mit auf die Jagd und verkaufen ihnen Souvenirs. Noch Mitte der 1990er-Jahre erhielten die Hadza lediglich von ein bis zwei Touristen pro Woche Besuch, wenige Jahre später jedoch wurden es bereits mehrere Wagen pro Tag. Solange die in Tansania ansässigen Safariagenturen nur mit jenen Familien zusammenarbeiten, die sich freiwillig und ohne Berührungsängste den Fremden stellen, erfüllt der voyeuristische **Kulturtourismus** seine Aufgabe. Problematisch aber wird es dann, wenn jene 800–1200 Hadza belästigt werden, die von den westlichen Errungenschaften unbehelligt bleiben möchten. Der Kulturtourismus ist vor allem auch deshalb kritisch zu bewerten, weil es den Hadza schwerfällt, das verdiente Geld sinnvoll, z. B. in Lebensmittel oder Mais, umzusetzen. Geschäftstüchtige Männer der benachbarten Volksgruppen haben dieses Manko erkannt und begannen, ihnen Alkohol und Tabak zu verkaufen. So profitieren zwar die Nachbardörfer von den Touristen, die zu den Hadza kommen, die Hadza selbst aber verlieren ihre althergebrachte Lebensweise. Gleichzeitig hat der Kulturtourismus den Hadza auch etwas Gutes

Extrainfo 3 (s. S. 8): Reportage über die letzten Buschmänner Tansanias, die Hadzabe gebracht: In den lokalen Gemeinschaften wuchs ihr Ansehen drastisch, denn wenn Touristen von weither anreisen, um die Buschmänner zu sehen, können sie ja so primitiv und minderwertig nicht sein. Als rückständig und primitiv werden sie nämlich von der Regierung betrachtet, Attribute, mit denen sich ein Land nicht bekleckern darf, das den Anschluss an den Fortschritt sucht. Diskriminierung, besonders auf institutioneller und politischer Ebene, ist die Folge. Seit Jahren versucht die tansanische Regierung, den Lebensraum der Hadza systematisch zu beschneiden und ökonomisch zu verwerten. 2007 wollte die Regierung ihnen die Landrechte entziehen, um einer königlichen Familie der Vereinigten Arabischen Emirate den Lebensraum als Jagdgebiet zu überlassen. Diese Pläne sind aber mittlerweile vom Tisch. In den Dörfern rund um den Eyasi-See hat ein Umdenken stattgefunden: Man nimmt die Hadza plötzlich ernst, integriert sie in politische Entscheidungen und stellt ihnen Lebensraum zur Verfügung. Man hat sogar begonnen, die geführten Touren zu reglementieren. Die Hadza-Verbände suchen sich die Männer, die sie als Guides in ihre Dörfer lassen, selbst aus. Diese erhalten offizielle Ausweise und müssen für ihre Dienste eine Rechnung ausstellen. Am besten ist es aber ohnehin, dem Oberhaupt der jeweiligen Hadza-Familie den Tourpreis in die Hand zu drücken.

Die Zukunft wird zeigen, ob die Hadza den Umbrüchen gewachsen sein werden. Erste Versuche, ihnen Saatgut zu geben und Ackerbau beizubringen, sind im Sand verlaufen, denn das Saatgut verzehren sie und aus den Hacken fertigen sie Jagdwaffen. Wie sie mit der Einschränkung ihres Jagdgebietes und den Einflüssen des Westens umgehen, wird sich ebenfalls zeigen. Es mag diese Ethnie möglicherweise dasselbe Schicksal ereilen wie die Maasai, die auch sukzessive ihre traditionelle Lebensweise aufgeben. Der Fortschritt dringt auch in Tansania bis in die entlegensten Landstriche vor.

Die Herren des Kilimanjaro: die Chagga

Mit geschätzten 2 Mio. Menschen zählen die Chagga zu einer der zahlenmäßig bedeutendsten Ethnien des Landes. Sie leben größtenteils um den und am Kilimanjaro, doch man trifft im ganzen Land auf sie, denn oft sind es Chagga, die gut gehende Geschäfte, Mittelklassehotels oder Safari-Unternehmen ihr Eigen nennen. Sie zählen zu den **tüchtigsten Geschäftsleuten** und fleißigsten Landwirten in Tansania, was von anderen Ethnien neidvoll und misstrauisch beäugt wird.

Da sich die ersten Missionare bereitwillig im gemäßigteren Teil Tansanias niederließen, waren es die Chagga, die zuerst christlich missioniert

015ts kk

wurden und somit Zugang zu **Bildung** erhielten. Dieser Umstand allein zeichnet aber nicht für ihre Findigkeit und Strebsamkeit verantwortlich, vielmehr bestellten sie schon seit Hunderten und Tausenden von Jahren mit althergebrachten, pfiffigen Methoden erfolgreich ihr Land. Die neuzeitliche Bildung gab ihnen vermutlich nur noch den letzten Schliff, um auch in der Geldwirtschaft zu brillieren.

Manche sagen neidvoll, es sei leicht, eine blühende Landwirtschaft hervorzubringen, wenn man direkt die Gewässer des Kilimanjaro anzapfen kann. Doch dies stimmt nur bedingt, denn ohne ihre **effektiven Bewässerungssysteme** und unterirdischen Kanäle wären die Chagga nur halb so erfolgreich. Das Gefälle der oft nur 30 bis 40 cm schmalen, einfach in die Erde gegrabenen oder in den Fels gehauenen Kanäle ist so gering, dass es das menschliche Auge nicht wahrnehmen kann. So entstand zu Zeiten *Vasco da Gamas* im 15. Jh. die Legende von Wasser am Kilimanjaro, das bergauf fließt. Man sieht sie kaum, doch allerorten hört man es leise plätschern und gurgeln – die Kanäle führen fast zu jedem Haushalt der Chagga. Ein faires Entnahmesystem regelt die Zufuhr zu den Häusern, sodass alle regelmäßig Wasser abzapfen können und das fragile System nicht kollabiert. Grellbunte Wasserkübel auf den Köpfen und in den Händen von Frauen sind ein seltener Anblick am Kilimanjaro – die Hände bleiben frei für das Sammeln von Grünfutter für die Rinder, die zu Hause im Stall gehalten werden. Schon kleine Kinder helfen da tatkräftig mit. Der Mist aus dem Stall ist wichtig als Dünger, was erklärt, warum trotz saftiger Weiden keine einzige Kuh auf den Almen zu sehen ist. So entwickelte sich ein ausgeklügeltes Plantagensystem, basierend auf Bewässerungsanlagen, ausreichend vorhandenem Düngemittel und dem gemäßigten Klima am Dach Afrikas.

Kaffee für den Export wird angebaut, doch anders als in Arusha oder Mbeya, wo riesige Plantagen in westlicher Hand Kaffeebohnen produzieren, wird der Kaffeeanbau am Kilimanjaro von Familien- und Dorfverbänden getätigt. Vor jedem Haus stehen Kaffeesträucher. Solche Kleinplantagen mögen vielleicht nicht so effizient wie die des Nachbarn Arusha sein, doch die Chagga erhalten sich ihre Eigenständigkeit damit.

Untrennbar mit den Chagga sind auch ihre **Legenden** verbunden. Sie erzählen von alten Kriegen mit den anderen Stämmen, von den ersten Weißen und natürlich den Ungeheuern und Wassergeistern. Sie spielen eine bedeutende Rolle in der lokalen Mythologie, da sich die Chagga des Wertes des Wassers vollauf bewusst sind. Im Lake Chala soll beispielsweise ein Seeungeheuer leben, das zur Besänftigung Menschenopfer fordert, am besten Jungfrauen. Am Lagerfeuer (abends wird es empfindlich kalt) und bei einem Gläschen *mbege* werden solche alten Legenden gern erzählt. Ob man sich bei dem gewöhnungsbedürftigen Geschmack dieses Gebräus aus vergorenen Bananen in Hirsesuppe auf die Geschichten konzentrieren kann, bleibt allerdings fraglich.

◁ Die Chagga leben mit und auf dem Kilimanjaro

Die Hüter des Lake Victoria: die Sukuma

Sukuma heißt einfach „im Norden" und beschreibt treffend **die größte Ethnie in Tansania,** die im äußersten Norden angesiedelt ist: rund um den Lake Victoria mit den Hauptorten Mwanza und Shinyanga. Man vermutet, dass sich die zahlreichen kleinen, voneinander unabhängigen Königreiche der Sukuma im 16. Jh. zu einem großen, einheitlichen Königreich formierten, nachdem sich das Volk aus dem heutigen Uganda im 14. Jh. auf tansanischem Gebiet angesiedelt hatte. Ethnologisch eng mit den Nyamwezi verwandt, sprechen beide Stämme eine Bantu-Sprache und betreiben überwiegend Feldwirtschaft. Die Sukuma halten daneben auch Rinderherden und sofern sie am Ufer des Viktoriasees wohnen, leben sie außerdem vom Fischfang. In jüngerer Zeit wandten sie sich den Devisenbringern Baumwolle und Tabak zu. Im Sukuma-Land befinden sich heute die größten Baumwollfelder Ostafrikas. Im Alltag gab es die traditionelle Arbeitsteilung, nämlich Viehhaltung und Jagd waren den Männern, Familie, Feldarbeit und Tauschhandel den Frauen bestimmt.

Bereits zu Zeiten der aufgesplitterten Königreiche und Dörfer wurde **reger Handel** mit den Nachbarkönigreichen im heutigen Uganda und Tansania getrieben. Sie machten auch mit den arabischen Händlern Geschäfte, die auf der Suche nach Sklaven als erste Fremde das inzwischen vereinigte Königreich besuchten und agierten zudem als Mittelsmänner im Sklavenhandel. In dieser Zeit, nämlich in den 1860er- bis 1880er-Jahren, vermochte der **Sukuma-König Mirambo,** ein gewiefter Stratege, sein Königreich durch geschickte Diplomatie und auch Eroberungsfeldzüge enorm zu vergrößern. Dies erklärt auch, warum die Sukuma zusammen mit den Nyamwezi heute die absolut größte Ethnie Tansanias darstellen. Um *Mirambo* ranken sich noch heute Geschichten und Mythen, da er mit seiner Machtfülle gar den Kolonialisten die Stirn bieten konnte. Bevor die Missionare das Christentum und die arabischen Händler den Islam ins Land brachten, wurde der König fast wie eine Gottheit verehrt. Ihm zu Ehren wurden Opfer gebracht und Rituale abgehalten. Im Sukuma-Museum in Bujora (nahe Mwanza) können Objekte dieses **Königskultes** besichtigt werden. Noch heute existiert formal ein König, der allerdings durch die Bildung des Staates Tansania politisch an Wirkungskraft verloren hat.

Nur die **Ahnen und Naturgeister** sind noch gefürchteter als der König. Die Furcht vor deren Macht und Aberglaube bestimmen das Miteinander. Man konsultiert hoch angesehene Regenmacher, traditionelle Medizinmänner und Geisterheiler, da diese angeblich Hexen erkennen und von bösen Geistern befreien können. Sie bezichtigen alte Frauen der Hexerei, weshalb es in Sukuma-Land noch heute die meisten (illegalen) Hexenverbrennungen des Landes gibt. Außerdem behaupten sie, weiße Körperteile von Albinos brächten Reichtum und Glück. Nirgendwo sonst finden so viele Attacken auf Albinos statt (siehe auch das Kapitel „Hexen, Geister, Ahnen und der alltägliche Zauber“ ab Seite 84).

Die nächste Generation?

Wie in anderen Gesellschaften auch beklagt man, dass die Jugend die Traditionen nicht weiterleben will. In Zeiten von Internet, Globalisierung und den Versuchungen der westlichen Welt ist diese Sorge nur allzu berechtigt. Gerade die jungen Leute in den urbanen Zentren Tansanias versuchen, sich von den Ketten der Stammesherkunft und der Großfamilie zu befreien und streben nach einem Leben in relativer Freiheit. Nicht viele Ethnien sind so selbstbewusst und stolz wie die Maasai oder die Hadza und so müssen Ethnologen befürchten, dass einige Volksgruppen mitsamt ihren Sprachen in den nächsten Dekaden von der Landkarte verschwinden.

016ts kk

Dennoch, um **Kiswahili als völkerverbindende Sprache** braucht sich niemand ernsthafte Sorgen zu machen. Als relativ neutrale Sprache, die keine Ethnie bevorzugt oder eklatant benachteiligt, gehört die Verkehrssprache zu den am schnellsten wachsenden Sprachen der Welt. Als friedenstiftende Sprache genießt Kiswahili Anerkennung in der westlichen Welt. Laufend vermehrt sich der Wortschatz, mehrheitlich um technische Termini. 2004 lancierte Microsoft eine Kiswahili-Fassung seines Betriebssystems; die einflussreichste britische Rundfunkanstalt mit Bildungsauftrag, die *BBC*, produziert seit mehreren Jahren einen eigenen Kiswahili-Ableger bestehend aus Internet und Radio mit Nachrichten, Blogs und Features. (Siehe dazu auch das Kap. „Informatives aus dem Internet“ im Anhang.) Auch Radio France International sendet seit 2011 auf Kiswahili. In den USA ist es zudem scheinbar im Trend, Kiswahili zu lernen, insbesondere an den Universitäten. Seit 2009 erscheint das Netzwerk Facebook in Kiswahili und will damit 110 Mio. Menschen ansprechen.

Religion – so Gott will

„Mungu akipenda!"
„So die Göttlichkeit will."
(Geflügeltes Wort in Tansania, das über alle ethnischen und religiösen Grenzen hinweg Verwendung findet.)

Als eine der **Grundfesten der afrikanischen Existenz** kann die Religion angesehen werden. Sie ist ein stabiler Bestandteil des Alltags und umfasst alle Bereiche des Lebens: der Muezzin, der die moslemische Bevölkerung zum Gebet ruft; der wöchentliche Kirchgang der christlichen Gemeinde; Aufschriften auf *daladalas* (tansanische Minibusse); Missionare in den entlegensten Winkeln des Landes; Frauen, die wegen angeblicher Hexerei verbrannt werden; Tischgebete vor dem Essen – all dies ist in Tansania zu finden.

Zwei Weltreligionen dominieren hier, der **Islam** und das **Christentum.** Noch heute gibt es eine interessante geografische Verteilung der beiden größten Konfessionsgruppen Tansanias. Da die wichtigen Karawanenrouten von Nord- und Zentraltansania, die an den Lake Tanganyika und den Lake Victoria führten, allesamt überwiegend in der Ebene verliefen und die arabischen Händler die Berge mieden, begannen die christlichen Missionare ebenda ihre Tätigkeit. So dominieren heute in den Bergen oft christliche Glaubensrichtungen, während in der Ebene entlang der alten Karawanenrouten, der muslimische Einfluss deutlich spür- und sichtbar ist.

Um zu verhindern, dass die Religion in Tansania (wie in vielen Ländern Afrikas) zu einem Politikum wird, wird bei Volkszählungen seit 1967 nicht mehr nach der Religionszugehörigkeit gefragt. Man geht davon aus, dass die Mehrheit der Festlandtansanier Christen sind (ca. 40 %, davon etwa jeweils halb katholisch, halb protestantisch), während an die 30 % dem moslemischen Glauben angehören. Schätzungsweise ebenfalls ca. 30 % der Bevölkerung sind Anhänger traditioneller Religionen und der Ahnenkultur. Auf Sansibar stellen Moslems mehr als 95 % der Bevölkerung dar. Daneben existiert eine hinduistische Minderheit.

Geschichte der Missionierung

Zu den **ältesten Zeugnissen des Islam** in Ostafrika zählt die Moschee von Kizimkazi, wo sich eine Inschrift in einer Gebetsnische auf das Jahr 1107 datieren lässt. Die Ankunft der Portugiesen (1502) hingegen markiert den Beginn der christlichen Zeitrechnung in Tansania. Allerdings wurde versucht, das Christentum im Gegensatz zum Islam gewaltsam durchzusetzen. Auf dem Weg nach Indien hatte *Vasco da Gama* katholische Ordensleute mit an Bord, die den „Barbaren“ das Christentum bringen sollten. Die Erfolge in der Missionierung waren aber nur von kurzer Dauer, denn aufgrund der Grausamkeit der portugiesischen Herrscher lehnten die Menschen die importierte Religion ab. Stattdessen beugten sie sich dem Druck der muslimischen Herrscher und kehrten reuig in den Schoß des *Mohammed* zurück.

Danach war mit der Christianisierung vorübergehend Schluss, denn die Herrschaft des Oman bedeutete, dass nun die Muslime am Hebel saßen. Die nächsten christlichen Missionare und Kolonialisten legten erst Mitte des 19. Jh. an den Küsten Tansanias an. *David Livingstone* war einer der Wegbereiter der bevorstehenden **massiven christlichen Missionierungswelle.** Unter dem Vorwand, etwas gegen die Sklaverei unternehmen zu wollen, folgten ihm viele Geistliche aus den verschiedensten Ländern, doch in Wahrheit ging es den Kirchenoberhäuptern um einen neuen Kreuzzug unter dem Deckmantel der Nächstenliebe.

Anfangs bemühte man sich um ein gutes Auskommen mit den Andersgläubigen. Der beste Beweis dafür ist wohl das Empfehlungsschreiben von *Sayyid Said bin Sultan,* das er dem Missionar *Johann Ludwig Krapf,* Gesandter der britischen anglikanischen *Church of England,* ausstellte und diesem damit die Türen der islamischen Gemeinschaften öffnete. Die arabischen Geschäftsmänner wollten sich jedoch von den Neuankömmlingen kein politisches Diktat aufhalsen lassen und so entstanden die ersten Spannungen wegen unüberbrückbarer Differenzen in punkto **Sklaverei.** Insbesondere der Orden „Väter vom Heiligen Geist“

092ts Fotolia.com © nyiragongo

☒ In Stone Town stehen Kirchen neben Moscheen. In jüngerer Zeit ist das unbeschwerte Miteinander allerdings schwieriger geworden.

in Bagamoyo zog sich den Ärger der islamischen Gemeinde zu, als er damit begann, Sklaven freizukaufen und zu unterrichten.

In den ersten Jahren der Kolonialisierung standen den deutschen Kolonialherren hauptsächlich muslimische Inder und Araber als Mitarbeiter zur Verfügung, da sie als einzige der Schriftsprache mächtig waren. Sie wurden als Beamte eingesetzt, doch ihr Glaubensbekenntnis war mehr als kontraproduktiv, denn neben ihrer eigentlichen administrativen Tätigkeit sorgten sie auch dafür, dass der Islam im Landesinneren eine Aufwertung erfuhr. Plötzlich war der Islam nicht mehr die Religion der verhassten Sklavenhändler, sondern der gebildeten Beamten. Es folgte eine Phase, in der sich die **christlich-muslimischen Beziehungen drastisch verschlechterten.**

Insbesondere nach dem Ersten Weltkrieg, als Großbritannien die Kolonie mittels *indirect rule* (indirektes Herrschen) regierte, wurden die christlichen Missionen begünstigt. Durch ihre Initiativen im Bereich der Bildung war es den Briten überhaupt erst möglich, die Form des indirekten Herrschen in Tansania auszuüben, denn so konnten sie eine neue Schicht gut geschulter Tansanier in die Administration übernehmen. Dieser **Wechsel des Regierungssystems** brachte die Muslime zunächst ins Hintertreffen. Wenige Dekaden später allerdings, als Tanganyika in die Unabhängigkeit geführt wurde, übernahmen die Muslime den Befreiungskampf, während die christlichen Führer sich den vormals regierenden Kolonialherren gegenüber solidarisch zurückhaltend verhielten. Dieser Einsatz wurde den Muslimen gedankt: Sie erhielten einflussreiche Jobs in der neuen Regierung und den Ministerien. Und das, obwohl der erste Präsident des Landes, *Mwalimu Julius Nyerere,* Katholik war.

Erst in den 1980er-Jahren, ermutigt durch die Islamische Revolution im Iran und die Umbrüche in Libyen und dem Sudan, traten die **Fundamentalisten** auf den Plan. Die Petrodollars aus den arabischen Ländern brachten neue Investoren und den Bau einer Vielzahl von Moscheen und islamischen Schulen. Junge Muslime wurden sogar in anderen Ländern trainiert, um extremes Gedankengut in die tansanischen Moscheen zu infiltrieren. 1993 geriet die Situation außer Kontrolle, als der damalige Bischof eine Erklärung gegen die muslimischen Fundamentalisten herausgab, was in Dar es Salaam zu konzertierten Anschlägen auf Metzger, die Schweinefleisch verkauften, führte. Anschließend wurden einige der Extremisten zwar festgenommen, doch unter der Oberfläche der islamischen Gemeinde gärt es bis heute.

Die **Missionierung** Afrikas und Tansanias ist noch lange nicht abgeschlossen. Quer durch die Bank, ob Moslems, katholische Missionare, die Zeugen Jehovas, Pfingstkirchen *(Pentecoastal Church),* Quäker – sie alle drängen nach Tansania. Bibeln werden in die lokalen Sprachen übersetzt, Kirchen gebaut, Messen abgehalten, Bibel- und Koranschulen für Kinder initiiert. Oft sind den Missionen **Schulen und Krankenhäuser** angeschlossen, was natürlich die Lebensqualität der Menschen im Busch verbessert. Andererseits sorgen diese Einrichtungen auch für eine starke Bindung zur jeweiligen Religionsgemeinschaft - und dafür, dass die lokale Bevölkerung die Bibel in der Stammessprache überhaupt lesen kann. Gerade im Busch sind solche Missionsstationen auch für Reisende Oasen der Labung. Manche haben einfache, aber blitzeblanke Gästezimmer oder man kann im Garten campieren und das Essen ist in den meisten Fällen üppig und vorzüglich.

Vielmehr als an Gott selbst glauben die meisten Tansanier an das **Unglück,** das jene ereilt, die nicht in die Kirche gehen. Diese Furcht ist Basis einträglicher Geschäfte geworden, was viele Menschen zunehmend beklagen. Eine eigene Glaubensgemeinschaft zu gründen, ist nämlich jedem Staatsbürger gestattet. Dagegen, dass die **sonntägliche Kollekte** - eine Art Ablasskollekte, um sich Glück und Erfolg zu kaufen - dann in die Taschen windiger Geschäftemacher fließt, will niemand etwas unternehmen. Zu groß ist die Furcht vor dem Zorn Gottes. 10.000 TSH pro Person sind keine Seltenheit - eine Unsumme bei einem durchschnittlichen Monatslohn von 100.000 TSH. So bereichern sich nicht wenige an den Ängsten ihrer Mitbürger, wobei den Gläubigen meist nicht mehr als eine Kirche aus Plastikplanen und defekte Lautsprecher geboten werden.

Der interreligiöse Dialog

Das **soziale Engagement der christlichen Kirchen** prägt den tansanischen Alltag in hohem Maße. Die wichtigsten und größten Spitäler des Landes werden von christlichen Ordensgemeinschaften betrieben und von Partnerpfarreien in Europa finanziert, das Gleiche gilt für Kindergärten, Schulen, Fraueninitiativen und Waisenhäuser. Das soziale Engagement der westlichen Kirchengemeinden trägt wesentlich zur besseren Versorgung besonders der Landbevölkerung bei. Dabei spielen die Konfessionen der „Schäfchen" keine Rolle - in den christlichen Institutionen werden Menschen aller Glaubensrichtungen versorgt.

Muslimische Sozialeinrichtungen, außer Schulen, Koranschulen und vereinzelt kleinere (teilweise auch elitäre) Krankenhäuser, sind hingegen eher selten. Bei den Muslimen dominieren die Sunniten (die in Ostafrika am meisten verbreitet sind), doch auch Ismaeliten, Schiiten, die turbangeschmückten Sikhs oder die persischstämmigen Shirazi haben in Tansania Fuß gefasst.

017ts kk

Außer in Dar es Salaam und auf Sansibar kommt es **kaum** zu **Spannungen** oder gar Zusammenstößen von Christen und Muslimen. Der Großteil der moslemischen Glaubensgemeinschaften ist im regierungstreuen Dachverband *BAKWATA* organisiert und hat mit fundamentalistischem Gedankengut nichts am Hut, obwohl sich die moslemische Gemeinschaft spätestens seit dem Erlass einiger umstrittener Gesetze in den 1970er- und 1980er-Jahren benachteiligt wähnt. Der interreligiöse Frieden könnte jedoch bröckeln, wenn die regierende Elite – die zum größten Teil aus Christen besteht – weiterhin repressive Bestimmungen erlässt. So verabschiedete die Regierung nach dem 11. September 2001 beispielsweise die *Bill Kadhi,* mit der sie ihre Kontrollbefugnisse über die moslemischen Organisationen ausweitete. Dass der Gesetzesentwurf von einem christlichen Minister in der Öffentlichkeit präsentiert wurde, empfanden viele Angehörige moslemischer Glaubensgemeinschaften als Provokation.

Andererseits existieren auch Hinweise darauf, dass extremistische Gruppen sehr wohl im Untergrund Tansanias operieren. So wollen die Gerüchte nicht verstummen, dass auf der Insel Pemba Terrorzellen von Al Qaida Unterschlupf gewährt wird. Auch die einflussreichen Imame auf der Nachbarinsel Sansibar machen keinen Hehl daraus, dass sie talibanfreundlich sind und deren Gedankengut tatkräftig unterstützen.

Das **nachbarschaftliche Zusammenleben** scheint im Großen und Ganzen friedlich abzulaufen. Man teilt Leid und Sorgen, Freude und Feierlichkeiten. Egal ob zu Taufen, Hochzeiten, Beerdigungen oder anderen Festen, man wird gegenseitig eingeladen und nimmt aus Respekt vor den Nachbarn teil. Gerade an der Küste, in Dar es Salaam und auf Sansibar werden neben den staatlichen auch die religiösen Feiertage gemeinsam begangen. So feiern die Christen die Feste der muslimischen Tansanier, während jene an Weihnachten oder Ostern ebenfalls freihaben und teilweise mit ihren Nachbarn mitfeiern. Oft gibt es zwei Religionen innerhalb einer Familie und **interreligiöse Hochzeiten** sind keine Seltenheit. Vorsichtige Schätzungen gehen davon aus, dass rund zwei Drittel aller Großfamilien religiös gemischt sind: Bei Tisch wird christlich gebetet, im Ramadan gemeinsam muslimisch gefastet. Diese Art des Zusammenlebens ist jedoch nicht immer frei von Spannungen, vor allem da die Religion der Väter Vorrang hat und die Kinder selbst gegen den Wunsch der Mutter diese Konfession übernehmen müssen. Über die jeweils andere Religion weiß man Bescheid, in einem Maße, das weit über das Schweinefleischverbot und das Kopftuchgebot hinausgeht.

Christen kritisieren am ehesten das überhebliche Selbstverständnis der Muslime und die herabwürdigende Haltung des Islam anderen Glaubensrichtungen gegenüber. Für Muslime sind die Christen unrein, da sie nicht beschnitten sind, Alkohol trinken, Schweinefleisch essen und nicht an *Allah* glauben. Christen dürfen bei einer muslimischen Beerdigung nicht helfen, da die dadurch entstehende Beschmutzung der Leiche den Weg der Seele ins Paradies beeinträchtigen würde.

Weniger harmonisch verläuft **das Miteinander auf institutioneller Ebene.** Hier wird am ehesten Misstrauen geschürt, wenn z. B. muslimische Mütter ihre Kinder nicht in katholische Kindergärten geben dürfen oder eine Frau einer Kirche verwiesen wird, weil sie einen Muslimen geheiratet hat. Während die muslimische Amtskirche tendenziell ablehnend gegenüber Andersgläubigen eingestellt ist, hat die christliche Amtskirche noch nicht damit aufgehört, die Bekehrung zu *Jesus Christus* als oberste Mission zu sehen. Gerade europäische und amerikanische Theologen sind oft von einem enormen **Sendungsbewusstsein** getrieben. Doch auch hier gibt es bemerkenswerte Initiativen beider Seiten, die den Dialog in den Vordergrund rücken und irrationale Animositäten sowie Eitelkeiten verurteilen. Denn dessen ist man sich bewusst: Der dauerhafte Frieden in Tansania kann nur durch Dialog und Toleranz weiterhin gewährleistet werden.

☐ Muslimischer Junge auf dem Weg in die Koranschule

Hexen, Geister, Ahnen und der alltägliche Zauber

„Dua la kuku halimpati mwewe."
Wörtlich: „Der Fluch einer Henne erreicht den Habicht (der die Küken reißt) nicht."

(Sprichwort aus Tansania)

Tansanier glauben an Gott und die göttliche Vergeltung, aber noch mehr glauben sie an Geister. Die Grenzen zwischen anerkannten Religionsgemeinschaften und afrikanischen Traditionen sind fließend. Sonntags singen sie lauthals Loblieder auf Christus und Gott; montags sitzen sie verzweifelt bei Hexenaustreibern, um gegen ihr Unglück zu kämpfen. An Tod, Krankheit, Ernteausfällen oder schlechten Jobs haben schließlich mächtige Geister und Ahnen Schuld.

Vielleicht eines der am besten dokumentierten Beispiele für den Glauben an überirdischen **Zauber** ist der Maji-Maji-Krieg (1905–1907) im südlichen Tansania, wo die Menschen glaubten, ein Zauberwasser (*maji* bedeutet Wasser) ließe die Gewehrkugeln der deutschen Soldaten an ihnen abprallen. So gestärkt schlossen sich Zehntausende der Rebellion an – und bezahlten mit dem Leben. (Siehe dazu auch den Exkurs „Die Chronologie des Widerstands".) In den letzten Jahren hat der Heiler *Mwasapile* den Menschen den Kopf verdreht. Er selbst hat viel Geld verdient, während Menschen für ihren Aberglauben sogar den Tod in Kauf genommen haben.

Damals wie heute ist der **Alltag von Aberglaube geprägt.** Wer eine der lokalen englischen Zeitungen aufschlägt, wird vielleicht auf eine ähnliche Meldung wie die folgende stoßen: Ein 18-jähriges Mädchen wurde bei dem Versuch verhaftet, einen Säugling aus einer Krankenstation zu stehlen. Der Polizei erklärte die junge Frau, seine Großmutter habe sie geschickt, um das Neugeborene und Blut seiner Mutter zwecks Zauberei zu holen. Sie gab an, dass sie bei der Erfüllung ihres ersten Auftrags magische Kräfte besessen hätte und dass der Erfolg dieser Mission darüber bestimme, ob sie in die Zaubererhierarchie ihrer Familie aufgenommen würde. Eine andere Meldung verlautbarte, dass Unbekannte Gräber von Albinos geöffnet und Körperteile der Leichen entwendet hatten (s. S. 86). In einer Zeitung war zu lesen, dass Jugendliche eine alte Frau gelyncht hatten, weil sie ihrer Meinung nach an der langen Dürreperiode im Dorf schuld wäre. Solche oder ähnliche Meldungen kursieren fast täglich in der Presse.

Geister und ihre Austreiber

Tansanier glauben, dass in erster Linie Geister und Ahnen – mögen sie gut oder eben böse sein – ihre Geschicke bestimmen. Abstammung und Verwandtschaft, auch über mehrere Generationen hinweg, spielen eine bedeutende Rolle. Die Verstorbenen sind nämlich nicht ausgelöscht, sondern als Geister und geistige Kräfte allgegenwärtig. Die Ahnen und mythischen Urväter sowie -mütter greifen in die Geschicke der Lebenden ein, weswegen man sich um ihr Wohlwollen bemühen muss. Um sie gnädig zu stimmen, werden Tänze, Rituale und Zeremonien abgehalten. Auch sind kürzlich Verstorbenen ordentliche Begräbnisse zu gewähren, damit man die Ahnen nicht erzürnt.

Als Mittler zwischen den Menschen einerseits und den Ahnen, Geistern und der Natur andererseits fungieren zumeist ältere Personen. Sie stehen mit der Geisterwelt in besonderer Verbindung. Damit erklärt sich auch der hohe Status, der den älteren Mitgliedern einer Gemeinschaft zukommt. Manche der Älteren verfügen dazu noch über hervorragende Kenntnisse der Heilkunde, des Wettergeschehens oder der Erzählkunst. Es werden ihnen besondere magische Fähigkeiten zugeschrieben, sie können heilen, aber gleichzeitig auch schaden. Solche Leute werden als *mganga* bezeichnet, als **Hexendoktoren, Heiler oder auch Regenmacher.** Echte *traditional healers,* wie sie von obersten Regierungsstellen in Tansania offiziell genannt werden, genießen allerhöchstes Ansehen, in der gesellschaftlichen Hierarchie rangieren sie mit an der Spitze. Und wer sein Handwerk und seine Fähigkeiten ernst nimmt, dürfte dabei wohl keine Menschen zu Schaden kommen lassen.

Andere, **weniger seriöse Geisteraustreiber** hingegen, *mchawi* genannt, haben sich darauf spezialisiert, effektvolle Shows abzuziehen. Sie mixen fragwürdige Teemischungen (z. B. gegen Pechsträhnen), ziehen unsichtbare Kreise um Dörfer (um das Eindringen von Hexen zu vermeiden) und tanzen laut schreiend nackt auf dem Dach (um den Regen zu rufen). Ihre Hauptaufgabe besteht darin, schicksalhafte Fügungen zu erzwingen, wobei als Kollateralschaden schon mal der Tod von Menschen in Kauf genommen wird. Den *mchawi* wird die übersinnliche Gabe, **Hexen** zu erkennen, nachgesagt. Deshalb fällt ihnen bei den – illegalen – Hexen- und Albino-Tötungen eine gewichtige Rolle zu. Diese Art von „Heilern" ist gesetzlich verboten. Anfang 2011 hielt z. B. der **Heiler Mwasapile** das ganze Land in Atem. Auf großflächigen Werbetafeln kündigte er sein Kommen und Wirken an – und tatsächlich, geschätzte 4 Mio. Menschen kamen von nah und fern. 50–60 km lange Warteschlangen von Fahrzeugen waren die Folge, die Menschen campierten im Dorf Samunge, wo der Heiler sein

Extrainfo 4 (s. S. 8): Dokumentation über den Wunderheiler von Samunge

Albinos: geschmäht als Menschen, begehrt für Zaubertränke

In Tansania kommt eins von 3500 Kindern mit dem genetischen Defekt, der Albinismus bewirkt, zur Welt (in Europa ist es nur etwa jeder vierzigtausendste Mensch). Die Haut der Albinos ist weiß, die Haare oft rötlich, ansonsten sind es meistens gewöhnliche Menschen ohne weitere Handicaps. Sie leiden jedoch massiv unter ***Diskriminierung und Häme,*** *ganz zu schweigen von gesundheitlichen Beeinträchtigungen: Hautkrebs, Sonnenbrände, Augenprobleme. Vielen Albino-Kindern wird der Schulbesuch verwehrt, weil sich in den Augen ihrer Eltern die Schulbildung nicht lohne, da die Geister es mit diesen Kindern ohnehin nicht gut meinten und sie mit einem frühen Tod bestrafen würden. Wenn sie wider Erwarten doch bis ins Erwachsenenalter überleben, sind sie dann von Arbeitslosigkeit und Armut bedroht. Für die meisten Tansanier ist es unvorstellbar, sich mit einem Albino an einen Tisch zu setzen. Viele Männer, deren Frauen ein Albino-Baby zur Welt gebracht haben, lassen sich scheiden.*

Grausame Mythen, die meistens mit dem Empfang von Reichtum verbunden sind, ranken sich in vielen Regionen um Albinos. Fischer, die mit den weißen Haaren der Albinos ihr Netz verstärken, würden mit üppigen Fängen belohnt werden. In manchen Regionen glaubt man, dass diejenigen, die im Besitz bestimmter Körperteile von Albinos sind, unermesslich reich werden. Haut, Knochen, Blut und Haare sind gefragte ***Bestandteile von Zaubertränken,*** *die ebenfalls zu außerordentlichem Wohlstand führen sollen. Aus diesen Gründen werden Menschen mit Pigmentstörungen verstümmelt oder gar ermordet. Die Behörden sprechen von einem wachsenden kriminellen Geschäft mit Albino-Körperteilen. Insbesondere betroffen sind die sozial minder gestellten Kinder und Frauen. Es existiert die Vorstellung, mit jungfräulichen Albino-Mädchen Sex zu haben, würde einen HIV-infizierten Mann von seiner Krankheit heilen.*

Die ***Hetze auf Albinos*** *ist wohl keiner afrikanischen Kultur fremd. Auch Tansania bildete hier niemals eine Ausnahme und bestimmte Regionen waren bis weit über ihre Grenzen für den Albino-Zauber bekannt. Doch die Intensität der Gräueltaten, wie Albinos sie seit einigen Jahren fürchten müssen, überrascht selbst einheimische Beobachter. Während 2008/2009 fast 60 Albinos skrupellos ermordet wurden, waren sie in letzter Zeit eher Verstümmelungen und Amputationen von Gliedmaßen ausgesetzt. Kenner erklären, dass wirtschaftliche Krisenzeiten (seit dem Krisenjahr 2007 explodieren die Lebenshaltungskosten regelrecht) wahre Nährböden für solcherlei Bewegungen seien. Die Prophezeiungen der Hexendoktoren, wie die eige-*

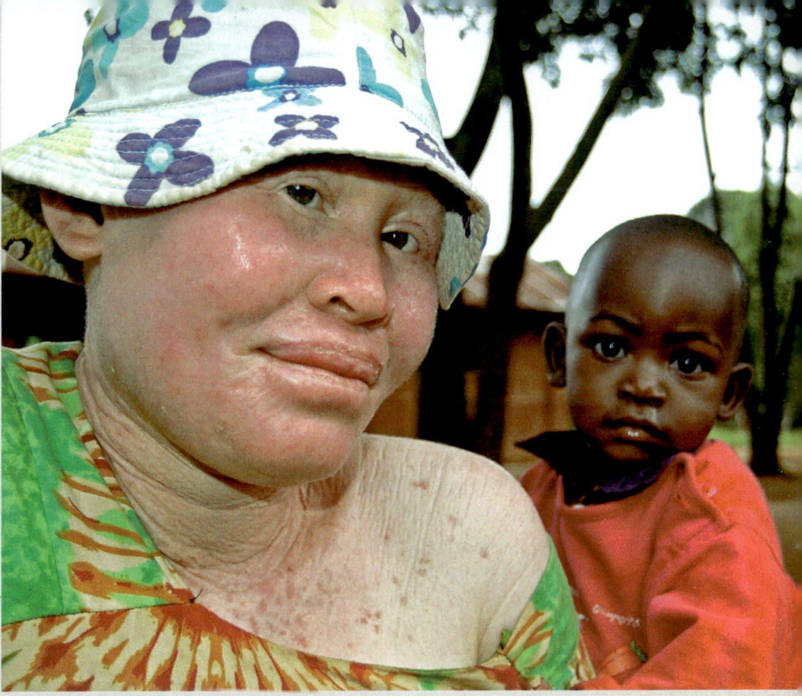

Fotos IFRC © Anne Wanjiru

nen Lebensbedingungen verbessert werden könnten, stoßen eben in harten Zeiten auf mehr offene Ohren.

Zwar sind solche Tötungen verboten und den Tätern droht die Todesstrafe, dennoch stehen die Behörden diesen verzweifelten Anstrengungen, ohne Arbeit schnell reich zu werden, relativ machtlos gegenüber. Nach massiven Protesten aus dem Ausland bemüht man sich, diese Praxis einzudämmen. An einigen Schulstandorten wurden Internate für Albinos eingerichtet und man entzog bestimmten Hexendoktoren die Lizenz. Einige wenige **Mörder wurden zum Tode verurteilt,** *der Großteil aber mangels Beweisen freigelassen, außerdem wurden Verurteilungen hinausgezögert. Die meisten Täter werden den Regierungsstellen nicht gemeldet und bleiben unbehelligt. Am Aberglauben der breiten Masse hat sich nichts geändert. Sogar Regierungsmitglieder nehmen vor Wahlen die Dienste der Hexendoktoren in Anspruch, um die Geister gnädig zu stimmen.*

Selbst hochrangige Politiker vertrauen auf die vermeintlich magischen Kräfte von Albino-Körperteilen. Mörder verdienen nicht selten 3000 US$ allein an einem Arm …

„Hospital" eingerichtet hatte. Für die Beteiligten wuchs sich das Massenspektakel zu einem wahren **Geldregen** aus: für *Mwasapile* selbst; für die Airlines, die aus Kenia, aus den Emiraten und gar aus den USA Menschen einflogen; für die Taxifahrer, deren Fahrpreise explodierten; für die Verwaltung, die Gebühren erhob, und selbst für die Dörfer, die Wegezölle verlangten. Sogar der Mobilfunkbetreiber Airtel verdiente am Heiler, denn im bisher unerschlossenen Gebiet wurden zeitgerecht Funktürme aufgestellt. Wieviele Menschen denn „geheilt" wurden, ist nicht bekannt. Im Gegenteil, zahlreiche Patienten starben, weil sie aufgehört hatten, ihre Medikamente zu nehmen und auf die Kräfte des Quacksalbers vertrauten.

In den meisten Fällen werden die Grenzen zwischen *mganga* und *mchawi* wohl fließend sein. Aus Angst vor der Aufdeckung von „Betriebsgeheimnissen" gibt weder der eine noch der andere einem Außenstehenden zufriedenstellende Auskunft. Weder die Heiler selbst noch diejenigen, die ihre Dienste in Anspruch nehmen, sprechen darüber. Einerseits will man nicht an die große Glocke hängen, dass man ein Problem mit bösen Geistern hat, andererseits gibt es ein Bewusstsein dafür, dass die Geisterbeschwörung von oberster Stelle missbilligt wird.

Vermeintliche Hexen werden meist in Träumen, Halluzinationen und Visionen überführt, entweder von einem konsultierten Hexendoktor *(mchawi)* oder von der Person im Unglück selbst. Träumt eine Person nach einem verpatzten Vertragsabschluss von ihrem Nachbarn, so wird diesem die Schuld für das Nichtzustandekommen des Geschäfts angehängt. Oft wird jede Menge Hokuspokus dazugedichtet, um die Dramatik zu unterstreichen. So werden beispielsweise Pasten aus seltenen Kräutern hergestellt und um die Augen geschmiert, um Hexen erkennen zu können. Solche Kräuter können auf Nachfrage natürlich nicht gezeigt werden, denn sie seien so selten, dass man sie momentan gerade nirgends finden könne ... die Schuldzuweisungen an die mutmaßlichen Hexen und Hexer sind rein willkürlich. Man beschuldigt Widersacher, Konkurrenten, Nebenbuhler oder in vielen Gebieten auch oft alte Frauen (siehe weiter unten).

Im **Austreiben der bösen Geister** und dem Auflösen von Verhexungen geht man äußerst erfinderisch vor. In den meisten Fällen handelt es sich um symbolische Gegenmaßnahmen, die den Zauber neutralisieren sollen. Rituelle Handlungen, verbunden mit Getränken und Elixieren, Trancetänzen, Gesang und Flüchen, werden von Hexendoktoren abgehalten. Manchmal werden ekstatische Tänze zu Trommelgetöse und *bhang* (Haschisch) bei Vollmond veranstaltet. Oder es werden Tiere geschlachtet, wobei demonstrativ viel Blut fließen muss, um die Ahnen und Geister gnädig zu stimmen.

Als **Hochburg der Geisteraustreiber** gilt die Insel Pemba. Unterstützt durch zahlreiche Einflüsse, zum Beispiel aus Madagaskar oder der islamischen Sphäre, der man weitreichendes Wissen in Heilkunst, Astrologie und Spiritualität nachsagt, entwickelte sich auf Pemba im Lauf der Jahrhunderte eine dynamische und anderswo unerreichte Geisterkultur. Von weit her, sogar aus Kenia oder von den Komoren kommen „verwunschene" Menschen, um von den als besonders erfahren und kraftvoll bekannten Hexendoktoren Heilung zu erlangen. Diese Geisteraustreiber sind auf *uchawi* spezialisiert, einen besonders hartnäckigen und zerstörerischen Hexenzauber. Die Kundschaft nimmt den beschwerlichen (und teuren) Weg nach Pemba aus vielerlei Gründen auf sich: Die eine will ihren Geliebten zurückhaben, der zweite hat seinen Job verloren und der dritte, ein bekannter Fußballer, steht vor einem wichtigen Match. Geheilt wird alles, es hängt nur von der Höhe der Bezahlung ab.

Auch hier gibt es offiziell einen Unterschied zwischen den Heilern: Während sich die echten Medizinmänner in Form von Naturalien bezahlen lassen, krümmen die Geisteraustreiber ohne ein paar rosa Geldscheine keinen Finger. Kein Wunder also, dass die *mganga* und *mchawi* zu den wohlhabendsten Menschen im Dorf zählen, die sich sogar ein gemauertes Haus und mehrere Frauen leisten können.

Viel von dem, was in Tansania unter dem Deckmantel von Geistern und Geisterheilerei betrieben wird, ist **simple Geldmacherei,** oft von ausländischen Geschäftsmännern aus den Nachbarländern betrieben, die an der Not der Menschen beträchtlich verdienen. Echte traditionelle tansanische Heiler fürchten um ihr Ansehen, weil die ausländischen Quacksalber immer mächtiger werden. Die Arbeit eines afrikanischen Heilers hat zwar viel mit Aberglauben, mit Geistern und Beschwörung zu tun – aber sie zielt auch darauf, den Menschen zu heilen, nicht darauf, ihn zu töten.

Hexendoktoren kommt aber noch eine weitere Bedeutung zu: Sie können Menschen mit Flüchen belegen. Verflucht zu werden zählt – neben der Angst, als Hexe oder Hexer überführt zu werden – zu den größten Schrecken eines Tansaniers. Lehnt beispielsweise ein Vorgesetzter eine Bitte eines Angestellten ab, wird der enttäuschte Mitarbeiter einen Hexendoktor dafür bezahlen, den Vorgesetzten mit einem **Zauber** zu belegen. Gleiches kann auch einer Ehefrau passieren, die sich weigert, einer Scheidung zuzustimmen oder einer Lehrerin, die einem Schüler eine schlechte Note gibt. Erfahren die „verhexten" Personen von dem Fluch, dann passiert im Sinne der selbsterfüllenden Prophezeiung auch wirklich etwas Schreckliches. Damit es nicht so weit kommt, muss man einen Hexendoktor aufsuchen. Die Spirale des Aberglaubens dreht sich also immer weiter ...

Nicht unerheblich ist dabei die **Rolle der christlichen Kirchen:** Aberglaube ist auch für sie zu einem einträglichen Geschäftszweig geworden. Die Pastoren und Pastorinnen der zahllosen christlichen Kirchen, die in Dörfern und Städten wie Pilze aus dem Boden schießen (und meist nicht aus mehr als ein paar Plastiksesseln und einem Unterstand bestehen), schüren die Panik vor Hexen und Dämonen und bieten sich gleichzeitig als Helfer bei der Bewältigung des Elends an, das sie selbst verursachen. Je mehr böse Geister sie aufspüren, je mehr Exorzismen sie zelebrieren, desto erfolgreicher bestehen sie in der Konkurrenz mit den anderen Glaubensgemeinschaften, denn wer den Teufel besiegt, ist Gott nahe.

Echte traditionelle Heiler verfügen über **jahrhundertealtes Wissen.** Da alle Naturreligionen mündlich überliefert werden, kann man schädigende Einflüsse nur schwer abhalten. Vielerorts geht das uralte Wissen durch die Verwestlichung zunehmend verloren und wird durch primitive Geschäftemacherei entehrt. Kaum jemand, schon gar nicht die Weltreligionen, scheinen ein Interesse daran zu haben, diese Kenntnisse zu erhalten und niederzuschreiben.

Vermeintliche Hexen im Visier

Im Mittelpunkt des Aberglaubens stehen insbesondere **alte, verwitwete, alleinstehende Frauen,** die in der sozialen Ordnung einen Sonderstatus einnehmen. Sie müssen nicht mehr für ihre Ehemänner sorgen, verfügen über Besitz, treffen ihre eigenen Entscheidungen und führen ihr Leben nach eigenem Gutdünken. Diese „Freiheiten" stoßen den übrigen Dorfbewohnern sauer auf – und aus Neid trachten sie danach, den alten Frauen zu schaden. Als Indiz dafür, dass es sich bei einer alten Frau um eine Hexe handelt, werden blutunterlaufene Augen genannt – ein Umstand, der jedoch eher auf das Kochen über offenem Feuer zurückzuführen ist als auf Hexenkräfte.

Insgesamt ist zu beobachten, dass häufiger Frauen und Mädchen mit Hexerei in Verbindung gebracht werden. Sie sind die schwächsten und „wertlosesten" Mitglieder der Gesellschaft. Sie vermögen sich kaum zu wehren und sind daher als Sündenböcke bestens geeignet. Es geht sogar soweit, dass Familienväter ihren Töchtern unterstellen, sie verhext zu haben, wenn sie beispielsweise ihren Job verlieren oder geschäftlichen Misserfolg haben. Doch **auch junge Männer können der Hexerei bezichtigt werden.** So erzählte uns ein junger Moslem, dass er sein Heimatdorf fluchtartig verlassen musste, da er mit 16 Jahren den Koran bereits besser interpretieren und zitieren konnte als der Dorf-Imam. Für den Dorf-Imam war klar, dass es nicht mit rechten Dingen zugehen konnte, wenn ein halbwüchsiger Junge ihm den Rang abliefe. Also beschuldigte er den Jungen, ihn verhext zu haben, damit er sich die einzelnen Suren nicht mehr merken könne. Der blitzgescheite, junge Mann tauchte daraufhin in der Millionenmetropole Dar es Salaam unter, um seiner Familie weitere Schmach zu ersparen und vor allem, um nicht gelyncht zu werden.

In Tansania stirbt niemand an AIDS, sondern daran, dass Menschen von bösen Geistern berührt wurden. Für die durch den Regen verdorbene Ernte wird die alte Frau von gegenüber verantwortlich gemacht, da man ihr unterstellt, dass sie der Familie ihren bescheidenen Wohlstand nicht gönnt. Der Lehrer des Nachbardorfes muss vielleicht dafür herhalten, wenn ein junger Mann seinen Job verloren hat. Der arbeitslose Mann möchte lieber seinen Widersacher als Anlass für seine Kündigung sehen als den Umstand, dass er wiederholt alkoholisiert zum Dienst erschienen war. Ein anderer junger Mann schafft die Studienberechtigungsprüfung nicht und sieht im Lehrer den Übeltäter, der seine Zukunft zerstört. Das Muster ist immer dasselbe: Einer bestimmten Person werden Zauberkräfte und Hexerei unterstellt, wenn man bei der Frage nach den Gründen für ein Geschehen nicht so genau hinsehen möchte oder – Gott bewahre – die Schuld sogar bei sich selbst suchen müsste.

Hexen und Hexer stammen immer **aus dem unmittelbaren Umfeld** der „verhexten" Person, es können Nachbarn, Lehrer, Mitschüler oder eifersüchtige Ehefrauen sein. Man kann sich leicht vorstellen, was das für die familiären und nachbarschaftlichen Beziehungen bedeutet, wenn jede Person, vor allem Frauen und Mädchen, jederzeit als Hexe denunziert werden kann. Viele Frauen leben in permanenter Angst, in der Nacht gemeuchelt oder des Dorfes verstoßen zu werden.

Häufig wissen die Betroffenen gar nichts davon, dass ihnen Hexerei unterstellt wird. In der Regel genügt es, dass die „verhexte" Person weiß, wer der „Übeltäter" ist. Heiler und Hexendoktoren *(mganga)* helfen bei der Überführung der vermeintlichen Hexen und schlagen gleichzeitig ein Gegenmittel vor. Die angeblichen Hexer, egal ob Frauen oder Männer, bleiben dann unbehelligt.

Nichtsdestotrotz kommt es häufig zu **Hexenjagden,** wo vermeintliche Hexen verfolgt werden und zu einem Geständnis und zu Gegenmaßnahmen gedrängt werden. In besonders grausamen Fällen muss die angebliche Hexe auch mit dem Leben bezahlen. Bei den Sukuma rund um den Lake Victoria gibt es häufiger als in anderen Landesteilen Hexenjagden, die die beschuldigten älteren, alleinstehenden Frauen mit dem Leben bezahlen müssen. Allerdings lassen sich nicht alle Morde auf den Hexenglauben zurückführen. Oft werden die alten Frauen auch aus Habgier getötet. Dann sind sie schlicht Opfer ihrer Angehörigen, die sich ihrer Habe bemächtigen wollen. Ein bisschen Wohlstand und Geld zu erlangen, ist der größte Traum der meisten Menschen in Afrika und Tansania. Dafür sind sie zu Vielem bereit.

Schlechte Schulbildung und mangelnde Aufklärung allein können für so viel Hexengläubigkeit nicht verantwortlich sein, denn selbst Gebildete und Menschen, die länger im westlichen Ausland gelebt haben, glauben felsenfest an die Existenz von Hexen. Vielmehr muss sie als Teil der afrikanischen Identität angesehen werden.

Erklärungen für das Unerklärliche

Der Glaube an Hexen und Geister erlaubt es den Menschen, **ihr Leben zu erklären** und die Schuld für die eigene Misere jemand anderem zu geben.

Der Schweizer Ethnologe *David Signer* fand bei seinen Forschungsaufenthalten in Afrika **Erklärungen für den Glauben an die Allmacht der Geister.** Die Menschen sähen keinen Zusammenhang zwischen Ursache und Wirkung, z. B. zwischen Bakterien und Krankheit, zwischen Waldrodungen und ausbleibendem Regen, zwischen geringem Lernaufwand und schlechten Prüfungsergebnissen. Aus diesem Grund werden andere Erklärungen bemüßigt. Es ist bequem, Unglück und Schmerz fremden Mächten zuzuschreiben, so braucht man die eigenen Handlungen nicht in Frage zu stellen. Weil die Menschen glauben, sie könnten ohnedies nichts gegen die Unpässlichkeiten des Lebens ausrichten, leben sie recht unbeschwert. *Signer* sieht das Grundübel in der **hierarchischen Aufteilung der Gesellschaft**. Sozial niedriger gestellte Personen dürfen nicht privilegierter sein als ranghöhere. Geschieht dies aus irgendeinem Grund doch, so müssen böse Mächte im Spiel sein. Wenn ein Bauer eine bessere Ernte (und folglich höhere Verkaufserlöse) erzielt als andere Bauern, mündet dies in Neid und Beschuldigungen. So werden Ehrgeiz, Fleiß und Eigeninitiative gehemmt, denn auch kleine Erfolge werden gleich von der ganzen Dorfgemeinschaft eifersüchtig beäugt und notfalls als Hexerei abgetan.

Geld und Wohlstand sind ein treibendes Motiv in Tansania (und vermutlich auf der ganzen Welt), doch die **Gräben in der Einkommensverteilung** werden insbesondere im subsaharischen Afrika immer tiefer. Die freie Marktwirtschaft brachte bislang nur für die strategisch besser operierende westliche Welt Vorteile, die ihren „Reichtum" der Billigproduktion in den Entwicklungsländern verdankt. Fast täglich wird eine große Anzahl von Tansaniern direkt mit diesem sozialen Ungleichgewicht konfrontiert,

☐ Armut begünstigt den Glauben an Übersinnliches

018ts kk

wenn beispielsweise gut gekleidete Touristen mit dicken Geldtaschen in sündteuren Geländewagen durch die Nationalparks chauffiert werden. Der überwiegende Teil der Tansanier kann sich den Eintritt für einen Nationalpark gar nicht leisten - viele haben noch nie einen Elefanten, einen Löwen oder ein Flusspferd gesehen.

Die Anlässe für Hexerei sind seit der Einführung der Marktwirtschaft und der Öffnung Tansanias gen Westen also zahlreicher geworden, d.h., die Anzahl der vermeintlichen Verhexungen, der Hexenüberführungen und Austreibungen ist real gestiegen. Ethnologen und Soziologen bestätigen, dass das Phänomen **„Hexerei" verstärkt in Zeiten sozialer Umwälzungen** auftaucht. So konnte sowohl während der Zeit des Kolonialismus als auch der Christianisierung ein Anstieg von Handlungen festgestellt werden, die unmittelbar mit Hexen und Geistern in Verbindung zu bringen sind. Heute suchen die Menschen Antworten auf die Folgen von Globalisierung, AIDS-Pandemie oder wirtschaftlichen Krisen. So warnte man im Zuge einer US-Studie davor, dass aufgrund von Klimawandel und Bevölkerungsexplosion die Zahl der Morde an vermeintlichen Hexen ansteigen könnte. Hexerei ist somit kein Überbleibsel einer traditionellen afrikanischen Folklore, sondern Ausdrucksform sozialer Dramen.

Die Menschen leben mit der **ständigen Angst, Opfer von Hexerei** zu werden. Dieses Gefühl gehört zum afrikanischen Leben wie im Westen eine sorglose Tasse Kaffee zum Frühstück. Die permanente Furcht vergiftet das Klima - in einer Gemeinschaft, im Dorf, in einer Familie. Rechtsstaat und Regierung sind überfordert. Die Menschen fühlen sich im Stich gelassen und die Lynch- und Selbstjustiz haben eine gefährliche Eigendynamik entfaltet. In den meisten Fällen werden Tötungen, egal ob die Opfer Albinos oder alte Frauen sind, gar nicht erst bei der Polizei angezeigt - im Gegenteil: Die Täter werden von der Dorfgemeinschaft für ihre vermeintlich „gute Tat" auch noch fürstlich entlohnt.

Strenge Hierarchien

„Aliye juu, yu juu."
Wörtlich: „Jemand, der oben ist, ist oben."

(Sprichwort aus Tansania)

Wenn etwas noch stärker das Leben prägt als der Glaube an gute und böse Geister, dann sind es die strengen Hierarchien. Egal ob in einer Familie, im Freundeskreis oder im Berufsleben, es herrscht eine eiserne Ordnung nach Klassen und Hierarchien. Traditionelle Heiler genießen einen anderen gesellschaftlichen Stellenwert als Hebammen; wohlhabende Dorfbewohner haben im Dorf mehr Mitbestimmungsrecht als arme Tagelöhner; Politikergattinnen brauchen rangniedrigere Kellnerinnen nicht wohlwollend oder gar freundlich zu behandeln.

Das Zusammenleben ist durch **starke und unabänderliche Hierarchien** geregelt, die den Mechanismen des **Senioritätsprinzips** folgen und Alter, finanziellen Status und Geschlecht über andere Merkmale stellen. Männer spielen eine größere Rolle als Frauen, Alte eine wichtigere als Junge und Reiche sind bedeutender als Arme. Aus der Hierarchie auszubrechen ist kaum möglich, man fügt sich seinem Schicksal und erfüllt die gottgegebenen Aufgaben. Darin besteht ein großer Unterschied zu anderen Gesellschaften, zum Beispiel zu den westlichen. Hierarchien existieren in allen Ländern und Gesellschaften, doch seit der Französischen Revolution gilt es im Westen als erstrebenswert, die Unterschiede zwischen den Klassen zu nivellieren. So ist es beispielsweise ein selbstverständlicher Gedanke, dass alle Menschen vor dem Gesetz gleich behandelt werden müssen. In Tansania scheint niemand diese Art der Gleichstellung zu fordern.

In den Gemeinschaften und zwischenmenschlichen Beziehungen **ist genau geregelt, was jemand darf und was nicht.** Jeder darf nur so viel besitzen, wie es seinem gesellschaftlichen Rang entspricht. Alter, Geschlecht oder eine vererbte Führungsposition genießen weit höheren Stellenwert als Leistung, Intelligenz und Schulbildung. Eine höhergestellte Person kann von einer niedriger stehenden auch nicht kritisiert oder getadelt werden. Sich über andere zu erheben, z. B. durch Geschäftstüchtigkeit oder Scharfsinn, endet meist im Konflikt. Gleichzeitig verbitten sich Autoritätspersonen wie Politiker, Geschäftsführer, Armeeangehörige oder Polizisten jede Art von Kritik an ihrer Amtsführung oder ihren Handlungen und können dabei auch ungemütlich werden.

Die **Ältesten genießen höchstes Ansehen,** weshalb sie alle wichtigen politischen und gesellschaftlichen Entscheidungen innerhalb einer Gemeinschaft treffen. Häufig werden ihnen auch magische Fähigkeiten zugeschrieben, wie im vorhergehenden Kapitel ausgeführt wurde. Die Ausprägungen dieser Altershierarchie sind im Alltag deutlich spürbar. Entscheidungen dürfen jeweils nur von jenen getroffen werden, die in der Hierarchie ganz oben stehen. Ältesten und Führern wird widerspruchslos gehorcht und Anweisungen ohne kritische Reflexion Folge geleistet. Kritik einem Führer oder einem Älteren gegenüber ist schon aufgrund ihrer Stellung verpönt, aber auch die allgemeine Etikette verlangt, dass niemand sein Gesicht verlieren darf. Engagierte Jungpolitiker oder reformwillige Minister stoßen durch solche hierarchischen Vorgaben bald an ihre Grenzen, denn amtierende Politiker sind faktisch unantastbar und haben somit einen Freibrief für halbherzige Reformen oder sinnlose Anordnungen.

Auch **die Reichen** haben einen festen Platz ganz oben in der Hierarchie. Sie bestimmen, was passiert; sie dürfen beim Einkaufen unbedeutende Verkäufer dreist anschnauzen; ihre dicken Geländewagen haben auf der Straße immer Vorfahrt. Diese Arroganz müssen sich die Reichen allerdings erkaufen, denn in der eigenen Großfamilie haben sie ihren Obolus zu entrichten. Eine Art Ablasshandel besiegelt das Zusammenleben zwischen Arm und Reich: Die Armen wollen von den Reichen finanziert werden, um über die Runden zu kommen, im Gegenzug ertragen sie die ruppige, herablassende Behandlung der Reichen.

Selbst **unter Arbeitskollegen** herrschen strenge Hierarchien. Teamwork im westlichen Sinne existiert nicht. Sich gegenseitig bei besonders schwierigen Arbeiten zu helfen oder gar einander Arbeit abzunehmen, fällt kaum einem Arbeitnehmer ein – zumindest wir haben es nie beobachtet. Jeder Mitarbeiter hat in einem Unternehmen eine fixe Position in der Hierarchie und eine klare Arbeitsplatzbeschreibung – beide sind bindend. Eine rangniedere Person kann beispielsweise einer ranghöheren Person keine Arbeiten auftragen oder sie etwa um Mithilfe bitten. In dem Safari-Camp, in dem mein Mann und ich arbeiteten, konnten wir dreimal die Woche dasselbe Szenario beobachten: Der Versorgungstruck mit Lebensmitteln und anderen Waren kam hupend die Einfahrt hoch. Ein gemeinschaftliches Ausladen funktionierte immer nur dann, wenn wir als Camp-Manager direkte Befehle an einzelne Arbeitnehmer erteilten. War bei der Ankunft des Trucks unglücklicherweise nur einer der rangniederen Männer der Putztruppe oder einer der Hilfsköche anwesend, so konnte es passieren, dass der arme Kerl die gesamte Warenlieferung allein ins Lager schaffen musste, während sich Teile der ranghöheren Belegschaft nur wenige Meter weiter im Nichtstun übten. Es wäre ihnen nicht einmal im Traum eingefallen, helfend einzugreifen und der Mann in der niedrigeren Hierarchieebene hätte seine Arbeitskollegen auch nicht um Hilfe gebeten. Erst auf unser Geheiß hin packten alle freien Männerhände zu. Fehlverhalten oder Unkollegialität konnten wir ihnen nicht zur Last legen, sie handelten lediglich so, wie sie es Zeit ihres Lebens getan hatten.

Hierarchien gelten **auch für ausländische Besucher.** Da Westler in den Augen der Tansanier mehr Geld, Bildung und ein forscheres Auftreten haben, nehmen die weißen Ausländer in der Hierarchie eine übergeordnete Stellung ein. Jeder Gast spürt das: Die Bedienung im Restaurant bringt den Expats das Getränk schneller als dem einheimisch besetzten Nebentisch; der Arzt in der *dispensary* (kleine Klinik mit Medikamentenausgabe) erspart dem weißen Patienten stundenlanges Warten; in der Autowerkstatt kommen die Ersatzteile für Weiße schneller an als die für Tansanier. Fast täglich werden Westlern irgendwelche kleinen und großen Bevorzugungen zuteil, ohne dass ein Tansanier dagegen Protest erheben würde. Gleichzeitig wird von einem Weißen erwartet, dass er reichlich gibt – Trinkgeld oder Geschenke. Man erwartet beispielsweise, dass viele Souvenirs eingekauft werden, auch wenn kaum ein Tansanier versteht wozu.

Für manche kritische Geister ist **die Hierarchie das Grundübel der afrikanischen Rückständigkeit.** *David Signer,* der Schweizer Ethnologe, stellt eine Analogie zwischen den Funktionsweisen der sozialen Hierarchien und der Abhängigkeit Afrikas von der westlichen Welt her. Afrika ist arm und somit in der Rangordnung niedriger als reiche Industriestaaten anzusiedeln. Aus diesem und noch vielen anderen Gründen erwarten afrikanische Staaten und Staatsoberhäupter, dass sie von den reichen Nationen versorgt werden. (Siehe dazu auch das Kap. „Entwicklungshilfe – Segen oder Fluch?“) Diese Art von Weltwohlfahrt erstickt jede Eigeninitiative im Keim, wie auch viele europäischen Länder mittlerweile erkennen müssen. Wer ausreichend Geld durch Sozialleistungen und staatliche Zuwendungen bezieht, wird kaum Anreize haben, diese gegen 40 Stunden Arbeit bei weniger Gehalt einzutauschen.

Für Ausländer, die in Tansania leben wollen, ist die **Einhaltung dieser Hierarchien** eines der obersten Gebote. Wer sich nicht daran hält, verliert an Respekt und Ansehen. Ausländische Besucher mokieren sich oft über das „rassistische“ Verhalten langjähriger Tansaniaveteranen, doch was hier irrtümlich als „rassistisch“ verunglimpft wird, ist schlicht gesellschaftliche Notwendigkeit in einem Land, dessen Sozialstruktur auf Hierarchien gründet. Außer in Ausnahmefällen ist ein im westlichen Sinne gleichberechtigtes Miteinander nicht möglich. Expats verrichten nicht die gleiche Arbeit wie Einheimische: Sie führen höherwertige Arbeiten aus wie ein Unternehmen leiten, Kontrollen abwickeln, Anweisungen geben, Abrechnungen tätigen, Löhne auszahlen und Ähnliches. Nur wenige Expats finden unter den Tansaniern **echte Freunde:** Zu unterschiedlich sind die Kulturen, Mentalitäten und Meinungen. Ein Ausländer passt nicht in das System der Altersklassen. Tansanier können nicht einschätzen, welchen entsprechenden Rang die Person im tansanischen System einnimmt. Außerdem müssen Freundschaften in Tansania wachsen, meist über viele Jahre. Ein Ausländer hält sich oft gar nicht lange genug im Land auf, dass tief greifende Freundschaften wachsen könnten.

Wer eine organisierte Pauschalreise unternimmt, wird möglicherweise den Fahrer zum Abendessen einladen wollen – vielleicht, weil man sich nicht als „elitärer, reicher Rassist" gebärden möchte oder weil man dem *driver* zeigen möchte, dass in Europa alle Menschen gleichwertig sind. Vor wenigen Jahren war dies noch undenkbar und im Normalfall speisen auch heute noch Fahrer und Guides mit den übrigen Angestellten im *staff quarter.* Mittlerweile wurde die Regel aufgeweicht, aber die Kehrseite dieser fälschlicherweise als Fortschritt getarnten Sitte ist die, dass Tansanier teilweise den **Respekt vor den Besuchern** verlieren. Ein freundliches Lachen macht noch lange keinen Respekt und wer eine feine Wahrnehmung hat, kann die unterschwellige Verachtung spüren. Diese ist allerdings nicht das Resultat von Überheblichkeit, sondern auf die Unkenntnis und Nichtbeachtung der hierarchischen Gesellschaftsstrukturen zurückzuführen.

Reden ist Silber: Palavern

„Ukitoa hadithi, nitakujua."
Wörtlich: „Wenn du mir eine Geschichte erzählst, weiß ich, wer du bist."
(*Mzee Issa Saalum,* Chole Island)

Gelebter Respekt

Mit dem Begriff „Palaver" geht in unseren Breiten ein romantisches, unbeschwertes Bild von Afrika einher: Fröhlich gestikulierende Männer sitzen im Schatten eines ausladenden Mangobaumes, diskutieren angeregt über Gott und die Welt und schlagen so ihre (massig vorhandene) Zeit tot. Im deutschen Sprachraum hat der Terminus einen eindeutig negativen Beigeschmack und impliziert, dass **sinnlos und nicht zielgerichtet** über eine Sache gesprochen wird: Während Afrikaner palavern, diskutieren und erörtern Europäer oder Amerikaner ernsthaft eine Sache. Fast werden die palavernden Afrikaner von manchen Leuten auf eine Ebene mit schnatternden Frauen gestellt, die ja angeblich aufgrund ihrer fehlenden geistigen Kapazitäten auch kaum ernstzunehmende Sätze artikulieren können.

Die **portugiesischen Kolonialherren** waren es seinerzeit, die im 16. Jh. den Begriff „palavern" in den allgemeinen eurozentristischen Diskurs einführten. Ausgehend vom lateinischen *parapola,* das für „Gleichnis" stand, wurde das davon abgeleitete portugiesische Wort *palavra* von portugiesischen Handelsleuten dafür benutzt, um langwierige Verhandlungen mit den afrikanischen Behörden und Händlern zu bezeichnen. Rasch bürgerte sich das europäische Fremdwort in vielen, insbesondere in westafrikanischen Kulturen, als Begriff für „Versammlung, Beratung" ein. Im ausklingenden 18. Jh. brachten die **englischen Seeleute** den vermeintlich exotischen Ausdruck in den europäischen Sprachraum zurück, von wo aus er seinen Siegeszug antrat und auch im Deutschen geläufig wurde.

Während das Palavern erst durch die Ankunft der Portugiesen in Afrika einen Namen erhielt, war diese Art der Gesprächskultur und Konfliktlösung schon seit Jahrhunderten in Afrika gepflegt und perfektioniert worden. Es gibt sogar Vermutungen, wenngleich auch keine schriftlichen Dokumente darüber, dass in vorkolonialen Zeiten Stammeskonflikte und drohende Kriege mittels Palaver beigelegt wurden.

Bemerkenswert dabei ist, dass das Palavern als panafrikanisches Phänomen fast allen Kulturen in Afrika gemein ist. Es ist also **einer der Grundpfeiler afrikanischer Identität.** Natürlich ist die Praxis des Palavers je nach Ethnie (und im afrikanischen Kontext gesehen auch je nach Land) unterschiedlich, aber egal, wie immer die einzelnen Spielregeln auch lauten – Palavern dient dazu, große und kleine Konflikte zu erörtern, bis ein Konsens gefunden ist, dem alle zustimmen können, ohne dass einzelne Gesprächspartner das Gesicht verlieren – egal ob in der Familie, im Dorf oder auf höchster politischer Ebene. Das Palaver ist die vollendete Kunst der **lösungsorientierten Gesprächsführung,** die in den afrikanischen Gesellschaften ähnliches Ansehen wie die Rhetorik im Westen genießt. Diese Kunst sorgt dafür, dass sich selbst bei unterschiedlichen Standpunkten die Konfliktparteien inhaltlich so sehr annähern, dass der Konflikt zur Zufriedenheit aller gelöst werden kann. Solcherlei Versuche können naturgemäß lange dauern, mitunter sogar Jahre oder Jahrzehnte.

Auf Dorf- und gesellschaftlicher Ebene geht es vor allem darum, aufkeimende Konflikte, z. B. um Landbesitz, Diebstahl, Ehebruch, Familienstreitigkeiten oder Erbschaftsangelegenheiten, zu beseitigen. Deshalb kann das Palaver mit einer **dezentralen Gerichtsbarkeit** oder lokalen Justiz gleichgesetzt werden. Während in den westlichen Ländern die Rechtsauffassung eng mit dem Prinzip Strafe und der damit verbundenen „symbolischen Wiedergutmachung" verbunden ist, wird in afrikanischen Kulturen Gerechtigkeit anders geschaffen. Das Palaver verfolgt nämlich das Ziel einer **Kompensation bei gleichzeitiger vollkommener Rehabilitation des**

Täters. Die Wiedereingliederung eines Menschen in die Gemeinschaft steht folglich über der Bestrafung, da es ohnehin schon schmachvoll genug ist, vor dem gesamten Dorf als Täter vorgeführt zu werden und sich einem örtlichen „Gericht“ stellen zu müssen. Man könnte also in diesem Zusammenhang von einem humanen Strafvollzug und einer perfekten Resozialisierung der Täter sprechen.

Da das Palaver in den Dörfern, Stämmen und Ethnien eine so wichtige Funktion einnimmt, stellen sich auch formale Fragen: Wer darf das Palaver initiieren und wer darf als Vermittler bzw. juridische Instanz fungieren, die Verhandlungen führen und letztlich auch durch geschickte, konsensorientierte Gesprächsführung den Konflikt lösen? Das Amt des Wortführers ist mit **hohen Würden und Ehrungen** versehen. In vielen Ethnien übernehmen vornehmlich die männlichen Älteren diese Rolle, da sie traditionell über höheres Ansehen und mehr Autorität als die Frauen einer Gemeinschaft verfügen.

Oft sind mit der **Konsensfindung** auch rituelle Inszenierungen verbunden. So werden beispielsweise – um symbolisch das Gleichgewicht in der Gesellschaft wieder herzustellen – Tiere verschenkt, geopfert oder auch Tänze veranstaltet. In Tansania wird der Vermittler ehrerbietig mit *mzee* („älterer Herr“) angesprochen.

Der respektvolle Umgang mit seinem Gegenüber gebietet es, dass niemand beim Sprechen unterbrochen oder im Wort beschnitten wird. Den Gesprächspartnern wird **Zeit und Aufmerksamkeit** geschenkt, indem wohlwollend zugehört und verständnisvoll genickt wird und jeder ausreden darf. Dieses Recht gilt für alle – über Hautfarben und Sprachbarrieren hinweg. Obwohl ich zu Anfang meiner Zeit in Tansania oft händeringend nach Kiswahili-Vokabeln fischte und mir mühsam meine Sätze zusammenstoppelte, wurde ich kein einziges Mal unterbrochen. Eine weitere Mindestanforderung in der tansanischen Gesprächskultur ist es, Sachverhalte so lange zu erklären, zu wiederholen und in anderen Worten wiederzugeben, bis sie wirklich alle anwesenden Personen verstanden haben. Geduldig, ohne Änderung in der Stimmlage oder im Ton, wird immer wieder und immer wieder derselbe Sachverhalt aufgerollt. Es kann sein, dass man wegen ein und derselben Sache oft stundenlang spricht. So wird sichergestellt, dass alle Anwesenden auf dem gleichen Stand sind und alle Beteiligten die gleiche faire Chance haben, in die Konfliktlösung integriert zu werden, und dass schließlich die gefundene Lösung auch gemeinsam getragen werden kann.

Das Palavern hilft, in Gemeinschaften einen Konsens zu finden. Je wichtiger die Angelegenheit und je wichtiger die Personen, um die es geht, desto länger dauern die Verhandlungen.

Sinnsprüche, Geschichten und Legenden

Das Palavern entspringt der gleichen Wurzel wie alle anderen afrikanischen Kommunikationsformen, nämlich der **Oraltradition.** Über Jahrhunderte hinweg wurden Werte, Glaubensinhalte, Traditionen, Lebenserfahrungen und Weisheiten von Generation zu Generation mündlich weitergegeben – durch Reden, Geschichten, Gleichnisse, Lieder, Rätsel, Sprichwörter, Tanzveranstaltungen oder Theateraufführungen. Vermutlich lag es an der fehlenden Schriftsprache, die ja erst die europäischen Kolonialisten, allen voran die Missionare, nach Afrika und Tansania brachten. Während im alten Europa, alten Rom oder Griechenland die Weisheit der Gesellschaft in dicken Wälzern niedergeschrieben wurde, vertraute man auf dem afrikanischen Kontinent der Macht des gesprochenen Wortes.

Die Liebe für das gesprochene Wort lässt sich in Tansania besonders an der **bildhaften Sprache und den lebendigen Metaphern** ablesen. Der Duden definiert den Begriff „Metapher" als Wort mit übertragener Bedeutung oder als bildliche Wendung, wobei zwischen der wörtlich bezeichneten Sache und der übertragen gemeinten eine Beziehung der Ähnlichkeit besteht. Die Notwendigkeit für solcherlei „Verschleierungstaktiken" ist leicht erklärt: Mit Metaphern und bildhaften Ausdrücken können auch unangenehme, unangebrachte oder tabuisierte Themen angesprochen und abgehandelt werden, ohne dass die belehrte Person dabei ihr Gesicht verlieren muss. Auch hier gilt: Der Respekt gegenüber anderen Menschen muss gewahrt und direkte Angriffe sollten tunlichst unterlassen werden.

Als direkte Konsequenz daraus haben **Sinnsprüche und Sprichwörter** in der tansanischen Oralkultur einen festen Stellenwert. Viele blumige und metaphernreiche Sprichwörter sind beispielsweise mit dem *kanga,* der tansanischen „Nationaltracht" der Frauen, verbunden. (Siehe dazu auch das Kap. „Mode und Schönheit".) Ebenfalls untrennbar mit dem tansanischen Alltag verwoben sind Gleichnisse und Rätsel, die auf bildhafter Ebene wichtige Botschaften für das Zusammenleben in sich tragen.

Eine tragende Säule der Oraltradition stellt die **Rede** dar, die bei allen erdenklichen Anlässen zum Einsatz kommt. Bei Hochzeiten, Geburten, Begräbnissen oder anderen familiären Feierlichkeiten sind stundenlange Reden fixe Bestandteile der Zeremonien. Hauptsächlich dienen sie der Unterhaltung, der Kurzweil, aber in großem Maße auch der Belehrung und Erziehung. Reden sind auch Teil des Palavers zur Konsensfindung, wenn die einzelnen Parteien in blumigen Worten ihr Begehr vorbringen.

Ebenso eindrücklich wie nachhaltig prägen **Geschichten, Legenden und Mythen** die tansanische Oraltradition und das Leben der Menschen. Durch sie sollen Kinder auf spielerische und unterhaltsame Art und Wei-

021ts kk

Die Legende von den Schwestern Kibo und Mawenzi

Kibo, der eine Gipfel des Kilimanjaro, war immer sehr darauf bedacht, mit ihren Lebensmitteln sparsam umzugehen und für Krisenzeiten vorzusorgen. Mawenzi hingegen, der zweite Gipfel, war eine Verschwenderin und Lebefrau, die nicht im Traum daran dachte, für schlechte Zeiten einen Vorrat anzulegen. Wenn ihre Vorräte zur Neige gingen, suchte sie einfach ihre Schwester Kibo auf und verließ sich darauf, dass Kibo ihr zu essen gab. Nachdem Mawenzi nun aber schon den dritten Tag hintereinander um Essen betteln kam, reichte es Kibo. Sie nahm ihren Kochlöffel und schlug auf Mawenzis Rücken ein. Das Ergebnis dieser Prügelei ist heute weithin sichtbar: Der schroffe Gipfel Mawenzi ist zerklüftet und mit zahlreichen steil aufragenden Felsen versehen.

⌃ Der Kibo (li.) und der zerfurchte Mawenzi (re.)

se lernen – über Stammestraditionen, Religion, Moral, historische Überlieferungen, gesellschaftliche Wirkungsweisen, Naturphänomene und Ähnliches. Sie dauern von wenigen Minuten bis zu über einer Stunde, sind lehrreich, lustig, traurig oder gar brutal. Selbst Touristen oder Expats werden hier oder dort in den Genuss solcher *hadithi* („Geschichten") kommen. Wohl eine der bekanntesten Geschichten Tansanias ist die von den beiden bekanntesten Gipfeln des Kilimanjaro, nämlich den Schwestern Kibo und Mawenzi (siehe Exkurs), die von den Chagga erzählt wird. Diese am Fuße des Kilimanjaro lebende Ethnie verfügt über einen schier unerschöpflichen Fundus an Kilimanjaro-Geschichten, aber diese ist wohl die bekannteste. So wie die Chagga haben alle Volksgruppen in Tansania, ja manchmal sogar einzelne Großfamilien, ihre eigenen Geschichten und Legenden. Die **Protagonisten der Legenden** sind oft mutige, gewitzte und weise Figuren, die den Kindern als Vorbild dienen und ihnen Anleitung geben sollen. Oft werden als Figuren markante geografische Punkte wie z.B. Berge oder auch Tiere wie z.B. Hasen, Hyänen oder Zibetkatzen verwendet.

Die Oralkultur im modernen tansanischen Alltag

Wer zum ersten Mal in das etwa 60 km nördlich von Dar es Salaam gelegene Bagamoyo kommt, mag wohl über die opulenten am Strand gelegenen Riesenhotels erstaunt sein – vor allem, weil es kaum Touristen hierher verschlägt. Des Rätsels Lösung ist schnell gefunden: Bagamoyo ist *der* Hotspot für Konferenzen, der bei den großstadtmüden und abgasgeplagten Beamten und Mitarbeitern der regierungsnahen Einrichtungen und Entwicklungsorganisationen aus Dar es Salaam außerordentlich hoch im Kurs steht. Im Norden das gleiche Bild: überdimensionale und luxuriöse Bettenburgen, die ohne große Mühen seitens der Hotelbetreiber ausgebucht sind – mit Konferenzteilnehmern. Auch die Nationalparks kommen nicht zu kurz, denn eine spannende Abendpirsch nach einem anstrengenden Sechs-Stunden-Meeting würde niemand ausschlagen. Wenn man es sich aussuchen kann (und wenn die anderen zahlen), ist das Beste gerade gut genug.

Jedes Amt, jede Entwicklungsorganisation und jede internationale Firma, die etwas auf sich hält, veranstaltet **Konferenzen,** um der ausgeprägten Gesprächskultur des Landes gerecht zu werden. Selbstredend werden diese Konferenzen vornehmlich am Meer oder in den Nationalparks des Nordens in exklusiven Luxushotelanlagen abgehalten.

Ähnlich gesprächsintensiv läuft es in der Politik ab. **Tansanische Politik,** wie die afrikanische im Allgemeinen, besteht aus stunden- und tagelangen Besprechungsmarathons ohne messbare Ergebnisse – das ist für westliche Effizienz schwer zu verdauen. Für afrikanische Verhältnisse hingegen stehen nicht die Resultate im Vordergrund, wichtiger ist es niemanden zu brüskieren oder ins Messer laufen zu lassen. Analog dazu geht es auch weniger darum, dass irgendjemand Recht bekommt oder ein wahrheitsgemäßiges Abbild der Zustände gezeichnet wird, sondern dass das gute, friedliche, zwischenmenschliche Klima untereinander gewahrt wird. Und wenn die Fronten einmal verhärtet sind – eine Konferenz am Meer oder im Landesinneren mit anschließender Safari lässt sich binnen kurzer Zeit organisieren.

Die Feste feiern, wie sie fallen

„Mgeni njoo, mwenyeji apone."
Wörtlich: „Gast, komm mal vorbei, damit der Gastgeber gerettet werden kann."
(Sprichwort aus Tansania)

Der Beat des Lebens

Die wohl pulsierendste Annäherung an das tansanische Lebensgefühl erfolgt über die Musik. Obwohl es hier weniger um kreative, als vielmehr um spirituelle und rituelle Ausdrucksformen geht, lässt Musik am ehesten einen emotionalen Zugang zu den Befindlichkeiten und dem Lebenspuls der tansanischen Bevölkerung zu. **Tanz und Musik** genießen einen außerordentlich **hohen Stellenwert,** was allein schon daran ersichtlich ist, dass ausnahmslos jede Person sich äußerst gekonnt zu Musik bewegen kann. Musik, Trommeln und Tanz werden unter dem Begriff *ngoma* zusammengefasst, obwohl das Wort ursprünglich nur für Trommeln gestanden hat, den Ur-Instrumenten der Afrikaner.

Vermutlich gibt es so **viele verschiedene Arten von Trommeln** wie es Völker in Tansania gibt. Sie werden aus Naturmaterialen hergestellt, vornehmlich aus Holz, und mit Ziegen- oder Ochsenhäuten bespannt. Je nach Volumen und Bespannung erzeugen die Instrumente unterschiedliche Töne und auch der Spielart – ob mit Händen oder Stöcken – sind nahezu keine Grenzen gesetzt. Die Trommeln werden selbstverständlich in Handarbeit ohne mechanische Hilfsmittel erzeugt.

Eine Besonderheit Sansibars ist die **Taarab-Musik.** Als eine Kombination aus afrikanischen, arabischen und indischen Musikelementen schallt sie heute noch genauso wie vor Jahrzehnten durch die engen Gassen von Stone Town, ganz besonders im heiligen Monat Ramadan, wenn die Nächte zum Tag gemacht werden. Historiker vermuten, dass etwa ab 1820 am Hof der Sultane Melodien gespielt wurden, die der heutigen Taarab-Musik zuzurechnen sind. 1870 soll Sultan *Sayyid Barghash* eine Gruppe Musiker aus Ägypten an den Hof geladen haben, um die Kompositionen zu verfeinern. Da *Taarab* traditionellerweise von ganzen Orchestern gespielt wird, entstanden schon früh Orchester nach dem Vorbild ägyptischer Musikgruppen. Einst als **Hochzeits- und Zeremonienmusik** gepflegt, ist *Taarab* heute ein fester Bestandteil der sansibarischen Alltagskultur. Neben den zahlreichen Musikinstrumenten ist *Taarab* ohne Gesang undenkbar, meistens werden die arabischen und Kiswahili-Texte von Frauenstimmen gesungen.

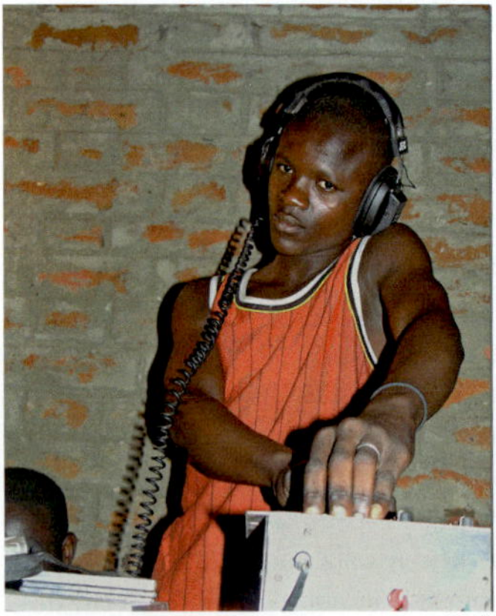
022ts kk

Die erste große Musikrevolution begann in den 1930er-Jahren, als kongolesische Rumba-Einflüsse nach Tansania kamen. Die daraus entstandene *Muziki wa Dansi,* also Tanzmusik, ist noch heute äußerst beliebt. Man kann sie als typisch tansanische Popmusik umschreiben und wird sie mit Sicherheit bei einem Aufenthalt in Tansania hören: *Muziki wa Dansi* schallt aus dem Radio, wird bei Hochzeiten gespielt und ertönt aus lokalen Bars.

Ein neueres Phänomen stellt **Bongo Flava** dar, die tansanische Ausgabe des amerikanischen Hip-Hops – inklusive des Machogehabes, der Kleidung und der Statussymbole. Lautstark dröhnen harte Beats aus den *daladalas,* den Minibussen; der Taxifahrer bemüht sich erst gar nicht, den Lautstärkeregler zu bedienen, wenn neue Kundschaft einsteigt. *Bongo Flava* ist ein typisches Beispiel dafür, dass politische Verbote genau das Gegenteil von dem bewirken, was sie ursprünglich erreichen wollten. Im sozialistischen Regime von *Julius Nyerere* war amerikanische Musik strengstens verpönt und gar verboten. Trotzdem schaffte der amerikanische **Hip-Hop,** durch reiche tansanische Emigranten oder Auslandsstudenten, seinen Einzug in die hiesige Jugendszene – zuerst im Verborgenen, später in den 1990er-Jahren öffentlich.

Heute zählt *Bongo Flava,* dessen Name eine Anspielung darauf sein soll, dass man zum Überleben in Dar es Salaam sein Gehirn benutzen muss (*ubongo* = Gehirn, *flava* = Ableitung des engl. *flavour,* das wohl mit Sound oder Lebensart umschrieben werden kann), zu den angesehensten modernen Musikrichtungen in Afrika. Sie wird international wahrgenommen und auch als eigenständig anerkannt. **Kiswahili-Texte** dominieren, kaum jemand singt auf Englisch. Die Musiker haben Kultstatus, eigene Radiostationen haben sich auf *Bongo Flava* spezialisiert und in den Texte machen die Sänger sozialkritisch auf die täglichen Herausforderungen im Land aufmerksam – und erreichen damit vermutlich mehr Zuhörer, als Entwicklungsorganisationen es je könnten. Sie singen über AIDS, rappen gegen Korruption und verurteilen die erbärmliche medizinische Versorgung. *Bongo Flava* ist Kult, eine kleine Revolution im ansonsten hierarchisch starren Tansania.

Extrainfo 5 (s. S. 8): In typischer Manier wird in diesem Musikvideo über den Alltag (hier über das Telefonieren) und das Leben im Dorf gesungen

Feste und Feiertage

Tansanier feiern gern Feste. Sie nutzen jeden noch so kleinen Anlass, um dem kargen Alltag zu entfliehen und zu feiern, mit Musik, Tanz, Schlemmen und ausgelassener Stimmung. Feste werden natürlich nicht nur für die Lebenden gefeiert, sondern auch für die Geister und Ahnen. Ekstatische Tänze besänftigen die guten und bösen Geister, köstliche Düfte der diversen Gerichte sättigen die Ahnen. Musik muss lautstark erschallen, damit sie auch von den Seelen im Jenseits wahrgenommen wird.

Für das **leibliche Wohl** ist auf tansanischen Festen gesorgt, zumeist werden spezielle, nicht alltägliche Speisen auf den Tisch gezaubert. Je nach Ethnie und Einkommensniveau gibt es besondere Festtagsbraten. Während die Swahili an der Küste köstliches *Pilau,* den aromatischen Gewürzreis, kredenzen, schlachten einige Ethnien im Norden, wie die Chagga oder die Maasai, mit Vorliebe junge Ziegen, die dann über dem offenen Feuer gegrillt werden.

Bei der Fülle an verschiedenen Kulturen, Religionen und Ethnien sind die Festlichkeiten ebenso mannigfaltig. Sie alle zu beschreiben, ist ein Ding der Unmöglichkeit. Neben den unzähligen religiösen und jährlich wiederkehrenden Festen der Muslime, Christen oder Hinduisten gibt es Feierlichkeiten, die nur von bestimmten Volksgruppen gefeiert werden.

Die **christlichen Feiertage** wie Weihnachten oder Ostern werden eher in den Kirchen und zu Hause begangen. Außenstehende bekommen da kaum etwas mit, zumal es den allgemeinen Konsumwahn mit Geschenkemarathon, Weihnachtsmärkten und Weihnachtsfeiern in Tansania (noch) nicht gibt.

Völlig anders wird das wichtigste Fest im muslimischen Jahr begangen: **Eid al-Fitr,** das Ende des Fastenmonats Ramadan. Selbst Unbeteiligten ist es kaum möglich, diese Festlichkeit zu verpassen, denn die Inseln, die Swahili-Küste und die anderen muslimisch dominierten Gebiete befinden sich dann im absoluten Ausnahmezustand. Je nach Region können die ausgelassenen Feierlichkeiten auf den Straßen und in den Häusern zwischen vier und zehn Tagen andauern. Das erste Gebet des Muezzin an *sikuku* (von *siku kubwa,* großer Tag, dem Tag eins der großen Feierlichkeiten) kann kaum verfehlt werden. Der Vorbeter legt sich besonders inbrünstig ins Zeug und konkurriert dabei mit Feuerwerkssalven, die wohlhabende Muslime gen Himmel schicken. Schon früh am Morgen, nach

[<] Ein Fest in einem kleinen Buschdorf im Süden:
Zwar ging alle fünf Minuten der Strom aus, aber die Stimmung war dennoch gut

dem Morgengebet, trifft man sich mit der Familie und Freunden und überreicht einander kalorienhaltige Geschenke, wie beispielsweise Torten und andere Süßigkeiten. Man schlemmt und isst gemeinsam und vergisst auch nicht, Almosen an die weniger Begüterten zu geben. Gruppen tanzen und singen sich von Haus zu Haus und begrüßen gemeinsam mit den Familien das Ende des Ramadan. Eindringliche Taarab-Melodien, intensive Düfte von allerlei Köstlichkeiten und freudiges Gelächter erfüllen die Straßen der Dörfer und Städte. Die Frauen tragen ihre schönsten Kleider und die Mädchen fühlen sich hübsch mit dickem Make-up und rosa Rüschenkleidern und so erwachsen mit ihren kunstvollen Hennazeichnungen auf den Händen. Vor den Toren von Stone Town wird ein weitläufiger Rummelplatz eröffnet, der den Autoverkehr zum Erliegen bringt. Mit der lautstarken Musik wird fast ganz Stone Town beschallt, an Schlafen ist in solchen Nächten kaum zu denken. Wozu auch? Was gibt es Schöneres, als sich von der ausgelassenen Stimmung durch die Straßen treiben zu lassen, die

Gestorben wird immer

Oft stürzen Beerdigungen ganze Familien unerwartet in Schuldenberge, die sie Zeit ihres Lebens nicht mehr abbauen können. Ein paar Tausend Euro (!) für tagelange Feierlichkeiten sind dabei keine Seltenheit - aber um den gerade verstorbenen Ahnen in der Geisterwelt gnädig zu stimmen, lässt man sich nicht lumpen. Dabei gelten im Prinzip die gleichen Regeln wie für eine Hochzeit. Die aus allen Landesteilen angereiste Großfamilie muss kulinarisch versorgt werden, wobei natürlich Festtagsgerichte erwartet werden. Üblicherweise werden die Verwandten mit Bussen, die von der betroffenen Familie bezahlt werden, herangeschafft, was die Kosten exorbitant in die Höhe treibt.

Männern und Frauen sind bei einer Bestattungsfeier spezifische Rollen zugewiesen. Während die Männer stundenlange, dick aufgetragene Reden schwingen und die Verdienste des Verstorbenen würdigen, weinen die Frauen bitterlich und stoßen wehklagende Schreie aus. Die Erdbestattung findet je nach Örtlichkeit entweder in einem ausgewiesenen Friedhof oder außerhalb des Dorfes statt. Die Zeremonien ähneln denen im Westen, mit Grabreden von den Männern und dem Schäufelchen Erde, das auf den Sarg geworfen wird.

Viele der Verwandten, die den oft weiten und beschwerlichen Weg zur Beerdigung auf sich genommen haben, hängen ein paar Tage Urlaub bei der Familie an - natürlich auf deren Kosten.

Gerüche zu genießen und mit den Menschen gemeinsam zu feiern? Die Feierlichkeiten halten mindestens vier Tage ohne Unterbrechung an, wer lärmempfindlich und erholungsbedürftig ist, sollte Stone Town und andere Dörfer zu Eid al-Fitr unbedingt meiden. Selbst Dar es Salaam fällt dem Chaos anheim und ist am besten weitläufig zu umfahren.

Neben religiösen Festen, die für das ganze Land gelten, gibt es Festlichkeiten, die nur bestimmte Regionen oder Volksgruppen betreffen wie beispielsweise **Mwaka Kogwa.** Mit diesem Festival wird in einigen Dörfern an der Swahili-Küste im Juli der Beginn des neuen Jahres gemäß des Shirazi-Kalenders gefeiert. Besonders ausgeprägt und bekannt sind die Feierlichkeiten in Makunduchi im Süden der Insel. Hier siedelten nämlich die ersten persischstämmigen Shirazi-Siedler im 11./12. Jahrhundert und die Traditionen sind noch immer tief in der Lebensweise verwurzelt. Die vier Tage anhaltenden Feiern werden von zahlreichen Ritualen dominiert. So werden Schaukämpfe durchgeführt, die das Austreiben des alten Jahres und das freudige Willkommenheißen des neuen Jahres symbolisieren. Während die Männer kämpfen, ziehen die Frauen mit Gesängen durch das Dorf und über die Felder. Das Fest wurde von der sansibarischen Regierung offiziell als Festival anerkannt und kann auf besondere Nachfrage mit einem einheimischen *guide* oder auch in Eigenregie besucht werden. (Es wird übrigens gern gesehen, wenn man in Begleitung eines einheimischen Führers erscheint, denn das ist ein Beweis dafür, dass man einer Person Arbeit und Geld gibt. Allein reisende Leute, die ohne Guides unterwegs sein wollen, werden gelegentlich schief angeschaut.) Besucher sind herzlich willkommen, denn jedem Dorfbewohner, der eine Festlichkeit ohne Gäste begeht, wird das Glück im nächsten Jahr nicht hold sein.

Auf Pemba finden von September bis Februar jedes Jahr die **traditionellen Stierkämpfe** statt, die einst von den Portugiesen „importiert" wurden. Im Gegensatz zu den spanischen Stierkämpfen darf hier – nach der Lehre des Islam – unter keinen Umständen Blut fließen. Die unregelmäßig stattfindenden Kämpfe, sie werden *mchezo wa ngombe* genannt, haben Volksfestcharakter, Hauptaustragungsort ist von jeher Chake Chake, aber auch in anderen Dörfern wie beispielsweise in Ole (vermutlich ist das auch der Grund, warum das Dorf so heißt) oder Kengeja wird das Spektakel organisiert. Männliche Jugendliche kündigen den Stierkampf mit bellenden Lauten an und ein Musiker sowie eine Sängerin sorgen für die dramatische musikalische Untermalung. In Tansania muss weder der Bulle um sein Leben kämpfen, noch muss der Matador seine Ehre verteidigen. Die Matadore müssen nur mutig genug sein, dem fuchsteufelswilden Tier geschickt auszuweichen. Dem Bullen fehlen die Hörner, also kann auch wirklich niemand zu ernsthaftem Schaden kommen.

In Pemba wurden die Stierkämpfe traditionell in der Trockenzeit zwischen Dezember und Februar ausgetragen, um die Götter und Ahnen gnädig zu stimmen und sie um Regen zu bitten. Heute finden die Spiele nicht zeremoniell sondern zumeist aus rein sportlichen Gründen und zur Volksbelustigung statt.

Familienfeierlichkeiten

Taufen, Familienbesuche, religiöse Feste, Schulabschlüsse, einsetzender Regen und viele andere Gelegenheiten werden im Familienkreis gebührend gefeiert.

In einem Land, wo 99 % der Menschen keine Geburtsurkunde besitzen, hatten **Geburtstage** bis vor Kurzem keine Bedeutung, aber die urbane Mittel- und Oberschicht hebt sich mit Geburtstagsfesten nur allzu gern von der rückständigen Landbevölkerung ab. In vielen Dörfern und Kulturen ist es nach wie vor üblich, die Kinder nach bedeutenden Ereignissen zu benennen, die unmittelbar mit der Geburt in Zusammenhang gebracht werden oder die sich am Tag der Geburt ereignet haben. Das Mädchen *Chausiku* wurde in der Nacht geboren (*cha* = bei, *usiku* = Nacht), der Junge *Haji* hat sich mit seiner Geburt mächtig Zeit gelassen und wollte einfach nicht kommen (*haji* = nicht kommen), *Alamisi* wurde an einem Donnerstag geboren.

Auf die beiden bedeutendsten – weil auch teuersten – Familienfeierlichkeiten (Hochzeiten und Beerdigungen) wird nachfolgend näher eingegangen. Ein durchschnittlicher Bürger könnte die Kosten dafür nie und nimmer allein aufbringen. Üblicherweise wird ein Komitee gebildet, dass sich darum kümmert, die finanziellen Mittel auf die Beine zu stellen. Es werden exakte Listen über die Einnahmen und Ausgaben geführt, um sicherzustellen, dass jedes Familienmitglied seinem Stand entsprechend gibt und damit man weiß, wie viel man im umgekehrten Fall zurückerhält. Trotzdem haben Hochzeiten – und viel mehr noch Beerdigungen – so manche Familie an den Bettelstab gebracht.

„Harusi" – eine traditionelle Hochzeit auf Tansanisch

Selbstverständlich wird davon ausgegangen, dass die jungen tansanischen Frauen und Männer heiraten. Der Großteil der Jugendlichen beugt sich diesen Erwartungen. Die hier gezeichnete traditionelle Swahili-Hochzeit – egal ob unter Christen, Muslimen oder gemischten Paaren – läuft landesweit ähnlich ab. Strenggläubige Muslime indischer Abstammung, hinduistische Tansanier oder tansanische Bürger ohne Bantu-Abstammung folgen anderen Ritualen, auf die an dieser Stelle nicht näher eingegangen wird.

Eine traditionelle Eheschließung, *harusi* auf Kiswahili, ist an viele **Rituale, strenge Regeln und althergebrachte Sitten** geknüpft. Üblicherweise wird von jungen Menschen erwartet, dass sie nach ihrer Volljährigkeit in den ehelichen Stand treten. Im urbanen Raum verschiebt sich das heiratsfähige Alter immer weiter nach hinten, da die jungen Leute erst einmal die Ausbildung oder die Universität abschließen und möglichst noch einen gut bezahlten Job finden wollen. Für die meisten Mädchen verläuft dies aber ganz anders. Das Eherecht von 1971 erlaubt es Männern, 14-jährige Mädchen zur Frau zu nehmen. In der Realität aber sind viele der jungen Bräute sogar noch deutlich jünger, insbesondere wenn es sich um arrangierte Hochzeiten handelt.

In der **Phase der Eheanbahnung** bleiben die beiden Heiratskandidaten im Hintergrund. Sowohl für den zukünftigen Bräutigam als auch für die Braut müssen Stellvertreter gefunden werden, manchmal die Väter, oft auch ältere Brüder oder Onkel. In Gefolgschaft einiger hochrangiger Familienmitglieder wird die Familie der zukünftigen Braut aufgesucht. Dort verkündet der ernannte Vermittler die Heiratsabsichten. Traditionellerweise übergibt er dabei einen Brief, den *barua ya posa,* in dem erläutert wird, dass der junge Mann an der Tochter der Familie Gefallen gefunden hat und in dem um die Einleitung weiterer Schritte gebeten wird. Üblicherweise liegt auch Geld bei, um zu demonstrieren, dass die Absichten ernst sind. Nach einer Beratung der wichtigsten Familienmitglieder, die möglicherweise wenige Minuten, aber auch einige Tage dauern kann, gibt die Familie des Mädchens ihr Einverständnis – oder eben nicht.

Es kommt zu einem weiteren Treffen, bei dem der **Brautpreis** ausverhandelt wird. Immerhin verliert die Familie der Braut eine wertvolle Arbeitskraft, wofür die Familie des Bräutigams natürlich einen finanziellen Ausgleich schaffen muss. Zu diesem Zweck wird der Familie des Mannes ein Brief übergeben, in dem die erforderlichen Geschenke und Gelder vollständig aufgezählt sind. In einem dritten Besuch erst wird der Brautpreis dann bezahlt, nicht ohne dass zuvor wie auf dem Jahrmarkt gefeilscht wurde. Es geht um Kleidung und Kosmetik für die Eheschließung, die Eheringe, Ziegen, Kühe und Geschenke für die Eltern. Nicht selten werden dabei Beträge jenseits der 1-Million-Schilling-Grenze (etwa 460 Euro) verhandelt. Im Vergleich dazu verdient ein durchschnittlicher Arbeiter bis zu 100.000 TSH (Tanzania Schillings, auch TZS abgekürzt, Wechselkurs Stand April 2014: 1000 TSH = 0,43 Euro. Die inoffizielle Zweitwährung in Tansania ist der US-Dollar). Eine Heirat kann also durchaus als teures Vergnügen angesehen werden, wobei hier die

Kosten für die Hochzeitsfeier selbst noch gar nicht eingerechnet sind. Oft bleibt dabei ein Betrag offen, der nicht in Barwerten oder Tauschgütern an die Familie der Frau entrichtet wird, sondern in Form von Hilfeleistungen. Nachdem sich die beiden Familien über den Brautpreis einig geworden sind und dieser gezahlt wurde, wird der Heiratstermin festgelegt und ein großes Fest zur Besiegelung der Hochzeit gefeiert. Mittlerweile haben sich die beiden Heiratskandidaten auch kennengelernt, im Normalfall kennen sich die beiden jungen Menschen, die getraut werden sollen, ohnehin schon vorher.

Dann erst folgen die **eigentlichen Festivitäten,** die aus drei Teilen bestehen: der *kitchen party,* der *send-off party* und der tatsächlichen Hochzeitsfeier. Bei der *kitchen party* lädt die Familie der Braut befreundete und verwandte verheiratete Frauen ein, um die zukünftige Ehefrau, die *bibi harusi,* in die Geheimnisse einer Ehe einzuweihen. Dabei erhält die Braut Ratschläge in Sachen Haushaltsführung, Kindererziehung und eheliche Verpflichtungen, aber auch Sexualität und häusliche Gewalt sind hier Thema. Die zweite Stufe der Vermählung erfolgt durch die Ausrichtung der *send-off party,* der offiziellen Verabschiedungsfeier der Braut aus ihrer Familie, denn ab dem Tag der Eheschließung gehört sie zur Familie ihres Mannes.

Schließlich folgt der Höhepunkt der Feierlichkeiten, die Hochzeit selbst mit einer kirchlichen Trauung (bei den Christen), Musik, einem Festessen, Geschenken und viel, viel Pomp. Dabei ist es üblich, den Festsaal – oft ein spezieller Veranstaltungsort, denn wo sonst könnte man 200 Menschen unterbringen – mit Schleifen, Tüll, Kunstblumen und Tüchern in bestimmten Farben zu schmücken. Die ganze **Hochzeitsfeier** wird von einer Musikkapelle begleitet, die selbst beim Transfer von Kirche zu Festsaal nicht verstummt. So kann es Touristen passieren, dass sie sich völlig unerwartet in einem fröhlichen Hochzeitskorso wiederfinden. Bei Musik und Tanz wird bis tief in die Nacht gefeiert. Immer wieder werden dazwischen langatmige Reden geschwungen, ein Zeremonienmeister führt mit dem Mikro wortreich durch die Feierlichkeiten. Die per Büfett kredenzten Gerichte sind traditionell tansanisch und oft wird gar kein Alkohol ausgeschenkt, sondern ausschließlich *soda* (Zuckerlimonaden). Je nachdem, ob die Hochzeit auf dem Land oder in der Stadt stattfindet, werden die Speisen ohne Besteck verzehrt. Geschenke werden nicht einfach überreicht, sondern entsprechend des Protokolls tanzt jeder Gast mit seinem Geschenk in der Hand zum Brautpaar und überreicht es unter neugierigen Blicken in aller Öffentlichkeit. Fester Bestandteil der Feierlichkeiten ist das Anschneiden der Hochzeitstorte, wobei sich die beiden Frischvermählten traditionellerweise gegenseitig mit Tortenstücken füttern.

Für alle Beteiligten ist eine Hochzeit ein großartiges Freudenfest, nur das Brautpaar – das die ganzen Feierlichkeiten hindurch vorn im Saal auf einer Empore ausharren muss – scheint nicht sonderlich erfreut über den schönsten Tag seines Lebens zu sein. Insbesondere **die junge Ehefrau zeigt keinerlei Gefühlsregung** und behält den ganzen Tag über ihre ernste Miene bei. Die Tradition verlangt nämlich, dass die Braut sich sichtbar darüber grämt, Abschied von ihrer Herkunftsfamilie nehmen zu müssen.

Eine ganz besondere Behandlung bekommen die Bräute an der Swahili-Küste, auf Sansibar, Mafia und Pemba. Sie werden in den letzten Tagen vor der Hochzeit einem intensiven Verwöhn- und Beautyprogramm unterzogen. Dazu gehören die Enthaarung des gesamten Körpers ab dem Hals abwärts, traditionelle Massagen, Körperpeelings und die **Bemalung mit Hennaornamenten.** Gerade diese Prozedur der Hennabemalungen ist wohl eine der schönsten Riten im ostafrikanischen Raum. Die Frauen und Freundinnen treffen sich und in mühevoller Kleinarbeit werden filigranste Muster auf die Haut gepinselt. Zahlreiche Arbeitsschritte sind nötig, um diese Tattoos kräftig und eindringlich zu gestalten und so sitzen die Freundinnen schon mal drei, vier Tage beieinander, um die Braut für die bevorstehende Hochzeit perfekt zu schmücken. Bis zu zwei Wochen können die Hennabemalungen auf der Haut bleiben – und befreien die frisch vermählten Frauen solange von jeglicher Hausarbeit.

Die an Ehen und Eheschließungen geknüpften Regeln sind jedoch im Aufbrechen begriffen. Modernen gesellschaftlichen Erscheinungen muss auch hier Tribut gezollt werden. Beispielsweise sind arrangierte Verbindungen nicht mehr das Nonplusultra. Auch wenn der Großteil der Ehen noch immer von den Familien initiiert ist, suchen sich junge Leute ihre Partner zunehmend selbst aus und biegen dann die Rituale für ihre jeweiligen Bedürfnisse zurecht.

Viele Jugendliche führen auch schon lange **vor der Ehe sexuelle Beziehungen,** die sie dann allerdings vor der Familie geheim halten müssen. Eben aus diesem Grund kann ein junger Mann die Jungfräulichkeit seiner zukünftigen Braut nicht mehr erwarten. Noch vor wenigen Jahrzehnten war es Sitte, dass sich die Braut vor der Hochzeit von einer Abordnung älterer Frauen auf ihre Unversehrtheit hin untersuchen lassen musste. Obwohl Männer heutzutage noch immer stolz darauf sind, wenn sie eine jungfräuliche Braut haben und es auch dementsprechend hinausposaunen, so hat dies als Voraussetzung an Bedeutung eingebüßt. Ähnlich verhält es sich mit dem **Brautpreis.** Viele junge Männer und ihre Familien können (und wollen) den Brautpreis nicht bezahlen. Daher entschließen sich viele, mit der Frau ihrer Wahl in wilder Ehe zusammenzuleben, wobei gemeinsame Kinder selbstverständlich Teil des Planes sind.

Politik und Wirtschaft

„Samaki huanza kuoza kichwani."
Wörtlich: „Der Fisch beginnt am Kopf zu verrotten."

(Sprichwort aus Tansania)

☐ Händler in Stone Town bei der Lektüre der Tageszeitung (Foto: 025ts kk)

Der steinige Weg in die Demokratie

Demokratie ist anstrengend in Tansania. Es fehlt an Bewusstsein, Erfahrung und Strukturen. Selbst simple Wahlen entpuppen sich als gar nicht so einfach. Sie versetzen das Land in einen fünftägigen Ausnahmezustand: Abermillionen von Menschen müssen in ihr Heimatdorf fahren, um dort registriert zu werden. Aufgrund des fehlenden Meldewesens ist im Geburtsdorf die Wahrscheinlichkeit am höchsten, dass jemand die Existenz eines Menschen bestätigen kann. Fünf Tage werden von Staats wegen für die Abstimmung anberaumt, in Wahrheit sind die Wähler oft drei, vier Wochen unterwegs, denn wenn sie schon einmal im eigenen Dorf sind, dann packen sie die Chance gleich beim Schopf und besuchen ihre Familien. Für die meisten Wähler bringt diese Reise ins Heimatdorf ungeplante finanzielle Belastungen, denen nicht alle gewachsen sind. Zudem sind Arbeitgeber nicht sonderlich darüber erfreut, wenn ihre Angestellten für längere Zeit ausfallen. Alles in allem sind Wahlen in Tansania oder allgemein in Afrika bei Weitem nicht so unproblematisch durchzuführen wie in Mitteleuropa, wo das nächste Wahllokal oftmals gleich um die Ecke liegt.

Seit 1992 ist das **Mehrparteiensystem** in der Verfassung verankert. Doch das Demokratieverständnis der Bevölkerung und der politischen Elite ist unausgegoren - kein Wunder, nach mehreren Jahrzehnten mit einer Einheitspartei, ein paar Jahrhunderten Kolonialismus und Fremdbestimmung sowie einer gesellschaftlichen Ordnung, die von zementierten Hierarchien, mächtigen Clan- und Stammesführern, einer patriarchalischen Sozialordnung und ausuferndem Personenkult geprägt ist. Auch wenn die Geberländer und die internationale Gemeinschaft ständig (im Gegenzug für Entwicklungsgelder) Demokratie einfordern, sind diese Forderungen alles andere als realistisch. Erst Präsident *Kikwete* läutete eine erste zaghafte Annäherung an westliches Politikverständnis ein: Er ermöglichte mehr Partizipation am politischen Leben als alle anderen Präsidenten zuvor.

Seit *Nyerere* kennen Tansanier **nur eine einzige Partei:** Die *CCM* (*Chama Cha Mapinduzi,* „Partei der Veränderung"). Als Nachfolgepartei der *TANU* und Projekt des allseits verehrten Staatsmannes *Julius Nyerere* war die *CCM* die einzige Partei, die „gewählt" werden konnte. In *Kikwetes* erster Amtszeit (2005–2010) erfuhr die ehemalige Einheits- und jetzige Regierungspartei so große Unterstützung, dass der traditionellen Oppositionspartei, der *CUF (Civic United Front)* gerade einmal 11 % der Wählerstimmen zukamen. Bei der Wahl 2010 bröckelte die Macht: Nur 63 % entschieden sich für die *CCM,* ganze 27 % wollten die aufstrebende Oppositionspartei *CHADEMA* (*Chama cha Demokrasia na Maendeleo,* „Partei für Demokratie und Fortschritt") an der Macht sehen.

Das bedeutet nicht, dass plötzlich ein Bewusstsein für demokratische Werte entstand. Es bedeutet nur, dass die Menschen der alten Politik überdrüssig geworden sind. Die Bürger wollen Erneuerung und keine Partei mehr, die alle Ämter innehat und die Verwaltung kontrolliert. Sie haben es satt, dass alle Partei- und Regierungsmitglieder Immunität genießen und die Partei Staatsgelder und -strukturen (Polizei, Bezirksverwaltungen, Medien etc.) für ihre eigenen Zwecke missbraucht. Wer durch abgelegene Gegenden fährt, wird sich wundern, dass trotz der Abgeschiedenheit in fast allen Dörfern die CCM-Flagge weht. Es ist schon eigenartig: Während wenig wirklich rund läuft, versteht es die *CCM* bestens, ihre Anhänger zu mobilisieren.

026ts kk

Die **Menschen wollen eine Verbesserung ihrer Lebensumstände,** nicht bloß austauschbare Marionetten, die alles nur noch schlechter machen als ihre Vorgänger. Sie wollen Reformen und frische Ideen – keine alte Garde von Parteifunktionären, die ihre Pfründe verteidigen und Fortschritt oder alternative Meinungen im Keim ersticken. Mit der streitbaren Partei *CHADEMA* haben die Bürger ein Signal gesetzt. Sie rekrutiert ihre Mitglieder aus der Jungen, urbanen und gebildeten Schicht, die bereit ist, gegen das Establishment zu kämpfen. Oft sind die Parteimitglieder Teilnehmer an den Studentenproteste, Absolventen oder Studienabbrecher.

Bei den Debatten im Parlament greifen die teils jungen Oppositionspolitiker vor laufender Kamera lautstark die Gesetzesentwürfe der *CCM* an. Die Leute auf der Straße applaudieren, studieren die Tageszeitungen und verfolgen die im Fernsehen übertragenen Parlamentssitzungen voller Interesse. Untersuchungs- und Kontrollausschüsse haben in den letzten

⌃ Wahlplakat von Jakaya Kikwete, bevor er 2005 das erste Mal ins Amt des Präsidenten gewählt wurde

Jahren die Entlassung mehrerer korrupter und teils hochrangiger Kabinettsmitglieder erwirkt.

Ob und wie viel die Opposition wirklich bewirken kann, wird sich zeigen. Die Streitkultur ist nicht sonderlich ausgeprägt, sowohl in der Politik als auch innerhalb der Gesellschaft. Nach der jahrzehntelangen Diktatur einer Einheitspartei fehlen Mechanismen der Konfliktlösung: Man diskutiert zwar hitzig, aber ohne greifbare Lösungen. Nicht gerade hilfreich sind die Boulevard-Medien, die inhaltlich wenig Sinnvolles beisteuern, dies aber dafür sehr lautstark tun.

Was sich aber geändert hat, ist die **Einstellung vieler Menschen zur Politik.** Zahllose junge Menschen kehren von Universitäten im Ausland zurück, haben politische Freiheit geschnuppert und Demokratie am eigenen Leib erfahren. Sie sind via Facebook, Twitter oder SMS vernetzt. Sie sind durch das Internet gut informiert und engagieren sich in Gruppen, so genannten *CSOs (Civil Society Organizations),* die für Menschenrechte, Umweltschutz, Bildung und Armutsbekämpfung eintreten, Gesetzesvorlagen genau durchlesen und nötigenfalls kritisieren. Sie haben keine Angst vor Patriarchen, sind eloquent und selbstbewusst. Sie leben in den Städten, gründen Unternehmen und fordern ihren Anteil am Glück ein.

Auf dem Land sieht die Sache etwas weniger rosig aus. Häufig ist man von Strom, Internet, Zeitungen oder gar adäquater Bildung ausgeschlossen. Für die meisten einfachen Bürger ist es **schwierig, abzuwägen, welche Partei die persönlichen Interessen vertritt.** Also wählt die Landbevölkerung mehrheitlich die einzige Partei, die sie kennt: die *CCM.*

Bei aller Zuversicht muss man ehrlich bleiben: Demokratie fällt in einem Umfeld nicht vom Himmel, wo um Führer und Politiker **Personenkult** betrieben wird. Die Anhänger der Politiker sind ihren Idolen blind ergeben und befolgen treu deren Anweisungen. Kritik ist verpönt und Loyalität fördert das eigene Fortkommen.

Patriarchalische Strukturen und das (im vorherigen Kapitel beschriebene) Senioritätsprinzip sind nur zwei Aspekte, die nicht nur innerhalb von Tansania, sondern auch im panafrikanischen Dialog eine Entwicklung der Demokratie erschweren. So ist es ganz selbstverständlich, dass keiner der afrikanischen Staatschefs – weder der ehemalige südafrikanische Präsident *Thabo Mbeki* (bis 2009) noch sein Nachfolger *Jacob Zuma* noch der tansanische Präsident *Jakaya Kikwete* – den tyrannischen Diktator *Robert Mugabe* in Simbabwe für die Art und Weise seiner desaströsen Staatsführung tadeln durfte. Der Älteste – der ja *Mugabe* zweifellos ist – genießt immer allerhöchste Immunität und absoluten gesellschaftlichen Respekt, egal wie ruinös seine Politik auch sein mag. Ob mehr Bildung wirklich der Schlüssel zur Demokratie ist, wissen nicht einmal Experten genau, aber sie vermuten es. Es ist allerdings auffällig, dass sich die *CCM* und ihre Regierung weiterhin vehement weigern, Staatsbürgerkunde in den öffentlichen Schulen als Unterrichtsfach einzuführen oder Kolonialgeschichte zu lehren. Das Volk uninformiert und ungebildet zu halten, hat seinen Ursprung also nicht nur in der Knappheit der Finanzmittel, sondern auch in dem Bestreben der Politik, die eigenen Machtstrukturen zu erhalten und Widerstand seitens der Bevölkerung zu verhindern.

Korruption und Schattenwirtschaft

„Ashibaye, hamjui mwenye njaa."
Wörtlich: „Jemand, der satt ist, kennt keine hungrige Person."
(Sprichwort aus Tansania)

Ein 35-jähriger Dozent unterrichtet an der Universität von Dar es Salaam. Sein Vater war seinerzeit als Beamter eines Ministeriums mit Angestellten der schwedischen Botschaft bekannt, die dafür sorgten, dass sein Sohn ein Stipendium für ein Studium in Schweden erhielt. Nach mehreren Jahren in Schweden kehrte dieser wieder zurück in seine Heimat. Für tansanische Verhältnisse hatte er im Ausland ein kleines Vermögen anhäufen können – so kaufte er sich postwendend in Tansania einen kleinen PKW. Da man nie weiß, welche Macken ein Auto nach ein paar Fahrten auf tansanischen Straßen entwickelt hat, erwirbt man am besten ein frisch importiertes aus Japan. Das ist an sich problemlos, wenn da nicht das Importprozedere am Hafen wäre, wo man sich gut und gern sechs, acht und bis zu zehn Wochen damit herumschlagen muss, sein Auto durch den Zoll zu bekommen. Nach wochenlangem Tauziehen mit den Steuer-, Hafen- und Registrierungsbehörden, die den Mann auf schikanöse Art und Weise jeden zweiten Tag ins Amt zitieren, nur um ihn dann unverrichteter Dinge wieder nach Hause zu schicken, kann er sein Fahrzeug schließlich gegen eine Zahlung von beachtlichen Zusatzgebühren auslösen. Als der Dozent sein Auto endlich im Empfang nimmt, kann er von Glück reden, dass nur die Scheibenwischer und das Autoradio fehlen – seinem Kollegen hatten findige Arbeiter noch zusätzlich das Lenkrad entwendet. Während der frisch gebackene Autobesitzer zufrieden nach Hause rollt, wird er von einem wild fuchtelnden Polizisten aufgehalten, der ihm eine Fülle von Vergehen attestiert, die er aber unmöglich innerhalb von 15 Minuten schon begangen haben kann. Ein horrend hohes Bußgeld – oder wahlweise die Verhaftung – wird angedroht. Ein freundliches Lächeln, ein paar Worte des Grußes und ein paar kleinere Scheine wechseln den Besitzer.

Auf dem Weg nach Hause besucht er seinen Vater, der vor einigen Tagen wegen starker Bauchschmerzen ins Krankenhaus eingewiesen wurde. Es empfängt ihn ein verzweifelter Mann, der vom Personal vor die Tür gesetzt wurde, weil er kein Geld an den diensthabenden Pfleger bezahlen konnte. Eigentlich ist für über 60-Jährige und andere Risikopatienten ein Krankenhausaufenthalt kostenlos. Dennoch verteilt der Sohn ein paar Scheine an den Arzt und die Schwestern und erhöht damit die Chancen für seinen Vater, gut und freundlich behandelt zu werden. Selbst in der Leichenhalle muss bestochen werden, sonst wird am Ende die Leiche für die Beerdigung gar nicht herausgegeben.

Im Zickzackkurs bahnt sich der Universitätsdozent anschließend seinen Weg vorbei an den tiefen Schlaglöchern auf den Hauptverkehrsadern von Dar es Salaam. Nicht, dass es ihn sonderlich aufgeregt hätte – schließlich lernt Otto Normalverbraucher von den Politikern am besten, wie man korrumpiert: Je desolater eine Straße ist, desto höhere Summen verschlingt eine Instandsetzung, was postwendend jene Beträge erhöht, die ohne falsche Bescheidenheit unterschlagen werden können. 50 % von 1 Mio. Euro ist ja wesentlich mehr als 50 % von 100.000 Euro.

Jeder Tansanier ist in diesem undurchsichtigen System aus Korruption, Schattenwirtschaft und illegalen Machenschaften **Opfer und Täter zugleich.** Tag für Tag verstrickt man sich tiefer in Schuld und Abhängigkeit, in Vetternwirtschaft und kleinen Gefälligkeiten, egal ob arm, reich, jung, alt, Afrikaner, Inder oder Europäer.

Korruption bestimmt den Alltag, egal welcher Klasse, welcher Hautfarbe oder Religion man angehört. Es gibt kein Bewusstsein dafür, wo Korruption moralisch beginnt und endet, nicht nur wegen der anders gearteten gesellschaftlichen Realität, sondern vor allem weil sich die Menschen ein Leben ohne Korruption gar nicht vorstellen können. Schon allein die Möglichkeit, Geld unterschlagen zu können, als wird Freibrief angesehen. Es entscheiden nicht Leistungen, sondern die besten Kontakte. Mit Geld kann man sich alles kaufen: ein Stück Land an der Küste von Sansibar, gute Schulnoten für die Töchter, zollfreie Importe, Aufträge für das eigene Unternehmen, medizinische Versorgung, die Verlängerung der Teerstraße bis zur eigenen feudalen Villa in den Bergen und auch Wahlsiege.

Der ehemalige Direktor der Nationalparkbehörde *Tanapa* unterschlug 20 Mio US$ und erhielt für seine Verdienste einen gut dotierten Job bei der Zoologischen Gesellschaft Frankfurt. Die Angestellten am Tor eines Nationalparks erhalten fürstliche Schmiergelder von den Wilderern, damit sie das Elfenbein aus den Parks schmuggeln können. Selbst Spendengelder von kirchlichen Organisationen oder EU-Mittel sind nicht vor Veruntreuung sicher. Ganz im Gegenteil, bei diesen großen Summen geht es erst richtig zur Sache. Auf dem Papier werden Klassenräume oder ein kleines *dispensary* (Dorfspital) gebaut, doch in der Realität gibt es nicht einmal Baupläne dafür. Fiktiven Personen werden Gehälter gezahlt, Projekteigentum, z. B. Fahrzeuge, werden für private Zwecke benutzt und Belege gefälscht.

In einer Umfrage von *Transparency International* gaben 90 % der Bürger in Ostafrika an, Korruption nicht anzuzeigen, da sich ihrer Meinung nach ohnehin nichts ändern würde. Die weltweit agierende, nicht staatliche Organisation, deren Ziel es ist, Korruption zu bekämpfen, stufte Tansania im Ranking von 2013 bei der Wahrnehmung von Korruption von Platz 126 (2009) auf 111 von insgesamt 177 untersuchten Staaten hoch, weit vor Uganda, Kenia und Nigeria, aber hinter Sambia, Namibia und Botswana. Länder mit hoher Korruption sind nur **bedingt produktiv,** denn es werden keinerlei Anreize geschaffen, effizient zu arbeiten. Korruption erhöht das Preisniveau in einem Land, da die Allgemeinheit die Kosten dafür tragen muss. Gleichzeitig rasselt die Qualität von Produkten und Leistungen in den Keller, die nicht dem freien Wettbewerb, sondern der Willkür unterliegen. Politisches Unvermögen charakterisiert korrupte Gesellschaften ebenso wie bedauerliche Gesundheits- und Bildungsstandards, schlechte Infrastruktur und ungleiche Verteilung von Vermögen und Einkommen.

Irgendwie kann man sogar Verständnis für das Phänomen aufbringen: Die meisten Menschen hätten sonst keine Möglichkeit, zu Einkommen oder Vermögen zu kommen. Der Großteil der Menschen kann die gestiegenen Lebenshaltungskosten nicht mit dem eigenen Arbeitslohn decken. Gerade im Staatsdienst sind die Gehälter sehr niedrig angesetzt. Zudem fallen Gehaltszahlungen oft einfach aus oder werden auf später verschoben. Da fühlen sich Polizisten, Zöllner, Richter und Lehrer moralisch berechtigt, bei jeder Gelegenheit eine Entschädigung zu erpressen. Viele Beamte tauchen überhaupt nur stundenweise am Arbeitsplatz auf, sie verdienen anderswo ihr Geld. Unehrliche Buchhalter verursachen jährlich hohe Verluste durch Veruntreuung, Manipulation von Zahlen, Lohnzahlungen an Geisterangestellte und undurchsichtige Aufträge. Auch ganz persönliche Gründe können dafür ausschlaggebend sein, dass jemand korrupt wird: Gier nach Macht und Status, Schulden, das Gefühl ungerecht behandelt zu werden oder die Nachahmung von hohen Beamten und Politikern, die den hierarchiegläubigen Tansaniern als Vorbild dienen.

Letzteres scheint in Tansania ein gängiges Rollenmodell zu sein. Immer dreister bedienen sich Beamte und Politiker am „Selbstbedienungsladen Tansania" und **unterschlagen Millionen US-Dollar** im Jahr. 2013 stellte *Interpol* fest, dass knapp 197 Mio. US$ aus Tansania auf Schweizer Banken versteckt sind. Das ist allerdings nur ein Viertel dessen, was kenia-

Extrainfo 6 (s. S. 8): Die „Deutsche Gesellschaft für Internationale Zusammenarbeit (GIZ)" hat eine Vielzahl von Daten und weiterführenden Links über Tansania zusammengetragen

nische Politiker und Industrielle dort parken. Dabei wurden andere Steueroasen wie Zypern, Luxemburg oder Dubai gar nicht berücksichtigt. Die Korruptionsskandale der letzten Jahre lassen sich nicht an zwei Händen abzählen. Im Skandal um die Nationalbank *(Bank of Tanzania, BoT)* wurden 2007 geschätzt 120 Mio. US$ gestohlen, 2008 kam der „Richmond-Skandal" ans Tageslicht, bei dem etwa 172 Mio. US$ für nie gelieferte Generatoren an Scheinfirmen gezahlt wurden. Minister und Beamte im Finanzministerium betrieben 2008 Amtsmissbrauch und steckten zu Unrecht gewährte Steuernachlässe von mehreren Milliarden Schilling in die eigene Tasche. Beim Bau der BoT-Zwillingstürme am Hafen von Dar es Salaam wurden ebenso schwindelerregende Summen unterschlagen. Fast alle Generaldirektoren oder Leiter von öffentlichen Stellen und Ämtern betreiben Amtsmissbrauch und sind korrupt. Erst 2013 kamen **Skandale um Tonnen von geschmuggeltem Elfenbein** ans Licht, aller Wahrscheinlichkeit nach sind hochrangige Regierungsmitglieder in den Skandal involviert. Wohin man auch schaut – in der Politik, der Polizei, der Justiz, im Steuerwesen, bei Naturresourcen und im Bergbausektor – es existiert keine Stelle, die nicht von Korruption und Amtsmissbrauch erschüttert wird.

So ist es nicht verwunderlich, dass es **kaum Unrechtsempfinden** für die Korruption gibt. Obwohl überall auf der Welt Bestechlichkeit vorkommt, kultivieren in Afrika, somit auch in Tansania, gesellschaftliche Normen das große Stehlen. Der über alle Maßen verehrte Staatsführer, der allseits bewunderte Dorfälteste oder der angesehene Manager eines Betriebes – sie alle nehmen ohne Gewissensbisse. Das legitimiert das ungerechtfertigte Nehmen eines Angestellten oder Polizisten allemal. Viele insbesondere ältere Bürger beklagen den **Werteverfall:** Früher hatten die Gemeinschaften zusammengehalten und es gab eine Kultur des Teilens, die ja a in den Großfamilien noch erkennbar ist. Heute hingegen, so bemängeln Traditionalisten, würden sich viel zu viele Leute nur an das Eigene klammern und das Teilen darüber vergessen. Das Paradoxe daran aber ist, dass sich die Elite, die diese Veruntreuung im großen Stil betreibt, mit diesem Geld gar nichts kaufen kann, denn **Konsummöglichkeiten** im westlichen Sinne existieren hier gar nicht. Nachdem sie sich ein paar Villen gebaut und ein paar fette Geländewagen gekauft haben, wissen wohlhabende Tansanier mit dem Geld praktisch nichts mehr anzufangen. Im Land selbst gibt es beispielsweise keine Boutiquen von namhaften Designermarken, wo die Frauen der Politiker das Geld ausgeben könnten. Ebenso wenig werden feudale Partys, Prêt-à-porter-Schauen oder teure Reisen veranstaltet. Im Grunde genommen sind die Tansanier bescheiden und oft merkt man reichen Leuten nicht mal anhand der Kleidung an, dass sie mehr als der Durchschnittsbürger auf ausländischen Konten geparkt haben.

Meinungsfreiheit „light“: die Rolle der Medien

„Mjumbe hauawi.“
Wörtlich: „Ein Übermittler von Nachrichten wird nicht getötet.“
(Sprichwort aus Tansania)

Printmedien

Es ist Vormittag in einer x-beliebigen Straße in Dar es Salaam. Langsam gewinnt die Sonne an Kraft, die Verkehrslawine aus Minibussen, den *daladalas,* und massiven Geländewagen wälzt sich durch die engen Straßen. An jeder Hausecke finden sich kleine Zeitungsstände, hier Ochsenkarren, auf denen verschiedene bunte Stapel an Tageszeitungen liegen, dort die Nachrichtenblätter kunstvoll auf Holzwände drapiert, um die Passanten zum Lesen und Kaufen zu animieren. An einem Verkaufsstand liest ein Mann laut die Schlagzeilen der Titelseite vor, ein Freundschaftsdienst für all jene, die die Buchstaben nicht entziffern können. Schnell entstehen dann hitzige Diskussionen. Mit Preisen von 500–1000 TSH (20–40 Cent) für Tageszeitungen bei einem durchschnittlichen Monatseinkommen von 100.000 TSH (40 Euro) sind diese für die meisten Menschen ein unerschwinglicher Luxus, doch dürfen jene, die es sich nicht leisten können, die Titelseiten am Kiosk eingehend studieren.

Tansanier lieben ihre **Zeitungen,** selbst wenn man nur in den Ballungszentren wie Dar es Salaam, Stone Town oder Arusha darauf hoffen darf, ein tagesaktuelles, druckfrisches Exemplar in die Hände zu bekommen. Je weiter weg und je unwegsamer die Straßen dorthin, desto später kommen die Zeitungen an. Vier, fünf Tage sind da keine Seltenheit, aber es scheint niemandem etwas auszumachen, veraltete Nachrichten zu lesen. Hauptsache man bekommt überhaupt eine Zeitung. Die Verbreitung von Zeitungen auf dem Land ist dementsprechend eingeschränkt. Lediglich 30 % der Zeitungen erreichen ländliche Gebiete, während 50 % der Zeitungsleser in Dar es Salaam leben. Die geringe Verbreitung abseits der Städte hat nicht nur mit Transporthindernissen zu tun, sondern auch damit, dass die Zeitungen für die Stadtbevölkerung geschrieben werden und Themen, die für die Landbevölkerung relevant sind, ausgeklammert werden.

Im Jahr 2012 gab es in Tansania 763 registrierte **Printmedien,** darunter 14 Tageszeitungen, 62 Wochenzeitungen und mehrere monatlich und vierteljährlich erscheinende Druckerzeugnisse. Die meisten Zeitungen haben Boulevard-Charakter, nur selten beinhalten sie tief greifende politische oder gesellschaftspolitische Diskussionen.

Pressefreiheit auf Sparflamme

Im Vergleich zu anderen afrikanischen Staaten und zahllosen europäischen, asiatischen und südamerikanischen Ländern ist Tansania geradezu ein Musterbeispiel an Pressefreiheit. Reporter ohne Grenzen stuften Tansania hinsichtlich des Grads an Pressefreiheit 2012 auf Platz 70 von 179 ein, noch vor Armenien, Griechenland und Venezuela. Doch die Pressefreiheit ist und bleibt ein zweischneidiges Schwert. Auf dem Papier kann jeder Staatsbürger sagen und schreiben, was er möchte. Auf einem anderen Papier aber steht, dass die Freiheit nur bis zu den Toren des Staates gehen darf, dahinter ist Schluss damit. Möglich machen dies Gesetze, die noch aus der Zeit des Einparteiensystems stammen. Der tansanischen Regierung ist es erlaubt, Äußerungen zu zensieren, die dem Staat und seinen Vertretern schaden oder die Staatssicherheit gefährden könnten. Der zuständige Informationsminister darf immer noch Zeitungen zensieren und in Ermangelung „zufriedenstellender Qualität" diese sogar verbieten. Er darf investigativen Journalismus bestrafen, wenn geheime Informationen an die Öffentlichkeit gelangen. Fast alle politischen Themen sind davon betroffen, egal ob Debatten über den Staatshaushalt, Ergebnisse von Untersuchungssausschüssen oder Auftragsvergaben an Großunternehmen. Er kann die Zeitungsmacher auch mit so hohen Strafen belegen, dass ein Verlag davon in den Ruin getrieben wird. Insgesamt soll es an die **40 pressefeindliche Paragraphen** geben.

Erst Ende 2013 stellte die Regierung die Veröffentlichung der beiden populären swahili-sprachigen Zeitungen *Mwananchi* und *Mtanzania* für den Zeitraum von zwei Wochen bzw. drei Monaten ein. *Mwananchi* (übrigens die Tageszeitung mit der größten Reichweite) berichtete über die neuen Gehälter der Regierung. Der Tageszeitung *Mtanzania* wurde ein Artikel zum Verhängnis, in dem es um Sicherheitsmaßnahmen in muslimischen Gebetsstätten ging. Auf dem beigefügten Bild war ein Polizeihund zu sehen. Die **Zensoren** sahen darin einen Angriff gegen den Islam, weil Hunde im Islam als unrein gelten und an muslimischen Stätten nicht eingesetzt werden dürfen. Man warf der Zeitung vor, die Muslime durch das Foto zu verunglimpfen und den innerstaatlichen Frieden zu gefährden. Korruption und Religion – diese beiden Themenfelder sind am heikelsten.

Auch andere Voraussetzungen tragen nicht eben zu einem hohen Maß an Pressefreiheit bei. Der Großteil der Journalisten schreibt für Boulevard-Medien, wo es nicht um ernsthafte Recherche, sondern um reißerische Themen (hauptsächlich Politik und Sport) geht, die die Auflage und die Werbeeinnahmen in die Höhe treiben sollen. Einerseits können sich die Journalisten so aus dem Schussfeld halten, andererseits dient der Boulevardjournalismus nicht Demokratie und Wahrheit. Die **Journalisten sind schlecht ausgebildet,** verfügen über kein gutes Allgemeinwissen über Afrika und die Welt, haben keine Ahnung von fernen Ländern oder journalistischer Arbeit anderswo – alles keine guten Vorzeichen für Qualitätsjournalismus. Obendrein sind sie mies bezahlt, was sie anfällig für Korruption und Zuwendungen macht. Ein freischaffender Journalist verdient gerade einmal 5000 TSH (2 Euro) für einen Artikel, ein erfahrener Reporter im Monat maximal 600.000 TSH (250 Euro). Im Vergleich dazu bekommt ein von der Nationalparkbehörde angestellter Fahrer knapp 700.000 TSH (300 Euro) im Monat und ein Ranger weit über 1 Mio. TSH (450 Euro).

Nur eine kleine Minderheit von mutigen Journalisten traut sich, investigativ zu arbeiten und Missstände offen anzusprechen. Sie müssen ständig mit gewaltsamen Übergriffen, Repressalien, Lizenzentzug, Verbannung in Nachbarländer, Aberkennung der Staatsbürgerschaft und sogar Gewalt und Gefängnis rechnen. Es kam sogar bereits zu Morden an Journalisten, aber wegen der Vorbehalte der Polizei und von Lokalpolitikern wird in solchen Mordfällen nicht ausreichend ermittelt.

In Tansania wird die Zeitungslandschaft von wenigen Großkonzernen kontrolliert, die oft eine Vielzahl von verschiedenen Titeln auf den Markt bringen. Dazu zählen *IPP Media* (mit je drei Radio- und Fernsehstationen sowie neun Zeitungen) und die *New Habari Corporation* (vier Zeitungen) sowie der Staat mit den Tageszeitungen *Habari Leo, Zanzibar Leo* und *Daily News,* den Wochenzeitungen *Sunday News, Habari Leo Jumapili* und *Zanzibar Jumapili* sowie mehreren Radio- und Fernsehsendern. Viele Medien sind eng mit der Regierung verflochten. Diese versucht, die **Presse durch Anzeigenvergabe zu kontrollieren.** Um möglichst hohe Einnahmen aus Regierungsanzeigen zu erwirtschaften, müssen die Medien regierungsfreundlich berichten. Ohne diese Inserate könnten die meisten Verlage nicht überleben, was angesichts der Fülle an Printmedien nicht wirklich verwunderlich ist. In einem europäischen Land mit funktionierenden demokratischen Strukturen und marktpolitischer Ausrichtung können oft nicht einmal zwei überregionale Tageszeitungen überleben, geschweige denn mehrere Hundert in einem Entwicklungsland.

Weitere Aspekte, die der Meinungsfreiheit entgegenwirken, sind die **Autoritätshörigkeit und das Hierarchieprinzip.** Sie lassen keine Kritik an einer älteren oder höher gestellten Person zu – auch wenn sie noch so berechtigt wäre. Missstände anzuprangern und skandalöse Machenschaften aufzudecken, ist für die meist jüngeren Journalisten und Journalistinnen sehr schwer. Kritik wird als Illoyalität angesehen. Journalisten, die keine Lobhudeleien betreiben, wird häufig vorgeworfen, sie wären nicht patriotisch.

Radio und Fernsehen

Irgendwo dröhnt immer das **Radio.** So weit weg von einer Stromquelle oder einer Teerstraße kann man gar nicht sein, dass nicht laute Beats aus dem Transistorradio hämmern würden. Wenn man sich auch nicht viel leisten kann, ein chinesisches Transistorradio für ein paar Hundert Schilling samt Batterien ist allemal drin.

Für den Großteil der Tansanier in den ländlichen Gebieten ist das Radio die einzige Informationsquelle: Es ersetzt Internet, Tageszeitungen und Fernsehen. 82 private und drei staatliche Rundfunksender buhlen um die Hörer. Obwohl nach der Liberalisierung des Rundfunkmarktes neue Sender *on air* gingen, existieren nur vier Radiostationen mit einer landesweiten Reichweite – zwei davon sind staatliche, regierungsnahe Sender, *TBC Taifa* und *TBC FM*. Ihre Regierungspropaganda stellt für die ländliche Bevölkerung, die vorwiegend arm und ungebildet ist, meist die einzige Form von Information dar. Dementsprechend einseitig sind die Ansichten und Haltungen, mit denen Reisende konfrontiert werden, sobald sie die Teerstraßen verlassen haben.

Obwohl der staatliche Sender *Tanzania Broadcasting Corporation* vom Steuerzahler finanziert wird, verfügt er nur über eine völlig veraltete Ausrüstung. Die Computer- und Kameraausrüstung stammt aus der **technischen Steinzeit.** Das Programm ist genauso trivial wie die meisten Tageszeitungen. Das gleiche Bild wie bei den Printmedien: Boulevard, wohin das Auge blickt, ohne gute, ordentlich bezahlte Journalisten. Nicht einmal die Werbeeinnahmen bessern das Budget auf, denn sie werden direkt in den Staatshaushalt abgeführt.

Erst 2001 ging der regierungseigene Kanal auf Sendung, einige Jahre zuvor (1994) entstand der erste private Sender. Lange Zeit, besonders während der Amtszeit von Präsident *Julius Nyerere* (1964–1985), galt Fernsehen als Luxus und Zerstörer des sozialen Gefüges, was die Medienarbeit im Keim erstickte. Aus Mangel an finanziellen Mitteln und Investoren konnten sich die Sender seitdem kaum weiterentwickeln. 2012 standen dennoch bereits 26 Fernsehstationen zur Auswahl, davon zwei staatliche. *TBC 1*, der wichtigste staatliche Sender, kann von ca. 30 % der Bevölkerung empfangen werden. Das größte Hindernis für die Fernseharbeit sind die **fehlende Finanzkraft** für den Kauf von TV-Geräten und der Zugang zu elektrischem Strom, denn der fehlende Absatzmarkt und das Budget der Fernsehsender bedingen sich wechselseitig. Schätzungen zufolge haben nur 50 % der Bevölkerung Zugang zu einem TV-Gerät.

In vielen Dörfern wird man auf einen **Dorffernseher** stoßen, der zumeist im größten Gasthaus oder im Dorfzentrum steht. Im Produzieren von

Elektrizität zeigen sich die Menschen zuweilen sehr erfinderisch – vom dieselbetriebenen Handgenerator bis zum physisch bedienten Fahrrad sind der Fantasie keine Grenzen gesetzt. Insbesondere bei sportlichen Großveranstaltungen wie Fußballspielen mit tansanischer Beteiligung oder gar Fußballweltmeisterschaften sitzt dann das ganze Dorf gebannt vor dem Fernseher – während eine Person im Schweiße ihres Angesichts in die Pedale treten muss. Dem Haushaltsplan für 2013/14 nach soll damit in vielen Gegenden übrigens Schluss sein, denn bis 2015 sollen 30 % des ländlichen Raums mit Strom versorgt werden, u. a. die dichter besiedelten Gegenden von Tanga, Kagera und Bukoba. Wenn Strom aus der Steckdose erhältlich ist, läuft der Fernseher oft lautstark als Hintergrundbeschallung, ohne dass überhaupt jemand davon Notiz zu nehmen scheint.

Auch in Tansania muss **Fernsehen für die Massen** gemacht werden, um damit Geld verdienen zu können. Der private Sender *ITV,* der einen

Von diesem Fernsehturm in Dar es Salaam werden viele Sendungen ausgestrahlt

Mix aus Unterhaltung und Nachrichten in Kiswahili bringt, ist Marktführer. Der Renner unter den beliebtesten Fernsehprogrammen sind Familien-Soaps, die sich in den zentralen Themen (Liebe, Freundschaft, Familie) nicht sonderlich von den deutschen oder amerikanischen Seifenopern unterscheiden. Der tansanische Alltag in all seinen Facetten steht dabei im Vordergrund: von der Großfamilie über notorische Geldprobleme bis hin zum Thema AIDS. Die Ausführung der Sendungen ist allerdings deutlich unterschiedlich: Es gibt komplette Gespräche (und nicht nur Dialogfetzen), langsame Bildfolgen und nur wenige Szenenwechsel. Viele dieser Soaps kommen aus Indien *(Bollywood)* oder Nigeria *(Nollywood)*, doch das tut der Begeisterung keinen Abbruch, zu ähnlich sind sich doch die Gesellschaftsstrukturen in den Ländern. Mangels Geld werden viele Nachrichten von *CNN, BBC* oder dem chinesischen *CCTV* zugekauft und nicht selbst produziert. Lokale Inhalte fehlen, was den Zuschauerzahlen nicht förderlich ist. Pikantes Detail: Im staatlichen Fernsehen laufen täglich von 8–9 Uhr morgens russische Nachrichten, der russische Staat kommt für die Kosten der Ausstrahlung selbst auf. Beliebte Geschenke von westlichen Sendern sind die Spiele der britischen Premier League. Außerdem werden zu Dumpingpreisen längst ausrangierte, für das heimische Publikum oft unverständliche europäische oder amerikanische Sitcoms zugekauft. Die Sender liefern also einen diffusen Mix aus schmerzlicher Realität vor Ort und unbegreiflicher Surrealität aus fremden Gefilden. Die **Werbespots** dazwischen wirken amateurhaft und steif, was aber keine Rolle spielt, denn wer hat schon Geld, die angepriesenen Waren auch wirklich zu kaufen?

Auf den ersten Blick scheint es um die Medienvielfalt Tansanias also nicht schlecht bestellt zu sein, doch in Wahrheit hat der Großteil der Bewohner nur **eingeschränkten Zugang zu Medien,** ausgewogener Information und unterschiedlichen Meinungen. Eine Tageszeitung ist für viele unerschwinglich (geschweige denn mehrere, um sich ein rundes Bild von einem Vorfall machen zu können), in den meisten Gegenden muss man froh sein, überhaupt einen einzigen staatlichen Radiosender empfangen zu können und von Bildungsauftrag kann bei den zugekauften, ausländischen Fernsehprogrammen nicht gesprochen werden. Geschätztermaßen haben nur zehn Prozent der Bevölkerung überhaupt Zugang zum Internet. Aus demokratischer Sicht ist die Lage in Tansania demnach als kritisch einzuschätzen. Intuitiv scheinen die Menschen dies auch zu spüren, denn von der Bevölkerung werden die hiesigen Medien als **wenig glaubwürdig** eingeschätzt – vielleicht ein weiteres Indiz dafür, dass die Massenmedien mehr Unterhaltungswert als Informationsgehalt haben. So gesehen ist es noch ein steiniger Weg bis zur Medien- und Meinungsfreiheit.

Hoffnungsträger Tourismus

„Atangaye sana na jua, hujua."
Wörtlich: „Wer oft unter der Sonne spaziert, weiß viel."
(Sprichwort aus Tansania)

Tansania darf jubeln. 2012/13 erlebte das Land mit über 1,5 Mio. Gästen aus aller Welt einen neuen **Besucherrekord** – trotz der weltweit angespannten wirtschaftlichen Lage. Wirtschaftsexperten schätzen, dass der Tourismus heute 20 % der Deviseneinnahmen ausmacht, vielleicht sogar mehr. 2013 wählten die Kunden des Safari-Buchungsmarktplatzes SafariBookings.com Tansania zum besten Safari-Ziel des Kontinents.

Tansania scheint es geschafft zu haben. Endlich kann es aus dem Schatten des ewigen Mitkonkurrenten Kenia treten und das Etikett der **besten Safari-Nation** für sich in Anspruch nehmen, das zuvor den nördlichen Nachbarn vorbehalten war. Im selben Zeitraum brach der Tourismus in Kenia um satte 30 % ein. Alle Welt will nun nach Tansania; jeder Reiseveranstalter, der etwas auf sich hält, muss mindestens ein Pauschalpaket mit der Serengeti und Sansibar im Portfolio haben.

Wie kann es dann sein, dass die Vereinten Nationen trotz Tourismusboom zu dem Ergebnis kommen, dass sich Tansania kaum weiterentwickelt? Ihr Human Development Index weist Tansania 2013 auf Rang 152 von 186 untersuchten Ländern aus. Armut ist und bleibt das zentrale Thema – Schätzungen zufolge lebt über die Hälfte der Bevölkerung von weniger als 2 US$ pro Tag.

Eine 2009 veröffentlichte und seriös recherchierte Studie der niederländischen Entwicklungsorganisation *SNV* stellt dem Tourismus in Tansania und seinen **positiven Auswirkungen auf die Armutsbekämpfung** sehr gute Noten aus. Im Durchschnitt verbleiben 50 % der Wertschöpfung im Land. Die andere Hälfte entfällt hauptsächlich auf Überseeflüge und Gewinnspannen der Veranstalter im Ausland.

Die Studie unterscheidet zwischen Kilimanjaro-Tourismus und Safari-Tourismus im Northern Circuit (Serengeti und Ngorongoro-Krater). Sie kommt zu dem Ergebnis, dass 28 % der Kosten einer Kilimanjaro-Besteigung in Form von Gehältern und Trinkgeldern, lokal erworbenen Nahrungsmitteln, Souvenirs und Dienstleistungen wie die Inanspruchnahme von Internet-Cafés, Restaurants u. a. direkt zurück an die Bevölkerung fließen, also der Armut unmittelbar entgegenwirken. Wer im Northern Safari Circuit auf Entdeckungstour geht, trägt mit seinen Ausgaben nur zu 18 % zur Bekämpfung der Armut bei. Der niedrigere Wert erklärt sich daraus, dass eine Safari weniger personalintensiv ist (man braucht keine Träger,

029ts kk

Guides oder Köche) und dass lokale Händler nicht von einer Safari profitieren, da Lebensmittel für die gehobene internationale Küche in den Unterkünften häufig nicht in der Region selbst eingekauft werden können.

Andere beliebte Reiseziele tragen weniger zur Armutsbekämpfung bei: In Südafrika fließen 20 % der Ausgaben an die Bevölkerung, während es in Namibia nur 17 %, in Gambia 14 % und in Kambodscha gar nur 8 % sind.

Die Situation in Tansania sieht also gar nicht schlecht aus. Dennoch haben Besucher aus dem Westen Schwierigkeiten zu verstehen, warum von den hohen Kosten für Reisen nach Tansania nicht mehr Tansanier profitieren und das Land insgesamt nicht besser dasteht. Immerhin ist Tansania neben Botswana das teuerste Reiseland Afrikas. Gemessen am internationalen Preis-Leistungs-Verhältnis sind die tansanischen Preise allenfalls noch mit denen in der Südsee oder auf den Seychellen zu vergleichen, doch all diese Länder stehen im Human Development Index viel besser da: Botswana auf Platz 119 (vor Südafrika und Namibia), Fiji auf 96 und die Seychellen sogar auf Platz 46. Die hohen Kosten für eine Reise nach Tansania entsprechen also in keiner Weise der Platzierung im *HDI,* zumal Guides z. B. in Botswana deutlich besser ausgebildet sind.

An allen genannten Orten stellt der **Tourismus den Wirtschaftsfaktor Nummer 1** dar – aber die Einnahmen dort kommen der Bevölkerung in viel höherem Maße zugute. Häufig sind Menschen, die sich zum ersten Mal mit Tansania beschäftigen und eine Reise dorthin ins Auge fassen, über die hohen Preise schockiert. Südafrika und Namibia sind fast halb so teuer. Urlaube in Südostasien sind sogar noch günstiger, da der Lebensstandard dort niedrig und die Kaufkraft der westlichen Währungen dementsprechend groß ist. Diese simple Formel lässt sich auf Tansania nicht übertragen: Der niedrige Lebensstandard lässt das Reisen hierher erst so richtig teuer werden.

Als in den 1970er-Jahren viele Touristen nach Kenia fuhren, blieben im damals sozialistischen Tansania die Grenzen geschlossen. Erst Anfang der 1990er-Jahre etablierte sich der Tourismus hier zunehmend. Die Regierung setzte von Anfang an auf gehobenen Ökotourismus. Die Folgen dieser „Strategie" sind die höchsten Preise für den Zugang zu Nationalparks in der Südhälfte Afrikas und Übernachtungspreise, für die selbst die meisten Europäer ein Monatsgehalt hinlegen müssen (in der Ngorongoro Crater Lodge beispielsweise kostet eine Übernachtung im Juli oder August 1550 US$ pro Person).

Es ist zu bezweifeln, dass die **Hochpreispolitik** anfangs als langfristige Strategie geplant war. Vielmehr ist das Preisniveau vermutlich durch die reine Gier der staatlichen Behörden zu erklären. Denn wie die eingangs erwähnte Studie klar feststellt: Den Löwenanteil der im Land verbleibenden Tourismuseinnahmen kassiert der Staat, einerseits durch Eintrittspreise und Gebühren für die Nationalparks, andererseits durch hohe „Betriebskosten" im Tourismus, u. a. durch Steuern und Abgaben, Lizenzen und Schmiergelder. Im Safari-Tourismus werden 37 % der von den Touristen in Tansania entrichteten Beträge einer durchschnittlichen Safari allein für

◁ Nur ein verschwindend geringer Teil der Bevölkerung profitiert vom Tourismus so wie dieser Tinga-Tinga-Maler in Stone Town

030ts kk

die Unterbringung aufgewendet, 19 % für die Parks und Naturschutzgebiete, 14 % für die Margen der lokalen Tour Operators und 13 % für den Transport. An allen vier Preisbestandteilen verdient der Staat prächtig. Mit den verbleibenden 17 % werden Gehälter bezahlt, Essen und Getränke sowie weitere Dienstleistungen.

Der Staat sieht im Tourismus nur das Geld, teilt aber die Einnahmen nur in unzureichendem Maße mit der Bevölkerung und gibt seinerseits nicht mehr für Infrastruktur, Bildung oder eine bessere medizinische Versorgung aus. Kreativität und einen mittelfristigen Plan beweist der Staat hauptsächlich im Erfinden neuer Abgaben und Gebühren für Touristen und Unternehmen in der Tourismusbranche. Im Jahr 2013 wurden alle Nationalparkgebühren um durchschnittlich 10 US$ pro Tag und Tourist erhöht, neue **Abgaben** in den Parks und Reservaten eingeführt und den Hotels eine neue Tourismusabgabe (Kurtaxe) vorgeschrieben. Zusätzlich wurden die Mindestlöhne für die Angestellten im Tourismus um etwa 50 % und die Steuern auf alkoholische und nicht-alkoholische Getränke erhöht. 2012 hat man die Eintrittspreise für die (häufig heruntergekommenen und kaum sehenswerten) historischen Stätten um satte 900 % von 2 US$ auf 18 US$ pro Person angehoben. Für die Zukunft hat die Regierung übrigens angekündigt, auf alle Dienstleistungen in der Tourismusbranche eine Umsatzsteuer aufzuschlagen. Dem Vernehmen nach soll es sich um 20% handeln, was Tansania mit einem Schlag zur teuersten Destination in Afrika katapultieren würde.

Das Abkassieren hat die Regierung in den letzten beiden Jahrzehnten perfektioniert. Kompetenz, Weitsicht und Verantwortungsbewusstsein hingegen gehören nicht zum Repertoire der Beamten im Tourismusministerium. Die Anstrengungen, die unternommen werden, um die Qualität des Reiselandes Tansania langfristig sicherzustellen, sind nicht ausreichend.

Dem **Naturschutz** sollte sicherlich das höchste Maß an Aufmerksamkeit zukommen, denn in erster Linie reisen die Touristen wegen der Naturkulisse und den vielen Wildtieren an. Stattdessen aber hat der touristische Ausverkauf des Landes an manchen Orten längst die Dimensionen von Kenia erreicht. Die fragilen Ökosysteme und die Würde der ansässigen Tansanier bleiben dabei zunehmend auf der Strecke. Der Bauboom auf Sansibar beispielsweise schränkt die Fischer in ihrer Arbeit ein. Sie müssen ihre Hütten am Strand räumen, nur damit die Besucher mit Blick aufs Meer nächtigen können. In der Serengeti gibt es Anzeichen für eine Veränderung des Wanderungsverhaltens der Gnus und Zebras und die Fortpflanzung einiger Tierarten ist aufgrund der Ruhestörung durch Touristen und Fahrzeuge bereits gefährdet. Viele **wirtschaftliche Interessen** stehen **in Widerspruch zum ökologischen Gleichgewicht** in den Naturschutzgebieten. Die Regierung kann sich nicht entscheiden, welche Kuh nun gemolken werden soll. Die Pläne für eine Soda-Fabrik am Lake Natron, dem weltweit größten Brutgebiet der Zwergflamingos, sind noch nicht vom Tisch, ebenso wenig wie ein internationaler Flughafen in der Serengeti und der Serengeti Highway. Im Selous Game Reserve möchte die Regierung lieber Erdöl und -gas sowie Uran fördern und in der Stiegler's Gorge ein Wasserkraftwerk errichten. Um einer Rüge durch die UNESCO zu entgehen, hat man im Jahr 2011 500 km² des Reservats (1 % der Gesamtfläche) ausgegliedert, um dort Bohrungen vorzunehmen. Auch der Ngorongoro-Krater steht unter kritischer Begutachtung: der dichte Verkehr im Krater, geplante Hotels und der starke Anstieg der ansässigen Maasai gefährden den Naturraum. In der Ngorongoro Conservation Area ist die Anzahl der

☒ Eine der Kehrseiten des Tourismus: die Pseudo-Folklore

Maasai innerhalb von fünfzig Jahren von 8000 auf knapp 70.000 gestiegen und mit ihnen auch die Zahl der Nutztiere (vor allem Schafe und Ziegen). Diese drängen die Wildtiere immer weiter zurück und schränken sie in ihrem natürlichen Lebensraum ein.

Ohne zu übertreiben, kann man die **Wilderei** als das momentan größte Problem für den tansanischen Tourismus bezeichnen. Seit 2008 wüten Wilderer, die die Elefantenpopulation drastisch dezimiert haben, im ganzen Land. 2013 kam es zu einem Skandal, als man in Dar es Salaam zum wiederholten Male Elfenbeinlieferungen nach China beschlagnahmte, illegales Elfenbein entdeckt wurde und in China und Tansania Schmugglerringe zerschlagen wurden. Lebten 2009 in ganz Tansania noch 80.000 Elefanten, sollen es Ende 2013 nur noch 13.000 gewesen sein. Hauptquelle der Wilderer für Elfenbein ist das Selous Game Reserve, das aber längst nicht der einzige Ort in Tansania ist, an dem sich Wilderer problemlos und mit Unterstützung der lokalen Behörden und der Nationalparkangestellten am Wildbestand bedienen können.

Weder werden die **Stätten des Weltkultur- und Weltnaturerbes** ordentlich gemanagt, noch ist dieser Sonderstatus der einmaligen Orte bei der Bevölkerung besonders angesehen. Dies hat zur Folge, dass einigen die Aberkennung des Status droht, weil die UN den nötigen Ehrgeiz bei der Bewahrung der Stätten nicht ausmachen kann. Bestes Beispiel ist die ehemals florierende Handelsstadt Kilwa, die das Welterbekomitee 2004 auf die Rote Liste der gefährdeten Welterbestätten setzte, da „mangelhafte Erhaltungsmaßnahmen und ein schlechtes Management (...) zum Verfall der Gebäude geführt (haben)." Das gleiche Schicksal könnte anderen Welterbestätten drohen.

Ein weiteres Beispiel für fehlende Weitsicht: Angeblich aufgrund von Geldmangel stoppte die Regierung die Einstufung von Hotels in **Sternekategorien.** Was in Namibia und Südafrika längst touristischer Alltag ist, scheitert in Tansania am Willen, Geldnot dient lediglich als Vorwand. Die Verantwortlichen erklärten nämlich, dass die Aktion erst dann wieder fortgesetzt würde, wenn dafür Geld aus dem Ausland zur Verfügung gestellt werden sollte. Schließlich wünschen sich ja die Touristen und ausländische Reiseanbieter eine Kategorisierung. Wie so oft überwiegt auch hier die kurzsichtige Haltung nach dem Motto: „Wenn die Weißen etwas haben wollen, dann sollen sie auch dafür zahlen."

Geld scheint wirklich der einzige Motor in diesem Spiel zu sein, allerdings haben lediglich die Eliten etwas davon. Es ist keine Seltenheit, dass Hotels wöchentlich Besuche von Beamten in dicken Geländewagen erhalten, die die Bücher prüfen, sich fürstlich bewirten und unterbringen lassen und für ihr wohlwollendes Verhalten (nämlich nicht gleich den ganzen Laden unter fadenscheinigen Begründungen zu schließen) Schmiergelder kassieren.

Während sich die einen am vollen Futtertrog laben, haben die anderen **kaum genug zum Überleben.** Es überrascht, dass im Tourismus angeblich nur 600.000 Personen (von 45 Mio. Einwohnern) beschäftigt sind und etwa 800.000 indirekt davon profitieren. Fahrer (Guides), Ranger, Buchhalter und Operations Manager gehören (abgesehen von den ausländischen Managern) zu den Besserverdienern im Safarizirkus. Die große Masse muss mit einem bescheidenen Einkommen über die Runden kommen, das durchschnittlich nicht mehr als 150.000 TSH (ca. 70 Euro) beträgt, möglicherweise mit den neuen gesetzlichen Lohnuntergrenzen etwas mehr. Das reicht zum Überleben, aber an große Sprünge ist nicht zu denken. Ein Haus zu bauen, ein Auto zu kaufen, die Kinder auf gute Schulen zu schicken – bei solch einem Gehalt ist das nicht möglich. Das Phänomen der *working poor,* jener, die trotz Arbeit arm sind, gehört zum Alltag.

Viel zu wenige Tansanier leben vom Tourismus, weil er sich fast ausschließlich in den nördlichen Landesteilen (Northern Circuit, Kilimanjaro), in eingeschränkter Weise im Selous Game Reserve und im Ruaha National Park sowie auf Sansibar abspielt. Der Rest des Landes ist touristisch kaum erschlossen. Das veranlasst viele hoffnungsvolle Arbeitssuchende, sich in Sansibar, Arusha und andere Touristenzentren nach Jobs umzusehen. Die ansässige Bevölkerung reagiert mit Unmut und Neid. Viele wollen an den ausländischen Besuchern verdienen und lassen sich entlang der Touristenrouten nieder, auch an den Grenzen der Nationalparks und Naturreservate. Dies führt zu vielen Problemen bei der Wasserversorgung, der Müll- und Abwasserentsorgung in den Einzugsgebieten der Naturräume und der Versorgung mit Nahrungsmitteln. Neue Siedlungen liegen in den Wanderungsräumen der Tiere, die auch außerhalb der vorgesehenen Parks und Reservate leben. Wildtiere, deretwegen die ausländischen Besucher in erster Linie kommen, vernichten Felder, reißen die Nutztiere und töten im schlimmsten Fall sogar die Anwohner. Aufgebrachte Dorfbewohner töten die Eindringlinge, um sich und ihre Habseligkeiten zu schützen und greifen in den ohnehin sensiblen Wildtierbestand ein. Regelmäßige Berichte über **Kämpfe zwischen Menschen und Büffeln, Elefanten, Hyänen, Löwen oder Leoparden** finden sich in den Zeitungen. Man kann verstehen, dass die ländliche Bevölkerung den Wildtieren mit weniger Enthusiasmus begegnet als die Touristen. Zudem sind Prostitution und Alkohol in den Touristenzentren auf der Überholspur, viele Tansanier lassen sich vom Duft des Geldes korrumpieren. Im Geldverdienen sind die Menschen erfinderisch: Sie bieten sich als Guides an (obwohl sie keine Ahnung von Fauna und Flora haben), verkaufen Hehlerware auf den Stra-

Extrainfo 7 (s. S. 8): Mit Elefanten ist nicht zu spaßen, dessen sollten sich insbesondere Selbstfahrer bewusst sein.

ßen und lachen sich ausländische Volontärinnen an, die sie als Gegenleistung für ein amouröses Abenteuer kurzzeitig finanzieren.

Jene Menschen, die vom Tourismus nicht profitieren, werden für den Staat zunehmend zum Problem. Tansanier sehen, dass Touristen in teuren Flugzeugen in ihr Land kommen, Übernachtungspreise zahlen, die das Zehnfache ihres eigenen Monatslohnes ausmachen und mit Trinkgeldern um sich werfen. Sie sehen teure Mobiltelefone, iPads und Kameras, die das eigene Überleben für ein paar Tage sichern können. Mit den Besucherzahlen steigen die **Kriminalitätsdelikte,** egal ob durch Gelegenheitsdiebe in den Hotels, Taschendiebe in den Städten oder organisierte Banden auf Sansibar. Zahlreiche Touristen berichten zudem von offener Aggressivität. So können besonders Individualreisende oder solche, die mit einem eigenen Fahrzeug unterwegs sind, in unangenehme Situationen geraten, weil sie den Tansaniern angeblich „Geld und Arbeit" wegnehmen würden. Damit ist gemeint, dass diese Besucher die Dienste von Guides, Fahrern und Hotelpersonal nicht in Anspruch nehmen. Würden sie deren Angebote so wie die Pauschaltouristen wahrnehmen, hätten einige Menschen mehr Aussicht auf einen Job und Geld. Aufgestochene Reifen und abmontierte Radkappen sind dabei noch freundliche Methoden, dem Unmut Ausdruck zu verleihen. Auch wenn es Individualisten schwer fällt, lokale Guides für Ausflüge oder Wanderungen anzuheuern, sind diese die beste Versicherung gegen Feindseligkeiten oder gar gewaltsame Übergriffe.

Die größte Herausforderung der nächsten Jahre wird neben dem Naturschutz die **Sicherstellung der Unversehrtheit von Touristen** sein, die mehrere tansanische Jahresgehälter für ihren Urlaub ausgeben. Auch wenn Gewalt gegen Touristen die Ausnahme bildet, gab es in den letzten Jahren mehr Vorfälle als je zuvor. Über eine Säureattacke auf zwei britische Volontärinnen 2013 wurde von den westlichen Medien hinlänglich berichtet. Viel häufiger werden allerdings noch immer Sachdelikte begangen, bei denen niemand verletzt wird. Ende 2013 gab eine Sicherheitsfirma an, sie müsste im Einzugsgebiet von Arusha an die 1000 Fälle pro Monat bearbeiten.

Mit der Hochpreispolitik entstehen nicht nur im eigenen Land neue Probleme, auch das **Besucherprofil verändert sich.** Die Anzahl der zahlungskräftigen britischen, amerikanischen, russischen und arabischen Touristen steigt, während die Mitteleuropäer sich den Urlaub in Tansania immer seltener leisten können und wollen. Doch egal, aus welchen Ländern die Touristen stammen, die hohen Preise führen auch zu hohen Erwartungen. Vielen Besuchern, die in der gehobenen Klasse reisen und nächtigen, reicht ein herzliches Lächeln als Gegenleistung für einen Urlaub, der an die 10.000 Euro gekostet hat, nicht. Diese Touristen erwarten, dass der Wein stilvoll (und vor allem richtig) kredenzt wird, dass eine Beschwerde an einer Rezeption möglichst innerhalb der nächsten fünf Minuten bearbeitet wird und dass der unlimited internet access auch wirklich unlimitiert ist (und nicht aufgrund von Stromausfall in der Hauptstadt tagelang brachliegt). Die Ausstattung (Stoffe, Möbel, Sanitäranlagen) und die Lebensmittel (insbesondere Fleisch) müssen aus Kenia, Südafrika, Mauritius oder den Vereinigten Arabischen Emiraten eingeführt werden, da die Qualität der tansanischen Produkte mangelhaft ist. Vor Ort gekaufte Armaturen, z. B. für das Waschbecken oder die Dusche, sind binnen zwei Monaten durchgerostet und daher selbst für gute Mittelklasse-Lodges untragbar. Tomaten, Zwiebeln oder Eier müssen von weither transportiert werden, weil die benachbarten Bauern die Lodge mangels effizienter Landwirtschaft nicht beliefern können (oder häufig auch nicht wollen).

Touristen wollen zuverlässigen Service, besonders was die Organisation des Pauschalpakets anbelangt. Auch hier profitieren Tansanier nicht in dem Maße, wie sie es sollten. Für die großen Safari-Veranstalter z. B. in Deutschland sind die günstigeren lokalen Betriebe meist nicht tragbar, da europäische Gesetze die Veranstalter zu einem Maximum an Qualitätssicherung zwingen, wenn sie nicht mit einer Flut von Klagen überschwemmt werden möchten. Reiseveranstalter müssen sich absichern. Dies tun sie häufig mithilfe von ausländischen Agenturen, bei denen sie sichergehen können, dass die Geländewagen in gutem Zustand sind, die Reservierungen alle ausgeführt werden und Geldüberweisungen mit Rechnungen belegt werden können.

Die Diskrepanz zwischen den Erwartungen der Besucher und der erlebten **Servicequalität** ist oft sehr groß. Die Gründe dafür sind mannigfaltig: fehlende Tourismusfachschulen von internationalem Format, geringes Qualitätsbewusstsein auf allen Ebenen, mangelnde Bereitschaft, sich an Ländern wie Botswana oder Südafrika zu orientieren, weil man von der eigenen Einzigartigkeit überzeugt ist. Wenn ungelernte Analphabeten Fahrer, Koch, Fremdenführer oder Kellner werden, mangelt es oft schon an den Grundrechenarten, ganz zu schweigen von Englisch oder einem Führerschein. Den meisten Tansaniern ist nicht bewusst, dass ihr Land und die Menschen an der Unverhältnismäßigkeit der Preise gemessen werden. Viele Besucher beschweren sich über langsamen Service, schmutzige Bettlaken (auch in den besseren Unterkünften), kaputte Glühbirnen, die schon seit Wochen nicht ausgewechselt wurden, oder unmotivierte Angestellte, die nur dann lachen, wenn man mit den Dollarscheinen winkt. Weil in Tansania die Verfügbarkeit von Waren einen deutlich höheren Stellenwert genießt als deren Beschaffenheit, haben Einheimische kein Verständnis dafür, dass Besucher auch noch Qualität, Effizienz, Motivation und Freundlichkeit erwarten, wenn sie etwas kaufen.

Ja, es wäre wünschenswert, dass mehr Tansanier vom Tourismus profitieren, aber die Voraussetzungen hierfür sind schlechter als anderswo. Dies liegt neben den eingangs erwähnten Gründen an der Mentalität der Menschen. Wer schon einmal in Südostasien als Individualtourist unterwegs war, der weiß, dass sich dort vieles problemlos regeln lässt. Ein bisschen mit zwei, drei Einheimischen reden – schon ist alles geregelt. Man kann schnell eine Unterkunft für die Nacht, das Busticket für den Morgen und sogar ein Moped organisieren – und das alles zu einem vernünftigen Preis. In Tansania sind solche Arrangements viel schwerer möglich. Die Chancen sind hoch, dass man über den Tisch gezogen wird. Touristen fällt es daher schwer, als Individualtouristen durchs Land zu reisen und die Partizipation der Einheimischen am Tourismus zu unterstützen. Pauschaltouristen tragen zwar bis zu 30 % zur Armutsbekämpfung bei, aber Individualtourismus würde vielleicht bis zu 50 % und mehr beitragen können. Backpacker und Individualtouristen tendieren eher dazu, Leistungen zu konsumieren, die direkt der Bevölkerung zugute kommen, beispielsweise gehen sie in einheimische Restaurants, suchen einfache Gästehäuser auf, nutzen Busse und mieten Fahrräder in einem abgelegenen Dorf.

Die Regierung hat erkannt, dass viel zu wenig bei den Menschen ankommt und schmiert Touristen neuerdings mit **Kulturtourismus** Honig ums Maul. Den Touristen wird gezeigt, wie eine Kuh gemolken wird, wie man Kaffee anbaut und erntet, welche Anbau- und Bewässerungsmethoden man anwendet, wie lokales Essen gekocht wird, wie eine Hütte von innen aussieht etc. Häufig werden diese Programme von einer Person koordiniert, die mit Hilfe von ein paar Männern und Frauen im Dorf oder der Familie dieses Programm aufrecht erhält. Doch jene Touristengruppen, die an genau solchen Programmen interessiert wären, wurden in den letzten Jahren durch die Hochpreispolitik systematisch vertrieben. An Low-Budget-Touristen, Backpackern oder Individualreisenden mit kleinerem Reisebudget verdient der Staat kein Geld. Die Pauschaltouristen hingegen haben meist weder Zeit noch Muße, solche Programme zu besuchen.

Der Kulturtourismus wird als **Wunderwaffe gegen Armut** gesehen. Bei den einzelnen Kulturtourismusinitiativen sind viele Einheimische involviert, die alle bezahlt werden wollen: der Koordinator, der Guide, der Bauer, dessen Feld gequert wird, die Frau, die das Mittagessen kocht, der Maasai, der die Gruppe bewacht. Obendrauf kommen die obligatorische *Village Development Fee* und andere Gebühren für das Gemeinwohl. Doch hier wiederholt sich, was bereits im gesamten Tourismussektor nicht funktioniert. Es gibt keine Qualitätsstandards, keine Schulungen, keine Vorgaben, keine Kontrollen durch die bestehende, aber nicht effiziente Dachorganisation, die für die Kulturtourismusprogramme zuständig ist. Anstatt Wert auf Qualität zu legen, wird Quantität forciert. Jeder darf machen, was er oder sie für richtig hält. Häufig haben die Anbieter keine Ahnung, was Touristen erleben möchten und sind viel zu unspontan. Stur hält man am ausgearbeiteten Programm fest und ist wenig aufgeschlossen gegenüber kurzfristigen Abweichungen vom Plan. Viele der ungefähr fünfzig Programme geben vor, Teile ihrer Einnahmen an karitative Projekte zu spenden. Es gibt allerdings keine Organisation, die darüber wacht, was letztlich wirklich mit den Einnahmen geschieht. Viele Menschen engagieren sich tatsächlich in Dörfern, aber nicht überall steckt auch das drin, was draufsteht. Warum der Kulturtourismus nicht so erfolgreich wie der Safaritourismus ist, versteht man in Tansania nicht. Die Regierung gibt den fehlenden Fünf-Sterne-Hotels in manchen Landesteilen die Schuld daran, dass zu wenig Touristen an den Tourismus-Programmen teilnehmen und entlarvt sich mit dieser Aussage, keine Ahnung vom Besucherprofil und Kulturtourismusaktivitäten zu haben. Reisende, die an Kulturtourismus interessiert sind, legen häufig gar keinen Wert auf teure Hotels. Vielmehr hakt es an der beständigen Qualität, die die wenigsten Kulturtourismusprogramme liefern können. Sie sind untragbar für Reiseagenturen aus dem Westen, denn dort werden teilweise bereits über ein Jahr vorher Reisen nach Tansania gebucht. Allerdings kann niemand eine Garantie dafür abgeben, ob ein Kulturtourismusprogramm in einem Jahr überhaupt noch existiert.

Interessant ist dabei, dass der **Tourismus lediglich von Ausländern praktiziert** wird. Tansanier selbst nehmen die touristische Infrastruktur überhaupt nicht in Anspruch. Die Armen können es sich nicht leisten – und eigentlich verstehen sie auch nicht, was an Löwen oder Elefanten so interessant sein soll, wenn genau diese Wildtiere ihre Ernten zerstören und das Leben im Dorf unberechenbar machen. Die Reichen können Pirschfahrten auf schlechten Pisten nichts abgewinnen, denn mit dem Busch assoziieren sie lediglich Armut und Rückständigkeit. Vor Wildtieren haben sie Angst und allzu rustikale Unterkünfte ohne Klimaanlage und Hochglanzfliesen entsprechen nicht den Vorstellungen dieser reichen Touristen. Obwohl Tansanier nur zwischen 5000 (ca. 2 Euro) und 10.000 TSH (ca. 4 Euro) pro Kopf an Eintrittsgebühren bezahlen und Hotels häufig Spezialpreise für Expats und Tansanier anbieten, gibt die urbane tansanische Elite ihr Geld vorzugsweise in den abwechslungsreicheren Städten aus.

Entwicklungshilfe – Segen oder Fluch?

„Mchawi mpe mwana amlee."
Wörtlich: „Gib dem Medizinmann deinen Sohn, sodass er ihn erzieht."
(Sprichwort aus Tansania)

Schon bald nach der Ankunft in Tansania begegnen dem Reisenden auf der Straße große, weiße Landcruiser mit bunten Logos aus aller Welt. Am Straßenrand prangen Tafeln der unterschiedlichsten Konfessionen, die den Weg zu Ausbildungsstätten weisen. Auf Sansibar trifft man auf eine Gruppe von engagierten norwegischen Studenten, die in einem abgelegenen Dorf am Festland eine Schule bauen; im Nachbarhotel erholen sich deutsche Ärzte, die während ihres Urlaubs Kranke kuriert haben. Im gleichen Dorf steht ein massives Gebäude, an das die obligate blaue EU-Tafel genagelt ist. Unübersehbar sind die weißen Gesichter in Dar es Salaam, Moshi, Morogoro oder Mwanza – die Schar derer, die in Tansania helfen wollen, um das Leben der Menschen zu verbessern, ist groß.

Allein aus Deutschland sollen in den letzten fünf Dekaden 1,6 Mrd. Euro für Tansania aufgewendet worden sein. Deutschland zählt neben den USA, Großbritannien und den skandinavischen Ländern zu den **wichtigsten Geberländern.** 2012 erhielt Tansania von Deutschland ca. 58,7 Mio. Euro. Im Vergleich dazu: Kenia wurden für 2012 34,5 Mio. Euro zugesagt und eines der am wenigsten entwickelten asiatischen Länder, Nepal, erhielt 2012/2013 37,5 Mio Euro.

Die deutsche Entwicklungszusammenarbeit konzentriert sich auf drei markante Bereiche: **Wasserversorgung und Abwasserentsorgung, Gesundheit inklusive AIDS-Prävention** sowie **Dezentralisierung** (um demokratische Strukturen zu stärken). Hinzu kommt Budgethilfe für die tansanische Regierung, um die Millenium-Entwicklungsziele zu erreichen, die die internationale Staatengemeinschaft 2000 mit dem Ziel ausgerufen hat, weltweit die Armut zu reduzieren.

Verschiedene Organisationen setzen die **deutsche Entwicklungszusammenarbeit** vor Ort um, darunter die Deutsche Gesellschaft für Internationale Zusammenarbeit (GIZ) (vormals Deutscher Entwicklungsdienst – DED, Deutsche Gesellschaft für Technische Zusammenarbeit – GTZ, Internationale Weiterbildung und Entwicklung GmbH – Inwent), das Centrum für Internationale Migration und Entwicklung (CIM), die KfW Entwicklungsbank, um nur einige zu nennen. Im Rahmen der deutschen Entwicklungspolitik werden zudem kirchliche Organisationen und politische Stiftungen wie beispielsweise die Konrad-Adenauer-Stiftung oder die Friedrich-Ebert-Stiftung in ihren Programmen zur Demokratieförderung

031ts kk

unterstützt. Ein Projekt des Bundesentwicklungsministeriums ist der in der Kritik stehende Freiwilligendienst „Weltwärts", der junge Menschen zwischen 18 und 28 Jahren als Helfer entsendet. Möglicherweise wird er künftig ohnehin nicht mehr von der Bundesregierung finanziert. Private Aktivitäten, Kleininitiativen und kirchliche Gruppen kommen zu dieser Auflistung der Hilfeleistenden noch hinzu.

Diese Bilanz beeindruckt. Zugleich stellt sich aber die Frage, was mit dem riesigen Aufwand bei der wirtschaftlichen Entwicklung und Beseitigung der Armut erreicht wurde. Die Tatsachen sind ernüchternd, zählt **Tansania** doch noch immer zu **den am wenigsten entwickelten Ländern der Welt.** Anscheinend schafft es die Entwicklungszusammenarbeit nicht, dauerhaft für Wachstum zu sorgen und den Lebensstandard der Bevölkerung langfristig anzuheben.

Projekte zur Gewinnung von Seegras (hier bei Kiwengwa) ernähren ca. 35.000 Menschen auf Sansibar, geben den Menschen Arbeit und vermitteln Know-how

Solche Erfahrungen, die keinesweg auf Tansania beschränkt sind, haben seit geraumer Zeit eine grundsätzliche **Diskussion über Pro und Contra der Entwicklungszusammenarbeit** entfacht. Das Problem ist zu komplex, um hier die gesamte Bandbreite der ökonomischen, sozialen und politischen Überlegungen darzulegen. Kritiker der Entwicklungshilfe geraten nur allzu leicht selbst ins Kreuzfeuer der Kritik, da die Entwicklungshilfe immer das moralische Argument der humanitären Leistung auf ihrer Seite hat. Afrikanischen Kritikern wird vorgeworfen, Nestbeschmutzer zu sein und Verrat an ihrem seit der Kolonialzeit gedemütigten Volk zu begehen.

Dennoch fordern auch **afrikanische Intellektuelle,** wie beispielsweise die sambische Finanzexpertin *Dambisa Moyo* oder der kenianische Ökonom *James Shikwati* ein Ende der Entwicklungszusammenarbeit. Eines ihrer Hauptargumente lautet, dass die bisherige Form der Unterstützungsleistungen die Afrikaner dauerhaft abhängig mache und ihnen suggeriere, sie könnten ihre Probleme nicht selbst lösen. Solche Entwicklungshilfe entließe die Menschen aus der Verpflichtung, ihr Land selbst aufzubauen und für sich selbst Verantwortung zu übernehmen. Sie führe nicht zu Wachstum, sondern erweise sich als Bremse, da sie ein wirtschafts- und fortschrittsfeindliches Klima schaffe.

Tatsächlich werden in der aktuellen Entwicklungsarbeit lokale Ressourcen zu selten gefordert und gefördert. Zudem verläuft die Zusammenarbeit zwischen den verschiedenen Organisationen und Ländern unkoordiniert, jeder kocht sein eigenes Süppchen. Eine **Bündelung der Ressourcen und Gelder** findet nicht statt. Schließlich gibt es in Tansania wie auch in anderen Empfängerländern keine effizienten Steuersysteme. Die Steuereinnahmen sind deshalb extrem niedrig, was die Handlungsfähigkeit des Staates einengt. Gleichzeitig wird die durch die Entwicklungszusammenarbeit geschaffene Wertschöpfung ins Ausland verschoben – anstatt die Wirtschaft in Tansania zu beleben.

Abgesehen von den institutionellen oder systemischen Defiziten zeigen sich die Probleme der Entwicklungshilfe schon bei den einfachen Bürgern, die ausländische Spenden erhalten. Das ungeregelte **Aufeinandertreffen zweier völlig unterschiedlicher Lebenskonzepte,** des westlichen und des afrikanischen, sorgt dabei für soziale Konflikte. In der afrikanischen Großfamilie unterstützen sich die Familienmitglieder gegenseitig. Von jemandem, der etwas besitzt, wird erwartet, dass er es teilt. Im westlichen Verständnis einer Leistungsgesellschaft hingegen kann das Verschenken von Geld nicht beliebig lang fortgesetzt werden. Das westliche Selbstverständnis fordert, dass Menschen, nachdem man ihnen einmal oder zweimal Starthilfe gegeben hat, Eigeninitiative ergreifen. Einige wenige Tansanier tun dies und nutzen Hilfsprojekte, die Ausbildung im Ausland oder Mikrokredite als Sprungbrett für eine bessere Zukunft. Der Großteil der Menschen aber verharrt hierarchiegläubig, gottesfürchtig und aus Angst vor Neid und Verhexung im Hier und Jetzt. Zudem fühlen sich die meisten Tansanier von den Fähigkeiten und dem Selbstbewusstsein der Entwicklungshelfer eingeschüchtert, denn sie selbst sind relativ ungebildet, nicht kosmopolitisch erzogen, sondern durchweg einfache Leute. Mittlerweile sind sie schon so sehr daran gewöhnt, dass die Weißen alles besser zu wissen scheinen, dass sie dies gar nicht mehr in Frage stellen. Diese Haltung erstickt ihre Eigeninitiative.

Die meisten Hilfsprojekte beinhalten auf die eine oder andere Art finanzielle Leistungen, was zum nächsten folgenschweren Problem in der Entwicklungszusammenarbeit führt: **Das Geld kommt nicht da an, wo es ankommen soll.** Auf dem Weg vom Sender zum Empfänger versickern unvorstellbar hohe Summen. Die größten direkten Nutznießer sind die politischen und wirtschaftlichen Eliten. Sie zweigen scheinbar mühelos Unsummen von Geld ab. Bevor auch nur ein Cent wirklich an die Not leidende Bevölkerung ergangen ist, wurden schon Zigtausende Euro (meist im Ausland) dafür ausgegeben, das Projekt erst in die richtigen Bahnen zu lenken. Außerdem vergeben die Entwicklungsorganisationen ihre Aufträge oft nicht an Unternehmen im Zielland, sondern an Firmen aus ihren eigenen Ländern. So wird Entwicklungszusammenarbeit zur indirekten Wirtschaftsförderung westlicher Länder. Das unterschlagene oder leicht verdiente Geld aus dem Westen wird ebenfalls nicht in Tansania eingesetzt, sondern postwendend ins Ausland geschafft. **Kapitalflucht und Steuervermeidung** nennen dies die Volkswirte. Nach Schätzungen verlieren die Empfängerländer auf diese Weise pro Jahr mindestens 500 Mrd. US$, das Fünffache der weltweiten Gelder für Entwicklungszusammenarbeit. Seriöse Schätzungen gehen davon aus, dass für jeden Dollar Entwicklungshilfe, der nach Afrika fließt, mindestens 10 Dollar unter dem Tisch aus dem Land heraus fließen, sehr häufig in Steueroasen und Offshore-Banken.

Geld ist der ausschlaggebende Faktor für Erfolg und in Tansania ganz besonders. Die Menschen glauben, dass Geld der Schlüssel für eine sorgenfreie Zukunft sei, denn mit Geld kann man alles kaufen: gute Schulnoten, adäquate ärztliche Versorgung, ein Unternehmen ohne die üblichen Genehmigungen, sogar gute Berichterstattung in den Medien oder einen Wahlsieg. Mit Geld allein ist dem Armutsproblem und den Defiziten jedoch nicht beizukommen – schon deshalb nicht, weil in der westlichen und tansanischen Kultur unterschiedlich mit Geld umgegangen wird.

In Tansania werden mit Geld die notwendigsten Bedürfnisse gedeckt und es muss mit den Verwandten geteilt werden. Geld zu sparen für Anschaffungen in der Zukunft ist den meisten Tansaniern fremd. Bankkonten gibt es nur für die gut verdienende urbane Oberschicht; in einem Haus im Dorf Geld unter dem Kopfkissen zu horten, würde man als absurd betrachten – schon aus Sicherheitsgründen.

Auch die **Vorstellungen von Wohlfahrt** stimmen in den beiden Kulturen nicht überein. Der Westen kann nicht nachvollziehen, warum die Solidarität, die der eigenen Großfamilie gilt, nicht auch auf das ganze Land übertragbar ist. In den Augen eines Tansaniers aber ist es richtig, wenn der gut situierte Geschäftsmann aus Dar es Salaam seine gesamte Familie bis zum entferntesten Cousin finanziert. Gleichzeitig Solidarität zu entwickeln für arme Bauern im Gott verlassenen Singida, das er vermutlich noch nie besucht hat, wäre unvorstellbar.

Ebenso unterschiedlich sind die Auffassungen von **Fortschritt.** Während der Westen von Weiterentwicklung, Streben nach Effizienz und neuen Technologien getrieben ist, scheint der Gedanke an die Zukunft den meisten Tansaniern fremd zu sein. Ein Mensch, der sich mit der Welt von Morgen gedanklich nicht auseinandersetzen kann, weil ihm das Konzept und der Bezug dazu fehlen, kann vermutlich auch nichts Erstrebenswertes im Fortschritt sehen.

Was hilft es, wenn ein deutscher Orden eine Mechanikerfachschule samt Lehrern finanziert und sogar Freiwillige entsendet, wenn die Auszubildenden nicht zum Unterricht erscheinen, weil die Arbeit im Dorf mehr Geld einbringt als in der Schule zu sitzen? Oft werden von Ausländern Lösungen geboten, für die es keine Probleme gibt oder die nicht mit dem gesellschaftlichen oder wirtschaftlichen Gefüge im Land vereinbar sind.

Trotz guter Absichten und Ideen ist die **ausländische Hilfe nur begrenzt wirksam.** Dafür gibt es viele Einzelbeispiele, die in ihrer Summe eine deutliche Sprache sprechen. So entstanden beispielsweise Projekte um Solarkocher (da in Afrika ohnehin immer die Sonne scheint), ohne zu zeigen, wie diese zu reparieren sind oder langwierige Überzeugungsarbeit zu leisten, warum sie besser und billiger sind. Oder hilfsbereite Schüler sammeln Geld für Moskitonetze, die die Dörfler aber gar nicht verwenden. Weil die Menschen Angst vor Einbrechern haben, bauen sie die Fenster so klein, dass nur wenig Luftzirkulation möglich ist. Unter den Moskitonetzen würde die Luft in den heißen Nächten nur noch stickiger werden. Oder es wird mit großem Aufwand ein AIDS-Zentrum eröffnet (und die Fotos als Legitimation an die deutsche Presse geschickt), aber die Dorfbewohner selbst haben keinen blassen Schimmer, wie sie sich dem Tabuthema

▷ Nahrungsmittel (hier Teeanbau in den Eastern Usambara Mountains) werden in Tansania zu einem Spottpreis produziert

032ts kk

überhaupt auch nur annähern könnten. Überhaupt geht es im Westen häufig darum, Ergebnisse vorzuweisen. Eine nagelneue Schule kann mit Hochglanzbildern eindrucksvoll als Erfolg verkauft werden, während die Wartung eines Traktors oder die Bezahlung von Lehrpersonal nur schwer auf Fotos gebannt werden können.

Manchmal haben die Projekte, die der Westen nach Tansania trägt, **negative Auswirkungen** auf das Land - oder zumindest Auswirkungen, die die Initiatoren so nicht einkalkuliert hatten. Einheimische **Ärzte** mit internationaler Ausbildung beispielsweise arbeiten lieber in Südafrika, Dubai oder England, da die Löhne im tansanischen Staatsdienst mit ca. 950.000 TSH im Monat noch immer nicht adäquat sind. Gute *driverguides* verdienen inklusive der Trinkgelder genau so viel und ausgebildete Ranger verdienen ohnehin Gehälter jenseits der Millionen-Schilling-Grenze. Aber wozu sollte die Regierung angemessene Gehälter bezahlen, wo doch bestausgebildete westliche Ärzte zum Nulltarif in den Spitälern arbeiten.

Man kann sagen, dass sich trotz der 40 bis 50 Jahre intensiver Entwicklungszusammenarbeit die Lage der Menschen in Tansania noch nicht spürbar entspannt hat. Abertausende Helfer und Idealisten haben Tansania und Afrika in den letzten Jahrzehnten desillusioniert, verletzt und wütend verlassen. Zusätzlich zu den schwierigen Rahmenbedingungen müssen sich die „helfenden Organisationen" auch den Vorwurf gefallen lassen, dass es ja gar nicht ihr Bestreben sein kann, sich selbst überflüssig zu machen. *Volker Seitz* schreibt in seinem Buch „Afrika wird armregiert" sehr treffend: „Vom Mitleid zu leben, kann sich richtig lohnen. Die **Lobbyarbeit ist sehr professionell geworden,** ebenso wie die PR-Kampagnen.

Sie finden nicht mehr im vegetarischen Restaurant statt, sondern der Hunger der Welt wird im Fünf-Sterne-Hotel bekämpft." Millionenschwere PR-Kampagnen mit treuherzig dreinschauenden Kleinkindern sollen die Existenz der Organisationen legitimieren. Bei Pressekonferenzen in Tansania liegen Umschläge mit Geld auf den Tischen, damit die Journalisten wohlwollend in ihren Medien berichten. *Seitz* ist einer von vielen, die bezweifeln, dass „die Entwicklungshilfe überhaupt ein seriöses Interesse an der Lösung der Probleme haben kann. Sie hätte ja keine Daseinsberechtigung mehr, wenn es keine Armut mehr gäbe."

Der **Schlüssel zur Entwicklung in Tansania** sind weder Geld noch übergestülpte Projekte. Menschen aus dem Westen, die nachhaltige, ambitionierte Hilfe für Tansania leisten wollen, müssen viel und langwierigen Aufwand betreiben, um sich für ein Projekt zu engagieren, das auch wirklich positive Effekte haben soll. Es gibt eine überschaubare Anzahl an Initiativen, die erfolgreich sind. Sie schaffen Arbeit, zu der Tansanier Bezug haben, z. B. im bäuerlichen oder handwerklichen Rahmen. Sie ermöglichen Menschen ein Fortkommen innerhalb ihres Kollektivs, ohne dass sie Hierarchien oder Grenzen überschreiten. Sie liefern Wissen, das die Menschen verstehen und anwenden können, und sind langfristig angelegt. Tatsächlich braucht es **jahrelange, kontinuierliche Zusammenarbeit,** bis minimal kleine Fortschritte erreicht werden können.

Auf Sansibar beispielsweise existiert eine von Skandinaviern finanzierte Frauenkooperative aus knapp 40 Frauen, die Algen anbaut. Anstatt sie für einen Hungerlohn an internationale Konzerne zu verkaufen, wurde den Frauen gezeigt, Algen professionell zu trocknen, zu Pulver zu verarbeiten und Seifen, Tees oder Algenkuchen herzustellen. Diese Produkte können um ein Vielfaches teurer am lokalen Markt, an Hotels oder Touristen verkauft werden. Durch die inländische Wertschöpfung wurde das Einkommen der Frauen verdoppelt und verdreifacht. Ähnliches kann man von Sasik, einer Frauenkooperative berichten (siehe auch das Kap. „Von Armut und Wohlstand"). Andere langjährige Projekte wie die Wonder Welders in Dar es Salaam (Kunsthandwerk aus Alteisen oder Altpapier) oder Shangaa Shanga in Arusha (Schmuck und Kunsthandwerk aus Altglas) geben kranken und körperlich beeinträchtigten Menschen Arbeit. Von Bettlern und Almosenempfängern avancierten sie zu respektierten Mitgliedern der Gesellschaft, die sogar ihr eigenes Geld verdienen. Diese und andere einfache Ideen beweisen, dass mit Fingerspitzengefühl, Verständnis für die lokalen Lebenswelten sowie Zeithorizonten von mehr als 15, 20 Jahren den einfachen Tansaniern besser geholfen ist als mit Vorzeigeprojekten, die sich gut in Hochglanzmagazinen in Europa oder im eigenen Lebenslauf machen.

Von Armut und Wohlstand

„Ng'ombe wa maskini, hazai mapacha."
Wörtlich: „Die Kuh eines Mittellosen gebärt keine Zwillinge."
(Sprichwort aus Tansania)

Es regnet in Stone Town auf Sansibar, mein Mann und ich waren zum Stehenbleiben gezwungen. Ein junger Mann erkennt die Gunst der Stunde und verwickelt uns in ein Gespräch. Wir kommen auf Politik zu sprechen und notgedrungen auch auf die Korruption. Er erklärt, wenn er genug Geld hätte, würde er eine neue Partei gründen, die gegen Korruption kämpft. Diese Aussage ist symptomatisch für Tansania: Man glaubt an **Geld als das Allheilmittel:** gegen das System, gegen die Korruption, gegen vieles. Dass man mit Engagement, Einsatz oder gar Kampfgeist etwas schaffen könnte, das glaubt in Tansania schon lange keiner mehr. Dies lässt natürlich Rückschlüsse auf das System zu: Geld öffnet in Tansania alle Tore.

Nichts scheint in Tansania wichtiger zu sein als Geld. Schon nach wenigen Sätzen fällt in einem Gespräch erstmals das Thema Geld. Meist geht es darum, dass alles Geld kostet, man aber keines hat. *Pesa* oder *hela,* so die Bezeichnungen für Geld auf Kiswahili, sind beides Relikte aus der europäischen Besatzungszeit. Die beiden Wörter klingen nicht nur exotisch, die Geldwirtschaft ist es für viele Tansanier auch. Seit Menschengedenken hat die Erde Tansanias ihre Menschen ernährt. Sie konnten mit dem Eigenen überleben. Selbst Hungersnöte wurden so recht und schlecht überstanden. Doch dann kam die **Geld- und Planwirtschaft,** gepaart mit Konsumismus und Urbanisierung. Aus Selbsterhaltern wurden fast über Nacht Kapitalismusmarionetten, die sich dem Diktat des Geldes nicht entziehen können. Doch der Umgang mit Geld ist ihnen fremd. Da das Morgen noch nicht existiert, verschwendet man keinen Gedanken daran. Statt Geld anzuhäufen und für morgen zurückzulegen macht man sich lieber heute einen schönen Tag. *Mungu akipenda* („so Gott will"), ist man morgen ja vielleicht schon tot.

Diese Einstellung kann für westliche Besucher zu bizarren Situationen führen. Ein Taxifahrer, der jemanden einfach nachts vor dem Restaurant stehen lässt, nur weil der Gast den überhöhten Preis nicht bezahlen möchte. Ein Arbeiter, der seinen Auftrag nicht fertigstellt, nur weil er momentan kein Geld braucht – obwohl die Regenzeit ins Haus steht und das Dach aus getrockneten Kokospalmenblättern (Makuti-Dach) eklatante Schwächen aufweist. Ein Schuhmacher, der sich einfach nicht dazu durchringen kann, die bestellten Schuhe fertigzustellen.

035ts kk

Doch selbst innerhalb der tansanischen Ethnien gibt es Auffassungsunterschiede. So gelten die Chagga aus dem Norden Tansanias als die geschäftstüchtigste Volksgruppe. Sie partizipieren am Tourismus, besitzen kleine Hotels oder Safari-Agenturen und gelten in Tansania als fleißig und sparsam. Ihr Verhalten wird von anderen Ethnien zugleich neidvoll beäugt und abwertend beurteilt. Sie sehen im **wirtschaftlichen Erfolg der Chagga** einen Kniefall vor den westlichen, kapitalistischen Werten und bezichtigen die Chagga sogar der „Nestbeschmutzerei“. Für viele Tansanier ist es eben einfach nicht vorstellbar, sich den Direktiven des Kapitalismus zu unterwerfen – und gleichzeitig dennoch afrikanische Werte (wie die Großfamilie, hierarchische Strukturen oder bedingungsloser Respekt) zu leben. Mehr Informationen zu einigen tansanischen Werten finden sich in den Kapiteln „Hexen, Geister, Ahnen und der alltägliche Zauber“, „Strenge Hierarchien“ und „Die Wirtschaftseinheit Großfamilie“.

Die Armen

Dass in Tansania **viele Menschen unter der Armutsgrenze** leben, mag teilweise an der fehlenden geschäftlichen Gesinnung liegen, mit Sicherheit tragen aber auch noch andere Faktoren dazu bei: Teuerungswellen, die das mühselig verdiente Geld wie die Eiskappen des Kilimanjaro schmelzen lassen; Korruption, die das Leben kostspielig macht; die wachsende Bevölkerung, die mangels Ressourcen einfach nicht versorgt werden kann; wiederkehrende Wetterkapriolen wie Dürren oder Überschwemmungen; eine wenig leistungsfähige Landwirtschaft, die mit ausgemergelten Böden und archaischen Gerätschaften zurechtkommen muss; ineffiziente Beamte in der Verwaltung; Preistreiber wie die Expat-Community, die z. B. für den horrenden Anstieg der städtischen Wohnungsmieten verantwortlich ist; Hierarchien innerhalb von Gemeinschaften, die wirtschaftlichen Erfolg als moralische Aufsässigkeit betrachten (vgl. das Kapitel „Das Arbeitsleben"); schlechte Straßen, die einen reibungslosen Transport der Tomaten von A nach B nicht erlauben; die Großfamilie, die immer dann Forderungen stellt, wenn der wöchentliche Gehaltsscheck eingetrudelt ist.

Die Armutsgrenze ist als Einkommensgrenze definiert, unterhalb derer der Erwerb aller lebensnotwendigen Ressourcen nicht mehr möglich ist. Der von der Weltbank festgelegte Wert von 1,25 US$ pro Tag gilt auch für Tansania. Es gibt keine gesicherten Daten über die tatsächliche Anzahl der Menschen, die unter der Armutsgrenze leben. Während die CIA von 36 % der Bevölkerung unterhalb der Armutsgrenze ausgehen, spricht die Weltbank von 12 Mio. Tansaniern (26 % der Bevölkerung). Diese Zahlen können aber keinesfalls den **nackten Überlebenskampf** dieser Personen wiedergeben. In Tansania existieren weder Arbeitslosengeld noch Lohnfortzahlungen bei Krankheit noch Kindergeld oder gar eine Rente. Wer arm ist, dem mangelt es wirklich am allernotwendigsten: Reis, Mais für *ugali* (Maisbrei), Feuerholz, Wasser, Geld für den Arztbesuch, für Medikamente oder für ein Busticket, um ins Spital zu gelangen. Armut bringt auch mit sich, dass Mütter und Kinder mangels Versorgung während der Geburt sterben, dass Kindern Bildung vorenthalten wird und dass sich simpelste Unpässlichkeiten zu ernsten Gesundheitsproblemen auswachsen können. Es geht ums Überleben – im wahrsten Sinne des Wortes.

Nach mehr als fünf Jahrzehnten Unabhängigkeit geht es einem Großteil der Menschen nicht besser als 1961. Die **Armut im Land zu reduzieren, ist das erklärte Ziel der Regierung.** Sie folgen dabei den Milleniumszielen der UNO, die in einem allumfassenden, im Jahr 2000 erstellten Masterplan die Armut weltweit bis 2015 reduzieren sollten. Angesichts des hohen Wirtschaftswachstums von durchschnittlich 7 % pro Jahr, der enormen natürlichen Ressourcen (Edelsteine, Edelmetalle, Öl, Gas, Kohle, Eisenerz, Industriemineralien) und einer der höchsten Direktinvestitionsraten in ganz Afrika, ist es mehr als verwunderlich, dass die Regierung ihre Ziele bisher nicht erreicht hat. Selbst milliardenschwere Finanzhilfen, u. a. von der EU, die zwischen 2009 und 2014 insgesamt 407 Mio. US$ umfassten, bewirken scheinbar wenig. Das zeigt klar: Mit Geld alleine wird diese Herausforderung nicht zu meistern sein.

◁ Fischer ist ein ehrenwerter Beruf, aber Wohlstand lässt sich damit kaum erreichen

Die Reichen

Eine ausgeprägte **Mittelschicht** wie in den westlichen Ländern existiert kaum und wenn man sie antrifft, dann noch am ehesten in den urbanen Zentren, wo junge, oft im Ausland ausgebildete Menschen Unternehmen gründen, vor allem im Dienstleistungsbereich (in den Bereichen IT, Werbung, PR, Unternehmensberatung, etc.). Unter anderem sind sie es, die der Stadt ein hippes, junges Gesicht verleihen und den Konsum ankurbeln, und für die Aufbruchstimmung in Dar es Salaam verantwortlich sind. Sie wollen in der Mittagspause *caffé latte* trinken, drängen samstags zum Shoppen in die Einkaufszentren, kennen sich mit neuen Medien wie Facebook oder LinkedIn aus und wollen mehr vom Leben, als bis zur Pensionierung in einem muffigen Büro zu sitzen. Sie können sich einen kleinen Mittelklassewagen leisten (deshalb bricht in Dar es Salaam täglich der Stadtverkehr zusammen), beziehen ihr Geld über Geldautomaten und Kreditkarten und fordern für ihre Kinder bessere Ausbildungsstandards. Sie versuchen, von den Verpflichtungen der Großfamilie loszukommen und distanzieren sich vom traditionellen Leben – in geographischer und ideeller Hinsicht.

Wer in Tansania im **oberen Einkommensdrittel** rangiert, hat dieses Kunststück in den meisten Fällen nicht mit rechtschaffener Arbeit zustande gebracht. Viel eher verdient man prächtig an Unterschlagungen, unlauterem Geschäftsgebahren, Erpressungen, kleinen Gefälligkeiten und Korruption im großen Stil. Die Arbeit an sich ist zu niedrig bewertet, um mit einer rechtschaffenen Tätigkeit gut über die Runden zu kommen. (Siehe dazu auch das Kap. „Arbeit und Arbeitslosigkeit".)

Dass sich mit dem Durchschnittsmonatseinkommen von 100.000 TSH (entspricht etwa 45 Euro) kein Haus bauen lässt, wenn ein Sack Zement je nach Region und Wirtschaftslage zwischen 15.000 und 25.000 TSH kostet, kann man sich an allen fünf Fingern ausrechnen. Weder einen Kleinwagen für 5000 Euro noch einen dicken Geländewagen um 70.000 Euro kann sich ein einfacher Tagelöhner oder ein normaler Angestellter auch nur annähernd leisten. Zur reichen inländischen Oberschicht, die sich Häuser, Autos und Angestellte erlauben kann, gehören Regierungsmitglieder, hochstehende Beamte des Verwaltungsapparates, aber auch einheimische Mitarbeiter von Entwicklungsorganisationen, die Führungsriege von multi- und internationalen Unternehmen sowie – nicht zu vergessen – klerikale Würdenträger. Indische, pakistanische, arabische und neuerdings chinesische Händler zählen ebenfalls dazu. Seit 2013 soll es dem Vernehmen nach den ersten tansanischen Milliardär geben, ein 38-jähriger, indischstämmiger Industrieller.

Wer nicht das Glück hat, über ausländische Wurzeln oder zumindest eine ausländische Hochschulbildung zu verfügen, es aber dennoch zu etwas bringen möchte, muss **findig und kreativ** sein. Eine Religionsgemeinschaft zu gründen ist lukrativ, denn Tansanier lassen sich bei der Kollekte nicht lumpen, schließlich wollen sie, dass ihre Seele in den Himmel kommt. Wanderprediger treten überall in Erscheinung - ob auf dem Markt, im Bus oder im Krankenhaus - und erwarten dafür eine großzügige Vergütung. Hoch im Kurs stehen Waisenhäuser und Frauenprojekte, denn Touristen unterstützen solche Initiativen mit recht viel Geld. Unternehmen wie Tankstellen, Autowaschanlagen (mit menschlichen Wäschern), Bars oder Diskotheken, die mit dem modernen Leben, dem Tourismus oder den Expats verbunden sind, bringen gutes Geld.

Die Armen werden ärmer, die Reichen nur noch reicher. Nur eine kleine, wohlhabende Minderheit von max. 10 % profitiert vom konstant guten Wirtschaftswachstum von bis zu 7 % pro Jahr. Diese hebt sich gerne von der armen Masse ab. Während Weiße ohnehin als potenziell reich gelten, ist es oft schwer, wohlhabende Tansanier zu erkennen. Nicht an der Kleidung, sondern eher an den **Statussymbolen** lassen sie sich identifizieren: Mobiltelefon, Geländewagen, Laptop, Flatscreen-Fernseher, Internet. In Dar es Salaam kutschieren mehr schwere Limousinen und große Geländewagen herum als in einer mitteleuropäischen Großstadt. Viele Männer können dem Traum vom Reichtum einen Namen geben: Mercedes-Benz. Im Volksmund werden diese Tansanier spöttisch als *wabenzi* tituliert, als die Männer, die in einer Woche mehr Geld für Autos, Luxusgüter und Shoppingtrips ausgeben können, als ein amerikanischer Finanzmagnat in einem Jahr verdient. Der Terminus, der aus dem Kiswahili stammt und seinen Ursprung in Nairobi hatte, ist mittlerweile in ganz Afrika zu einem stehenden Begriff für die ruchlose, korrupte Elite geworden.

Bei aller Euphorie über den Wirtschaftsaufschwung bleibt die Nachhaltigkeit offen. Die Wirtschaftsleistung ist auf Profitmaximierung ausgerichtet, was weder den Großinvestor noch den mittelständischen Jungunternehmer ausnimmt. Investitionen müssen sich von jetzt auf gleich auszahlen. Für Amortisationszeiten von Bauprojekten von 20–25 Jahren oder länger wie im Westen haben Tansanier höchstens ein mildes Lächeln übrig. Einheimische Unternehmer zahlen ihren Angestellten noch geringere Gehälter als Expats und investieren selten in Mitarbeiterqualifizierung. Geringes betriebswirtschaftliches Wissen wird durch hohe Verkaufspreise kompensiert; es herrscht fast kein Bewusstsein für Qualität, Kundenfreundlichkeit oder gar ökologische Nachhaltigkeit. Das Geschäftsleben wird ähnlich gehandhabt wie private Entscheidungen: Vorausschauendes Denken oder Planen ist in Tansania nicht Teil der Wirtschaftsethik.

Was immer wieder verwundert, ist, dass **Besitz nur einen geringen Stellenwert** im Leben der Tansanier hat, egal ob reich oder arm. Er dient eher als Statussymbol. Während im Westen Fahrzeuge, Häuser, Kleidung etc. gehegt und gepflegt werden, scheint in Tansania das Gegenteil der Fall zu sein. Man versäumt Instandhaltungsarbeiten im Haus, sieht großzügig über anstehende Autoreparaturen hinweg und hat allgemein wenig Verständnis für die sorgfältige Behandlung von Dingen. Die Güter werden einfach so lange benutzt, wie es möglich ist, und dann dem ewigen Nirwana übergeben. Das gleiche Verhaltensmuster ist auch bei der Erhaltung von alten Gebäuden, beispielsweise in Bagamoyo, Kilwa oder Stone Town, erkennbar. Für einen Tansanier hat es keinen Wert, solche alten, verfallenen Bauten zu restaurieren; vielmehr wird die maximale Lebensdauer ausgereizt und dann schafft man sich einfach etwas Neues an. Für sie ist das westliche Gehabe in Bezug auf die Wiederherstellung der historischen Bauten völlig unverständlich, wo doch ein neues Haus viel mehr Annehmlichkeiten bieten würde.

Reiche Tansanier haben wenig Mitgefühl mit ihren ärmeren Mitbürgern. Ihre Solidarität beschränkt sich auf die Großfamilie und ihren Stamm, die Zuwendungen beruhen dabei auf gesellschaftlichem Zwang und sind nicht freiwillig. Humanitäre Projekte von Tansaniern für Tansanier sind selten, am ehesten gibt es geschäftstüchtige Frauen, die aus der Not eine Tugend machen und zumeist Projekte initiieren, die Frauen längerfristig Ausbildung und Einkommen garantieren. Auf Sansibar begann eine Frau 1994, sich selbst das Applizieren von arabischen Mustern auf Polsterbezüge und Bettdecken beizubringen und ermutigte ihre Freundinnen, es ihr gleichzutun. Mit Hilfe eines Kleinkredits konnten sie sich eine kleine Werkstatt einrichten. Heute gilt die Frauenkooperative Sasik als die erfolgreichste und älteste funktionierende Kooperative in Tansania, die völlig autark und ohne Einfluss von außerhalb agiert. Die Kooperative gibt den Frauen nicht nur Arbeit und Einkommen, sondern eine kreative Herausforderung. Alle Muster werden von den Frauen selbst entworfen. Ihr Shop liegt übrigens in der Gizenga Street in der Nähe des Old Fort.

Als Tansanier **beugt man sich der himmelschreienden Ungerechtigkeit,** denn Gott, Allah und die Geister der Ahnen werden wohl einen Grund für den Lebensplan jedes Einzelnen gehabt haben. Scheinbar gelassen ergeben sich arme Tansanier ihrem Schicksal, doch im Innersten hadert man mit der Ungerechtigkeit. Ein paar Gebete und Zeremonien können nicht schaden, vielleicht ist man ja verhext und muss den Zauberbann lösen. Man nimmt sich die Wohlhabenden wenigstens zum Vorbild und versucht, sein Leben mit Gefälligkeiten, Gaunereien und Korruption zu verbessern.

Die Suche nach dem großen Glück: vom Dorf in die Stadt

„Kiingiacho mjini, si haramu."
Wörtlich: „Das Angesagte in der Stadt ist nicht verboten."
(Sprichwort aus Tansania)

Das Leben im Dorf

Seit Stunden schon fahren mein Mann und ich durch den Busch im äußersten Süden des Landes. Das funkelnde Smaragdgrün unseres Geländewagens ist unter einer dicken, hellgrauen Staubschicht begraben. Es wird Zeit für eine Pause, in einem Dorf machen wir Halt. Binnen weniger Augenblicke sind wir von staunenden Kindern umringt. Eine liebenswürdige, sonore Stimme verscheucht die Kleinen. Wir werden ausgiebig begrüßt und nach unserem Wohlergehen befragt, bevor uns *Mwinyi,* wie sich herausstellt der Bürgermeister, zu einer Erfrischung vor sein Haus bittet. Immer mehr Menschen scharen sich um uns und überhäufen uns mit Fragen: über Dar es Salaam, über Mtwara und über die nächstgelegene Stadt. Es stellt sich heraus, dass die meisten Anwesenden ihr Dorf kaum je verlassen haben und dass sie selbst die Distriktshauptstadt Mtwara nicht kennen. Vom Mythos Dar es Salaam ganz zu schweigen – die Wirtschaftsmetropole, die ehrfurchtsvoll *bongo* (Gehirn) genannt wird, weil dort nur die smartesten Köpfe überleben können, ist für den Großteil der Menschen so fremd wie die bleichgesichtigen Besucher, die vor ihnen sitzen

Die Menschen, die auf dem Land leben, haben **keine Vorstellung davon, wie sich das Leben in der Stadt gestalten könnte.** Sie leben von der Landwirtschaft, wo sie je nach Region Maniok, Süßkartoffeln, Mais, Gemüse oder Yamswurzeln für den Eigenbedarf (Subsistenzwirtschaft) anbauen. Rund 75 % der Bevölkerung müssen mit bescheidener Infrastruktur auskommen. Die beiden einzigen Verbindungen zur Außenwelt sind ein verbeultes Transistorradio und eine buckelige Sandpiste, die in der Regenzeit regelmäßig unpassierbar ist. Stolze Besitzer eines Fahrrades sind hier draußen die Könige der Straße. Busse fahren maximal einmal pro Tag – oder vielleicht doch erst morgen. Das Dorfleben hat seinen eigenen, festen Rhythmus, der gelegentlich von einem mächtig großen Geländewagen, der den Sand wie ein Tornado aufwirbelt, unterbrochen wird. Die Sonne, Feste und Rituale bestimmen den Puls im Dorf. Gelassen sitzen die Männer stunden- und tagelang im kühlen Schatten eines ausladenden Mangobaumes und harren der Dinge, schweigend oder schwatzend.

Mit stoischer Ruhe beobachtet man die Vorkommnisse, die Wagen, die durchfahren, die Reisenden, die nach dem Weg fragen. Die Frauen gehen ihren Arbeiten nach, sie holen Wasser, halten das Kochfeuer am Brennen und bestellen die Felder. Jauchzende Kinder spielen mit einem eiförmigen Gebilde aus Stoffresten Fußball.

Wenn **Besucher** kommen, ist man freudig erregt – Abwechslung ist in Sicht, aber man ist weit davon entfernt, aufdringlich zu sein. *Mwinyi* freut sich über Neuigkeiten, schließlich sind die beiden *wazungu* (Swahili für Weiße) Tageszeitung, Fernsehen und Internet in einem für die kleine Dorfgemeinschaft. Für ein kleines Entgelt dürfen wir im Dorf unser Zelt aufbauen, erhalten Wasser und werden sogar zum Abendessen eingeladen. Zwei Jungs bewachen unser Zelt die ganze Nacht; mit dieser Heldentat ist ihr Ansehen im Dorf sprunghaft angestiegen. **Auf dem Land zu leben** bedeutet auch für tansanische Verhältnisse, entbehrungsreich zu leben. Man verdient deutlich weniger als in der Stadt, es gibt aber auch keine Möglichkeit, Geld auszugeben. Man hat meistens keinen Strom, kein Spital, ja oft nicht einmal eine Apotheke in der Nähe. Kleine *maduka* (Läden) mit den wichtigsten Lebensmitteln wie Reis, Mehl, Milchpulver, Zucker, Bier oder Coca-Cola befinden sich zwar in jedem noch so abgelegenen Nest, trotzdem kann es je nach Saison zu Nahrungsmittelengpässen kommen. Das ist normal und in den letzten Hunderten von Jahren immer wieder passiert. Hungersnöte sind selten, aber Mangelernährung steht an der Tagesordnung, ist jedoch kein typisch ländliches Phänomen. In Stadt und Land überwiegt der kohlehydratreiche Speiseplan deutlich.

Die **Dorfgemeinschaft** ersetzt Geld und Lohnarbeit. Man hält zusammen, unterstützt sich gegenseitig und steht Krankheiten, Todesfälle und andere Schicksalsschläge gemeinsam durch. Auseinandersetzungen gibt es in jeder Dorfgemeinschaft, meist geht es um Land, Diebstähle, Frauen, Neid und Eifersucht.

In der Stadt

Inmitten dieser Einfachheit und manchmal auch Trostlosigkeit wirkt die Stadt fast **so verheißungsvoll wie das Paradies.** Viele junge, aber auch ältere Leute – Männer und Frauen gleichermaßen – zieht es magisch in die Stadt. Man will Armut, Langeweile und die engen moralischen Vorstellungen der Dorfgemeinschaft hinter sich lassen und hofft auf Glück, Reichtum und Freiheit. Mittlerweile leben an die 25 % der tansanischen Bevölkerung in Städten und jährlich wächst die Stadtbevölkerung um 4,2 %.

Während die einen freiwillig gehen, werden die anderen dazu gezwungen, das schützende Netzwerk im Dorf hinter sich zu lassen, z. B.

weil sie als AIDS-Waisen von der Gemeinschaft verstoßen wurden. Egal aus welchen Gründen auch immer sie die **Landflucht** antreten: Sind die Menschen erst einmal in der Stadt, verdunsten die großen Verheißungen wie ein Wassertropfen in der Tropensonne. **In der Stadt fehlt es an allem** - an Arbeit, an Wasser, an Kanalisation, an günstigem Wohnraum, an Perspektiven, an Hoffnung. Mit kleinen Tagelohnarbeiten, dem Verkauf von Zigaretten, Gebrauchtwaren oder gegrillten Maiskolben schlägt man sich durch. Manche müssen auch betteln gehen, viele sehen ihr Heil in Gaunereien und kriminellen Handlungen. Die Lebensumstände sind katastrophal. Und es gibt keine Großfamilie, die die Menschen auffängt. Jeder ist auf sich allein gestellt und kämpft ums nackte Überleben. Die Mehrheit der Stadtbevölkerung ist bettelarm.

Dar es Salaam – ein Mikrokosmos der Kontraste

Elegant gekleidete, smarte Geschäftsmänner steigen aus dicken Geländewagen und treffen sich in mondänen, klimatisierten Hotels zu Konferenzen. Protzig verglaste Bürohäuser, glänzende Geschäfte, ***Einkaufszentren und schicke Cafés*** *funkeln im Glanz der Sonne. Am Straßenrand verkauft ein junger Mann in schmutzigen Lumpen Secondhandkleider, die von einem Lkw gefallen sind. Die gläserne Front des Internetcafés ist natürlich verspiegelt, damit keine begehrlichen Blicke von draußen hereindringen können. Drinnen Highspeed-Internet, draußen Straßenverkäufer mit T-Shirts von Fußballspielern, deren Glanz schon vor vielen Monden erloschen ist. In den Supermärkten stehen Produkte in den Regalen, die die Einheimischen nicht einmal vom Hörensagen kennen.*

Der Unterschied zwischen Arm und Reich sticht in Dar es Salaam krass ins Auge. Die Hochglanzwelt besteht für eine sehr kleine, reiche Oberschicht, teilweise indischer Abstammung und eine überschaubare Anzahl von Expats, die als Mitarbeiter von internationalen Organisationen, Botschaften und ausländischen Firmen oder im Entwicklungsdienst gutes Geld in Tansania verdienen. In deren abgeschotteten Wohngebieten ist die Stadtregierung sogar bemüht, die Infrastruktur zu verbessern, während ***in den Vierteln der Durchschnittsbevölkerung*** *nicht einmal die Grundversorgung aufrechterhalten wird. Der Alltag dieser Menschen ist von desolaten Straßen, mangelnder Wasserversorgung, Stromabschaltungen, bedrohlich großen Müllbergen und der dadurch bedingten Kontaminierung des Wassers bestimmt, was Choleraausbrüche, erhöhte Kindersterblichkeit und Durchfall zur Folge hat - von Malaria und AIDS ganz zu schweigen.*

037ts kk

Eine Stadt muss für alle Platz bieten. Die meisten Neuankömmlinge leben in desolaten Siedlungen mit Wellblechdächern und der Kloake hinter dem Haus. Regelrechte Slums wie die Hometowns in Südafrika oder die Slums von Nairobi sind in Tansania unüblich, dennoch gibt es diese **typischen afrikanischen Wohnbezirke.** In Tansania grenzen sich eher die Wohlhabenden ab und verbarrikadieren sich in den Villenvierteln. Gleich und gleich gesellt sich gern, das gilt auch für die verschiedenen Ethnien, die sich in Ortsteilen konzentrieren. Hier leben die Inder, dort die Libanesen, weiter draußen die Europäer. Auch die Tansanier bleiben gern unter ihresgleichen und lassen sich in Wohngebieten nieder, wo sich schon andere Leute ihres Stammes angesiedelt haben.

Eigentlich sind Städte **Relikte der Kolonialzeit.** Sie wurden als Verwaltungs- und Handelszentren konzipiert, die den Bedürfnissen der Kolonialmächte angepasst waren. Die einzelnen Volksgruppen wurden in unterschiedlichen Zonen angesiedelt, die teilweise heute noch so existieren. Wo Prachtstraßen, Postämter, Hotels, Golfklubs und Gasthäuser errichtet

⌃ Das Gesicht von Dar es Salaam wechselt rasch, nicht zuletzt wegen der regen Bautätigkeit

〉 Selbst in der Stadt bleibt das Leben entbehrungsreich

wurden, standen früher Fischerdörfer oder bestenfalls Handelsposten. Die fünf größten Ballungszentren Tansanias sind Dar es Salaam, Mwanza, Arusha, Zanzibar Town und Mbeya.

036ts kk

Wie die Gesellschaft die **Urbanisierung** verkraftet und welche Folgen sie für die Menschen hat, wird sich zeigen. Viele Männer, die in die Stadt gehen, verlieren ihre Perspektiven und ihren Stolz, greifen zu Alkohol, Drogen und halten sich an Prostituierte. Gewalt, Verrohung und Elend dominieren das Leben. Ihren Frauen, die im Heimatdorf die Familie zusammenhalten, bringen sie als Geschenk aus der Stadt oft nur AIDS mit. Für die meisten Zugewanderten wird die Stadt ohnehin nie zur Heimat, vielmehr wird sie als Durchgangsstation betrachtet. Wenn irgendmöglich, fährt man mindestens einmal im Jahr nach Hause ins Dorf. Nach dem Erwerbsleben zieht man sich in der Regel ganz ins Heimatdorf zurück und falls jemand in der Stadt stirbt, werden keinen Kosten und Mühen gescheut, um den Leichnam in der Heimaterde begraben zu können.

Diejenigen, die sich in der Stadt ein Leben in bescheidenem Wohlstand aufbauen konnten, zeigen wenig Verständnis für die, die es nicht geschafft haben. Stadtmenschen schämen sich für die Landmenschen und behandeln sie oft respektlos und arrogant. Die Elite möchte unter sich bleiben und sich modern und weltoffen zeigen; mit Landeiern, die es zu nichts gebracht haben, will man sich nicht abgeben. **Mit dem Land assoziiert man Armut, mit der Stadt Reichtum.** Für jemanden, der losgezogen ist, in der Stadt sein Glück zu suchen, ist es undenkbar, ins Dorf zurückzukehren, ohne wenigstens einen gewissen Erfolg vorweisen zu können. Lieber fristet man weiter das elende Leben in der Stadt, als im Heimatdorf zugeben zu müssen, dass man gescheitert ist. Nur wenige können dazu stehen, dass sie sich vom Mythos Stadt haben blenden lassen. Das Leben in der Stadt ist genauso entbehrungsreich wie auf dem Land, nur die Rahmenbedingungen sind andere: hier Dorfgemeinschaft, Eintönigkeit und das Korsett der Moral, dort räumliche Enge, relative Freiheit, aber kein Geld, diese ausleben zu können.

Die „Expats" und Zuwanderer: überschätzte Eliten und treibende Wirtschaftskraft

„Banyani mbaya, kiatu chake dawa."
Wörtlich: „Der Inder ist schlecht, sein Schuh ist Medizin."
(Sprichwort aus Tansania)

Die meisten arbeitenden Tansanier sind in Betrieben tätig, die sich im Besitz von **Ausländern** befinden. Der *driver* im Norden arbeitet in einer Safari-Agentur mit amerikanischen Eigentümern, das Zimmermädchen auf Sansibar ist für deutsche Hoteliers tätig und der Verkäufer in Dar es Salaam hat einen indischen Boss über sich. Auch andere Devisenbringer wie der Handel mit Gewürzen, der Bergbau oder der Automarkt sind **nahezu vollständig in ausländischer Hand:** Inder, Pakistanis, Araber, Europäer, Amerikaner und neuerdings auch Chinesen. Weniger als 1 % macht die nicht-afrikanische Bevölkerung in Tansania aus, aber ihr wirtschaftlicher Einfluss ist unschätzbar hoch.

Kühle Rechner: die Inder

Im Allgemeinen sind die Geschäftspraktiken der Inder in Ostafrika undurchsichtig und wenig beliebt, doch man braucht sie, um den Handel und die Wirtschaft aufrecht zu erhalten. Die Tansanier halten sie für ein notwendiges Übel, das jedoch auch seine guten Seiten hat.

Zuerst kamen die Inder als **Händler** nach Ostafrika. Sie waren mithilfe der Monsunwinde auf dem Indischen Ozean unterwegs, um mit Elfenbein, Textilien, Keramik und Töpferwaren sowie mit Sklaven zu handeln. Ihre Rechenkünste und ihr Geschäftsverständnis wurden von den omanischen Sultanen sehr hoch geschätzt, weshalb sie als Beamte und Schatzmeister in wichtigen Positionen eingesetzt wurden. Als der Hauptsitz des Sultanats von Oman nach Sansibar verlegt wurde, zogen sie mit. Zeitgleich siedelten die britischen Kolonialherren Inder für den Bau der Uganda-Kenia-Eisenbahn in Ostafrika an. Nach Fertigstellung der Zugverbindung wurden diejenigen, die im Land bleiben wollten, gern als **Kolonialbeamte** eingesetzt. Zusätzlich begannen die Inder, ihre eigenen gut florierenden Geschäfte zu eröffnen. Ein kontinuierlicher Zustrom an indischen Handels- und Geschäftsleuten war die Folge.

▷ Viele Expats arbeiten im Tourismus und betreiben Safari-Agenturen

073ts kk

Wirtschaftlich war ihr Ansehen groß, doch galten die Inder als nur zweitrangig in der gesellschaftlichen Hierarchie, als erstes kamen die Europäer. Nach Abzug der Kolonialmacht jedoch änderte sich dieses Bild und die Inder stiegen plötzlich zur **indo-afrikanischen Elite** auf.

Heute werden Handel, Industrie und Tourismus großteils von indischstämmigen Tansaniern kontrolliert, insbesondere in der Auto- und Elektronikbranche sind sie aktiv. Ihr endogames Heiratssystem, das Mischehen mit Afrikanern nicht gestattet, bewirkte die weitgehend unverfälschte **Erhaltung ihrer Traditionen** und auch ihrer Sprache. Ehefrauen werden oft aus Indien importiert, wohlweislich ausgestattet mit reichlich Mitgift und manchmal sogar mit einer Mutter, um später Kind und Kegel zu hüten. So kommt es vor, dass in den Haushalten Personen leben, die weder Englisch noch Kiswahili sprechen. Die südindische Sprache Gujarati hört man oft auf den Straßen von Dar es Salaam oder Stone Town.

Die Tansanier stehen den Indern allerdings **durchaus kritisch** gegenüber, denn sie sind als allzu geschäftstüchtig und gebieterisch bekannt. Die Löhne liegen in indischen Unternehmen zumeist unter denen, die europäische oder amerikanische Geschäftsleute für gewöhnlich zahlen. Wer in alteingesessenen indischen Läden einkauft, kann die dort herrschende Hierarchieordnung und die gegenseitige Verachtung deutlich erkennen: Der Patron sitzt auf einem erhöhten Podest an der Kasse und bellt seine Befehle in den Verkaufsraum.

Sendungsbewusst: Europäer und Amerikaner

Die **deutschen Missionare** *Johann Ludwig Krapf* und *Johannes Rebmann* sahen Ende der 1840er-Jahre als erste Weiße den Kilimanjaro. Es folgten Abenteurer, Forschungsreisende, mehr Missionare und gegen Ende des 19. Jh. die deutschen Kolonialherren. Neben den Deutschen siedelten sich insbesondere **Griechen** in Tansania an, zunächst, um am Bau der Eisenbahnstrecke von Tanga nach Moshi mitzuarbeiten, und später, um die Sisalfarmen zu führen. Nach den Deutschen kamen die Briten, aber Tansania blieb weitgehend von der in Kenia praktizierten Modeerscheinung verschont, wo britische Siedler sich den Traum von einer eigenen großen Farm erfüllen wollten.

Nach der Unabhängigkeit Tansanias begann sich die **westliche Entwicklungshilfe** für das Land zu interessieren und ein Zustrom von idealistischen Freiwilligen, Entwicklungshelfern und Missionaren setzte ein – der übrigens nach wie vor ungebrochen fließt. Deutsche und Schweizer Kirchengemeinschaften, skandinavische Entwicklungsdienste, niederländische Stiftungen, amerikanische Hilfsprojekte – die Zahl derer, die helfen wollen, ist schier unüberschaubar. Gerade im angloamerikanischen Raum ist es für junge Leute immens wichtig, sich karitativ zu engagieren. Viele melden sich für **Freiwilligendienste in Tansania,** ob es nun für Englisch- oder Computerunterricht oder Arbeit in einem Waisenhaus ist. Doch auch viele junge Menschen aus Deutschland verbringen ihr Freiwilliges Soziales Jahr in Tansania und betätigen sich beispielsweise in einem Hospital am Lake Malawi, in Kindergärten oder bei Schulbauprojekten. Zahlreiche Hilfsprojekte von kirchlichen oder karitativen Organisationen finden sich unter anderem in Dar es Salaam, den Usambara Mountains, den Pare Mountains, rund um Moshi und Arusha, in Ifakara im Süden des Landes, an der Küste und natürlich auf den Inseln.

Bedeutenden Einfluss haben die *wazungu,* die westlichen Bleichgesichter, auf den **Tourismus.** Als Inhaber von hippen Lodges im feudalen Kolonialstil oder als Agenturbetreiber gaukeln sie den Touristen den „Jenseits-von-Afrika-Traum" vor, der ja im Grunde ein Traum von Afrika während der Kolonialzeit ist. Sie sind es auch, die ihren Gästen und den Überseereisebüros adäquate Qualität liefern müssen, trotz der schwierigen Rahmenbedingungen. Sie haben einen schweren Stand in Tansania, wovon jeder Expat aus dem Westen ein Lied singen kann. Nicht wenige scheitern

[>] Gutes tun und sich danach mit Safaris belohnen – so gehen viele Freiwillige und Entwicklungshelfer vor

094ts Dreamstime.com © Alexander Shalamov

schon im Ansatz und die, die sich durchbeißen, brauchen einen langen Atem.

Im Großen und Ganzen herrschen **wenig Ressentiments gegen einen „mzungu“,** denn im Vergleich zu den Indern bieten sie humanere Arbeitsbedingungen und zahlen besser. In regelmäßigen Abständen wird versucht, in den Tageszeitungen Parolen gegen die völlige Vereinnahmung des Tourismussektors durch die Weißen zu lancieren, doch außer heißer Luft bleibt davon nicht viel übrig. Ein paar einheimische Unternehmer und Politiker sehen sich durch die Übermacht der ausländischen Fremdenverkehrsbetriebe um ihren Anteil geprellt, doch sie verstehen nicht, dass für Wazungu-Touristen nicht die Hautfarbe des Safari-Anbieters, sondern die Qualität und das Preis-Leistungs-Verhältnis zählen. Und gerade Letzteres liegt bei zahlreichen einheimischen Betrieben leider im Argen.

Bei all dem Sendungsbewusstsein der Westler und angesichts all der ernst gemeinten Versuche, das Leben der Tansanier zu verbessern, ist es interessant zu beobachten, dass **Tansania trotzdem urafrikanisch geblieben** ist. Während in den aufstrebenden asiatischen Ländern die Mentalität der Menschen teilweise westliche Züge angenommen hat, zeigen sich die Ostafrikaner unbeeindruckt und resistent.

Die größte Herausforderung für westliche Unternehmer ist neben der chaotischen Bürokratie **die Arbeitsethik der Tansanier.** Gearbeitet wird dann, wenn Geld benötigt wird und nicht etwa, wenn das Camp aus allen Nähten platzt. Wer seine Mutter besuchen will, richtet sich nicht danach, ob er auf der Arbeit benötigt wird, sondern nach den Zug- oder Buszeiten.

Wer mehr Geld als der Durchschnitt verdient, riskiert Neid und Verhexungen. Deswegen arbeitet man, wenn beispielsweise der eigene Arbeitgeber wohlwollend mehr Lohn als die anderen Hotelbesitzer zahlt, einfach weniger Tage im Monat (und macht den Rest blau), um auf den gleichen Monatslohn wie die Nachbarin zu kommen. Menschen aus dem Westen empfinden solcherlei Verhalten als ungewohnt und unberechenbar. Das Vermögen, mit dieser Andersartigkeit umzugehen, entscheidet darüber, ob man gleich wieder das Weite sucht oder bleibt.

Die neuen „Kolonialherren": die Chinesen

Die jüngste Gruppe der Zuwanderer stammt aus Asien – aus Japan und in viel größerem Maße noch aus China. Gerade deutsche Medien berichten geradezu pikiert darüber, dass die einst dem Westen vorbehaltene Vormachtstellung nun allmählich von den Chinesen eingenommen wird. In Europa und Amerika wird das Engagement Chinas kritisch gesehen und pauschal negativ verurteilt, allerdings wohl hauptsächlich deswegen, weil die Chinesen geschickter als die westlichen Regierungen agieren.

Die **Zusammenarbeit zwischen Tansania und China** ist allerdings nicht neu: Schon in den 1970er-Jahren schickte China Geld sowie 50.000 Techniker und Arbeiter für den Bau der *Tanzania-Zambia-Railway (Tazara)* ins Land. Heute ist China der zweitgrößte Investor in Tansania. In den Zeitungen überschlagen sich die Berichte: hier eine neue Motorradfabrik, dort Bildungs-, Brunnen- und Infrastrukturprojekte. In Dar es Salaam bauen die Chinesen das höchste Gebäude Tansanias, sie gewinnen die Ausschreibungen von Straßenbauprojekten, finanzieren den Hafen in Bagamoyo, die Gas-Pipeline von Mtwara nach Dar es Salaam und Kraftwerke zur Stromerzeugung. Aber auch im Kleinen haben die Chinesen in Tansania Einzug gehalten. *Tuktuks* (asiatische Autorikschas, auf Swahili *bajaji* genannt), billige chinesische Fahrräder, sparsame Motorräder und eckige Geländewagen prägen das Straßenbild und haben sich zu den ohnehin schon seit Dekaden gehandelten chinesischen Plastik-Flipflops und Textilien gesellt. Zahlreiche chinesische Händler, Arbeiter, Ärzte oder Restaurantbesitzer haben in Tansania ein kleines Wirtschaftswunder *made in China* geschaffen. Viele davon, insbesondere die Händler, kommen illegal, überschwemmen den Markt mit Ramsch- und gefälschten Waren aus China und unterbieten die Preise der einheimischen Kaufleute.

Die Chinesen fädeln die wirtschaftliche Kooperation geschickt ein und konzentrieren sich auf drei Eckpfeiler: intensiver Handel, Direktinvestitionen – beispielsweise in Infrastruktur – und Immigration. Sie liefern billige Konsumgüter; finanzieren die Infrastruktur, schicken die eigenen Leute gleich mit und garnieren das Potpourri mit ein paar oberflächlichen Hilfsprojekten und Geldgeschenken. Im Gegenzug für die milliardenschweren „Geschenke" zeigt sich die tansanische Regierung spendabel: mit Erdöl, Erdgas, Edelsteinen, Holz, Handelsabkommen, Bergbaukontrakten und Bauprojekten für chinesische Unternehmen. Westliche Kritiker sprechen wenig schmeichelhaft von *aid for oil* – „Hilfe gegen Öl". Zusätzlich exportiert Tansania neuerdings Waren nach China, u. a. Tabak und Leder sowie Obst und Gemüse.

Trotz all der internationalen Kritik sind die Chinesen bei den Vertretern der tansanischen Regierung **beliebter, als es die weißen Geldgeber je waren:** Sie knüpfen keine unbequemen Forderungen an die Geldleistungen wie z. B. die nach Demokratie, Meinungsfreiheit oder der Einhaltung von Menschenrechten. Das Prinzip, sich nicht in die inneren Angelegenheiten seiner Vertragspartner einzumischen, wird von Peking stets hochgehalten. Überschwänglich werden die Chinesen von den privilegierten Tansaniern, die vom Engagement Chinas profitieren, hofiert: „Das sind unsere wahren Freunde, denn sie beuten uns nicht aus, sondern beschenken uns." Der Grundtenor ist positiv, weil China Alternativen zur Abhängigkeit vom maßregelnden, moralisierenden Westen bietet. Im Grunde entspricht diese Haltung genau der afrikanischen Gesellschaftsordnung: Der große, reiche Bruder hat die Verpflichtung, für die Großfamilie aufzukommen, wobei er auf die Mittelverwendung keinen Einfluss hat. Für die Elite bedeuten chinesische Geschäftsbeziehungen schließlich auch, dass Yen in die eigenen Taschen fließen.

Was die politsche und wirtschaftliche Elite begrüßt, lässt andere als Verlierer zurück. Die Chinesen finanzieren zwar Großprojekte, bringen aber bequemerweise gleich ihre eigenen Arbeiter mit. So schlägt China zwei Fliegen mit einer Klappe**: Das verdiente Geld bleibt in chinesischer Hand** und man erspart sich Schwierigkeiten, die aufgrund von mangelnden Sprachkenntnissen und unterschiedlicher Mentalität und Arbeitsauffassung entstehen können. Die einfachen Tansanier profitieren selten langfristig von den Projekten der Chinesen. Zwar gibt es eine neue Straße zu ihrem Dorf, aber das macht für sie keinen Unterschied, denn die meisten verfügen nicht über ein eigenes Auto. Am Straßenbauprojekt vor ihrer Haustüre haben sie höchstens vorübergehend verdient, ob als Tagelöhner oder über zeitlich befristete Arbeitsverhältnisse. Man schätzt, dass die Großprojekte an die 20.000, meist kurzfristige Arbeitsplätze schaffen. Ebenso wenig konnten sie Know-how dazugewinnen, denn die chinesischen Statiker und Ingenieure behalten ihre Kenntnisse lieber für sich. Ebenfalls kritisch wird die **mangelnde Qualität der Bauten** bewertet – doch warum soll die Qualität in Tansania besser sein als in China? Schließ-

039ts kk

lich wird international bemängelt, dass das chinesische Engagement nur wenig Einfluss auf die Armutsbekämpfung und den Umweltschutz habe – ein Aspekt, der jedoch auch in China selbst großzügig vernachlässigt wird.

Kritiker behielten leider Recht mit der Vermutung, dass das Engagement der Chinesen zu einem enormen Anstieg der Wilderei führen würde. In Kenia konnte dasselbe Phänomen beobachtet werden, nachdem in den 1960er-Jahren die Chinesen gekommen waren. China ist immerhin nach wie vor der weltweit größte Abnehmer für Horn jeglicher Art. 2013 flogen Schmuggelskandale auf, in die chinesische Händler verwickelt waren, ohne dass genaue Zahlen genannt werden können. Wie ein Tsunami überrollen die Wilderer das Land, kein Nationalpark oder Naturschutzgebiet ist davon ausgenommen. Schätzungen zufolge sollen täglich ca. 30 Elefanten wegen des Elfenbeins getötet werden, das sind etwa 11.000 pro Jahr. In nur fünf bis sechs Jahren soll der Elefantenbestand von 80.000 Tieren im Jahr 2008 bis Ende 2013 auf knapp 13.000 Dickhäuter gesunken sein.

Die einfachen Tansanier haben **gemischte Gefühle** den Neuankömmlingen gegenüber. Einerseits sind plötzlich preiswerte Konsumgüter auf dem heimischen Markt vorhanden, die bis dato unerschwinglich für die meisten Menschen waren. Gäbe es eine heimische Produktion, würde sie spätestens jetzt massiv beeinträchtigt: Gegen die chinesische Billigkonkurrenz haben afrikanische Produkte nicht die geringste Chance. Andererseits fühlen sich die Tansanier im eigenen Land verkauft. **Chinesische Familien siedeln sich an,** bekommen Wohnungen zur Verfügung gestellt, erhalten Arbeit und Einkommen und bauen sich genau jene Existenz auf, die den Tansaniern selbst verwehrt wird. Einige Baustellen bieten die Möglichkeit, sich als Tagelöhner zu verdingen, doch im Vergleich zum Verdienst der Chinesen ist der Lohn äußerst gering. Die Diskrepanz im Lohn verteidigen die chinesischen Firmen damit, dass die Chinesen geschickter und fleißiger seien.

Insgesamt leidet die Bevölkerung unter dem Streben der Chinesen, da diese unter dem Vorwand, dem Land helfen zu wollen, ihren eigenen Zielen nachgehen. Die Folge davon sind Übergriffe auf die Chinesen: Beispielsweise werden sie auf dem Nachhauseweg von den Baustellen überfallen. Islamische Gruppierungen aus den Kernländern des internationalen Terrorismus drohen Vergeltung in Afrika für die Verachtung der muslimischen Uiguren in China an; Drohungen stehen im Raum.

Die **chinesischen Wanderarbeiter** haben es nicht leicht in einem Land, in dem Mentalität, Sprache und Moral den ihren nicht im Entferntesten ähnlich sind. Auch hat niemand die Einwanderer darüber aufgeklärt, dass und wie sie sich vor AIDS schützen müssen, denn Prostituierte waren schnell zur Stelle, nur eben keine Kondome.

Die Ankunft der Chinesen bedeutet für die meisten Tansanier einfach, dass nun neben den Weißen, den Indern und vereinzelt den Arabern, die neuerdings groß im Hotelbusiness auf Sansibar mitmischen und die finanziellen Möglichkeiten haben, ganze Naturreservate zu kaufen, eine neue ausländische „Macht" das Wirtschaftstreiben massiv beeinflusst. Die Tansanier selbst dürfen ihren Arbeitsalltag weiterhin maximal als Tagelöhner, Verkäufer, Kellner oder Schneider bestreiten.

◁ China hat eine lange Tradition von Direktinvestitionen in Tansania

Geschlechter und Familie

„Damu ni nzito kuliko maji."
Wörtlich: „Blut ist schwerer als Wasser."

(Sprichwort aus Tansania)

< In einer Familie werden alle Hände für die Arbeit gebraucht, auch für Kinder wird keine Ausnahme gemacht (Foto: 040ts kk)

Die Wirtschaftseinheit Großfamilie im Umbruch

Die Großfamilie sorgt dafür, dass der arbeitslos gewordene Bruder nicht am Hungertuch nagt. Sie gibt der Tochter eines weitläufig verwandten Cousins ein Zuhause, während diese in der fremden Stadt eine höhere Schule besucht. Und sie kümmert sich um Kinderbetreuung, Altenversorgung und die Ausrichtung der Hochzeit der zweitältesten Tochter. Die Großfamilie - sie ist ein **Versorgungssystem,** ohne das die tansanische Gesellschaft kollabieren würde. Staatliche soziale Sicherungssysteme wie in Europa existieren - wenn überhaupt - erst seit wenigen Jahren, doch nur eine kleine, privilegierte Minderheit darf hoffen, Vorteile daraus ziehen zu können. Im Allgemeinen gilt: Wer alt, arbeitslos, arm oder krank wird, muss auf die Solidarität der Großfamilie vertrauen.

Die sogenannten **Großfamilien** sind meist unüberschaubare Familienclans unterschiedlicher Generationen, in denen manchmal nicht einmal Blutsverwandtschaft besteht. Sie entsprechen am ehesten dem, was im Westen als „Verwandtschaft" bezeichnet wird. Je nach den realen Bedingungen innerhalb einer Familie verändert sich deren Zusammensetzung. Wechselnde Familienmitglieder leben temporär und situationsgebunden zusammen. Neue Familienmitglieder werden geboren, heiraten ein oder leben zeitweise aufgrund von Schulbesuchen, Scheidung, Arbeit oder Krankheit mit im Haushalt. Andere Familienmitglieder sterben, ziehen weg oder wenden sich von der Großfamilie ab. Anders als im Westen steht nicht die Eltern-Kind-Beziehung im Fokus. Deshalb erscheint es Tansaniern keineswegs lieblos, ihre Kinder bei anderen Familienmitgliedern aufwachsen zu lassen, wenn dort beispielsweise bessere Lebensbedingungen herrschen. Anhand der Verwandtschaftsterminologie wird die Gewichtung der Beziehungen in den Großfamilien deutlich (siehe dazu den Exkurs „Familienbande - alles, was Rang und Namen hat").

So wie Arbeit, Betreuungspflichten und Bett geteilt werden, so muss auch **Geld geteilt werden.** Familienmitglieder mit Einkommen sind **verpflichtet,** mittellose Verwandten mit Bargeld, Nahrungsmitteln, medizinischer Hilfe und Ähnlichem zu versorgen, während sich Familienmitglieder, die nicht im Erwerbsleben stehen, um das Haus, die Kinder oder die Ernte kümmern. Selbst durch Migration oder gar Emigration ändert sich an diesem Beziehungsgeflecht kaum etwas. Regelmäßig müssen Geldsendungen an die Familie geschickt werden und wenn möglich, werden in bestimmten Abständen auch Besuche bei der Familie erwartet.

Hierbei handelt es sich nicht um freiwillige Leistungen, sondern um meistens sehr **vehement eingeforderte Verpflichtungen.** So leiten Eltern ein Anrecht auf Versorgung ab, weil sie ihren Kindern eine mehr oder

Familienbande – alles, was Rang und Namen hat

Familien in Tansania leben nicht nur in einer patriarchalischen Gesellschaft, sondern auch in einer hierarchischen.

Der Vater ist das Familienoberhaupt, er hat in der Familie in allen Belangen das Sagen. Der Verwandtschaft väterlicherseits kommt größere Bedeutung zu. Daher unterscheiden sich die Bezeichnungen für die Angehörigen mütterlicherseits und väterlicherseits.

Gleichzeitig hat die Bindung gleichaltriger Angehöriger mehr Gewicht als die Eltern-Kind-Beziehung. Altersgenossen verbringen die Zeit miteinander und lernen voneinander. Ihre gleichaltrigen Verwandten werden als Bruder („kaka") und Schwester („dada") gerufen, Erwachsene der älteren Generation meist als Vater („baba") oder Mutter („mama") angesprochen, selbst wenn keine Blutsverwandtschaft existiert.

Durch die Terminologie werden die Beziehungen und Hierarchien in der Großfamilie definiert und Respekt gegenüber Älteren zum Ausdruck gebracht.

Auch als Reisender wird man auf der Straße vielleicht mit „brother" oder „sister" angesprochen, was sich für unsere mitteleuropäischen Ohren unpassend, ja sogar anbiedernd anhören mag. Im tansanischen Sozialkontext ist diese Anrede aber durchaus korrekt.

Nachstehend finden sich einige der wichtigsten Verwandtschaftsgrade:

- *Vater – „baba"*
- *Mutter – „mama"*
- *Großvater – „babu"*
- *Großmutter – „bibi"*
- *jüngerer Bruder – „ndugu"*
- *älterer Bruder – „kaka"*
- *jüngere Schwester – „ndugu"*
- *ältere Schwester – „dada"*
- *Onkel väterlicherseits, der älter als der Vater ist – „baba mkubwa" (wörtlich: „großer Vater")*
- *Onkel väterlicherseits, der jünger als der Vater ist – „baba mdogo" (wörtlich: „kleiner Vater")*
- *Onkel mütterlicherseits – „mjomba"*
- *Tante väterlicherseits, die älter als der Vater ist – „mama mkubwa" (wörtlich: „große Mutter")*
- *Tante väterlicherseits, die jünger als der Vater ist – „mama mdogo" (wörtlich: „kleine Mutter")*
- *Tante mütterlicherseits – „shangazi"*

weniger lukrative Ausbildung ermöglicht haben. Insbesondere ist die Bildungsinvestition in den ältesten Sohn von großer Bedeutung, denn von ihm wird erwartet, wiederum seine jüngeren Geschwister zu versorgen und deren Ausbildung zu garantieren. Dankbarkeit im westlichen Sinne existiert also nicht, vielmehr trägt jeder im System der Abhängigkeiten zum Fortkommen des Anderen bei. Und erwartet ganz selbstverständlich Gegenleistungen.

Die Großfamilie ist **Segen und Fluch gleichzeitig.** Auf der einen Seite sorgt sie für die Kranken und sozial Schwachen, die - aufgefangen im Familienverband - in Würde leben können. Trotz aller positiven Aspekte aber hemmt sie, zumindest aus westlicher Sicht, Eigeninitiative und Entwicklung der Familienmitglieder. Das Individuum muss sich der Gruppe unterordnen und als unentbehrlicher Teil des Ganzen funktionieren. So können Männer und Frauen mit Einkommen kaum etwas ansparen, denn sobald die Verwandtschaft das Geld „riecht", klingelt sie an der Tür und fordert es ein. Solcherlei Wünsche auszuschlagen, gilt als unhöflich und kann selbst von den Familienoberhäuptern nicht durchgesetzt werden. Für Menschen mit durchschnittlichen Jobs und durchschnittlicher Entlohnung ist es also beinah unmöglich, Geld für ein Moped, ein Auto, ein kleines Häuschen oder die Schulbildung der Kinder zurückzulegen. Deshalb konnte sich bisher keine nennenswerte Mittelschicht in Tansania bilden, die für die Stabilisierung der Wirtschaft dringend notwendig wäre. Auch werden Eigeninitiative, Ehrgeiz oder gar Kreativität gehemmt. Wozu sollten sich junge Tansanier auf die Suche nach Arbeit machen, wenn ohnehin irgendein Familienmitglied zur Unterhaltsleistung verpflichtet ist? Die augenscheinliche Gleichgültigkeit, mit der sie ihrer Arbeit nachgehen, die Gier nach Geld und Macht, ihre Resistenz gegen Fortschritt und Entwicklung können in diesem Zusammenhang besser verstanden werden.

So ist es nur allzu verständlich, dass immer mehr junge Menschen aus diesem **Zyklus von Solidarität, Abhängigkeiten und Erwartungen** ausbrechen, um sich einen bescheidenen Wohlstand aufbauen zu können. Hat man es in der Stadt erst einmal geschafft, einen guten Job zu ergattern, bricht man oftmals schweren Herzens die Verbindung zu seiner Herkunftsfamilie ab, um seiner neuen Kernfamilie - also seinem Ehepartner und den Kindern - ein angenehmes Leben bieten zu können.

Aufgrund massiver **gesellschaftlicher und wirtschaftlicher Umwälzungen** hat das soziokulturelle Versorgungssystem tiefe Risse erhalten, die bis dato noch nicht durch neue Strukturen ersetzt wurden. Einerseits - wie bereits zuvor beschrieben - durchtrennen immer mehr Menschen freiwillig die Familienbande, was ihnen den Vorwurf der Verwestlichung und des Verrats der afrikanischen Identität einbringt.

041ts kk

Andererseits gerät die Solidarität auch durch die Seuche **AIDS** aus den Fugen. Junge Mütter und Väter sterben und lassen ihre Kinder zurück. Viele Großmütter, die sich ein Leben lang auf die Altersversorgung durch ihre Kinder verlassen haben, stehen plötzlich mittellos da und sind kaum noch in der Lage, ihre eigenen Bedürfnisse zu decken, geschweige denn zusätzlich noch die mehrerer Enkelkinder. Wenn mehr als nur ein Sohn oder eine Tochter betroffen sind, wird die Aufgabe schier unlösbar. Die Enkel müssen Arbeit finden und werden sich selbst überlassen. 2013 wurden 1,2 Mio. tansanische Kinder von der UN als AIDS-Waisen gemeldet. Jene Kinder, die nicht in der glücklichen Lage sind, eine *bibi* (Großmutter) zu haben, werden dann als Straßenkinder auf der Straße leben – stehlen, betteln, ihren Körper verkaufen.

Ähnlich dramatisch verhält es sich mit der **Altersarmut.** Jene Generation, von der Versorgung erwartet wird, stirbt weg oder wendet sich vom System ab. Als Folge davon siechen die Alten dahin, gedemütigt, unterernährt, ohne medizinische Leistungen (weil niemand die Medikamente bezahlen kann), ohne ausreichend Trinkwasser (weil sie den Weg zum nächsten Brunnen selbst nicht schaffen und ihn auch niemand anderes für sie übernimmt) oder Feuerholz (weil die Suche zu beschwerlich ist) und in Lumpen gehüllt (weil Geld für Kleidung fehlt). Erschwert wird die elende Situation der älteren Generation dadurch, dass alte Frauen vermehrt als

In Rente gehen können alte Menschen nicht,
ihre Leistungen werden im Rahmen der Großfamilie gebraucht

Hexen denunziert, unter Umständen sogar tätlichen Angriffen und Anfeindungen ausgesetzt sind oder gar getötet werden.

Vom **Zerbrechen der Versorgungsstruktur** sind im besonderen Maße Frauen betroffen. Benachteiligt durch das patriarchalische System gelingt es nur wenigen, Bildung und einen gut bezahlten Job zu erhalten. Der Rest verdingt sich in unterbezahlten Tätigkeiten und trägt trotzdem die Hauptversorgungslast für die Kinder, älteren Verwandten und mitunter sogar für ihre arbeitslosen Männer. Im Alltag erfahren sie kaum Unterstützung, werden diskriminiert, haben Schwierigkeiten bei der Suche nach guten Wohnverhältnissen und sind sexuellen Belästigungen ausgesetzt.

Der Zerfall der traditionellen Sozialstruktur zieht also einen Rattenschwanz an Veränderungen mit sich, deren Auswirkungen auf das tansanische Sozial- und Staatsgefüge kaum abzuschätzen sind.

Matriarchate

*Über Jahrhunderte lebten viele ethnische Gruppen in Tansania in matriarchalen Gesellschaftssystemen. Ethnologen vermuten, dass über **20 % aller Ethnien,** vor allem in Küstennähe, solcherart organisiert waren. Die Gründe erscheinen logisch: Frauen gebären und ziehen Kinder auf, sorgen also für den Fortbestand der Familie oder Gruppe, sie sind damit gesellschaftspolitisch weit wichtiger als Männer.*

Im Laufe der Jahrhunderte wandelte sich das Bild jedoch: durch den Einfall kriegerischer, patriarchalisch organisierter Verbände und vor allem durch die Ankunft der Weißen, die viktorianische Gesellschaftsstrukturen (die Frau an den Herd, der Mann an die Macht) nach Tansania brachten. Heute sind nur wenige Ethnien übrig, die matrilinear organisiert sind, die also in der Erbfolge der mütterlichen Linie folgen, darunter die Makonde im Süden, die Luguru und Kaguru rund um Morogoro sowie die Zaramo an der nördlichen Swahili-Küste.

*Fälschlicherweise glaubt man heutzutage, dass ein Matriarchat **eine simple Vertauschung der Rollen** sei - nach dem Motto „Alle Macht den Frauen". Dies trifft aber nicht zu. Matriarchate sind Sozialordnungen, in der Frauen sowohl die Verwaltung als auch wichtige Positionen übernehmen (ohne zu herrschen), außerdem wird die Stellung einer Person (ebenso wie das Erbe) von der mütterlichen Verwandtschaftslinie bestimmt. Die Ausprägungsformen der sogenannten Matriarchate sind bunt, sie haben aber gemeinsam, dass es in der Ethnologie keine dokumentierten Kriegshandlungen von Matriarchaten gibt.*

Die Rollen der Geschlechter

„Bildest du eine Frau aus, bildest du eine ganze Nation."
(Afrikanisches Sprichwort)

Mit den deutschen Kolonialisten kam die Lohnarbeit. Die Männer mussten auf den Plantagen schuften, um die Steuern bezahlen zu können. Diese **Arbeitsteilung** festigte die Rolle des Manns als Versorger und Haushaltsvorstand. Frauen kümmerten sich lange um den häuslichen Bereich, die Versorgung der Familie und der Kinder (inkl. Schulwesen), Ackerbau, Kleintierhaltung, Kindererziehung und die Versorgung der Alten und Kranken. Die Erwerbsarbeit und öffentliche Ämter hingegen blieben den Männern vorbehalten. Nach einer schweren Wirtschaftskrise in den 1980er-

Bei den im Großraum Morogoro und an der Nordküste beheimateten ***Luguru*** *beispielsweise muss ein Bräutigam gleich einen zweifachen Brautpreis bezahlen: einmal an die Großmutter der Braut und einmal an die restliche Familie. Ebenso kann eine Frau mehrere Männer ehelichen, wobei die Frauen ihre Häuser auf eigenem Grund und Boden bauen (der ihnen von der Mutter vererbt wurde) und dem Ehemann ein Besuchsrecht eingeräumt wird. Die Frauen legen sich vor der Heirat ihren eigenen Tierbestand an, um in ihrem Haus ein selbstbestimmtes und unabhängiges Leben führen zu können.*

Bei den ***Kaguru,*** *die in den Regionen Dodoma, Kilosa und Morogoro leben, ist üblich, dass Frauen ihre finanziellen Einkünfte vor dem Mann verstecken, um ihre Unabhängigkeit zu bewahren. Überdies haben die Väter keine gesetzliche Autorität und auch keine Ansprüche ihren biologischen Kindern gegenüber, sehr wohl werden aber dem Bruder der Frau diese Privilegien zugesprochen. All diese Regeln und Traditionen dienen dazu, den Fortbestand der Sippe zu gewährleisten. Frauen können ihre Kinder selbstbestimmt aufziehen und ihnen eine gute Lebensgrundlage mit auf den Weg geben.*

Das Matriarchat ist in Tansania aufgrund der patriarchalischen Gesetzgebung und der globalen Männerdominanz in Wirtschaft, Wissenschaft und Technik ***vom Untergang bedroht.*** *Die Männer werden dies wohl kaum zu verhindern versuchen – und die tansanischen Frauen sind mit den gravierenden Alltagsproblemen beschäftigt.*

Jahren, als viele Männer ihre Jobs verloren, drängten die Frauen in den Handel und verdingten sich als Tagelöhnerinnen, um ihre Familien durchzubringen. Daran hat sich bis heute nichts geändert. Früher war der Mann auch für die Jagd und die Verteidigung der Familie zuständig, doch beide Funktionen wurden in der modernen Zeit obsolet. Die gesellschaftlichen Verpflichtungen passten sich nicht an die tatsächlichen Gegebenheiten an und so bleibt den Männern nur mehr wenig Verantwortung – und den Frauen beinah die gesamte.

Männliches Selbstverständnis

Als **Familienoberhaupt, Dorfälteste und geistliche Führer** leiten Männer die Geschicke der einzelnen gesellschaftlichen Einheiten. Ihr Wort zählt. Ihnen Respekt zu zollen, ist ungeschriebenes Gesetz. Ihren Anweisungen ist Folge zu leisten. Ihre Ehre ist nicht an Leistungen gebunden, sondern an ihre Existenz per se. In der Großfamilie haben die älteren Söhne oft die besten Jobs, denn als Ernährer der Familie wurde ihnen ausreichend Bildung gewährt. Das Rechtsempfinden und die Einstellungen der Männer und Väter prägen die Möglichkeiten der ganzen Familie.

Männer dürfen sich **viel freier als Frauen** bewegen. Ihnen wird zugestanden, dass sie ganz selbstverständlich zwischen Land und Stadt hin- und herpendeln und sie können den öffentlichen Raum für sich nutzen. (Wer als Individualreisender im Busch unterwegs ist, wird kaum Frauen auf dem Dorfplatz erblicken, sondern fast ausschließlich Männer.) Sie müssen auch keinesfalls täglich zu Hause bei ihrer Ehefrau übernachten. Männern nehmen sich die Freiheit zu nächtigen, wo sie es wünschen – bei Freunden, bei Prostituierten oder bei ihrer Geliebten.

Doch das **männliche Selbstverständnis hat tiefe Risse erhalten,** spätestens seit der Wirtschaftskrise in den 1980er-Jahren, als die Frauen plötzlich den Part der Versorger übernahmen. Es ist heute ganz normal, dass Frauen auch ohne ihre Männer über die Runden kommen. Die traditionelle Rollenteilung hält dem Druck der modernen Gesellschaft nicht stand, denn die althergebrachte Notwendigkeit, mittels Jagd für Fleisch zu sorgen und sich vor Feinden zu verteidigen, hat längst keine Gültigkeit mehr – das Fleisch wird meist beim Metzger gekauft und Überfälle von gegnerischen Stämmen sind heutzutage Mangelware. So entstand eine Lücke im gegenseitigen Versorgungsgefüge. Die Frauen bewältigen das Leben der Familie fast allein, während die Männer aus der Verantwortung gelassen werden. So sieht man landauf, landab **viele Männer untätig den Tag verbringen:** Auf dem Land sitzen sie unter ausladenden Mangobäumen im kühlen Schatten, in den alten Swahili-Städten wie Stone Town oder

Bagamoyo genießen sie die Kühle der untergehenden Sonne auf einer der gemauerten Steinbänke vor dem Haus, einer sogenannten *baraza*. Sie spielen *bao* (ein beliebtes Brettspiel), trinken *chai* („Tee") oder *kahawa* („Kaffee") und diskutieren über die Ereignisse des Tages. Schätzungen zufolge arbeiten Männer durchschnittlich etwa acht Stunden am Tag (Lohnarbeit und Arbeit zu Hause), die Frauen hingegen durchschnittlich 18 Stunden. Einige Männer können mit ihrer Freizeit und ihrer geringer werdenden gesellschaftlichen Bedeutung gut umgehen, andere reagieren mit übermäßiger Gewalt und aggressivem Sexualverhalten gegenüber Frauen, die eigene Ehefrau eingeschlossen.

042ts kk

Da hilft es nur wenig, in der Stadt sein Glück zu versuchen. Arbeitsstellen sind auch dort Mangelware. Die jungen Männer wollen der Armut entkommen und landen doch wieder im Elend – die Stadt bringt kaum Sieger hervor. Allein auf sich gestellt, das männliche Selbstverständnis angekratzt, flüchten sie sich oft in eine neue Familie – und in den Alkohol. **Alkoholmissbrauch** ist wohl eines der größeren Probleme der tansanischen Männer. Selbst wenn sie eine bezahlte Arbeit oder einen Gelegenheitsjob finden, fühlen sie sich finanziell nicht verantwortlich für ihre Familien. Mit der Hoffnung auf ein paar Stunden Seligkeit landet das Geld in Bars, Kneipen und bei Prostituierten. Die Auswirkungen auf das Familienleben sind schwerwiegend. Die Armutsspirale der Mütter und Ehefrauen dreht sich weiter abwärts, selbst die Kinder haben keine Chance auf eine bessere Zukunft. **Häusliche Gewalt,** Misshandlungen von Frau und Kindern und Vergewaltigungen stehen in solchen Familien auf der Tagesordnung.

Männer strömen nicht nur in die Städte, sondern vor allem in die Tourismuszentren: Arusha, Stone Town und Sansibar. Doch schlechte Englisch-

⌃ Männer in Stone Town

kenntnisse, ein anders geartetes Qualitätsverständnis und windige Geschäftspraktiken stehen bei Ausländern nicht hoch im Kurs. Nur wenige schaffen es, einen der lukrativen Jobs in einer Lodge oder bei einer Safari-Agentur zu erhalten. Der Rest muss sich anders durchschlagen. Westliche Frauen mögen vielleicht anspruchsvoll sein, aber den rehbraunen Augen und dem stolzen Auftreten eines tansanischen Mannes können selbst sie oftmals nicht widerstehen. **Männliche Prostitution** ist ein weitverbreitetes Phänomen, schließlich kommen manche Touristinnen ja hauptsächlich deshalb hierher, um ein paar Tage einem exotischen Abenteuer zu frönen. Gewisse Strände auf Sansibar haben den zweifelhaften Ruf, ein wahres Eldorado für liebeshungrige Touristinnen zu sein.

Wenigstens eines hat die Moderne den afrikanischen und tansanischen Männern nicht genommen: ihre **Manneskraft** – und die soll ja wahrlich sagenhaft sein. Es wird als natürlich angesehen, dass auch verheiratete Männer mehrere Sexualpartnerinnen haben, da die Ansicht herrscht, dies läge in der Natur der Männer. In den Köpfen der Männern ist Polygamie gottgegeben und ein Geburtsrecht. Männer mit Geld, z. B. in Sansibar, nehmen sich gerne eine zweite oder dritte Frau dazu. Über die Natur der Manneskraft herrscht Einigkeit zwischen den Geschlechtern. Selbst Frauen nehmen sie als gegeben hin und hinterfragen das Verhalten der Männer kaum, obwohl sie die Untreue ihrer Männer schmerzt.

Die verschiedenen Spielarten der Sexualität werden hingegen kaum thematisiert. **Homosexualität** ist ein Thema, dass Tansanier – ähnlich wie AIDS – am liebsten totschweigen, in der Hoffnung, es möge sich dadurch in Luft auflösen. Es stößt in Tansania auf breite Ablehnung, 95 % der Menschen sind der Meinung, gleichgeschlechtliche Beziehungen seien etwas Widernatürliches. Dieser Standpunkt wird von beiden großen Religionsgemeinschaften und dem Staat geteilt. Die Forderung einiger westlicher Geberländer, gleichgeschlechtliche Ehen zuzulassen, wurde 2013 scharf zurückgewiesen. Tansania würde lieber auf finanzielle Zuwendungen verzichten, als seine althergebrachten Traditionen zu verraten. Sowohl auf dem Festland als auch auf Sansibar werden gleichgeschlechtliche Beziehungen mit langjährigen Haftstrafen geahndet, Europäern droht die sofortige Ausweisung mit anschließendem Einreiseverbot. Tansanier selbst dürfen sich in den wenigsten Fällen outen. Schwule Männer vertuschen ihre Sexualität daher in der Öffentlichkeit und haben oft Frau und Kinder zu Hause. Viele Männer müssen eine Menge Spott über sich ergehen lassen, ohne dass sie überhaupt wissen, warum sie zur Zielscheibe von Angriffen werden. Die Homophobie trug vermutlich dazu bei, dass der an AIDS verstorbene Sänger der Kultband *Queen, Freddie Mercury,* nie mehr einen Fuß auf seine Heimatinsel Sansibar gesetzt hat.

Man wird womöglich trotzdem immer wieder männliche Tansanier sehen, die sich **an den Händen halten.** Diese Geste zeigt nicht – wie man vielleicht meinen möchte –, dass es sich um schwule Männer handelt, sie symbolisiert viel mehr Respekt und Freundschaft füreinander. Es mag zwar für westliche Augen eigenartig aussehen, wenn Männer händchenhaltend durch die Straßen laufen, doch ist dieses Phänomen auch in anderen afrikanischen, vor allem in muslimisch dominierten Ländern anzutreffen.

Frausein in Tansania

Frauen sind nicht nur das Rückgrat, sondern auch der Bauch, die Hände, **das Herz und der Kopf Afrikas.** Unermüdlich sieht man sie arbeiten, kaum eine Frau kann es sich leisten, kurz zu verschnaufen, die Beine hochzulegen oder eine erfrischende Cola zwischendurch zu genießen. An Arbeit fehlt es nicht. Es sind Körbe voller Tomaten oder Kartoffeln auf den Markt zu tragen. Wasser, Brennholz oder Futter für die Ziegen und Kühe ist zu holen. Die Kinder sind zu versorgen, der Besuch beim Arzt ist längst überfällig und überdies sind hungrige Verwandte zu bekochen. Schließlich ist auch die Haushaltskasse noch mit dem Verkauf von Früchten oder Matten, den *mkeka,* aufzubessern.

Wie so oft in den Ländern der dritten Welt stehen die reale gesellschaftliche und wirtschaftliche Verantwortung und die per (männlich bestimmtem) Gesetz zuerkannten Rechte der Frauen in keinem Verhältnis zueinander. Dieses Missverhältnis ist in den Städten unter den gebildeten, privilegierten Frauen zwar durchaus weniger ausgeprägt als auf dem Land, allerdings wird die große Masse der Frauen vom Gesetzgeber benachteiligt.

Weibliches Selbstverständnis

Mutter zu sein, ist der Inbegriff der Weiblichkeit, dies gilt sowohl für wohlhabende als auch für arme Frauen. Erst als **Mutter** gilt eine Frau als vollwertiges, geachtetes Mitglied der Gesellschaft. Man schätzt, dass an die 50 % der Frauen mit 19 Jahren bereits mindestens ein Kind haben. Die Anzahl der Kinder hängt stark vom Bildungsgrad ab: **Je gebildeter, desto weniger Kinder** werden geboren, oftmals nur zwei oder drei. In ländlichen Gegenden sind es hingegen durchschnittlich immer noch sieben Kinder. In Erfüllung ihrer Bestimmung verlieren die Frauen nach der Geburt ihren Taufnamen und werden fortan ehrenvoll nur mehr als *mama* (plus Name des Kindes) gerufen. Entgegen den Gewohnheiten in anderen Kulturen ist es mittlerweile jedoch nebensächlich, welches Geschlecht das Kind hat – Hauptsache, man bekommt überhaupt Kinder.

Vom Mädchen zur Frau – brutales Erwachsenwerden

In weiten Teilen des Landes wird die Beschneidung von Mädchen heute noch genauso wie vor Hunderten von Jahren praktiziert. Erst beschnittene Mädchen gelten als vollwertige Mitglieder der Erwachsenengesellschaft, sie können sich lästiger Haushaltspflichten entledigen - und sind heiratsfähig. Je nach Ethnie und Region sind die Mädchen zwischen 12 und 14 Jahre alt, wenn sie gewaltsam in das Erwachsenenalter gedrängt werden.

Das Trauma einer Beschneidung lastet folgenschwer auf den Mädchen. Im Westen hat sich mittlerweile der Begriff „female genital mutilation" („FGM"), also ***weibliche Genitalverstümmelung,*** *durchgesetzt, um der Schwere des Rituals auch die richtige Bezeichnung zu geben. Teile des weiblichen Genitalbereichs werden unter unsagbaren Schmerzen mit Rasierklingen herausgetrennt. Danach wird der vordere Teil des Genitalbereichs fast vollständig zugenäht. Mangels hygienischer Verhältnisse und Kenntnisse in Wundheilung und Desinfektion sterben viele qualvoll an diesem Eingriff: 10 % der Mädchen finden bei der Verstümmelung den Tod, sie verbluten oder ziehen sich nicht heilbare Entzündungen zu. 20 % sterben durch die Spätfolgen wie etwa Komplikationen bei der Geburt. Ausnahmslos alle Frauen leiden an psychischen und körperlichen Spätfolgen, die meisten quälen sich ihr Leben lang mit Schmerzen. Alltägliche Dinge wie Urin lassen oder die Menstruation werden zu unsäglichen Schmerzprozeduren, ganz abgesehen von den regelmäßig von den Männern eingeforderten ehelichen Pflichten.*

Dabei wird den Mädchen nicht einmal erzählt, was sie erwartet - weder von den Schmerzen oder den Gefahren und schon gar nicht von der Hochzeitsnacht, wenn die Naht durch den Mann mit einer Scherbe oder einem Messer geöffnet und nach der Geburt eines Kindes wieder zugenäht wird. Erst wenn die Zeit für ein nächstes Kind wieder gekommen ist, trennt der Ehemann die Naht wieder auf und die Prozedur beginnt von vorne.

Traditionell heiratet ein Mann *(anaoa)*, eine Frau wird geheiratet *(anaolewa)*. Der **Status als Ehefrau** – lange neben der Mutterschaft die zweite Säule des traditionellen Frauenbildes – hat aber an Attraktivität eingebüßt. Während Frauen auf dem Land noch immer wenig Mitspracherecht in Anbahnung und Gestaltung ihrer Ehen haben, lassen sich Frauen in den Städten die Eskapaden ihrer Männer weniger gefallen. Gebildete, gut verdienende Frauen des Mittelstandes sehen es immer seltener als notwendig an, zu heiraten. Man ist selbstbewusst und selbständig genug, um Seitensprünge und Lügen der Männer nicht länger zu erdulden und bringt

Für die Amputation wird mit hygienischen Gründen und vor allem mit althergebrachten Traditionen argumentiert. In den meisten Ethnien aber geht es schlichtweg darum, die Frau ***vor sexueller Lustempfindung zu „schützen"****, damit sie sich ihrer Aufgabe als Mutter, Landwirtin, Sozialarbeiterin und Köchin vollauf widmen kann. Zusätzlich soll die Treue der Frau gewährleistet werden, denn wer lässt sich gern auf eine außereheliche Affäre ein, wenn sie physisch schmerzt?*

In den betroffenen Regionen findet bei verschiedenen ethnischen Gruppen, u. a. bei den Maasai, den Barbaig und den Iraqw in der Manyara-Region und vor allem in der Mara-Region rund um den Lake Victoria, erst jetzt ein Umdenken statt, obwohl ***Genitalverstümmelung in Tansania bereits seit 1998 verboten*** *ist. Groß angelegte Anti-Beschneidungs-Kampagnen und Bildungsoffensiven tragen Früchte: Mädchen büchsen von daheim aus, um den Qualen zu entkommen. Sie erhalten moralische Unterstützung von führenden Politikerinnen und mehr und mehr auch von den Dorfältesten. Vielerorts diskutiert man schon über alternative Formen von Initiationsriten für Frauen, die den Spagat zwischen Tradition und körperlicher Unversehrtheit schaffen sollen.*

Bei den Aufklärungskampagnen wird besonders auf die Beschneiderinnen geachtet, deren Tätigkeit in den Dörfern sehr angesehen ist. Als Ersatz erlernen sie beispielsweise den Beruf einer Hebamme.

Längst nicht alle Dorfältesten und Mütter stehen den Veränderungen aufgeschlossen gegenüber, häufig finden Rituale deshalb nur im Geheimen statt. Ebenso konnte beobachtet werden, dass bereits Babys beschnitten werden. Traditionalisten argumentieren, dass Gebräuche und Sitten erhalten bleiben und damit, dass bei Initiationsriten Blut fließen müsse. Man benötigt einen langen Atem, um alle Beteiligten von modernen Formen der Initiation zu überzeugen – aber es stimmt hoffnungsfroh, dass die betroffenen Mädchen sich auflehnen. Ihren Kindeskindern wird diese Prozedur vermutlich erspart bleiben.

Kinder notfalls auch ohne männliche Unterstützung durch. Die traditionelle Versorgungsehe gilt nicht mehr. Ihre Lebensentwürfe sind ähnlich wie bei uns: Sie träumen von der großen Liebe, wünschen sich eine Beziehung und leben häufig in einer relativ gleichberechtigten Partnerschaft.

Wer verheiratet und dabei unglücklich ist, lässt sich **scheiden.** Besonders bei den Swahili an der Küste und auf Inseln sind mehrfache Ehen normal. Zwar dürfen Frauen offiziell nicht die Scheidung einreichen, aber es gibt Mittel und Wege, die Männer dazu zu bewegen. Alleinerziehende Mütter sind in Tansania keine Seltenheit.

Die höchste Form von Wertschätzung jedoch gebührt einer Frau, wenn sie trotz Ehe und reichem Kindersegen ein **biblisches Alter** erreicht. Alle wichtigen Ämter in einer Dorfgemeinschaft werden von älteren Persönlichkeiten besetzt, die Medizinmänner, die Weisen, die Berater. Einem alten Menschen werden ein großer Erfahrungsschatz und Besonnenheit zuerkannt, die sie zu Weisheiten und guten Ratschlägen befähigt. In der Großfamilie nehmen alte Frauen die Rolle einer Beraterin ein. Sie nimmt sich der Mädchen an, sorgt für ihre sexuelle Aufklärung und ist außerdem als Hebamme tätig.

Gesellschaftliche Stellung der Frau

Frauen müssen sich Achtung also erst hart erarbeiten – durch Kinder, Ehe und Alter, während sie den Männern von Geburt an gebührt. Frauen sind trotz aller Verdienste immer rangniederer. Diese Zwei-Klassen-Gesellschaft lässt sich schon bei Kindern gut beobachten: Während sich die Jungen Spiel und Spaß widmen dürfen, werden die Mädchen dazu angehalten, sich um ihre kleineren Geschwister zu kümmern. Sie tragen sie auf dem Rücken, füttern sie und sorgen sich um ihr Wohl. Nebenbei spülen sie noch das Geschirr, versorgen die Kühe und holen Wasser vom Bohrloch. Ähnlich verhält es sich bei Geschenken. Während sich die Jungen an das Auto von Touristen drängen und alle Gaben für sich beanspruchen, bleibt für die Mädchen meistens nichts übrig als ein mildes Lächeln. Und selbst wenn ein Tourist einem Mädchen ein Geschenk macht, hat es binnen weniger Minuten die Inhaberschaft darüber verloren.

Mädchen sind oft von Bildung ausgeschlossen, obwohl 1977 die allgemeine Schulpflicht für Primarschulen (entspricht der Grundschule) eingeführt wurde. Auf dem Land werden viele Mädchen im Alter von 13, 14 Jahren zwangsverheiratet (die **Kinderheirat** ist sogar gesetzlich geregelt!) und bereits vor Abschluss der Primarschule dem Bildungssystem entzogen. Sie bleiben quasi ihr Leben lang Analphabetinnen. Eine Investition in die Ausbildung eines Mädchens wird in der Familie häufig als verlorenes Geld betrachtet, denn wenn das Mädchen heiratet, erntet die Schwiegerfamilie den Lohn dafür. Außerdem wird in der Großfamilie dringend jede Hand gebraucht und im Normalfall tragen die ältesten Söhne die Verantwortung für die Versorgung der Familie und die Altersversorgung der Eltern. Weil die Ehefrau nicht blutsverwandt ist, hat sie weniger Rechte und Ansprüche in ihrer neuen Familie, z. B. beim Erbe oder bei Besitzfragen.

[>] Die Ehefrauen, die zu einem Maasai gehören, sind daran zu erkennen, dass sie alle die gleiche „mashuka" (Umhang) tragen

043ts kk

Neben der gesellschaftlichen Benachteiligung müssen Frauen vor allem **Gewalt** erdulden. Die Gewalt hat viele Gesichter: Sie reicht von der Verweigerung von Bildung und Selbstbestimmung über Speise-Tabus, körperliche Züchtigung und häusliche Gewalt bis hin zu Beschneidungen, Vergewaltigungen, erzwungenen und schmerzhaften Sexualpraktiken, Verweigerung des Erbes und Zwangsverheiratungen. Frauen haben keinerlei Rechte über ihren eigenen Körper. Man schätzt, dass die Hälfte der Frauen zwischen 15 und 49 Jahren, die verheiratet waren, physische Gewalt seitens ihrer Ehemänner oder Partner erlitten haben. Über 30 % der Männer glauben, es wäre ihr gutes Recht, Frauen zu schlagen. Die Zahlen sprechen für sich: Tansania gehört zu den Ländern mit der höchsten Schwangerschaftsrate bei Frauen unter 18 Jahren. Umfragen, die 2013 im Rahmen der Studie „Forced out" des *Center for Reproductive Rights* veröffentlicht wurden, ergaben, dass 44 % der Schülerinnen unter 19 Jahren schwanger werden, der Großteil davon ungewollt. Die Mädchen werden von männlichen Familienmitgliedern zu Hause, auf dem Schulweg oder sogar in der Schule von Lehrern und Schulkameraden geschwängert. Anstatt dass die Männer zur Rechenschaft gezogen werden, verweist man die gedemütigten Mädchen der Schule. Erst einmal aus der Schule ausgeschlossen und des Abschlusses beraubt, ist es fast unmöglich, dass sie jemals wieder in den Schulprozess eingegliedert werden. Ihre Zukunftschancen stehen also ausgesprochen schlecht. 40 % dieser Mädchen müssen heiraten, bevor sie volljährig sind. Die **Spirale aus Armut, Resignation und Perspektivlosigkeit** beginnt sich zu drehen ... Sollten solche Frauen überhaupt jemals einer Erwerbsarbeit nachgehen, dann allerhöchstens im informellen Sektor, z. B. als Straßenverkäuferinnen, Hausangestellte oder Kindermädchen. Doch die Anforderungen an diese begehrten Jobs steigen, besonders in ausländischen Haushalten. Da sollte ein Hausmädchen wenigstens wissen, wie man eine Waschmaschine bedient und wie z. B. ordentliche Spaghetti oder zartes Rindfleisch zubereitet werden sollten. Von pädagogischen Kenntnissen der Kindermädchen ganz zu schweigen.

Frauen – die wahren Ernährer der Familien

Trotz aller Widrigkeiten sind es **meist die Frauen, die ihre Familie versorgen.** Ihre Kreativität in der Erfindung neuer Verdienstmöglichkeiten stellt die Unternehmenslust der Männer bei Weitem in den Schatten. Sie initiieren Kleinprojekte, verkaufen *chapati* (frittiertes Fladenbrot) und *chai* („Tee") am Straßenrand und flechten Körbe oder Matten. Ihr Wille ist ungebrochen und nicht einmal die bösesten Geister können die Modernisierung der Gesellschaft und die Neuerfindung des weiblichen Selbstverständnisses verhindern. Insgesamt haben **Frauen eine höhere Erwerbsquote als Männer,** aber nur 4 % von ihnen gehen einer geregelten Arbeit mit Ver- und Absicherungen nach. Bei den geregelten Jobs dominieren die traditionellen Frauenberufe, z. B. Grundschullehrerin, Krankenschwester oder Sekretärin. Durch politische Neuerungen ist es Frauen seit einigen Jahren auch möglich, in die Armee und den Polizeidienst einzutreten. Es ist interessant: Beim Dienst an der Waffe herrscht völlige Gleichberechtigung. Selbst in der Politik haben es Frauen über ihre eigenen Organisationen geschafft, innerhalb der Parteien Fuß zu fassen und bekleiden teilweise hohe Ämter. Seit 2005 ist die Zahl der Ministerinnen auf knapp 30 % gestiegen, bei den Parlamentsabgeordneten liegt der Frauenanteil mittlerweile gar bei fast 40 %. Ein ähnliches Bild ergibt sich bei Richterinnen. Damit übersteigt die Frauenquote in Tansania in diesen Bereichen die von Deutschland oder Österreich um ein Vielfaches.

Unternehmerinnen werden Steine in den Weg gelegt. Selbst für Männer ist die Gründung einer eigenen Firma nicht nur langwierig, sondern vor allem aufgrund der Korruption teuer und beschwerlich. Frauen werden überdies häufig Opfer von sexueller Belästigung, u. a. durch Beamte oder andere Entscheidungsträger, verfügen kaum über Netzwerke, auf die sie sich stützen könnten und haben eine viel geringere Finanzkraft als Männer. Sofern Frauen überhaupt Land besitzen, ist es meist viel zu klein, um als Kreditsicherheit zu fungieren. Deswegen ist die überwiegen-

Extrainfo 8 (s. S. 8): *Bi Kidude* verstarb 2013 in hohem Alter. Sie stellte nicht nur das traditionelle Frauenbild auf den Kopf, sondern galt zudem als beste Taarab-Sängerin Sansibars.

de Mehrheit der von Frauen gegründeten Unternehmen nicht registriert. Dies hindert die Frauen zwar nicht, ihr Unternehmen zu betreiben, aber sie werden um Chancen auf Wachstum und lukrative Aufträge betrogen.

Für alle **Frauen** ohne unternehmerische Fähigkeiten, **ohne Ausbildung** oder einflussreiche Cousins bleibt – wenn sie sich nicht als Haus- oder Kindermädchen verdingen – die Arbeit in Fabriken oder auf Großplantagen, z.B. auf Blumenfarmen oder Tee- und Zuckerrohrplantagen. Arbeitsverträge, Schutzkleidung, fairer Lohn, Überstundenbezahlung werden ihnen dabei größtenteils verwehrt, doch die Frauen sind froh, überhaupt eine Anstellung zu haben. Sie erdulden sogar die sexuellen Übergriffe der Vorarbeiter und Kollegen, nur um nicht entlassen zu werden.

Die Aussicht auf schnelles Geld, gepaart mit der Aussichtslosigkeit ihres Lebens treibt viele junge Frauen dazu, ihren Körper zu verkaufen. Für die käufliche Liebe sind viele Männer empfänglich, besonders wenn sie weit weg von ihrer Familie leben. Schließlich verschlingt es bei Weitem nicht so viel Geld, von Zeit zu Zeit eine **Prostituierte** auszuführen, als ernsthaft um eine Zweitfrau zu werben. Zudem stehen den Männern ja die von ihnen erwirtschafteten Ressourcen zur Verfügung, da die Frauen traditionell die Versorgung der Familie mit Lebensmitteln, Schulgeld oder Kleidung übernehmen müssen. Lukrativ ist das Geschäft des horizontalen Gewerbes allemal, wenn auch in Zeiten von Geschlechtskrankheiten und AIDS nicht der Gesundheit förderlich, doch über den Wert eines Menschenlebens lässt sich in Afrika streiten. Die besten Reviere für den Kundenfang sind die von Weißen und Touristen frequentierten Lokale. Die Hoffnung auf einen angemessenen Lohn für ihre Dienste oder gar eine vielversprechende Liaison mit einem Weißen lässt die Damen recht forsch vorgehen. Selbst Männer, die offensichtlich mit ihren Partnerinnen unterwegs sind, werden aggressiv umworben – eine feste Partnerin ist schließlich längst noch kein Grund, sich nicht auch mit anderen Frauen zu vergnügen.

Auf dem **Weg in ein selbstbestimmtes, unabhängiges Leben** liegen viele Stolpersteine, denn selbst die beste Idee für ein – wenn auch geringes – Zusatzeinkommen hilft kaum, wenn die gesellschaftliche und rechtliche Realität den Frauen keine Zugeständnisse macht. Es ist Frauen schwer möglich, Land zu erwerben oder zu erben. Es gibt sowohl gesetzliche Bestimmungen als auch gewohnheitsrechtliche und verschiedene religiöse Regeln, die dies verhindern. So steht einer verwitweten, islamischen Frau zum Beispiel nur ein Achtel der Erbschaft zu, egal, ob aus Geld oder Ländereien bestehend. Auf dem Land wird aus freien Stücken alleinstehenden, verwitweten oder geschiedenen Frauen oft nur minderwertige Nutzfläche zugewiesen und mit all ihren Plänen scheitern sie an der Ignoranz des Dorfrates, der aufmüpfiges Verhalten von freiheitsliebenden

Frauen nicht duldet. Den zweiten Stolperstein auf dem Weg in die Unabhängigkeit stellt oftmals die **mangelnde Bildung** dar. So fehlt den Frauen meist das nötige Know-how, um die Ernte durch verbesserte Bewässerungssysteme, ertragbringendere Anbauweisen oder effizientere Schädlingsbekämpfung erhöhen zu können. Frauen haben hierzu grundsätzlich kaum Zugang oder zu moderner Produktion z. B. von profitbringenden *cash crops* (das sind Feldfrüchte, die im großen Stil für den Verkauf und Export angebaut werden, z. B. Baumwolle, Kaffee, Cashewnüsse oder Mais), denn dies ist Männern vorbehalten. So müssen sich Frauen in der althergebrachten Feldwirtschaft versuchen. Eines der größten Hindernisse ist jedoch der fehlende finanzielle Rahmen. Die Projekte der Frauen sind zu klein, um formal Kredite zu bekommen. Die hohe Analphabetenrate und fehlende Sicherheiten tun ihr Übriges.

Emanzipation auf Tansanisch

Not macht erfinderisch. Weil die Banken ihnen mangels Sicherheiten Kredite verwehren, stellen Frauen ihre eigenen **privaten Kreditsysteme** auf: Eine Gruppe von Frauen, maximal jedoch 12 (weil das Jahr 12 Monate hat), spart monatlich eine festgelegte Summe in einen gemeinsamen Topf. Jeden Monat erhält eine der Frauen das Geld aus diesem „Sparkonto" (*kundi* oder *kikundi* auf Swahili) und kann damit notwendige Investitionen tätigen. Zu Beginn des Jahres wird bereits verhandelt, wer in welchem Monat die Begünstigte des Kredites ist, und so können die Frauen ihre Ausgaben rechtzeitig planen und kalkulieren.

Sehr viel Hoffnung setzt man international in die **Mikrokredite,** die mit der Vergabe des Friedensnobelpreises an den indischen Wirtschaftswissenschaftler *Muhammad Yunus* einer breiten Öffentlichkeit bekannt wurden. Seine Idee bestand darin, Kleinstkredite von wenigen Hunderten Dollars zu vergeben. Zahlreiche Erfolgsgeschichten in Asien und anderen afrikanischen Ländern belegen, dass gerade Frauen die Chance nützen und mithilfe von Mikrokrediten kleine, rentable Geschäfte aufbauen, die ihre ganze Familie ernähren. Aufgrund ihrer gesellschaftlichen Rolle haben Frauen gelernt, verantwortungsvoll mit Geld umzugehen. Dies ist Voraussetzung dafür, dass der Kredit zurückgezahlt werden kann. Doch nicht die Zahlungsmoral der Frauen führt die Idee der Mikrokredite ad absurdum, sondern vielmehr die gesellschaftliche Realität: Häufig werden bei der Vergabe von Mikrokrediten horrende Schmiergelder verlangt, die die gewährten Kredite von wenigen Hunderttausend Schilling um ein Vielfaches übersteigen. Ehemänner und Familienmitglieder fordern die Erträge für sich und verhindern so die Abzahlung der Kreditraten. Oder die Bankinstitute überfordern die Frauen mit Wucherzinsen.

Gedemütigt, verachtet und chancenlos – „single mothers"

In einer Gesellschaft, wo die Großfamilie die Stütze der Gesellschaft ist und wo Familien die wichtigste Wirtschaftseinheit darstellen, verwundert es, dass dieses soziale Phänomen verbreitet ist - das der ***alleinerziehenden Mutter.*** *Einige wenige Frauen entscheiden sich bewusst dafür. Meist handelt es sich um gut ausgebildete, oft ältere Frauen mit einem einträglichen Gehalt.*

Der Großteil der Frauen jedoch kommt unverschuldet und unfreiwillig in diese verzwickte Lage. Es sind in ländlichen, dörflichen Strukturen lebende 13-, 14-jährige Mädchen, die sich entweder freiwillig mit einem Mann einließen oder aber vergewaltigt wurden. Sie wissen weder über ihren Körper noch über Fruchtbarkeit oder Sexualität Bescheid, geschweige denn über Verhütung. Sind sie erst einmal schwanger, werden sie der Schule verwiesen und oft auch aus der Familie ausgestoßen, da der voreheliche Geschlechtsverkehr einer Tochter und seine sichtbaren Folgen für die Großfamilie eine Schmach darstellt.

Diese jungen Mütter werden aus der Gesellschaft und der Dorfgemeinschaft ausgeschlossen und ***fristen ein trostloses Dasein.*** *Obwohl sie ihrer gesellschaftlichen Aufgabe nachkommen und Kinder in die Welt setzen, werden sie verachtet. Meist erhalten sie keinerlei Unterstützung von den Vätern der Kinder. Sie haben keine Rechte, kein Geld, keine Bildung, keine Arbeit. Sie leben von Almosen, Bettelei, Prostitution und schlecht bezahlten Gelegenheitsjobs. Um ihre Zukunft ist es schlecht bestellt. Ohne einen Schulabschluss besteht kaum Aussicht auf einen gut bezahlten Job. Die Chance, von einem Mann geheiratet zu werden und somit eventuell die Versorgung für sich und die Kinder gewährleisten zu können, ist verschwindend gering, denn wer nimmt schon eine „choo", eine „Toilette", also eine unehrenhafte und befleckte Frau zur Ehefrau?*

Schwierigkeiten hin oder her, immer mehr Frauen haben die Möglichkeit, ein **selbstbestimmtes Leben** zu führen. Während im Westen viele bewusst in einer Partnerschaft ohne Kinder leben und glücklich sind oder Karriere machen, wäre für tansanische Frauen ein Leben ohne eigene Kinder unvorstellbar. Zwar können sie ohne größere Schwierigkeiten auf einen Mann verzichten, denn die Aufsicht der Kinder ist bei einem einigermaßen guten Einkommen problemlos durch ein Kindermädchen zu bewerkstelligen. Dennoch hat das Phänomen der Mehrfachbelas-

044ts kk

tung – ursprünglich ein Begriff aus der industrialisierten Welt, wo Frauen Erwerbstätigkeit, Familie, Freizeit, Selbstverwirklichung und Erwartungsdruck unter einen Hut bringen sollten – längst auch die Tansanierinnen erreicht.

Unter Berücksichtigung all der Widrigkeiten, die eine tansanische Frau im Laufe ihres Lebens erduldet, scheint es nur allzu verständlich, dass viele junge Frauen **in einen christlichen Konvent eintreten** möchten. Obwohl sie sich durch diesen Schritt der weltlichen Bestimmung einer Frau entziehen, ernten solche Frauen, die sich in den Dienst Gottes stellen, soziale Anerkennung. Gleichzeitig können sie sich aus dem engen gesellschaftlichen Korsett des Frauseins befreien. Der heilige Geist, die Bibel und der Orden beschützen sie vor Übergriffen, Vergewaltigungen, Respektlosigkeit sowie vor den Gefahren von Schwangerschaft und Geburt und gewähren ihnen sogar eine fundierte Ausbildung. Üblicherweise gehen Nonnen in höhere Schulen und erlernen einen Beruf, entweder Krankenschwester oder Lehrerin. Viele werden auch von ihren Glaubensgemeinschaften nach Europa geholt und genießen dort ihre Ausbildung und ein paar Jahre unbeschwerten Lebens. Nie vergessen werden mein Mann und ich in diesem Zusammenhang eine Begegnung nördlich von Morogoro, als wir auf der Suche nach einem Nachtlager an die Pforten eines Konvents klopften. Wenig später standen wir einer opulenten, geschäftigen Nonne mit fröhlichen Falten im Gesicht gegenüber, die uns in breitem oberösterreichischem Dialekt begrüßte. Wie sich herausstellte, hatte die Tansanierin in den 1970er-Jahren in Linz gelebt, dort die Ausbildung zur Krankenschwester absolviert und danach noch einige Jahre in einem kirchlichen Spital gearbeitet.

Die **uneingeschränkte Solidarität unter den Frauen** gibt Hoffnung. Frauengruppen formieren sich, um gemeinsam ein Feld zu bewirtschaften, Rechtsanwältinnen bieten Frauen kostenlose Hilfe an (ohne die sie kaum zu ihrem Recht kommen würden), Kreditsysteme werden initiiert, Selbsthilfegruppen werden gegründet und mithilfe von ausländischen Organisationen werden effektive Projekte von Frauen für Frauen ins Leben gerufen. Hilfe zur Selbsthilfe – diese Devise gilt einmal mehr für die Frauen Tansanias.

Das Verhältnis von Mann und Frau

Mann und Frau leben in Tansania in **getrennten Sphären,** die genau definiert sind. Grauzonen oder Interpretationsspielräume gibt es dabei keine: Jeder Mann und jede Frau kennt den ihm oder ihr zugewiesenen Platz. Dies beginnt mit einer klar strukturierten Arbeitsteilung, geht weiter über die Freizeitgestaltung und hört beim Essen auf, das getrennt voneinander eingenommen wird. Tansanische Frauen und Männer finden es befremdlich, wenn westliche Paare beispielsweise ihren Urlaub oder ihre Freizeit gemeinsam verbringen. Ebenfalls sind die räumlichen Grenzen klar abgesteckt: Den Männern ist traditionellerweise der öffentliche Raum und die Stadt zugewiesen, den Frauen der private Raum und das Dorf. So verlassen Männer auf der Suche nach Erwerbsmöglichkeiten oftmals ihre Familien und ziehen in die Stadt. Die Frauen bleiben im Dorf und versorgen die Familie mit Nahrung, Geld, Schulbildung und Zuspruch.

Das althergebrachte Verhältnis zwischen den Geschlechtern ist nur bedingt von Emotionen geprägt. Man lässt sich **kaum Gefühlsregungen** anmerken, egal ob Freude, Leid oder Liebe. Emotionale Distanz, so sieht es zumindest nach außen hin aus, gehört zum guten Ton. Mann und Frau berühren sich nicht in der Öffentlichkeit und streiten auch nicht. Sie besprechen auch keine Probleme miteinander und können Dinge auch im Privaten nicht beim Namen nennen. Sie führen ein Leben nebeneinander her, das scheinbar keine Berührungspunkte hat – außer, dass sie Kinder in die Welt setzen.

⊲ Tansanische Frauen lassen sich nicht unterkriegen und sind einfallsreich

Bei der Verbindung von Mann und Frau steht **der Versorgungsgedanke im Vordergrund.** Dies zeigt sich sowohl in der Partnerwahl – denn die Höhe der Mitgift entscheidet – als auch in der Sexualität, die in vielen Fällen eher der Reproduktion, und damit u. a. der Altervorsorge, als dem Ausdruck von Liebe dient. Wie bereits im vorangegangenen Kapitel beschrieben, gilt die Ehe trotz aller Widrigkeiten, die sie für eine Frau bedeuten kann, besonders auf dem Land als unabdingbar. Während die Frauen sich dadurch auf traditionelle Weise versorgt fühlen, dominiert beim Mann oft der Besitzgedanke: Immerhin wurden von der Familie des Mannes horrende Summen als Brautpreis gezahlt, da kann leicht das Gefühl entstehen, dass man für sein Geld auch einen entsprechenden Gegenwert bekommen möchte und die Frau somit als Arbeitskraft und Gebärmaschine ansieht.

Schätzungsweise in über einem Viertel der Ehen wird **Polygamie** praktiziert. Wenn ein Mann stirbt oder das Dorf verlässt, so erwartet man von der Witwe, dass sie in der Familie bleibt und dem Bruder ihres Mannes als tatkräftige Zweitfrau zur Verfügung steht. Als weiterer Grund für polygame Beziehungen wird die gestiegene Mobilität und die daraus resultierende räumliche Trennung der Ehepartner genannt. Welcher Mann schläft schon gern allein und kocht sich sein Mittagessen selbst? Von Rechts wegen ist die Lage eindeutig: In Tansania ist die **polygame Ehe gesetzlich erlaubt.** Auch wenn sie von offizieller christlicher Seite abgelehnt wird, so wird sie doch quer durch alle Religionsgemeinschaften praktiziert. Dass muslimische Tansanier bis zu vier Frauen ehelichen dürfen, stand ohnehin nie zur Debatte.

Doch Männer dürfen auch ohne Trauschein mehr als eine Frau beglücken. Ethnologen nennen das dann „informelle Polygamie". In Tansania selbst spricht man von einer oder mehreren *nyumba ndogo* (wörtlich „kleines Haus"). In unserer Welt würde man dieses Phänomen wahrscheinlich mit **ehelicher Untreue** umschreiben. Gerade wohlhabende Männer tendieren dazu, sich mehr oder weniger inoffiziell neben der Ehefrau Liebhaberinnen zu nehmen. Doch auch wer es sich eigentlich gar nicht leisten kann, eine weitere Frau auszuhalten, begibt sich nur allzu gern in die Arme von Zweit- und Drittfrauen. Schon allein aus diesem Grund scheint der **Kampf gegen AIDS** fast aussichtslos zu sein. Zwar sind auch Frauen keine Kinder von Traurigkeit, doch ist anzunehmen, dass Männer allein schon aufgrund ihrer Mobilität häufiger außerehelichen Vergnügungen nachgehen.

⊡ Frauen ist es nicht gestattet, sich im Wasser zu vergnügen

045ts kk

Die **eheliche Gemeinschaft wird oftmals eher als Bürde** denn als Segen empfunden. Da sich die Ehemänner häufig nicht an den Kosten für Schule, Kleidung, Nahrung oder Miete beteiligen, werden sie von ihren Frauen kritisiert. Sie entfliehen nur allzu gern dem häuslichen Unfrieden und bleiben oft nächtelang weg – bei Prostituierten oder ihren Matressen. Gleichzeitig sind die Frauen froh, wenn ihre Männer nicht zu Hause sind, denn dann haben sie auch keine gewalttätigen Übergriffe zu befürchten.

Unter den jungen Tansaniern und im städtischen Bereich sind diese traditionellen Auffassungen vom Zusammenleben jedoch **im Wandel begriffen.** Immer mehr junge Paare heiraten aus Liebe. Männer übernehmen Kinderbetreuungspflichten, Frauen streben nach Unabhängigkeit und gut bezahlten Jobs. Dasselbe gilt für **Ehescheidungen.** Wenn Frauen früher aufgrund besonderer Vorkommnisse zu ihrer Familie flüchteten, wurden sie üblicherweise zurückgeschickt. Andernfalls hätte der Brautpreis rückerstattet werden müssen, was in den meisten Fällen unmöglich gewesen wäre, da er ja schon verbraucht war. Heute sind viele Frauen selbstbewusster, besser ausgebildet und nehmen die Eskapaden ihrer Männer nicht mehr schweigend hin. Notfalls beharren sie auch auf einer Scheidung, wenn alle Versuche scheitern, die Ehe zu retten.

Kinder und Kinderlosigkeit

„Mwana kila mwaka ni kubwa baraka."
Wörtlich: „Ein Kind jedes Jahr ist ein großer Segen."
(Sprichwort aus Tansania)

Aniceti Kitereza, der bedeutendste tansanische Schriftsteller und Gelehrte, griff in seinem Familienepos „Die Regenmacher" die **Thematik der Kinderlosigkeit** auf. Er erzählt die ergreifende Geschichte der zärtlichen Liebe von *Myombekere* und *Bugonoka,* deren Liebe und Ehe anfangs von scheinbar unüberwindbaren Schwierigkeiten überschattet sind: Nach mehreren Fehlgeburten wird *Bugonoka* von der Familie ihres Mannes ausgestoßen und muss ins Haus ihrer Eltern zurückkehren.

Noch heute kann mit kinderlosen Frauen ähnlich drastisch verfahren werden, wenngleich es auch moderne Einflüsse gibt. Kaum eine Tansanierin oder ein Tansanier kann nachvollziehen, dass manche westlichen Paare kinderlos bleiben wollen. Eine Gemeinschaft zwischen Mann und Frau ohne gemeinsame Kinder ist für sie geradezu undenkbar. In manchen Gegenden, z. B. auf Sansibar, kann beobachtet werden, dass Profite aus einem Grundstücksverkauf oder Einnahmen aus Dienstleistungen nicht in Güter, sondern in die Vergrößerung der Familien investiert werden. Wer mehr Geld hat, kann eine größere Familie ernähren.

Kinderlosigkeit oder gar Unfruchtbarkeit sind für eine Frau **das gesellschaftliche Todesurteil,** denn neben dem Spott und der Ächtung muss sie ertragen, dass ihr die Schuld daran gegeben wird. Aus gesellschaftlicher Sicht haben Männer keine körperlichen Makel, schon gar nicht in Bezug auf ihre Manneskraft. Sollten Frauen ihren Männern keine Kinder gebären, werden sie von den Männern verlassen. Sie fristen dann ein freudloses Leben im Hause ihrer Eltern oder Brüder, wo sie sich als Haus- oder Kindermädchen nützlich machen.

Das Verhältnis zwischen Eltern und Kindern ist eher von **Distanz** als von gefühlvoller Zuneigung geprägt, Umarmungen oder Streicheleinheiten stehen nicht hoch im Kurs. Kinder haben großen Respekt vor ihren Eltern. Man traut sich nicht, zu widersprechen oder der Mutter offen die Meinung zu sagen – das verbietet auch die Etikette.

> Kinder werden als Altersversorgung gesehen, Frauen gebären nicht selten sieben, acht Kinder

046ts kk

Tansanische Kinder führen ein hartes und – aus westlicher Sicht – oftmals liebloses Leben. Für die Erziehung, Versorgung und Schulbildung der Nachkommen ist die Frau zuständig, doch mit sechs, sieben oder acht Kindern bleibt wenig Zeit für die einzelnen Bedürfnisse. So sind die Kinder häufig ab dem Zeitpunkt, wo sie laufen können, **sich selbst überlassen.** Manchmal übernehmen auch die größeren Geschwister die Aufsicht und die Erziehungsrolle, die eigentlich den Erwachsenen zugedacht ist. Viele Kinder, oft nicht älter als zwei, drei Jahre, sind auf sich allein gestellt und streunen im Dorf umher. Der Anblick von kleinen Kindern, die unbeaufsichtigt am Straßenrand spielen, gehört zum tansanischen Alltag. Die Mütter wissen oft weder wo sich ihre Kinder aufhalten noch wovon sie sich ernähren. Solche Kinder nehmen alles, was sie kriegen können, sind in höchstem Maße mangelernährt und dementsprechend anfällig für Krankheiten. Natürlich gibt es auch Familien, die sich bestens um ihren Nachwuchs kümmern, wo sich die Eheleute bewusst nur für zwei oder drei Kinder entscheiden und wo versucht wird, den Kindern im Rahmen der Möglichkeiten ein behütetes Zuhause zu schenken.

Ausländische Gäste begeistert immer wieder die kreative Energie der Kinder: Aus bescheidenen Stoffresten fabrizieren sie eierförmige Fußbälle, aus Abfall basteln sie Ziehspielzeuge oder Autos, aus alten Autoreifen schnitzen sie praktische Dinge. Den Mangel an Aufmerksamkeit, pädagogischer Erziehung und elterlicher Liebe kompensieren sie mit einem

Extrainfo 9 (s. S. 8): Dieser Film zeigt, woran es im Schulwesen mangelt.

ungeahnten **kreativen Potenzial,** das sich bis weit ins Erwachsenenalter fortsetzt, denn wenn Afrikaner und Tansanier eines sind, dann unglaublich erfinderisch und unkonventionell in der Lösung von scheinbar unlösbaren Problemen.

Wann ein Kind „erwachsen" wird, bestimmen oft die Familie oder die Dorfgemeinschaft. In fast allen Ethnien existieren **Initiationsriten,** die den Übergang von einer Lebensphase in die nächste markieren, oft vom Kindsein ins Erwachsenenalter. Die Mädchen und Jungs werden so in eine neue gesellschaftliche Rolle eingeführt. Manchmal wird dieser Statuswechsel durch rein äußerliche Veränderungen angezeigt, beispielsweise durch Kleidung oder Schmuck. Bei den Maasai markiert z. B. die Entfernung von ein oder zwei unteren Schneidezähnen den Übergang von der Kindheit ins Knabenalter, was die charakteristische Zahnlücke der Maasai zurücklässt. Oft müssen Jungen Mutprüfungen bestehen und Mädchen bestimmte Aufgaben meistern. Mädchen müssen sich der qualvollen Prozedur der Beschneidung unterziehen, um als vollwertige und heiratsfähige Frau in einer Gemeinschaft anerkannt zu werden. (Siehe dazu auch den Exkurs „Vom Mädchen zur Frau - brutales Erwachsenwerden".)

Die Kinder werden nur so lange von ihren Müttern getragen, bis das nächste Kind geboren wird

Extrainfo 10 (s. S. 8): **Doku über Mädchen, die ungewollt schwanger wurden.**
Die Frauen und Männer erzählen ihre Sicht der Dinge, was den Film umso eindrucksvoller macht.

Kinderarbeit

Die ersten Jahre der Kindheit sind durch Spielen und Herumtollen geprägt, doch früh muss sich ein tansanisches Kind mit der Tatsache anfreunden, dass es **als Arbeitskraft für seine Familie** unentbehrlich ist. Kinder holen Wasser vom mehrere Kilometer entfernten Fluss, sammeln Gras für die Tiere im Stall und Feuerholz zum Kochen, sie hüten die Herden, spülen das Geschirr nach dem Essen und besonders die Jungen bieten sich gern für ein paar Schilling als *guide* an.

Auch **Kinderarbeit** im Dienstleistungsbereich, im Handelswesen, in der Landwirtschaft, dem Bergbau oder der Fischerei ist in weiten Teilen des Landes an der Tagesordnung. Für zahlende Kundschaft schleppen junge, ausgemergelte Burschen schwere Lasten vom Marktplatz zum Bus, Auto oder gar bis zum Haus und verlangen dabei nicht mehr als spärliche 500 Schilling (ca. 20 Cent) pro Dienst. Erwachsene hingegen würden für die gleiche Dienstleistung mindestens 1500 Schilling (ca. 60 Cent) verlangen. Oft sind diese körperlichen Torturen mit Schlägen oder Beschimpfungen von unzufriedenen Kunden verbunden. Manche Jungs reinigen Fischerboote, schieben schwer beladene Karren, beaufsichtigen Vieh oder arbeiten sogar in Bergwerken. Andere wiederum stehen an den Straßenkreuzungen und bieten Erdnüsse oder Wasser feil, schuften in Fabriken oder auf Tabakplantagen.

Mädchen werden häufig Opfer von **sexuellen Übergriffen.** Sie werden unter falschen Versprechungen in befreundete oder fremde Haushalte gelockt und müssen dort neben der Haus- und Feldarbeit dem Hausherrn sexuelle Gefälligkeiten erweisen. Solche Mädchen sind entweder verwaist oder werden von ihren verarmten Eltern weggeschickt, in der Hoffnung es mögen sich dem Kind neue Chancen eröffnen. Gern werden Eltern damit geködert, dass im neuen Haushalt für die Ausbildung der Tochter gesorgt wird. Solche Versprechungen erweisen sich allerdings in den meisten Fällen als Lüge.

Die Eltern drängen ihre Töchter oftmals auch in die **Bettelei oder Prostitution.** Insbesondere in Ballungs- und Touristenzentren werden Mädchen dazu genötigt, ihren Körper zu verkaufen, um damit die Haushaltskasse aufzubessern. Ebenso kann die Bettelei je nach Standplatz einträglicher sein als beispielsweise die schwere körperliche Arbeit auf dem Feld. Dieses Vorgehen wird zwar gesellschaftlich geächtet, doch zwingt die Armut Familien zu solchem Handeln. In den Dorf- und Familiengemeinschaften wird ein Mantel des Schweigens über die ganze Problematik gehüllt. Wer gibt schon gern zu, dass die Not ihm keine andere Wahl lässt, als seine Kinder zu entehren?

Schule

In Anlehnung an das britische Schulsystem existieren in Tansania **drei Schultypen:** Die ersten 7 Jahre besucht das schulpflichtige Kind die Primar- oder Grundschule *(shule ya msingi, Primary School)*. Die jeweiligen Klassen werden als Standard 1 bis Standard 7 bezeichnet. Danach endet offiziell die Schulpflicht. Die meisten Primarschulen sind staatlich und kostenfrei, einige wenige privat und kostenpflichtig. Familien mit den nötigen finanziellen Ressourcen schicken ihre Kinder anschließend in die weiterführende kostenpflichtige Sekundärschule *(shule ya sekondari, Secondary School)*, die auch entweder staatlich oder privat geführt wird. Das Schulgeld der privaten Sekundarschulen kostet im Durchschnitt an die 600 US$ (ca. 450 Euro) pro Jahr, während in den staatlichen Schulen etwa 60.000 TSH (ca. 30 Euro) zusätzlich zu den Prüfungsgebühren und anderen Kosten, wie Mittagessen oder Kostenzuschüsse für Möbel, berechnet werden. Nach vier Jahren (Form 1 bis Form 4) in der Oberstufe steht die erste Hürde an, nämlich ein großes Examen in neun verschiedenen Themenbereichen. Dann hat man das O-Level *(ordinary level)* geschafft und kann nach weiteren zwei Jahren (Form 5 bis 6) das A-Level (*advanced level*) absolvieren, das schließlich zum Universitätsstudium berechtigt. Neben den renommiertesten Universitäten des Landes, der *Muhimbili University of Health and Allied Sciences* und der *University of Dar es Salaam* (beide mit Sitz in der Hauptstadt) sowie der *Sokoine University of Agriculture* in Morogoro wächst die Anzahl der Universitäten und Colleges stetig. Mittlerweile gibt es fast 50 private und staatliche Hochschulen – Tendenz steigend.

Neben dem staatlichen System verfügt Tansania über zahlreiche **internationale Schulen,** die internationalen Lehrplänen folgen. Ursprünglich wurden diese Schulen für die Kinder der Ausländer, der Diplomaten, der Entwicklungshelfer und der UN-Mitarbeiter errichtet, doch mittlerweile drängt zunehmend der Nachwuchs der wohlhabenden Tansanier, vornehmlich indischer Herkunft, in diese Schulen. Ein Schuljahr kostet je nach Alter des Schulkindes zwischen 10.000 und 20.000 US$ (also ca. 7500–15.000 Euro)

In der Theorie sieht das Schulsystem also recht gut aufgestellt aus, in der Realität zeigt sich aber ein anderes Bild. Trotz der gesetzlich vorgeschriebenen Schulpflicht **besuchen nicht alle Kinder eine Schule** – obwohl die Primarschule seit 2000 wieder gratis ist. Und für die, die zur Schule gehen, stehen die Chancen fast genauso schlecht, dass sich in ihrem Leben dadurch etwas verbessert. Die Bedingungen sind denkbar ungeeignet, um die Kinder auszubilden und wettbewerbsfähig zu machen. Die

047ts kk

vorgeschriebenen Uniformen sind für viele Eltern unerschwinglich, ganz zu schweigen von Büchern, Heften, Stiften, Papier oder Kreide, zudem können oder wollen Eltern das Geld für das Mittagessen nicht aufbringen. Lange Schulwege ermüden die Kinder, die folglich weder in der Schule die entsprechende Leistung erbringen noch nach dem Nachhausekommen jene Arbeiten verrichten können, für die sie eigentlich im Hause der Eltern vorgesehen sind. Oft sitzen bis zu 200 Schüler statt der vorgesehenen 50 im Unterricht, der mangels Platz im Freien stattfinden muss. Es fehlt an Schultischen und -bänken, vielerorts müssen die Kinder dem Unterricht auf dem Boden sitzend folgen. Die Zustände der sanitären Einrichtungen sind katastrophal, auf 100 Schüler kommt durchschnittlich eine Toilette. Zu Hause verhindern die beengten Wohnverhältnisse und

⌃ Schuluniformen sind Pflicht

das eingeschränkte Inventar konzentriertes Lernen. Oft haben Familien nur einen Tisch, der aber vom Vater oder der Verwandtschaft okkupiert wird. Der Großteil der Lehrer ist schlecht ausgebildet und nicht in der Lage, nach pädagogischen Grundsätzen Wissen zu vermitteln. Insbesondere kompetente Mathematik- und Englischprofessoren und Lehrer in naturwissenschaftlichen Fächern fehlen. Die Englischkenntnisse der Schüler reichen über ein „Good morning, teacher!" kaum hinaus und die wenigsten Zwölfjährigen können die Nachbarländer Tansanias nennen. Die Lehrer sind überarbeitet und unterbezahlt und müssen oft mehrere Monate auf ihr Gehalt warten. Sie lassen sich daher für Prüfungsergebnisse bestechen und legen eine massive Gewaltbereitschaft an den Tag: Wer zu spät zum Unterricht kommt oder schwätzt, erhält Prügel. Wer schlechte Noten bekommt, muss ebenfalls mit Stockhieben rechnen. Mädchen werden genötigt. Mit Schule verbinden die Kinder Angst und Gewalt, aber selten Wissen und Zukunftsaussichten.

Zu allem Überdruss stehen die abgelegenen Dörfer – weit weg von den Vergnügungen der Stadt – bei ausgebildeten Lehren nicht besonders hoch im Kurs. Viele wollen nicht auf dem Land unterrichten und treten ihren Dienst hier gar nicht erst an.

In den meisten Fällen hilft Bildung ohnehin nicht aus der Armutsspirale raus. Selbst Absolventen von Universitäten und Sekundarschulen finden mangels eklatanter Bildungsschwächen nur selten gute Jobs. Das Bildungswesen befindet sich in einer tiefen Krise, die nach Expertenmeinungen historisch gewachsen ist.

Laut UNICEF gehört Tansania im Afrika südlich der Sahara zu den Ländern mit der **höchsten Analphabetenquote.** Fast 30 % der Tansanier sollen weder lesen noch schreiben können. In einem Bericht der überregionalen Initiative Uwezo East Africa von 2010 heißt es, die meisten Schüler der obersten Klasse schafften Mathematikaufgaben der 2. Klasse nicht. Die Schüler der staatlichen Sekundarschulen könnten kaum lesen und schreiben.

Man darf sich also nicht wundern, dass für die meisten Tansanier gut bezahlte Jobs im Tourismus, in internationalen Unternehmen oder gar im Ausland ein Traum bleiben werden. Doch kleine Schritte stimmen zuversichtlich: Der **Entwicklungsplan Vision 2020** sieht vor, dass auf Sansibar in den nächsten Jahren massiv in Schulgebäude, Lehrerausbildung und Lehrergehälter investiert werden soll. Der Plan beinhaltet den visionären Ansatz, dass 2020 jedes Schulkind auf Sansibar Zugang zum Internet haben soll. Die Ziele sind wahrscheinlich zu ambitioniert, aber erste kleine Schritte wurden bereits verwirklicht, z. B. die teilweise erfolgte Verlegung von Glasfaserkabeln.

Gewalt gegen Kinder

Nicht nur in der Schule, sondern auch im elterlichen Umfeld ist **Gewalt gegen Kinder** verbreitet. Für viele Familien und Gemeinschaften ist es ganz normal, ihre Kinder zu züchtigen. Das fängt bei Schlägen an, geht bei willkürlichen Verbrennungen an den Gliedmaßen weiter und endet nicht selten bei Vergewaltigungen von Mädchen. Obwohl viele Menschen solche Handlungsweisen nicht billigen, müssen sich die Täter kaum verantworten. Sie flüchten in eine andere Stadt, brechen den Kontakt zur Familie ab und tauchen unter. Häufig weigern sich Eltern und Erziehungsberechtigte, die Übeltäter bloßzustellen, vor allem dann, wenn sie vom Täter als Entschädigung für seine Greueltaten beispielsweise Geld, Zucker oder Reis erhalten haben.

So mag es vielleicht nicht erstaunen, dass **Jugendkriminalität, Verwahrlosung und Entwurzelung** weiter um sich greifen. Einerseits sind viele Kinder und Jugendliche auf sich allein gestellt, weil ihre Erziehungsberechtigten an AIDS gestorben sind. Andererseits färbt die Perspektivlosigkeit der Eltern auf die Kinder ab und sie kommen früh mit Prostitution, Drogen und Alkohol in Berührung. Außerdem stehen die Chancen auf Arbeit und fairen Lohn denkbar schlecht. Experten warnen, die zunehmende Verrohung der Jugend sei wahrscheinlich die schwerwiegendste Bedrohung für das tansanische Gesellschaftsgefüge.

Der Alltag in Tansania

[<] Schneider ist ein typischer Männerberuf (Foto: 048ts kk)

Das Arbeitsleben

„Kula kutamu, kulima mavune."
Wörtlich: „Essen ist angenehm, anbauen ist lästig."
(Sprichwort aus Tansania)

Bankangestellte nehmen seelenruhig ihre Kaffeepause ein, obwohl die Menschenschlange vor ihrem Schalter bis auf die Straße reicht. Verkäuferinnen plaudern lieber mit ihren Arbeitskolleginnen als Kunden zu bedienen. Kellner hängen lieber ihren Tagträumen nach, als neue Gäste nach Getränken zu fragen. Wer in Tansania unterwegs ist, merkt bald, dass Arbeit und die Einstellung zu ihr eher kreativ gehandhabt wird.

Arbeit hat in Tansania einen Stellenwert, der für Bürger der Industriestaaten nicht nachvollziehbar ist: Sie ist wichtig, wird aber nicht überbewertet. **Man arbeitet nur so viel, bis man genug Geld zum Überleben verdient hat.** Nicht Selbstverwirklichung oder Anerkennung stehen als Motivation im Vordergrund, sondern die Deckung der Grundbedürfnisse. Für viele zählt die reine Anwesenheit am Arbeitsplatz schon als Arbeit – weniger wichtig hingegen ist, wie diese Zeit ausgefüllt wird. Kundenwünsche, Dienstleistungen oder effizientes Arbeiten werden eher als lästig betrachtet und nur widerwillig umgesetzt. Es ist ganz normal, dass die Mittagspause als Arbeitszeit mitgerechnet wird – schließlich ist man ja auf der Arbeit und nicht zu Hause.

Arbeitnehmer erscheinen nicht am Arbeitsplatz und kommen erst Wochen später wieder (weil sie sich kurzfristig für eine Reise in ihr Heimatdorf entschlossen haben, ohne dem Arbeitgeber wenigstens Bescheid zu geben) und erwarten wie selbstverständlich, wieder an ihre alte Stelle zurückkehren zu können. Eine Hotelangestellte hat keine Lust, den zum Frühstück gehörenden Fruchtsaft auszupressen und meint nur lapidar: *imekwisha* („ausgegangen"). Oder trotz mehrmaliger Bitten wird die defekte Glühbirne im Hotelzimmer nicht ausgewechselt, sodass man nachts bei Kerzenlicht zurechtkommen muss. Loyalität der Aufgabe oder dem Arbeitgeber gegenüber im westlichen Sinn gibt es kaum, es überwiegt die Gleichgültigkeit der Arbeit und den Kunden gegenüber, was zum Beispiel in Unzuverlässigkeit und Unpünktlichkeit resultiert.

Interpretationsversuche für diese Haltung der Arbeit gegenüber gibt es viele. Die einen sagen, die Tansanier seien faul. Die anderen meinen, es sei doch erfrischend, dass Menschen sich nicht von der Arbeit versklaven ließen und verweisen darauf, dass der Stress in den industrialisierten Ländern die Lebensqualität ohnehin massiv beeinträchtige. Die Lohnarbeit wurde von deutschen Kolonialisten nach Tansania gebracht – ein Konzept, dass den Menschen bis dato fremd war, vor allem weil Lohnarbeit bedeutete, dass sie ihre Felder nicht wie gewohnt bestellen konnten. Der Wandel von der vorindustriellen Zeit zum Dienstleistungszeitalter hat sich in Tansania noch nicht überall vollzogen. Premierminister *Pinda* räumte 2011 in einem Zeitungsinterview ein, dass aufgrund der negativen Einstellung zur Arbeit Arbeitgeber für bestimmte Aufgaben vermehrt Zuwanderer einstellen würden, z. B. in der Küche, im Service oder als Hilfskräfte im Büro. Dennoch ist zu bemerken, dass die jungen, gut ausgebildeten Arbeitnehmer langsam westliche Vorstellungen von Arbeitsmoral übernehmen.

Tatsächlich müssen großteils **gesellschaftliche Normen** für die exotische Arbeitsauffassung verantwortlich gemacht werden. Beispielsweise greift hier die oben beschriebene Macht der Großfamilie. Wenn es jemand schafft, einen bescheidenen Überschuss zu erwirtschaften, so bleibt ihm aufgrund der Ansprüche der Verwandtschaft nicht viel davon übrig. Vielerorts gelten Eigeninitiative und Fleiß als Aufsässigkeit gegenüber der althergebrachten Moral. Erfolgreiche Menschen, die es zu mehr bringen als die anderen, ziehen Neid und Eifersucht der Gemeinschaft auf sich. Böse Mächte und Hexen werden ins Spiel gebracht. Schließlich muss auch erwähnt werden, dass der allgemeine Bildungsstand der Bevölkerung und etwaige punktuelle Spezialausbildungen der Arbeitnehmer weder ausreichend noch qualitativ hochwertig sind. Den vorhandenen Fachschulen mangelt es an allem, insbesondere an international vergleichbaren Standards, anerkannten Lehrinhalten und guten Lehrern. Nicht zuletzt mangelt es an hochwertiger Ausbildung im Pflichtschulbereich.

Besserverdiener haben also keinen leichten Stand in Tansania. **Leistung lohnt sich nicht,** denn wer etwas leistet, eckt an. Darum gehen Akademiker, Ärzte und Krankenschwestern, Elektriker und Ingenieure, Wissenschaftler und Lehrer und all jene, die sich ein Auto, einen Fernseher und ihren Anteil an ein bisschen Glück durch Konsum wünschen, oft ins Ausland. Leistungswillige Tansanier müssen erkennen, dass sie im eigenen Land keine Zukunft haben, dass ihnen in Europa, auf der arabischen Halbinsel oder in Südafrika bessere Jobs, lukrativere Verdienste und mehr Lebensqualität geboten werden.

Der viel zitierte **braindrain,** die Abwanderung der intelligentesten Köpfe, ist in Tansania genauso alltäglich wie der Zuzug von weißen Entwicklungshelfern, die die Lücke an hochqualifizierten Arbeitskräften schließen sollen. Für die Bevölkerung und den Staat ist die Abwanderung eine Katastrophe, da Know-How, Fortschritt und Steuereinnahmen wegfallen. Für die korrupte Elite ist der *braindrain* ein Segen, denn er sichert den steten Zufluss von Geldern aus den Geberländern.

Die für Westler gewöhnungsbedürftige Einstellung zur Leistungserbringung darf aber nicht darüber hinweg täuschen, dass Arbeit auch hier wichtig ist. Jeder Tansanier wird diesen Grundsatz bestätigen. Um das eigene Überleben zu sichern, wird **schwer körperlich geschuftet:** auf dem Feld, beim Wassertragen, beim Sammeln von Holz, beim Schleppen von Lasten, ebenso beim Beladen von Schiffen, im Straßenbau und in den Edelsteinminen und anderen Bergwerken. Schwere körperliche Arbeit steht in Tansania auf der Tagesordnung, da werden keine Ausnahmen für Kinder oder Frauen gemacht. Es scheint, als ob körperlicher Anstrengung mehr Verständnis als der Büroarbeit entgegengebracht wird, weil sie noch am ehesten der traditionellen, erdigen Feldarbeit entspricht. Immerhin, mit schwerer Arbeit lässt sich im Normalfall nur wenig Geld verdienen; man setzt sich also weder Neid noch Hexerei aus.

Schätzungsweise 90 % der Tansanier arbeiten in der **Landwirtschaft,** zumeist, um den Eigenbedarf an Feldfrüchten, Getreide und Gemüse zu decken. Die restlichen 10 % sind entweder im **Dienstleistungssektor,** in der Kleinindustrie oder im Staatsdienst tätig. Neben dem Staat gibt es keine größeren Arbeitgeber. In einigen Fabriken, Plantagen, Hotels und Lodges gibt es Arbeitsplätze, doch feste Anstellungen sind auch hier selten. Oft wird man nur saisonal angestellt oder erhält zeitlich befristete Aushilfsjobs oder eine projektbezogene Arbeit, z. B. wenn ein Dach zu flicken ist oder wenn ein Camp generalüberholt wird. Es gibt allgemein wenig Erfahrung mit Menschen aus den europäischen oder nordamerikanischen Dienstleistungsgesellschaften und wenig Verständnis für ihre Erwartungen, wie beispielsweise dafür, für gutes Geld gute Leistung zu erhalten.

Die meisten Tansanier müssen im **informellen Sektor** ihr Auskommen finden. Neben der Landwirtschaft ist dies der wichtigste Erwerbszweig der Tansanier. Zum informellen Sektor zählen Kleinstgewerbeunternehmen und Selbstständige, die sich völlig der staatlichen Kontrolle entziehen. Einerseits zahlen solche Unternehmer, die *machinga,* keine Steuern oder Versicherungen, andererseits dürfen sie auch keinerlei staatlichen Schutz oder Unterstützung erwarten, wie etwa soziale Absicherung oder gewerkschaftliche Unterstützung. Typisch für den informellen Sektor ist, dass weder Ausbildungsnachweise noch Kapitaleinsatz noch festgeschriebene Arbeitsverhältnisse gefordert werden. Sozusagen kann jeder ein

Bagamoyo ist das Zentrum des Bootsbaus

049ts kk

kleines Unternehmen eröffnen und gegebenenfalls Mitarbeiter beschäftigen. Deren Arbeitsalltag ist dadurch gekennzeichnet, dass es weder Arbeitszeitregelungen noch einen Mindestlohn noch einen Arbeitsvertrag gibt. Zugleich sind solche Arbeitsverhältnisse für die meisten Menschen ohne Schulbildung die einzige Möglichkeit, einer Erwerbstätigkeit nachzugehen. Alle Markt- und Lebensmittelstände, Garküchen, einfache Reparaturwerkstätten, kleine Taxiunternehmen, die Mitarbeiter im Transportwesen, aber auch die meisten Dienstboten und Hausangestellten gehören diesem Sektor an.

Welchen Beruf ein junger Mann ergreift, hängt nicht von der Verfügbarkeit von Lehr- oder Arbeitsstellen ab, sondern in Tansania wird man einfach, wonach einem der Sinn steht – da es kaum Gesetze und Voraussetzungen für die Ausübung von Berufen gibt (und auch wenn es sie gäbe, würde sie kaum jemand ernsthaft befolgen). Wer das Geld für die Miete eines Salons hat, eröffnet einen Friseurladen. Wer gern kocht, stellt sich mit einer kleinen Garküche an den Straßenrand. Und wer mit dem Vater seit frühester Kindheit auf Fischfang ging, wird eben Fischer. Für gewisse handwerkliche Berufe wie Tischler, Schneider oder Friseur ist es notwendig, die Grundbegriffe zu erlernen, doch eine richtige Berufsausbildung erhält hier eigentlich niemand. In der Hitliste der **beliebtesten Berufe** rangieren die lukrativen Jobs im Tourismus an erster Stelle – *driver, guide,* Koch, Kellner –, wohl auch wegen der allzu großzügigen Trinkgelder der Touristen. Wachmann *(askari),* Gärtner oder Gelegenheitsarbeiter sind weniger repräsentative Berufe, doch in diesen Sparten gibt es im ganzen Land freie Stellen – nicht nur in den von Touristen frequentierten Orten.

Der Wert der Arbeitskraft ist in Tansania erschreckend gering, während die Lebenshaltungskosten in manchen Bereichen westliche Werte erreicht haben. Die **durchschnittlichen Monatsgehälter** liegen bei 80.000 TSH (35 Euro) für Haushälterinnen, 115.000 TSH (50 Euro) bei Angestellten und Arbeitern in Gewerbe oder Industrie, 140.000 TSH (65 Euro) für Lehrpersonal, 250.000 TSH (110 Euro) für Angestellte in von Ausländern geführten Tourismusbetrieben und bis zu 400.000 TSH (170 Euro) für Arbeiter im Bergbausektor. Polizisten verdienen offiziell ebenfalls 400.000 TSH, aber mit Schmiergeldern kommen findige Staatsdiener auf bis zu 3 Mio. TSH (1300 Euro) im Monat. Ein guter und für ein Camp immens wertvoller *driverguide* (*guide,* der mit Touristen auf Safari fährt, d. h., er benötigt zum einen fundierte Kenntnisse der Wildtiere, zum anderen muss er auch das Autofahren beherrschen) erhält an die 350.000 TSH (150 Euro), ein *Assistant Manager* nähert sich an 500.000 TSH an. Lehrer in *Primary Schools* verdienen 220.000 TSH (95 Euro), während Sekundarschullehrer 280.000 TSH (120 Euro) im Monat erhalten. Vielerorts, z. B. an abgelegenen Orten, erhalten Grundschullehrer aber auch weniger – und das unregelmäßig – je nach der Zahlungsmoral der örtlichen Arbeitgeber. Zum Vergleich: Eine annähernd akzeptable Stadtwohnung in Dar es Salaam kostet an die 200.000 TSH (90 Euro) Miete pro Monat und in Arusha bekommt man beispielsweise ein kleines, dunkles Zimmer für 50.000 TSH (20 Euro) im Monat. In vielen Teilen des Landes zahlt man nicht selten für einen Eimer Wasser 300 TSH (10 Cent), je nach Wasserknappheit auch mehr. Allein für die Einschreibung an den besten Universitäten des Landes müssen mindestens 1 Mio. TSH (430 Euro) an Gebühren auf den Tisch gelegt werden. Der Bustransport in Dar es Salaam schlägt mit 300 bis 800 TSH (10–30 Cent) pro Fahrt zu Buche.

Man kann sich leicht ausrechnen, dass **das Einkommen nicht zum Leben reicht.** Deshalb ist jeder Arbeitnehmer ständig mit kleinen Deals beschäftigt, man tauscht, verkauft, organisiert, verabredet, auch während der offiziellen Arbeitszeit. Viele greifen zu unlauteren Methoden, weil sie leichter und ertragreicher erscheinen als zu arbeiten. Daher gibt es Betrug, finanzielle Ungereimtheiten, Korruption und Bestechung in allen Lebenslagen – ob im Tante-Emma-Laden um die Ecke oder beim milliardenteuren

Bau der Fernstraße nach Mtwara. Kein Wunder, dass unter den fähigeren Leuten einer der beliebtesten Ausbildungsberufe der des *accountant* ist. Denn Buchhalter oder Buchprüfer haben sozusagen die Lizenz zum Manipulieren von Zahlen und zum Abzweigen von Geld. Scheinbar jeder junge Mann strebt diesen Beruf an, obwohl ihn nur die wenigsten ergreifen können, da er eine solide Schulbildung, Rechenkenntnisse und oft auch Führungskompetenzen verlangt. Aber es ist ein Beruf mit Perspektive, denn Buchhalter werden überall gebraucht: im Straßenbau, in Tourismusbetrieben, in Entwicklungsprojekten, in Kirchengemeinschaften etc.

Für **Frauen** bleiben nicht viele Arbeitsstellen übrig. Sie dürfen jene minderen, noch schlechter bezahlten Berufe ausüben, die aus der althergebrachten Ordnung der Geschlechter resultieren: Arbeiterin auf einer Blumenfarm, Hausangestellte, Kindermädchen oder Krankenschwester. Vereinzelt können sie auch Grundschullehrerin oder Sekretärin werden.

Die Wahl der Arbeit (oder des Berufes) hängt stark von der finanziellen Lage und dem sozialen Stand der Herkunftsfamilie eines Mädchens ab. Junge Frauen aus besser situierten Familien dürfen Schulen, auch weiterführende Fachschulen, eher besuchen, dennoch sind sie geneigt, traditionelle Frauenberufe zu ergreifen. Doch die Zeichen der Zeit stehen auf Sturm: Immer mehr kämpferische junge Juristinnen oder Ärztinnen gehen von der Universität ab und setzen sich für die Belange der Frauen ein. Die Vertreterinnen der neuen Bildungselite sehen sich gern als Sprachrohr für benachteiligte Frauen – und tun gut daran, das verkrustete System aus den eigenen Reihen heraus aufzubrechen.

Arbeitslosigkeit

Trotz Wirtschaftsbooms und jährlichen Wachstumsraten von ca. 7 % bleibt die **hohe Arbeitslosigkeit** ein großes Problem. Offiziell spricht man nur von einer Arbeitslosenquote von 12 %, doch in Wahrheit ist sie weit höher. Trotzdem haben Arbeitgeber Schwierigkeiten, qualifizierte Kräfte zu finden, was – wie bereits erwähnt – direkt dem miserablen Bildungssystem zuzuschreiben ist. Wenn selbst die einfachsten Rechenaufgaben Schwierigkeiten bereiten, können Angestellte nicht einmal fehlerfreie Abrechnungen zusammenstellen. Der Großteil der Arbeitslosen ist **jünger als 30 Jahre** und wie in nahezu jedem afrikanischen Land ist eben diese Perspektivlosigkeit junger Menschen eine potenzielle Zeitbombe. Die meisten Jugendlichen werden, auch mangels Arbeitserfahrung, Fachkenntnissen und wegen gesundheitlicher Mängel, in den informellen Sektor gedrängt. Auf dem Land fällt die Arbeitslosigkeit nicht so dramatisch ins Gewicht, da die Dorfgemeinschaften und Familienverbände überwiegend Landwirtschaft für den Eigenbedarf betreiben und wenigstens die Grundbedürfnisse gedeckt werden können. Da diese Nahrungsmittel aber bei Weitem nicht ausreichen, verdienen sich die Frauen zumeist ein kleines finanzielles Zubrot im informellen Sektor, z. B. als Hausmädchen, Putzfrau oder mit Prostitution. Männern bleibt meist nichts anderes übrig, als sich mit Gefälligkeiten, kleinen Deals oder Vermittlungsprovisionen über Wasser zu halten. Für die meisten Familien reicht das Einkommen aber hinten und vorne nicht aus; die Schulinform, ein Heft oder ein paar Tausend Schilling für Medikamente sind kaum finanzierbar.

Für einen arbeitswilligen Menschen kann die **Suche nach Arbeit** zur sprichwörtlichen Odyssee ausarten. Zentrale Anlaufstellen für Arbeitssuchende gibt es nicht und in den Tageszeitungen werden nur hochrangige Positionen ausgeschrieben. Einfache Arbeiter und Angestellte ziehen von Tür zu Tür und bitten um Arbeit. Kaum wird z. B. der Grundstein für eine Lodge gelegt, stehen Hunderte von Arbeitssuchenden vor der Tür. Mundpropaganda und Hörensagen sind hier die verlässlichsten Kommunikationswege – und natürlich die Vetternwirtschaft. Ob in der Privatwirtschaft oder dem Staatsdienst, freie Stellen werden wie üblich natürlich erst einmal mit Familienangehörigen besetzt. Die Verwandtschaft ersetzt fachliche Qualifikationen.

Angesichts der unwürdigen Bedingungen auf dem tansanischen Arbeitsmarkt ist und bleibt **der Westen das Ziel der Begierde.** Nach Europa oder Amerika auszuwandern, sich dort Arbeit zu suchen und der Familie zu Hause in Tansania Geld zu schicken, ist der Wunsch vieler junger Menschen.

So wie das Bild Afrikas in unseren Breiten einseitig ist, so verfälscht ist auch das Bild des Westens in Tansania: Junge Tansanier sehen, wie gut genährte Menschen in schicken Kleidern ins Land kommen und mit Utensilien ausgestattet sind, deren Namen sie nicht einmal kennen. Sie sehen, wie Westler sich zu weit überhöhten Preisen herumkutschieren lassen und auch noch fürstliche Trinkgelder nur dafür geben, dass Kinder mit großen Kulleraugen sie so süß anlächeln. Offensichtlich muss in der Heimat dieser Menschen Geld im Überfluss vorhanden sein, denn sonst könnte es ja nicht so verjubelt werden. Dass auch im Westen hart gearbeitet werden muss, sehen die Tansanier ja nicht. Sie erleben nur Menschen in Urlaubssituationen, die es sich leisten können, zwei, drei Wochen dem süßen Nichtstun zu frönen. Den Tansaniern ist nicht bewusst, dass sie mit ihren kärglichen Rechen- und Sprachkenntnissen und ihrer ungewöhnlichen Arbeitseinstellung kaum einen westlichen Arbeitgeber für sich begeistern könnten.

AIDS – eine Bedrohung für das soziale Gefüge

„Auguwaye huangaliwa."
Wörtlich: „Einer, der krank geworden ist, wird gepflegt."
(Sprichwort aus Tansania)

AIDS und Afrika, das gehört, wenn man den zahllosen Medienberichten Glauben schenkt, untrennbar zusammen. Und es stimmt: Mit 70 % der 2,3 Mio. Neuinfektionen weltweit war der Teil Afrikas, der südlich der Sahara liegt, 2012 laut UNAIDS 2013 Spitzenreiter. Gleichzeitig meldet UNAIDS allerdings einen **Rückgang von 42 % bei den Neuerkrankungen** in der Region – ein Achtungserfolg für die zahllosen Anti-AIDS-Initiativen im südlichen Afrika. Im Vergleich zu den HIV-Raten von über 20 % in Botswana, Lesotho oder Swasiland, liegt Tansania mit einem Wert von 5,1 % im guten Mittelfeld.

UNAIDS geht davon aus, dass im Jahr 2012 1,5 Mio. Menschen in Tansania mit dem Virus infiziert waren und in jenem Jahr geschätzte 80.000 Personen an AIDS verstarben. Es kam zu 83.000 Neuinfektionen. Es gibt allerdings Schätzungen, die besagen, dass aufgrund der schlechten Organisation des Gesundheitssystems **nur einer von 14 Fällen** (!) überhaupt bekannt wird. Hinzu kommt dann noch, dass Menschen aus Scham schweigen, wenn sie in ihrer Familie einen AIDS-Fall haben. Man schweigt darüber, macht keine Meldung beim Krankenhaus, pflegt die Person stillschweigend und beerdigt sie schließlich.

Das sind die nüchternen Zahlen. Es gibt keinen Menschen in Tansania, der nicht einen Verwandten, Freund oder gar ein enges Familienmitglied durch die Immunschwächekrankheit verloren hätte. So gesehen ist jeder einzelne Tansanier von der Seuche betroffen. Für jede einzelne betroffene Familie kommt die Diagnose aber einem gesellschaftlichen Todesurteil gleich.

AIDS bedeutet **Stigmatisierung.** Obwohl es ein Wort in Kiswahili für AIDS gibt, nämlich *ukimwi,* nimmt es niemand gern in den Mund. Betroffene verheimlichen ihre Krankheit, Stillende wagen es kaum, abzustillen (um den Nachbarn keinen Grund für Spekulationen zu geben), andere wiederum trauen sich nicht, die verordneten Medikamente einzunehmen. In den Todesanzeigen der großen Tageszeitungen verschleiern die Angehörigen die Todesursache dann durch Wendungen wie eine „schicksalshafte" oder „langwierige" Krankheit. Offiziell verstirbt niemand an einer HIV-Infektion, bestenfalls werden die Opfer von bösen Geistern heimgesucht und für ihren unmoralischen Lebenswandel bestraft. Denn die Kundgabe, jemand sei an AIDS erkrankt oder verstorben, führt zwangsläufig zu dieser Schlussfolgerung: Die betroffene Person hat einen unmoralischen Lebenswandel geführt und die Partner wie die Unterhosen gewechselt. Familien würden denunziert, verlören ihr Gesicht und müssten in Schimpf und Schande leben.

Dass Menschen mittels AIDS für ihr unmoralisches Leben bestraft würden, ist auch die Ansicht des **Klerus,** egal ob christlich oder islamisch. Da die Vertreter der Religionsgemeinschaft hohes Ansehen genießen, kommt ihren Formulierungen auch in Bezug auf HIV großes Gewicht zu. Dass sie sich dabei dogmatisch verhalten und ihre Statements entsprechend der vertretenen Lehren ausfallen, überrascht nicht. Sie befürworten Abstinenz, sexuelle Enthaltsamkeit vor der Ehe und mahnen zur ehelichen Treue. Diese Forderungen entpuppen sich aber als realitätsfremd und nicht alltagstauglich, in einem Land, wo Männer ihren Sexualtrieb als gottgegeben ansehen und es gesellschaftlich erwartet wird, möglichst viele Nachkommen zu zeugen.

Ähnlich halbherzig reagiert die **Politik.** Lange Jahre wurde die Ausbreitung der Krankheit ignoriert. Erst auf Druck des hilfeleistenden Auslands nimmt sich die Politik seit 2007/2008 auf schwerfällige und langsame Weise der Thematik an. Beispielsweise werden in leicht zugänglichen, städtisch geprägten Regionen kostenlos Kondome verteilt. Die ohnehin viel ärmere, ländliche Bevölkerung wird aber nicht erreicht. Man will mehr AIDS-Beratungszentren bauen, kauft antiretrovirale Medikamente, finanziert den Bau eines Pharmawerks, das derartige Medikamente in Tansania herstellen soll und subventioniert AIDS-Tests. Internationales Wohlwollen erntet Tansania durch die Bemühungen, die freiwillige Beschneidung von Männern zu forcieren. UNAIDS und Experten gehen davon aus, dass sie das Risiko einer HIV-Infektion um die Hälfte verringern kann.

Die Politik konzentriert sich vor allem auf die Behandlung von Symptomen, vermeidet aber tiefergehende Anti-AIDS-Programme, die gesellschaftliche Fragen aufwerfen würden. Zu groß ist die Gefahr, dass die handelnden Personen ihren Status von moralischer Integrität und Unfehlbarkeit einbüßen könnten, wenn sie öffentlich über AIDS sprächen. Leere Phrasen werden zwar gedroschen, aber letztlich nimmt sich keiner ernsthaft des Gegenstandes an. Im Spannungsfeld von heldenhafter Vollkommenheit einerseits und dem rauen, tansanischen Alltag andererseits könnte ja die Reputation Schaden nehmen – eine Schande, die kaum ein Politiker wirklich riskieren möchte. Kein Staatsmann würde in der Öffentlichkeit jemals zugeben, wenn jemand aus seiner Familie oder gar er selbst mit HIV infiziert wäre. Denn dann stünde er mit einem Schlag nicht mehr unfehlbar und als promiskuitiv da – was als verwerflich angesehen wird, auch wenn die Mehrheit der tansanischen Bevölkerung genau diese

Realität lebt. So wird auch weiterhin kein Politiker den Mut aufbringen, ernsthaft einen Feldzug gegen AIDS zu starten. Für evtl. infizierte Familienmitglieder ist ohnehin gesorgt, denn sie werden außer Landes, in Europa oder Amerika, medizinisch betreut.

Viel intensiver, punktgenauer und vor allem schneller als die Politik reagieren private, meist **ausländische Organisationen.** Sie engagieren sich vor allem im Bereich der Aufklärung und Bildung, verteilen Millionen von Kondomen und unterstützen regionale Frauenprojekte. Auch die Medien tragen maßgeblich dazu bei, dass das Bewusstsein für AIDS steigt. All diese Maßnahmen führten zu einem erfreulichen Rückgang der Neuinfektionen, wie UNAIDS 2013 in einem Bericht feststellte.

Wie bereits eingangs erwähnt ist AIDS unter Tansaniern ein **Tabuthema,** das Stigmatisierung und Ausgrenzung für die Betroffenen bedeutet. In einem 2013 von Human Rights Watch veröffentlichten Bericht verurteilt man beispielsweise den Umgang der Polizei mit Hochrisikogruppen. Da ist die Rede von **Folter, Vergewaltigung, Körperverletzung,** willkürlichen Festnahmen und Erpressung von Drogenkonsumenten, Prostituierten sowie Schwulen und Lesben. Polizisten verweigern den Opfern Gesundheitsleistungen, misshandeln und traumatisieren homosexuelle Männer und Drogenabhängige und vergehen sich an Mädchen, die ihre Körper für Geld verkaufen, anstatt ihnen Hilfe anzubieten. Das spricht weder für die Polizisten, noch für den gesellschaftlichen Umgang mit AIDS.

Mythen halten sich hartnäckig in der Bevölkerung: Sex mit einer Jungfrau heile AIDS; die Weißen versteckten das Virus in den Kondomen oder die westlichen (mittlerweile hochwirksamen) antiretroviralen AIDS-Medikamente würden erst recht die Krankheit begünstigen.

In erster Linie ist AIDS die **Folge eines ungleichen Kampfes der Geschlechter.** Frauen, die den Männern untergeordnet sind, haben kein Mitspracherecht in sexuellen Beziehungen. Wann und wie der Sexualakt vollzogen wird, bestimmt der Mann. Ebenso ob Schutzmaßnahmen getroffen werden, z.B. durch Kondome. Unter jungen Frauen bis 24 Jahren ist die AIDS-Ansteckungsrate doppelt so hoch wie bei Männern gleichen Alters. Erst in der Altersgruppe ab 40 Jahren sind Letztere stärker betroffen als Frauen, was darauf schließen lässt, dass die Übertragung oft von älteren Männern auf junge Frauen erfolgt.

Wohl wissen viele Frauen und Männer, dass ein Kondom vor AIDS schützen würde, doch neben weitverbreiteten Mythen und der Schlechterstellung der Frauen sind auch **Kommunikationshindernisse** Schuld an der hohen Ausbreitungsrate. Für Männer und Frauen geziemt es sich nicht, solche Dinge offen anzusprechen. Wenn eine Frau beispielsweise um die Verwendung von Kondomen bitten würde, müsste sie fürchten, der Untreue bezichtigt zu werden. Würde der Mann wiederum freiwillig ein Kondom verwenden, würde die Frau vermutlich misstrauisch werden und seine Treue offen in Frage stellen.

Frauen und AIDS

Armut ist ein starkes Motiv, um seinen Körper zu verkaufen. *Kazi bila ya jasho,* „Arbeit ohne Anstrengung", so wird **Prostitution** gern umschrieben. Zwischen den Zeilen steckt der Vorwurf, dass die jungen Mädchen nicht mehr hart arbeiten wollen, beispielsweise auf dem Feld. Sie wollen sich nicht mehr so schinden, wie sich ihre Mütter und Großmütter geschunden haben und erliegen dabei auch den magischen Verführungen der westlichen Welt. Ihre Vorstellung vom Westen beschränkt sich allerdings auf amerikanische Filme à la „Pretty Woman", wo niemand zu arbeiten scheint und alle Menschen in Reichtum schwelgen. Da die meisten tansanischen Familien aber nicht mehr als 1000 bis 2000 TSH (ca. 40–80 Cent) am Tag zur Verfügung haben, bleibt vielen Frauen nichts anderes übrig, als sich mit Prostitution ihr materielles Überleben zu sichern.

Sich von einem *sugar daddy* – so werden jene älteren Herren genannt, die Mädchen und junge Frauen für ihre sexuellen Gefälligkeiten bezahlen – zehn Minuten begrapschen zu lassen, bringt zwischen 500 und 1000 TSH (ca. 20–40 Cent) ein. Gemessen am Aufwand ist dies ein Vielfaches dessen, was sich mit Feldarbeit, dem Verkauf von Gemüse oder auch als Haushaltshilfe verdienen lässt. Mädchen und junge Frauen sind besonders gefragt, ebenso Frauen, die ohne Kondom mit den Männern schlafen, wobei der Preis hierfür höher ist als mit Kondom. Auch viele ältere Frauen bessern ihre knappe Haushaltskasse mittels sexueller Dienstleistungen auf.

Die Chancen stehen hoch, sich bei den käuflichen Liebesdiensten mit HIV zu infizieren. Gerade ältere Männer sind häufig HIV-infiziert und übertragen das Virus auf die Frauen. Die wiederum stecken möglicherweise ihren nächsten Freier oder ihren Ehemann an ...

In vielen Publikationen wird darauf hingewiesen, dass neben der Armut die **wachsende Mobilität** die Ausbreitung des Virus beschleunigt. In den Anfangsjahren konnte beobachtet werden, dass sich die Seuche hauptsächlich entlang der Transportwege ausbreitete. Heute hat sie die letzten Winkel Tansanias erreicht, was in erster Linie mit verstärkter Arbeitsmigration erklärt wird. Auf der Suche nach Arbeit lassen sich männliche Dorfbewohner in der Stadt nieder, wo sie sich ein zweites Leben aufbauen. Dazu gehören auch neue Beziehungen oder regelmäßige sexuelle Aktivität mit wechselnden Partnern. Ein-, zweimal pro Jahr besuchen sie ihre Familie im

Extrainfo 11 (s. S. 8): Doku über Hochrisiko-Berufsgruppen, für die Sex und AIDS alltägliche Begleiter sind. Interessanter Aspekt: Es geht um AIDS aus Sicht der Männer.

Heimatdorf, wo die Frau dann gefügig ihren ehelichen Pflichten nachgeht – und infiziert wird.

So wenig wie Frauen über ihren Körper verfügen können, so wenig wird ihnen auch zugestanden, beim Geschlechtsverkehr angenehme Empfindungen zu haben. Aus diesem Grund wird in vielen Gesellschaften die weibliche Beschneidung praktiziert. Und es gibt **Sexualpraktiken** wie *dry sex* (siehe unten), die der Übertragung von AIDS mehr als förderlich sind. In der AIDS-Forschung finden die oben erwähnten Gründe wenig Resonanz, da es vermutlich schwer sein wird, wissenschaftlich fundierte Studien darüber zu erstellen.

Von Frau zu Frau spricht es sich leichter und so fand ich mich mehrmals in Gesprächen über Sexualpraktiken wieder. Die tansanischen Frauen waren neugierig, wie es denn in westlichen Betten zugehe und ich gab ihnen bereitwillig Auskunft. Im Gegenzug erzählten sie mir, wie sie Sex empfinden und erzählten mir auch, dass *dry sex* das Nonplusultra in vielen Betten sei. Um diesem Ideal zu entsprechen, würden sich viele Frauen zerriebene Kräuter und Wurzeln in die Vagina schmieren, um einen Trockeneffekt zu erreichen und zu verlängern. Das Vaginalsekret wird durch das Pulver gebunden und die äußeren Geschlechtsorgane werden künstlich trocken gehalten. Männer versprechen sich durch diese Praxis vermeintlich mehr Lustgewinn. Die Folge solcher Prozeduren sind nicht nur massive Verletzungen der Schleimhäute, wodurch das HIV-Ansteckungsrisiko um ein Vielfaches steigt, sondern die Schutzfunktion des Vaginalsekrets gegen Infektionen im Allgemeinen wird außer Kraft gesetzt. Das weibliche Immunsystem wird auf diese Weise zusätzlich geschwächt.

Erschwerend kommt noch hinzu, dass Frauen schon aufgrund ihrer Anatomie im Schutz vor AIDS benachteiligt sind. Der Vaginalbereich bietet insgesamt eine relativ große Gewebefläche und die Virenkonzentration ist in der Samenflüssigkeit weit höher als in der Vaginalflüssigkeit. Beides erhöht das AIDS-Risiko für Frauen enorm. Außerdem ist **das weibliche Immunsystem** in der Regel bereits durch die zahlreichen Schwangerschaften und die Mehrfachbelastung geschwächt. Auch die Ernährungssituation der meisten Frauen ist nicht gerade günstig. Traditionell bekommen sie das, was Männer und Kinder überlassen. In ländlichen Gegenden oder armen Familien bleiben den Frauen oft nur ein paar Bissen *ugali* (Maisbrei) oder *wali* (gekochter Reis). Die Frauen werden zwar satt, aber für eine gesunde, ausgewogene Ernährung reichen die Kohlenhydrate bei weitem nicht aus. Die **Kombination aus weiblicher Anatomie und gesellschaftlicher Schlechterstellung** begünstigt also die Infizierung mit dem HI-Virus bei den tansanischen Frauen.

Man kann es nun betrachten, wie man will: Frauen unterliegen nicht nur einem größeren Risiko, an AIDS zu erkranken und zu sterben, sondern sie spüren auch **die sozialen Auswirkungen der Seuche** am meisten. Sie sind es, die die kranken Schwestern, Brüder, Kinder oder Neffen pflegen müssen, denn solcherlei Tätigkeit wird von den Männern strikt abgelehnt. Sie lehnen es oft sogar ab, die eigene Frau zu pflegen, was dann von der Schwester oder gar von der betagten Mutter übernommen werden muss. Die Versorgung von AIDS-Patienten ist sehr aufwendig, dadurch bleibt weniger Zeit für die Feldarbeit, für den Anbau oder den Verkauf von Gemüse. Dies fördert die Mangelernährung und die Armut – und die Spirale dreht sich weiter und weiter abwärts. Für die Medikamente der betreuten Angehörigen müssen meist auch die Frauen aufkommen, einerseits aufgrund der traditionellen Arbeitsteilung und andererseits, weil der Mann in der Regel schon längst über alle Berge ist.

In den Augen der Männer sind die **Sündenböcke** schnell gefunden. Es sind die Frauen und die Mädchen. Ihnen werden Gier (nach Geld, materiellen Werten, Unabhängigkeit und einem angenehmen Leben) und Gehorsamsverweigerung (weil die Mädchen später heiraten, weniger Kinder zur Welt bringen und sich früher aus dem Einflussbereich der Eltern emanzipieren wollen) vorgeworfen. Indirekt prangert man die Verwestlichung der Gesellschaft und den Verfall der Moral an, denn nur deshalb brechen die Frauen mit den althergebrachten Regeln der tansanischen Gesellschaften. Und weil die Frauen gierig und ungehorsam seien, bekämen sie folgerichtig als Strafe AIDS.

Männer hingegen streiten vehement ab, Überträger des Virus zu sein. Selbst gebildete und informierte Frauen können mit ihren ebenso bewanderten Männern kaum über dieses Thema sprechen, denn eine solche Unterhaltung würde das männliche Selbstverständnis stark erschüttern.

So erreichen die zahlreichen Organisationen, die gegen AIDS vorgehen wollen, meist auch nur das schwächste Glied der Kette, nämlich die Frauen. Männer lehnen häufig jegliche Art von Diskursen ab. Eine höhere Erfolgsrate der vielen Nichtregierungsorganisationen und Initiativen scheitert neben den Männern auch an vielen Ausprägungen des tansanischen Alltags und an Schicksalsergebenheit, Aberglauben, unaussprechlichen Tabuthemen, hartnäckigen Mythen und Geldnot im öffentlichen Dienst. Viele Menschen meinen, dass junge Menschen keine Sexualerziehung erhalten sollten, denn das Wissen um die Sexualität würde sie erst recht in den vorehelichen Geschlechtsverkehr treiben. Sexualaufklärung in den Schulen scheitert daher nicht nur allein am fehlenden Geld beispielsweise für Unterrichtsmaterialien, sondern auch am Widerstand der Verwandten.

Viele wissen zudem nicht, wie Kondome korrekt benutzt werden müssen und stülpen sie sich beispielsweise schon Stunden vor dem eigentlichen Sexualakt über. Die Thematik ist also bei Weitem komplexer, als dass sie im vorliegenden Rahmen angemessen ausführlich dargestellt werden könnte.

AIDS schwächt die soziale Struktur

Die unmittelbaren **Auswirkungen von AIDS auf die soziale und gesellschaftliche Struktur** des Landes sind fatal. Mütter und Väter sterben und lassen Waisen zurück. Die Großmütter oder andere weibliche Verwandte übernehmen in vielen Fällen die Pflege, aber an allen Ecken und Enden fehlt es an Geld, da die generationenübergreifende Versorgung wegfällt. Die Söhne sind tot und können die alt gewordenen Eltern nicht mehr finanzieren. Großmütter, selbst mangelernährt, gezeichnet von Geburten und einem arbeitsreichen Leben, halten der Mehrfachbelastung nicht stand. Übrig bleiben **Millionen von Waisenkindern** jeden Alters, die weder Vorbilder noch Ernährer oder spirituelle Führer haben. Das soziale Zusammenspiel gerät aus den Fugen, denn was soll aus diesen Kindern werden? Sie leben auf der Straße von Gaunereien und Diebstählen, werden drogenabhängig und stellen den innerstaatlichen Frieden auf eine harte Probe.

Volkswirtschaftlich gesehen sind die Folgen zum jetzigen Augenblick nicht abzuschätzen. Das durchschnittliche Haushaltseinkommen sinkt, die Kaufkraft geht zurück. Den Betrieben fehlen Arbeitskräfte (denn hauptsächlich sind die 20- bis 40-Jährigen von der Krankheit betroffen) und die Erträge der Landwirtschaft sinken, weil immer weniger Fläche bewirtschaftet werden kann. Investitionen in das Schulwesen verpuffen ohne langfristige positive Auswirkungen. Nur ein Teil der Kinder wird unbeschadet das Erwachsenenalter erreichen und zur Volkswirtschaft beitragen können. Gleichzeitig explodieren die Gesundheitskosten, denn die Behandlung von AIDS ist zwar auf dem Papier gratis, doch Korruption und Willkür machen auch vor den medizinischen Einrichtungen nicht halt: Für „kostenlose" Behandlungen in den staatlichen Spitälern müssen Angehörige tief in die Tasche greifen, wenn sie ihre kranken Familienmitglieder möglichst gut betreut wissen möchten. Mittellose hingegen siechen und versterben ebenda. Die staatlichen Waisenhäuser und Sozialeinrichtungen können keine grundlegende Versorgung garantieren. Man kann es drehen und wenden, wie man will, aber AIDS könnte die soziale Ordnung, auf die das ganze Land zu Recht stolz ist, gefährden. (Siehe auch das Kap. „Die Wirtschaftseinheit Großfamilie".)

Alkohol, Drogen und Zigaretten

„Mchovya asali, hachovyi mara moja."
Wörtl.: „Wer seinen Finger in Honig taucht, wird es nicht nur einmal tun."
(Sprichwort aus Tansania)

Alkohol, Drogen und Zigaretten gehören hier zum Alltag. Bekiffte *beachboys* versuchen in Stone Town, fragwürdige Ausflüge oder illegale CDs an die Frau oder den Mann zu bringen. Alkoholisierte Mitarbeiter in Hotels und Lodges stellen für Arbeitgeber und Besucher ein Problem dar. Und Zigaretten sind ohnehin nicht aus dem Straßenbild wegzudenken. Mehr noch, der Missbrauch von Alkohol und Drogen hat in Tansania bereits solche Dimensionen angenommen, dass er bereits die Regierung auf den Plan gerufen hat. So ermahnt Präsident *Kikwete* seine Bürgerinnen und Bürger bei Festreden immer wieder, auf Alkohol und Drogen zu verzichten, da sie die Menschen schwächen und die Gesellschaft schädigen.

Drogenanbau und -handel sind einträgliche Geschäfte in einem Land mit hoher Arbeitslosigkeit und erheblichen Lebenshaltungskosten. Riesige Cannabisplantagen werden vorzugsweise in schlecht zugänglichen Gebieten, dichten Wäldern oder in gebirgigen Gegenden angelegt, dort, wo Ordnungshüter kaum Zugriff haben und ohnehin beim Drogenhandel mitmischen. In Arusha, dem Gebiet um den Kilimanjaro, in der nördlich der Serengeti gelegenen Region Mara, in den Usambara Mountains und in Tanga sind einträgliche Cannabisplantagen – trotz wiederholter Razzien – fest etabliert. Aus dem Cannabis werden Marihuana und Haschisch gewonnen, das wiederum mit Drogenkurieren außer Landes geschafft wird, vornehmlich nach Europa und Südafrika.

Der Drogenhandel nimmt merklich zu, auch weltweit sind immer mehr Tansanier darin verwickelt. Aufgrund seiner Lage hat sich Tansania zu einem **Transitland für große Mengen von Drogen** entwickelt. Drogen aus Afghanistan, Pakistan, Südafrika oder Südamerika (Brasilien, Kolumbien) bahnen sich ihren Weg über Tansania und Sansibar nach Südafrika, Europa und Ostasien, wo sie ein Vielfaches vom Verkaufspreis im subsaharischen Afrika erzielen. Die Staaten Südafrika und Botswana klagen bereits darüber, dass Tansania zu einem so berüchtigten Transitland geworden ist. In den tansanischen Städten werden junge, hoffnungslose Männer für den Schmuggel rekrutiert. Oft müssen sie dafür Heroin- oder Kokainkapseln schlucken, die mit viel Glück unversehrt ihren natürlichen Weg gehen. Die Flugbesatzung erkennt die *mulis* (so der inoffizielle Name der Drogenkuriere in Tansania) daran, dass sie während des gesamten Fluges weder essen noch trinken. Am Flughafen von Sansibar hat die Polizei vor

Kurzem sogar eine Sondertoilette für *mulis* eingerichtet. Oftmals aber platzen die Kapseln im Körper, was für die Kuriere in der Regel tödlich endet. Die jungen Blätter des Khatstrauches *(khat, mirungi)* hingegen haben eine vergleichsweise kurze Anreise, denn diese stammen aus Kenia und Somalia. Die Blätter werden im Mund zerkaut und haben eine berauschende Wirkung, die jedoch nicht mit Cannabis oder Heroin zu vergleichen ist. Illegal ist es aber trotzdem.

Man braucht nicht lange nach **Ursachen** forschen, warum Drogenanbau und -handel zu einem ernsthaften Problem in Tansania werden. Armut, Arbeitslosigkeit und Langeweile sind schlechte Berater, wenn Männer mit dicken Fahrzeugen und trendigen Mobiltelefonen einem jungen Mann das schnelle Geld versprechen, nur dafür, dass er ein paar Kapseln schluckt und ein wenig durch Afrika reist. Die Sehnsucht nach dem süßen Leben, wie drittklassige amerikanische Kinofilme es vorgaukeln, ist zu groß und der Umzug in die Stadt hatte meistens zwar verheißungsvoll begonnen, aber erbärmlich geendet.

Schon Jungs im Alter von 9 Jahren und Mädchen ab 12, 13 Jahren beginnen – neben dem Rauchen und Trinken – mit dem Schnüffeln von Benzin oder Klebstoff. Eine nicht unerhebliche Zahl von Grundschülern konsumiert regelmäßig Marihuana *(bhang, bangi)* und Cannabis. Ebenso früh schauen sich die Kinder den effektiven Gebrauch von *khat* von den Erwachsenen ab. Spätestens in der *Secondary School* suchen die jungen Abhängigen nach härteren Drogen. Drogendealer wissen, dass die höheren Schulen einen profitablen Umschlagplatz für Kokain (*unga*), Mandrax und Heroin (ebenfalls *unga*) darstellen. Gefährdet sind insbesondere Waisen oder Schulabbrecher, die sich mit Gelegenheitsjobs oder Prostitution über Wasser halten müssen. Arbeitslose Jugendliche im Alter von 15 bis 20 Jahren stellen die Hauptabnehmer von harten Drogen dar.

Die *Drug Control Commission* von Tansania befürchtet, dass es landesweit bis zu 500.000 Drogenabhängige gibt. Der Gesundheitsminister von Sansibar vermutet gar, dass ca. 7 % der Sansibaris abhängig sind, es könnten allerdings auch wesentlich mehr sein. Weder die wenigen Drogenberatungsstellen noch eine Handvoll Rehabilitationszentren, die Methadontherapien anbieten, können die Masse der Drogenabhängigen auffangen.

Da Sansibar und Dar es Salaam auf einer Schmuggelroute liegen, die über den indischen Ozean führt, wird laufend für billigen Nachschub gesorgt. Ein Schuss kostet nicht mehr als 1500 TSH (65 Cent), was dem Preis einer Flasche Bier oder einem Snack entspricht. Wer nicht genug Geld hat, teilt seine Drogen. Kurz nach dem Schuss entnimmt man sich mit einer Spritze Blut und verkauft es. Abhängige teilen sich die Spritzen, Frauen verkaufen ihre Körper, um sich neuen Stoff zu leisten zu können. Unter

Drogenabhängigen ist die **AIDS-Rate besonders hoch:** 45 % der Männer, 72 % der Frauen und über 50 % der Jugendlichen, die Heroin spritzen, sind HIV-positiv, die Dunkelziffern nicht eingerechnet.

Die Zahlen und Schicksale erschüttern. Die Menschen zahlen einen hohen Preis für den **Traum, in der großen Stadt** zu leben und ihre Freiheit auszukosten. Aber warum kommen junge Menschen häufig mit Drogen in Kontakt? Langeweile, Arbeitslosigkeit, Eltern, die sich nicht kümmern oder an AIDS verstorben sind, labile Persönlichkeiten, verführerische Bilder aus dem Fernsehen – und vor allem der Gruppendruck unter den Jugendlichen lassen diese zu harten Drogen greifen. Fehlende Vorbilder, mangelnde elterliche Zuwendung (oder zumindest Kontrolle durch neugierige Nachbarn im einengenden Dorfkorsett), schwache Schulstrukturen und die Anonymität in der Stadt begünstigen den Griff zur Spritze.

Während der Konsum von Drogen wie Cannabis, Heroin, Kokain oder *khat* illegal ist, gilt der **Alkoholmissbrauch** als Kavaliersdelikt und ist kaum eine Schlagzeile in der Zeitung wert. Er gehört zum tansanischen Alltag wie das Wasserholen und die Schlaglöcher in den Pisten. Schätzungen ergaben, dass etwa 25 % der Männer ein Alkoholproblem haben. Bei den Frauen sind es knapp 14 %. Eine Studie aus dem *Kilimanjaro Christian Medical Centre (KCMC)* in Moshi ergab 2011, dass etwa 50 % aller Schädel-Hirn-Traumata auf Alkoholmissbrauch zurückzuführen sind, meist verursacht durch Unfälle.

Traditionell wurde in Ostafrika seit Menschengedenken Bier gebraut. Als Überbegriff für die regional unterschiedlichen Biersorten aus Bananen oder Hirse wird *pombe* verwendet. Während das breiige Bananenbier süßlicher schmeckt, hat das noch dickflüssigere Hirsebier eher einen bitteren Beigeschmack. Für westliche Geschmacksnerven sind beide gewöhnungsbedürftig. Früher wurde *pombe* hauptsächlich für besondere Anlässe gebraut, doch heute zählt die Herstellung zu den wichtigen **Einkommensquellen für Frauen** auf dem Land. Zwischenhändler verkaufen das Bier an Bars oder auf Märkten und selbst wenn die Frauen manche Zutaten dazukaufen müssen, lohnt sich das Geschäft allemal. Gleiches gilt für *gongo,* einen hochprozentigen Schnaps, der durch das Destillieren von *pombe*

051ts kk

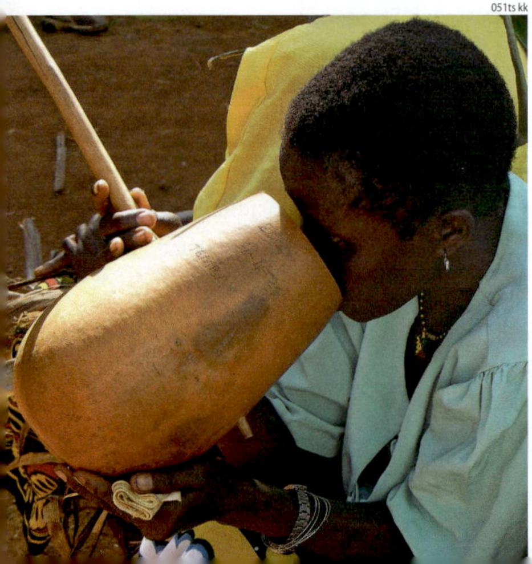

gewonnen wird. Daneben wird bevorzugt *Konyagi* getrunken, eine Art Melange aus Gin und Wodka.

Heute scheint es, als sei in Tansania **Alkohol leichter erhältlich als sauberes Trinkwasser.** Industriell gefertigtes Bier fließt in rauen Mengen überall im ganzen Land. Durch die Zusammenarbeit mit deutschen Braumeistern und die Verwendung von importiertem Getreide wurde die **Bierqualität** in den letzten Jahren internationalen Standards angepasst. Bei den tansanischen Biersorten handelt es sich um leichte, wohlschmeckende Durstlöscher, die teilweise sogar nach dem deutschen Reinheitsgebot von 1516 gebraut werden. Mittlerweile scheint es auch den Einheimischen zu schmecken; mehr noch, das Bier ist zu einem Stück tansanischer Identität mutiert. Auf das Kilimanjaro-, Safari-, Serengeti- oder Ndovu-Bier ist man fast gleich stolz wie auf die namensgebenden Attraktionen (*ndovu* bezeichnet übrigens einen Elefanten). Der Bierkonsum steigt übrigens jährlich und entspricht in etwa dem Wirtschaftswachstum von 5 %.

Selbst an entlegensten Orten, wo sich die berechtigte Frage aufdrängt, wie die Bierkisten ihren Weg dorthin überhaupt gefunden haben, muss auf Bier keinesfalls verzichtet werden. Fehlender Strom ist übrigens kein Konsumhindernis: Funktioniert der Kühlschrank nicht (oder ist gar nicht vorhanden), dann wird das Bier eben warm getrunken. Auch im tiefsten Busch können sich die Männer den Luxus eines Bieres samt Zigarette leisten, obwohl eine Flasche Bier mit 1500 bis 2000 TSH mindestens das Dreifache von einer Flasche Cola kostet und viele Tansanier mit 1000 TSH am Tag auskommen müssen.

Armut und eine gesteigerte **Verfügbarkeit** von harten Getränken sind **Schuld am Alkoholismus.** In vielen Familien wird mehr Geld für den Alkohol als für Nahrungsmittel ausgegeben. Frauen und Kinder bleiben unter- und mangelernährt zurück, von medizinischer Versorgung oder gar der Aussicht auf Schulbildung gar nicht zu reden. Sind die Männer erst einmal in der richtigen Alkoholstimmung, tendieren viele zu Gewalt, schlagen und vergewaltigen ihre (und andere) Frauen und wenden sich den HIV-positiven oder bereits an AIDS erkrankten Prostituierten zu. Die Leidtragende ist letztlich die Ehefrau, die ihre Kinder und die ältere Generation ernähren muss und zudem noch mit AIDS angesteckt wird. Experten verweisen auch darauf, dass die Dichte der Bars und Diskotheken sprunghaft angestiegen ist und dass Bierproduzenten aggressive Werbekampagnen betreiben. Es ist keine Seltenheit, dass eine Biermarke an einem Abend in

◁ Bei Festen wird das alkoholische Getränk „pombe" von beiden Geschlechtern genossen, unter der Woche schauen eher die Männer tief ins Pombe-Glas

einer x-beliebigen Bar Freibier ausschenkt. Der lockere Umgang der Touristen und Expats mit Alkohol trägt ebenfalls zur **Verharmlosung von Alkohol** bei. Häufig konnten wir bei uns in der Lodge beobachten, wie Touristen unseren höflich ablehnenden Fahrern ein Bier aufgedrängt haben. Nicht alle sind standhaft und selbstsicher genug, um der Versuchung zu widerstehen. Teilweise wird der Alkohol sogar für die vielen Unfalltoten im Straßenverkehr verantwortlich gemacht. NGOs fordern deshalb das landesweite Verbot von Alkohol. Es muss aber auch klar gesagt werden, dass viele Männer als strikte Antialkoholiker leben. Nicht einmal zu einer Flasche Bier kann man sie überreden. Zahllose Hochzeiten kommen ohne einen Tropfen Alkohol aus und in vielen Lokalen in Arusha oder Dar es Salaam, insbesondere in den indisch-muslimisch geführten Gaststätten, gibt es überhaupt keinen Alkoholausschank.

Das **Rauchen** erscheint dagegen direkt noch harmlos. Tansania zählt zu den wichtigsten Produzenten von Tabak und rangiert in der Exportstatistik ganz oben. Weite Landstriche werden von der Tabakindustrie okkupiert, wertvolle Bäume werden gefällt (um die Blätter zu trocknen) und die Menschen arbeiten für einen Hungerlohn auf den Plantagen.

Das ist jedoch nur ein Teil des Problems, denn das viel größere Problem, das bereits die WHO auf den Plan gerufen hat, ist der Tabakkonsum selbst. Wegen der Antiraucherkampagnen in Europa und Amerika suchen die großen Zigarettenproduzenten neue Absatzmärkte – und finden sie in Afrika. Große Events werden gesponsert und großflächige Plakatwände säumen die Straßen. Die Jugend eifert den Vorbildern aus den ausländischen Filmen begeistert nach, man will cool und hip sein. Die einen greifen zur Zigarette, weil sie ihren Hunger dämpfen wollen, die anderen, weil Tabak gut zum Bier passt. Mit dem gleichen Ergebnis wie beim Alkoholkonsum: Wenn Männer Zigaretten kaufen, bleibt der Familie weniger Geld für Lebensmittel, Schulutensilien oder andere wichtige Dinge. Eine Packung Zigaretten kostet je nach Marke zwischen 2000 und 3000 TSH, wobei die meisten Männer die Zigaretten ohnehin einzeln um 100 bis 200 TSH kaufen.

Natürlich gibt es keine gesicherten **Zahlen über Suchtkranke,** aber die Beobachtungen der NGOs und anderer Gruppen lassen Schreckliches ahnen. Besserung ist keine in Sicht, punktuelle Initiativen können das Problem nicht wirksam angehen. Es handelt sich um eine gesellschaftlich bedingte Fehlentwicklung, hervorgerufen durch Armut, Arbeitslosigkeit, Hoffnungslosigkeit und die Aussicht auf eine triste Zukunft. Oft bleibt den Menschen nicht viel mehr Freude am Leben als in der allzu großzügig bemessenen Freizeit Drogen, Alkohol und Zigaretten zu konsumieren und so das eigene Elend wenigstens kurzfristig vergessen zu können.

Einkaufen

„Jua lafanya, kiwi cha macho."
Wörtlich: „Die Sonne verursacht Verblendung."
(Sprichwort aus Tansania)

An allen Ecken und Enden wird gehandelt, hier ein kleiner Stand mit Tomaten und Orangen, dort ein Bretterverschlag, wo Stoffe und Secondhandschuhe auf neue Besitzer warten, weiter hinten werden auf dem Boden drittklassige Uhren und Plastikgürtel verkauft. Die Güter des täglichen Lebens finden Tansanier meistens vor ihrer Haustür – selbst in abgelegenen Dörfern. Wenn es keinen kleinen Laden *(duka)* gibt, so steht wenigstens irgendwo ein Straßenhändler.

Neben den *maduka* (Mehrzahl von *duka*), Straßenhändlern und Märkten (*soko*) finden sich in den meisten Ballungszentren auch kleinere und größere **Supermärkte,** die Lebensmittel und Konsumgüter führen. Große Supermärkte im westlichen Stil existieren nur in Dar es Salaam, mit seinen finanzkräftigen Einheimischen und Expats, sowie in Moshi und Arusha, wo potente Touristen und die Heerscharen von internationalen Mitarbeitern des UN-Tribunals für Umsätze sorgen. Durchschnittliche Tansanier gehen kaum in den großen Supermärkten *Nakumatt, Game* oder *Shoprite* einkaufen, da sie die höheren Preise nur schwerlich zahlen können und von den meisten Produkten nicht wissen, wofür sie gut sind.

Während in der Stadt gegen Geld fast alle Güter erhältlich sind, sind die Einkaufsmöglichkeiten auf dem Land wesentlich eingeschränkter. Kleine *maduka* verkaufen die notwendigsten Lebensmittel. Uhren, Töpfe, Unterhosen, T-Shirts, Schulhefte oder Schuhe werden von **Handelsreisenden** feilgeboten. Kunstvoll stapeln sie die Waren auf ihre Fahrräder oder balancieren die Taschen auf Schultern und Rücken und ziehen so von Dorf zu Dorf.

In ländlichen und abgelegenen Gegenden werden **Markttage** abgehalten. Ein- oder zweimal pro Woche kommen die Händler und Verkäufer dafür an verkehrstechnisch günstig gelegenen Orten zusammen. Für die Bevölkerung ist der wöchentliche Markt oft die einzige Möglichkeit, sich mit dem Notwendigsten einzudecken: Ziegen, Kühe, Geschirr, Sandalen aus alten Autoreifen, Secondhanduhren, klapprige Mobiltelefone, Mais oder Bohnen. Die Händler kommen ohne Ladentische oder Unterstände aus, die Ware wird einfach auf dem Boden ausgebreitet und anschließend lautstark angepriesen. Im Maasai-Land nordwestlichen von Arusha finden fast täglich irgendwo Maasai-Märkte statt, Besucher können sich das bunte Treiben recht bequem ansehen. Unerlässlich ist die Anheuerung eines Guides – so kann man gelassen dem Marktbetrieb zuschauen und sogar unbehelligt Fotos schießen. (Siehe dazu das Kap. „Auf Reisen in Tansania".)

Als problematisch wird vielerorts die **drittklassige Qualität der Waren** empfunden. Tansanische „Häuslebauer" beklagen den bedauernswerten Zustand von Gerätschaften, Armaturen, Fliesen etc. Ein befreundeter Tansanier, der beruflich öfter in Europa weilt, nimmt meist so viel Baumaterial mit zurück, wie er kann. Kuriose Dinge befinden sich immer wieder in seinem Koffer, denn von Fliesen über Gips bis hin zu Glühbirnen importiert er regelmäßig Waren nach Tansania.

Gleiches gilt für touristische Einrichtungen wie Hotels oder Camps, die ihre Ausstattung und Baumaterialien vorzugsweise im Ausland einkaufen, insbesondere in Kenia, Südafrika oder gar Mauritius und Dubai. Bei der hohen Luftfeuchtigkeit und den hohen Temperaturen halten tansanische Materialien gerade einmal eine Touristensaison, danach müssten alle Duschköpfe, Toilettendeckel oder Lampenfassungen ersetzt werden. Das einzige, was wirklich unverwüstlich ist, sind chinesische und indische Plastik- und Synthetikprodukte wie Schuhe, Flipflops, Geschirr, Kleidung und Ähnliches. Diese Güter halten nicht nur viele Jahre, sie bleiben sogar ansehnlich und werden dementsprechend gern von den Einheimischen gekauft.

Mit dem steigenden Wohlstand in gewissen Bevölkerungsschichten ändert sich auch das Konsumverhalten, doch westliche Züge oder Dimensionen wie in Kenia oder Südafrika hat es bis dato noch nicht angenommen. Wer mehr verdient, gibt verständlicherweise auch mehr Geld aus. Es werden **Statussymbole** wie Mobiltelefon, Schmuck, Handtaschen oder ein bescheidener Mittelklassewagen gekauft.

Doch ein Konsumdruck, wie man ihn aus Europa kennt, kommt hier kaum zustande, da nur wenig Ware zum Verkauf steht, es kaum entsprechende Aktivitäten von Medien und Werbung gibt und in der Regel nur dann etwas gekauft wird, wenn das alte Stück kaputt oder unbrauchbar geworden ist.

Viele Ausländer empfinden diesen **fehlenden Konsumdruck,** beispielsweise bei Markenkleidung, Schuhen, Unterhaltungselektronik, Mobiltelefonenen oder Computern, als befreiend, andere kritisieren wieder den fehlenden Standard. Aus eigener Erfahrung kann ich sagen, dass uns nach einer gewissen Eingewöhnungsphase kaum Güter wirklich gefehlt haben. Hin und wieder hätten wir uns eine gute Schokolade oder ein hochwertiges Haarshampoo gewünscht, doch im Grunde macht gerade die Reduktion auf die wesentlichen Dinge das Leben in Tansania einfach und unkompliziert.

Ess- und Trinkkultur

„Kichache hakikutoshi na kingi hakikulishi."
Wörtlich: „Wenn dir ein bisschen nicht genügt,
wird dich viel auch nicht ernähren."
(Sprichwort aus Tansania)

Im Gegensatz zu anderen afrikanischen Kulturkreisen hat sich in Ostafrika eine eher bedürfnis- als geschmacksorientierte Küche entwickelt. Mit Ausnahme von Sansibar, wo herzhaft gewürzte Speisen kredenzt werden, müssen die Gerichte ohne viel Schnickschnack auskommen. Salz, Gewürze oder Kräuter werden nur zaghaft beigefügt, kulinarische Finessen in der Verwendung der zur Verfügung stehenden Lebensmittel fehlen. Die tägliche Speisenauswahl ist einseitig, kohlenhydratreich und zumeist sehr fett. Grundsätzlich ist anzumerken, dass Essen und Trinken in Tansania auf die reine Kalorienzufuhr reduziert ist. Nur an der Küste und auf den Inseln hat sich ein bunteres kulinarisches Kaleidoskop entwickelt, das vor allem indischen und arabischen Einflüssen zu verdanken ist.

Einfach, aber sättigend

Je nach Region und Klima dominieren andere Nahrungsmittel, aber als landestypische **Grundnahrungsmittel** fungieren Maisbrei *(ugali)* und gekochter Reis *(wali)*, die jeweils in rauen Mengen auf den Teller kommen. Dazu werden bescheidene Portionen von Soßen *(mjuzi)* aus Tomaten, Zwiebeln und weiteren Gemüsearten gereicht. Abgerundet werden die Mittags- und Abendmahlzeiten durch eine zusätzliche Portion Bohnen *(maharagwe)*, Kohl *(kabeji)* oder eine spinatähnliche Beilage (zum Beispiel *mchicha)*. Schmackhaft und erfrischend ist der traditionelle Salat *katchubari*, der aus fein geschnittenen Zwiebeln und Tomaten besteht und mit Zitronensaft mariniert wird. Beliebte Beilage zur großen Portion Kohlenhydrate sind die *dagaa* – kleine, salzige getrocknete Fische, die gerade auf dem Land die einzige tierische Proteinquelle darstellen. Fleisch wird zwar liebend gern gegessen, aber da es relativ teuer ist, wird es nur in kleinen Portionen serviert. Üblicherweise verwendet man Rindfleisch und Huhn, an der Küste und auf den Inseln auch bevorzugt frischen Fisch. Hirse und Sorghum, einst das wichtigste Brotgetreide Afrikas, wurden in den letzten Dekaden gänzlich von Mais und Reis verdrängt und finden sich in Tansania kaum mehr auf dem Speiseplan.

Zu den an die unterschiedlichen Regionen und Klimazonen angepassten Grundnahrungsmitteln gehören auch Maniok (*muhogo)* oder *Cassa-*

va – je nachdem, ob man die Blätter (Maniok) oder die Knolle (Cassava) der Pflanze meint – und Kochbananen *(ndizi)*. Letztere werden entweder frittiert oder gekocht, in einigen Landesteilen verarbeitet man die Kochbananen auch zu Brei *(matoke)*. Besonders gern isst man *chipsi*, die allerdings mitnichten mit unseren knusprigen Pommes Frites vergleichbar sind. Vielmehr handelt es sich um matschige, mit Fett vollgesogene Kartoffelstücke, die gut und schnell sättigen.

Lieblingsspeise Nummer 1 – und auch ein beliebtes **Sonntags- und Festtagsmahl** – ist gegrilltes (oder frittiertes) Hähnchen mit Pommes Frites *(kuku na chipsi)*. Beliebt sind bei vielen Tansaniern auch *chipsi mayai*, eine Kombination von Pommes Frites und mehreren verquirlten Eiern, die in einer Pfanne beidseitig gebraten werden (also eine Art Omlette). Als Snack kommen auch *mishkaki* zum Einsatz – kleine Fleischspießchen, die über dem offenen Feuer geröstet werden. *Nyama choma*, eine weitere einheimische Spezialität, wird zu besonderen Anlässen aufgetischt. Es handelt sich um gegrilltes Fleisch, das allerdings gute Zähne und einen festen Biss erfordert. Ziegenfleisch *(mbuzi)* gibt es meist nur – je nach ethnischen Bräuchen – zu wirklich feierlichen Ereignissen.

Viel abwechslungsreicher ist die **Küche Sansibars**, wobei man vor allem durch den Einsatz verschiedenster Gewürze herrlich aromatische und exotische Speisen zaubert. Curry, Tamarinde, Kardamom, Nelken, Ingwer und andere verleihen den Speisen besondere Noten. So bereichern die Gewürzreisvariationen *pilau* und *biriani*, die beide aus dem indischen Raum stammen, den Speiseplan. Gewürze werden auf Sansibar auch den typischen Getränken beigemengt: Gewürztee *(spice tea)* oder Gewürzkaffee *(spice coffee)*. Ebenso wird hier gern mit Kokoscreme (oder -milch) gekocht: Typische Gerichte sind z. B. Kokosreis *(wali na nazi)* oder Fisch in Kokossoße. Zudem kommen auf den Inseln und an der Küste gern Fisch und Meeresfrüchte in den Kochtopf.

Das traditionelle **Frühstück**, sowohl auf dem Festland als auch auf den Inseln, fällt meist mager aus. Es gibt *chapati* – aus Mehl, Wasser und jeweils einer Prise Zucker und Salz hergestelltes frittiertes Fladenbrot. Dazu wird Kräuter- oder Schwarztee *(chai)* getrunken, je nach den finanziellen Möglichkeiten mit viel Zucker oder gar mit Sojapulver (um den chronischen Eiweißmangel auszugleichen). Das **Mittagessen** fällt da schon üppiger aus und wie in allen heißen Ländern der Welt wird die große

▷ In den Forodhani Gardens in Stone Town bekommt man die ganze Palette der tansanischen Küche serviert: „chapati" (Fladen), „mishkaki" (Fleischspieße) und „nyama choma" (gegrilltes Fleisch)

053ts kk

Hauptmahlzeit am liebsten zu sehr später Stunde eingenommen. Wen der **kleine Hunger** zwischendurch plagt, der wird an einer der unzähligen Garküchen und Straßenstände mit Sicherheit fündig werden: *Samosa* (gefüllte Teigtaschen), *chapati, mandasi* (süßes Hefegebäck) oder geröstete Maiskolben versprechen Stärkung.

Wie in vielen afrikanischen Kulturen **isst man in Tansania mit den Händen,** besonders *ugali* (Maisbrei) wird mit gekonnter Fingerfertigkeit zu mundgerechten Bällchen geformt, die man dann geschickt in die Beilagen und Soßen dippt. Dafür sollte man tunlichst nur die rechte Hand benutzen, denn sie gilt als sauber und als Esswerkzeug geeignet. Wer in einem Privathaus zum Essen eingeladen ist, wird vermutlich traditionell am Boden sitzend aus einer gemeinsamen Schüssel speisen. Vor und nach der Mahlzeit werden eine Schüssel mit Wasser, Seife und ein Tuch zur Reinigung der Hände reihum gereicht. Waschgelegenheiten befinden sich außerdem in jeder noch so bescheidenen Gaststätte.

Traditionelle **Getränke** sind – wie bereits erwähnt – **Kräuter- oder Schwarztee** *(chai)*, entweder als *chai ya rangi* (ohne Milch) oder als *chai ya maziwa* mit Milch. Besonders beliebt sind auch kohlensäurehaltige Limonaden (der Sammelbegriff für alle süßen Limonaden auf Kiswahili heißt *soda*); man könnte fast glauben, Cola sei das am meisten konsumierte Getränk Tansanias. Alkoholika sind ebenfalls weitverbreitet. (Siehe dazu auch das Kap. „Alkohol, Drogen und Zigaretten".)

Obwohl man **Kaffee** in Tansania selbst anbaut, wird er hier weder geröstet noch sonderlich gern getrunken. Die guten Röstereien befinden sich alle in Europa, wohin die tansanischen Kaffeebohnen verkauft werden. Wenn überhaupt, dann konsumieren die Tansanier den in der Lake-

Extrainfo 12 (s. S. 8): Anleitung für die Zubereitung von *chapati*, einer Art Fladenbrot

Victoria-Region angebauten allseits beliebten, aber gewöhnungsbedürftigen Instantkaffee *Africafe*. Wirklich verwunderlich ist, dass Tansanier im Allgemeinen wenig Wasser zu sich nehmen, das übrigens unter keinen Umständen aus der Leitung getrunken werden darf. Nur wenn man Gäste hat oder bei größeren Feierlichkeiten steht Wasser auf dem Tisch. Die Gewohnheit der Touristen, literweise Wasser zu vertilgen, quittieren die Tansanier mit einem verständnislosen Schulterzucken, denn hierzulande hält man wassertrinkende Menschen höchstens für krank. Allerdings täte es ihnen gut, mehr zu trinken, denn viele Tansanier klagen über Kopf- und Gliederschmerzen, die mit einigen Gläsern Wasser vermutlich in den Griff zu bekommen wären.

Kochen und Hausarbeit

In der tansanischen Gesellschaft sind die **Frauen für die Zubereitung des Essens verantwortlich.** Gut und gern den halben Tag bringt eine durchschnittliche Frau täglich damit zu, ihre Familie zu bekochen. Zu allererst muss mindestens jeden zweiten Tag **Feuerholz** gesammelt werden, manchmal noch öfter. Viele Landstriche sind bereits vollkommen abgeholzt – ein großes Problem in Tansania –, deshalb muss man mitunter zehn, fünfzehn Kilometer gehen, um Feuerholz zu finden. Städter verwenden teure Holzkohle, die genauso wie Feuerholz das Problem der Abholzung intensiviert. Andere Garmethoden als über dem offenen Feuer zu kochen, kennen die Frauen nicht. Obwohl punktuell immer wieder versucht wird, den Frauen in Entwicklungsprojekten Solar- oder Lehmöfen nahezubringen, bleibt der Erfolg hinter den Erwartungen zurück. Immerhin verbraucht eine durchschnittliche Kochstelle an die zwei Tonnen Feuerholz im Jahr!

Viel Zeit wird auch für die **Vorbereitung der Lebensmittel** aufgewendet. Reis muss penibel genau gelesen und gereinigt werden, Maisbrei gestampft, Bohnen in Wasser eingelegt, Zwiebeln und Tomaten klein gehackt und Dutzende weitere Handgriffe getätigt werden. Die traditionelle Kochstelle, die entweder vor dem Haus oder in einem separaten Raum im Haus liegt, besteht aus drei Steinen, auf die der Topf gestellt wird, zwischen denen die Flammen emporzüngeln. Mit dieser Garmethode dauert es Stunden, eine sättigende Mahlzeit zu produzieren. Egal ob Gemüse im kochenden Wasser oder Fleischstücke und Kartoffeln im brutzelnden Öl garen, die Hausfrau (oder ein Dienstmädchen, wenn die Familie es sich leisten kann) ist bis in die Mittagsstunden mit der Essenszubereitung beschäftigt. Mädchen sind dazu angehalten, der Mutter beim Kochen und der Hausarbeit zur Hand zu gehen. Wir haben oft beobachtet, dass das

Geschirr nach einer Mahlzeit von den Kindern abgewaschen wird, auch in ländlichen Gebieten. Hier wurde auch für Jungen keine Ausnahme gemacht. Meist sind jedoch die Küche, das Kochen und alle damit verbundenen Arbeiten streng in Frauenhand.

Nachdem die Hausfrau den halben Tag damit zugebracht hat, die Gerichte zuzubereiten, ist es **das Vorrecht des Mannes, das Essen zu verspeisen.** Etwaige Gäste gehören auch zu den Nutznießern der weiblichen Kochkünste. Kinder und Frauen sitzen nicht nur abseits vom Tisch, oft hinter dem Haus oder in der Hütte selbst, sondern müssen sich mit dem begnügen, was übrig bleibt. Natürlich gibt es in den Städten moderne Frauen, die dagegen aufbegehren, aber im Großen und Ganzen ist diese Ordnung bei Tisch noch im ganzen Land gültig.

Restaurants

Sollte einmal genug Geld vorhanden sein oder es bahnt sich ein besonderer Feiertag an, so gehen Tansanier gern **auswärts essen.** Lokale Gasthäuser gibt es zuhauf, insbesondere in dichter besiedelten Gegenden. Nur weil man ein Restaurant besucht, bedeutet das aber noch lange nicht, dass man den Lieblingsspeisen abschwören muss. Am häufigsten werden Hähnchen mit Pommes Frites *(kuku na chipsi)*, Speisen mit Fisch oder eben – wie zu Hause – Gerichte mit Maisbrei oder Reis bestellt. Auf moderne *fusion kitchen* oder exotische Aromen gibt man nicht viel. Selbst in den Hotels und Lodges, wo westliche Gerichte den Speiseplan dominieren, bevorzugen die Angestellten ihren gewohnten Menüplan.

Allzu zimperlich sollte man allerdings als ausländischer Gast in tansanischen Gasthäusern oder bei Einladungen nicht sein, denn westliche **Vorstellungen von Tischmanieren** sind dem Genuss hier mehr als hinderlich. Das Essen wird im Höllentempo verschlungen; auf Leute, die später serviert bekommen, nimmt man keine Rücksicht. Rituale, wie sich „Guten Appetit" zu wünschen, gibt es nicht, in besonders religiösen Haushalten könnte aber ein Tischgebet vom Hausherrn gehalten werden. Je lauter geschmatzt und gerülpst wird, desto besser. Einzig die Finger schleckt sich niemand ab, denn das wird als eklig empfunden. Auch sich die Nase zu putzen, ist verpönt, wohingegen in der Nase bohren – was Tansanier im Übrigen mit Hingabe tun – nicht als unschicklich gilt. Nach dem Mahl sieht der Tisch wie ein Schlachtfeld aus, Pommes und Hühnchenknochen liegen im Umkreis von bis zu einem halben Meter am Boden verstreut. Solcherlei Manieren werden nicht als anstößig geahndet, im Gegenteil, die Hausfrau oder die Bedienung macht sich seelenruhig daran, die Schweinerei ohne mit der Wimper zu zucken zu beseitigen.

Freizeit und Urlaub

„Chema hakikai."
Wörtlich: „Das Gute bleibt nicht."
(Sprichwort aus Tansania)

Freizeit und Urlaub sind Konzepte der industrialisierten Welt, die in Tansania auf wenig Verständnis stoßen. Zunächst einmal wird vielerorts nicht zwischen Arbeit und Freizeit unterschieden, besonders im ländlichen Raum, wo viele in der Landwirtschaft arbeiten, oder in Behörden, wo Beamte kommen und gehen, wie es ihnen gefällt.

Wenn berufstätige Tansanier ihren wohlverdienten **Urlaub** antreten *(likizo),* so verbringen sie ihn oft mit Essen und Schlafen. Tansanier brauchen nicht immer eine Beschäftigung, um sich die Zeit zu vertreiben. Sie gönnen sich das süße Nichtstun, sitzen im Schatten, ratschen mit ihren Nachbarn und Freunden und besuchen Verwandte.

Reisen tritt man ausschließlich an, **um Dinge zu erledigen,** die Familie zu besuchen, Begräbnissen beizuwohnen oder Behördengänge abzuhaken. Reisen ohne einen solchen Zweck wären unvorstellbar. Außerdem benötigt man dafür sehr viel Zeit, da die Straßen schlecht und die öffentlichen Verkehrsmittel unzuverlässig sind. Einfach nur mal so fährt niemand irgendwohin, deswegen bedienten wir uns kleiner Notlügen, wenn wir im Land herumreisten und besuchten grundsätzlich immer Freunde irgendwo in Tansania.

Für Tansanier sind Reisende, die – in ihren Augen – ohne Zweck nach Tansania kommen, unermesslich reich, denn wer kann es sich schon leisten, nur um des Reisens willen in der Welt herumzufahren? Auch für Einheimische ist das Reisen in Tansania teuer, doch wenn man es mit einer bestimmten Absicht begründen kann, dann haben die Kosten wenigstens ihre Berechtigung. Eine Safari durch die Nationalparks, wie die Touristen sie unternehmen, erscheint aber nicht einmal zahlungskräftigen Tansaniern erstrebenswert. Dieses Interesse der Touristen können sie kaum nachvollziehen (siehe hierzu das Kapitel „Hoffnungsträger Tourismus").

Frauen treffen sich in ihrer Freizeit am liebsten mit Freundinnen und gehen gemeinsam spazieren. Die tansanischen Männer hingegen betätigen sich gern sportlich. Erfolgreiche Sportler genießen höchstes Ansehen – begnadete Fußballstars wie *Didier Drogba* von der Elfenbeinküste oder die unschlagbaren Langstreckenläufer Kenias oder Äthiopiens.

☒ Fußball gehört zu Tansania wie die Serengeti

Fußball zieht die Männer landesweit in den Bann und eint Männer über Sprach- und Kulturgrenzen hinweg. Sie spielen ohne Schuhe, mit schief gezimmerten Toren und kunstvoll aus Stoffresten zusammengeschnürten Bällen – doch die bescheidene Ausrüstung wird durch vollen Körpereinsatz wieder wettgemacht. In jedem noch so abgelegenen Dorf finden sich Männer zum gemeinsamen Spiel, das meist in den kühleren Abendstunden stattfindet. In der Regel verfügen sie über profundes Wissen in Bezug auf den internationalen Fußball und im Speziellen auf die englische Premier League. So verschieden die Weltanschauungen eines tansanischen und eines Mannes aus dem Westen auch sein mögen, wenn die Sprache auf Fußball kommt, so können sie stundenlang über Spielzüge, spektakuläre Tore oder Fehlentscheidungen debattieren. Nicht zuletzt bei der Fußball-WM in Südafrika 2010 wurde eindrucksvoll bewiesen, welche Euphorie dieser Sport in allen afrikanischen Ländern auslöst.

054ts kk

Gesundheit

„Afua ni mbili, kufa na kupona."
Wörtlich: „Gottes Geschenke sind zwei: sterben und genesen."
(Sprichwort aus Tansania)

Dass Malaria, AIDS, Mangelernährung und verschmutztes Wasser samt seinen Folgeerscheinungen die Gesundheit der Bevölkerung massiv bedrohen, gehört fast schon zum Allgemeinwissen über Tansania. Doch wer hätte gedacht, dass **Atemwegserkrankungen, Asthma und Lungenbeschwerden** hier zu den verbreitetsten Krankheiten gehören? Im Wesentlichen liegt dies am Kochen über dem offenen Feuer. Hauptsächlich Frauen und die ihnen anvertrauten Kinder inhalieren Tag für Tag den beißenden Rauch der Kochstelle. Selbst die Säuglinge auf dem Rücken der Mutter sind dem ausgesetzt.

Auch vermeintliche Wohlstandserkrankungen des Westens, wie Herz-Kreislauf-Erkrankungen, Diabetes, Bluthochdruck oder Epilepsie plagen die Tansanier. Schlaganfälle zählen zu den häufigsten Todesursachen! Eine der verbreitetsten Krankheiten in Tansania ist Krebs: Lungenkrebs, Gebärmutterhalskrebs, Brustkrebs, Leberkrebs, um nur einige zu nennen. Nicht zu vergessen sind so banale Dinge, wie Infektionskrankheiten, Verkehrsunfälle, Tierbisse oder Verbrennungen. In der Statistik rangiert die Müttersterblichkeit ganz oben. Bezogen auf 100.000 Lebendgeburten sterben 460 Frauen im Laufe ihrer Schwangerschaft, u.a. an unsauber durchgeführten Abtreibungen, Infektionen, Eklampsie (Krämpfe), aber auch weil die werdenden Mütter Angst vor Ärzten und Spitälern haben und bei Komplikationen nicht rechtzeitig zum Arzt gehen.

Allen diesen Horrormeldungen zum Trotz liegt die durchschnittliche **Lebenserwartung** laut Human Development Index 2013 in Tansania mit 58,9 Jahren von allen ostafrikanischen Ländern erfreulicherweise am höchsten, hauptsächlich weil die Neuerkrankungen durch AIDS zurückgegangen sind. Im Vergleich dazu: In Deutschland und Österreich liegt die Lebenserwartung bei 81 Jahren, in der Schweiz gar bei 82,5 Jahren.

Medizinische Versorgung

Bei einer Gesundheitserhebung wurde 2010 festgestellt, dass 59 % aller Kinder bis zum fünften Lebensjahr an Eisenmangel und 33 % der Kinder sowie Schwangere und Stillende an Vitamin-A-Mangel leiden. Seit 2013 werden deshalb Mehl mit Zink, Speiseöl mit Vitamin-A und Salz mit Jod angereichert.

Wenn sich doch nur alle Krankheiten und Unpässlichkeiten so einfach aus der Welt schaffen lassen würden! Das Gesundheitswesen leidet seit jeher an vielen schwerwiegenden, teils unheilbaren Krankheiten wie Missmanagement, Unterfinanzierung, schlechten Ausbildungsstandards, Auswanderung von Fachpersonal und Korruption. Mit lediglich einer staatlich verordneten Injektion lässt sich hier nicht viel ausrichten.

Auf der untersten Stufe der medizinischen Versorgung, der **Dorfklinik samt Apotheke** *(zahanati)* können Patienten nur notdürftig und ambulant versorgt werden. Das Personal ist schlecht ausgebildet, überfordert, unterbesetzt und überarbeitet. Der nächste Arzt kann Hunderte von Kilometern entfernt sein. Bei den Ärzten verhält es sich wie bei den Lehrern: Niemand ist gern im Busch stationiert, weit weg vom Zugang zu Elektrizität, von funktionierenden Bussystemen und den Zerstreuungen der Stadt. Dementsprechend schlecht ist die Versorgung: Abgelaufene oder wegen der Hitze unwirksam gewordene Medikamente, hygienische Mängel, bescheidenes Fachwissen. Zwar gibt es vielerorts *Outreaches,* eine Art Hauskrankenpflege, die regelmäßig in den Dörfern nach chronisch Kranken sieht und kleinere Blessuren behandelt, aber in akuten Notfällen ist man meist auf sich allein gestellt. Es gibt zudem kaum Rettungswagen, um Schwerkranke ins nächste Spital zu bringen.

Wer es sich leisten kann, fährt gleich in die nächste größere Ortschaft, wo sich stationäre Einrichtungen wie *health centres* oder **kleine Hospitäler** befinden. In vielen, aber nicht allen, Distriktshauptstädten gibt es große staatliche Distriktskrankenhäuser, oft mit einem Einzugsgebiet von mehreren Hundert Kilometern. Die Anreise ist langwierig, beschwerlich, teuer und endet fürs Erste immer mit stundenlangem Anstellen, ja manchmal sogar tagelangem Warten auf Behandlungen und Diagnosen. Darüber hinaus betreiben zahlreiche Religionsgemeinschaften meist sehr gute Spitäler, teils in den großen Ballungszentren, teils aber auch in kleineren Provinzstädten. Staatliche und private Spezialkliniken, z. B. für AIDS, Krebs oder orthopädische Belange, finden sich meist in den großen Städten wie Dar es Salaam und Arusha.

Wer eine **Versorgung nach westlichen Standards** wünscht und für diese bezahlen kann, wendet sich an die in den Städten niedergelassenen (ausländischen) Ärzte oder die Privatkliniken. Die Metropole Dar es Salaam und der Ballungsraum Arusha/Moshi verfügen über eine respektable medizinische Infrastruktur für die meist finanzkräftigen Patienten.

In den letzten Jahren wurde massiv in neues Personal im Gesundheitssektor investiert. Pro 10.500 Einwohner praktiziert ein Arzt, lange Zeit lag diese Quote bei einem Arzt pro 26.000 Menschen. Nur zum Vergleich: In Deutschland kommen 34 Ärzte (Zahnärzte nicht eingerechnet) auf 10.000 Einwohner. Die Regierung plant, in Zukunft noch mehr Mediziner einzusetzen, hauptsächlich auf dem Land. Am größten ist die Versorgungslücke bei Spezialisten. Diese Lücke soll laut Regierung in den nächsten Jahren durch besondere Stipendien gefüllt werden. Am höchsten ist der Bedarf an Zahnärzten, denn ein einziger Zahnarzt muss sich um fast 120.000 Personen kümmern. Die WHO empfiehlt einen Zahnarzt pro 7500 Einwohner.

Nicht nur, dass es an Einrichtungen, Infrastruktur und Personal fehlt, gesund zu werden ist für die meisten Tansanier unerschwinglich. Zwar ist die Grundversorgung in den staatlichen Distriktsspitälern für einen Teil der Bevölkerung gratis, dazu zählen Kinder unter fünf Jahren, Senioren über 60 Jahren und Menschen, die an AIDS oder Tuberkulose leiden. Allen anderen Patienten aber werden für die Untersuchungen, die Pflege und die Verköstigung Beträge berechnet, die **weit über das Leistbare hinausgehen.** Ein Krankenhausaufenthalt in einem Mehrbettzimmer schlägt mit durchschnittlich 35.000 bis 50.000 TSH (je nach Dauer) zu Buche, wobei Operationen oder Medikamente extra veranschlagt werden. Eine Röntgenuntersuchung kostet beispielsweise 100.000 TSH. Einrichtungen verschiedener Religionsgemeinschaften wie Missionsspitäler werden zwar mit Spenden finanziert, doch müssen die Patienten meist auch hier einen Teil der Behandlungskosten selbst tragen. In Privatkrankenhäusern muss ohnehin gezahlt werden.

In Tansania werden nicht nur die Kranken stationär aufgenommen, sondern auch **deren Angehörige.** Mindestens ein Familienmitglied kommt mit, um für die Verpflegung des Patienten zu sorgen. Dafür muss ebenfalls gezahlt werden, ein Tagessatz von 1000 TSH gilt als unterste Grenze für die Unterbringung der Angehörigen. Die Kosten für Essen und Trinken haben die Kranken und deren Familien ohnehin selbst zu tragen.

In kleinen *dispensaries* und regionalen Kliniken wird für Untersuchungen eine geringe Selbstbeteiligung verlangt (von mehreren Hundert Schillingen), was natürlich bei Weitem nicht die Kosten abdeckt, aber trotzdem für das Gros der Patienten eine große Hürde darstellt. In vielen Familien reicht das Einkommen nicht einmal dafür aus und oft wird das Geld auch für Alkohol oder andere Dinge beansprucht, wenn der Herr des Hauses dies für sinnvoller erachtet.

Zwar regeln Gesetze auf dem Papier, welche Leistungen für welche Personenkreise gratis oder kostenreduziert sind. Allein die Wirklichkeit kümmert sich nicht um geduldiges Papier. Korruption und Erpressungen sind im Gesundheitswesen mittlerweile an der Tagesordnung. Die Spitalsleitungen und die Politik sind informiert, scheinen aber machtlos dagegen zu sein. **Unehrenhafte Mitarbeiter im Gesundheitswesen** verkaufen Medikamente an Personen, obwohl diese die Arzneien eigentlich kostenfrei erhalten sollten. Das Personal erpresst Gelder von Angehörigen, um die Versorgung der Kranken zu garantieren. Alte, kranke Menschen werden gezüchtigt. Oder ihnen wird sogar eine Behandlung verweigert, wenn sie keine Schmiergelder bezahlen. Von einfachen Angestellten, die sich dadurch ein Zubrot verdienen, werden illegale Behandlungen durchgeführt (z. B. Abtreibungen). Mit Zulassungen von längst verstorbenen Ärzten werden gegen Gebühr Behandlungen durchgeführt. Man ist einfallsreich und findet immer neue Wege, um ein wenig Geld zusätzlich zu „verdienen". Die Gründe für diese Vergehen sind mannigfaltig, liegen aber hauptsächlich im System: viel zu wenig Angestellte, größtenteils schlecht ausgebildetes Personal ohne Verantwortungsgefühl und Motivation, zu geringe Bezahlung und unpünktliche Lohnzahlungen der Spitalsbetreiber (in vielen Fällen ist das der Staat). Geld-, Personal- und Motivationsmängel sind zudem für viele Missstände verantwortlich. Manche Krankenstationen verfügen nicht einmal über staatliche Lizenzen oder verwenden abgelaufene Medikamente und Blutspenden, Ausrüstungsgegenstände werden gestohlen und an Privatkliniken weiterverkauft, häufig sind die Operationssäle verschmutzt oder mit veralteten Geräten ausgestattet.

Die Menge an Missständen und Problemen im Gesundheitswesen ist beinahe unüberschaubar. Es scheint aber, dass sich die Regierung darüber im Klaren ist und sowohl den Personalmangel als auch die Korruption in den Griff bekommen möchte. Mit Kurskorrekturen hat sie bereits begonnen. Das Personal wurde aufgestockt, die Gehälter von Spezialisten wurden angehoben und neue Hospitäler wurden eröffnet. Außerdem werden unangemeldete Kontrollen durchgeführt und die Ausbildungsstandards wurden erhöht.

Viele weitere **Lösungsvorschläge** liegen in den Schubladen des Gesundheitsministeriums, aber die Umsetzung dieser Ideen scheitert an der Finanzierbarkeit, dem Missmanagement und schlechter Planung. Es könnten beispielsweise Krankenversicherungen und staatliche mobile Kliniken eingeführt werden. Man müsste mehr Kontrollen und Kontrollinstanzen einführen, höhere Standards vorschreiben und vor allem eine Arbeit im Gesundheitswesen an sich attraktiver machen. Es würde bereits ausreichen, die Anzahl der Fachkräfte zu erhöhen, die einheimischen Ärzte besser zu entlohnen und attraktivere Rahmenbedingungen in den Kliniken zu schaffen. Wegen der unangemessenen Bezahlung arbeiten zwei von fünf Medizinern nach ihrer Ausbildung nicht im Gesundheitswesen. Andere wandern ins Ausland ab. Insgesamt sind die Ärzte mit der Infrastruktur, den Arbeitsbedingungen, den Rahmenbedingungen und der Bezahlung nicht zufrieden. Zwar wurden die Gehälter in den letzten Jahren angehoben, dies geschah allerdings nicht in ausreichendem Maße. Ein Ranger, angestellt bei der *Tanapa,* der Tansanischen Nationalparkbehörde, verdient mindestens 1,2 Mio. TSH im Monat (520 Euro), ein IT-Analyst 1,6 Mio. TSH (700 Euro), während Ärzte mit Verantwortung für Leib und Leben 950.000 TSH (420 Euro) verdienen. Da 42 % der Absolventen in Städten praktizieren, und das Leben in den Städten teuer ist, forderten sie 2012 neben einer deutlichen Gehaltserhöhung Zusatzleistungen wie Wohnbeihilfe. Der Streik, der auf die Artikulierung der Forderungen folgte, legte die Gesundheitsversorgung drei Wochen lang lahm. Die Regierung bot den Ärzten daraufhin ein Salär von 1,2 Mio. TSH (520 Euro) an – weit entfernt von den geforderten 3,5 Mio. TSH (1500 Euro).

Auch die Entwicklungshilfe muss sich hinsichtlich der medizinischen Versorgung einiges an Kritik gefallen lassen. **Ausländische Hilfe lähmt,** korrumpiert und beschneidet die Eigenverantwortung. Solange in den größeren Krankenhäusern Ärzte und medizinisches Personal aus dem

Westen ihren freiwilligen und kostenlosen Dienst verrichten, wird die tansanische Regierung keine Veranlassung sehen, ihr **mangelndes Engagement im Gesundheitswesen** aufzugeben. Westliche Arztanwärter und Praktikanten im Gesundheitsdienst erzählen immer die gleichen Geschichten: Sie werden zu Arbeiten herangezogen, die sie zu Hause noch lange nicht machen dürften und bekommen Verantwortung übertragen, der viele nicht gewachsen sind. Sie lernen zwar viel über Medizin, aber noch viel mehr über sich selbst. Hilfreich sind sie für die Krankenhäuser allemal: Man muss sie nicht bezahlen, sie arbeiten länger, engagierter und gewissenhafter als viele Einheimische im Gesundheitswesen und scheuen sich nicht vor Verantwortung und Entscheidungen.

Auch wenn sich in den letzten Jahren einiges getan hat, eine richtige Kehrtwende ist nicht zu beobachten. Wozu auch? Die gesamte politische und wirtschaftliche Elite des Landes lässt sich im Ausland (oft in Südafrika, Dubai oder gar der Schweiz) behandeln. An Geld mangelt es ihr ja nicht. Die breite Masse akzeptiert die Ungerechtigkeit ohne Murren. Lange Jahre wurde solchen Eskapaden in der Öffentlichkeit mit Verständnis begegnet, aber nun mehren sich in der Presse Stimmen, die fordern, dass Politiker mehr in die heimische Gesundheitsversorgung investieren sollten, damit sie sich nicht im Ausland behandeln lassen müssen.

Das Unvermögen des tansanischen Gesundheitswesens führt dazu, dass es keine Familie gibt, in der nicht mindestens ein Kind verstorben ist, wahrscheinlich aber mehr als nur eines. Es gibt auch keine Familie, die nicht eines ihrer Mitglieder durch AIDS, Tuberkulose, Malaria, Autounfälle oder Durchfallerkrankungen verloren hat. Tod und Krankheit sind hier allgegenwärtig.

Gesundheitsbewusstsein

Den Staat allein für das Versagen verantwortlich zu machen, wäre allerdings blauäugig. Vielmehr trägt jedes Individuum, geprägt von tansanischer Mentalität und gesellschaftlichen Zwängen, zur wenig erfreulichen Situation bei. Aus westlicher Sicht sind immer schnell Lösungen zur Hand: Man müsste mehr Spitäler finanzieren, man müsste mehr inländische Ärzte ausbilden, man müsste mehr Geld für Medikamente oder gar Medikamente „nach unten“ schicken. Aber all diese Lösungsvorschläge entspringen nicht der tatsächlichen afrikanischen, tansanischen Situation – mehr noch: Sie strafen die einheimischen Realitäten mit völliger Ignoranz. Denn was im Westen möglicherweise die Situation verbessern würde, hilft in Tansania keinen Deut weiter. Der Westen übersieht z. B. die **Macht der Magie.** In Tansania werden Krankheit, Seuchen, Behinderung oder andere physische und geistige Fehlbarkeiten der menschlichen Existenz als gottgegeben angenommen. Gott, die Geister und die Ahnen haben das Leben der Menschen in der Hand. Jeder Mensch in Tansania weiß beispielsweise, dass Malaria und *ukimwi* (AIDS) existieren, aber anstatt ausreichend Schutzvorkehrungen zu treffen, gibt man sich lieber der Hoffnung hin, dass es einen selbst schon nicht erwischen werde – außer die bösen Geister wollen es so.

Unsauberes Wasser zählt zu den häufigsten Auslösern für Krankheiten (Foto: 055ts kk)

Diese **Schicksalsergebenheit** erklärt, warum die Gesundheitsversorgung sowie das Bewusstsein für Krankheiten und Gefahren den westlichen Erwartungen nicht standhalten können. Sicherlich hat das fehlende Gesundheitsbewusstsein auch mit der Konzentration auf das Heute zu tun – für mögliche Ereignisse in der Zukunft, die durch das Tun von gestern und heute zustande kommen, gibt es keinerlei Verständnis.

Ein gutes Beispiel für die Kluft zwischen tansanischer Realität und westlicher Denkweise ist die **Anzahl von tödlichen Malariaerkrankungen.** Es ist nämlich nur die halbe Wahrheit, dass Malaria in Tansania und Afrika allgegenwärtig ist. Vielmehr ist eine ungünstige Verkettung verschiedener Faktoren verantwortlich für die glücklicherweise sinkende Todesrate. 93 % der Bevölkerung sind massiv der Malaria ausgesetzt, an die 12 Mio. Malariafälle werden jährlich gemeldet. Dank zahlreicher Maßnahmen ist die Sterblichkeit bei Erwachsenen und Kindern in letzter Zeit gesunken. Man schätzt, dass jährlich 60.000 Tansanier an Malaria sterben, davon 80 % Kinder unter fünf Jahren. Unterstützt von ausländischen Geldgebern, wurden zahllose Anti-Malaria-Kampagnen ins Leben gerufen: Es werden Moskitonetze, die zuvor mit Chemikalien bearbeitet wurden, verteilt, lang wirkende Insektizide werden in den Häusern versprüht, neue Medikamente werden erforscht und es finden Schulungen und Aufklärungskampagnen statt. Sansibar gilt als weitgehend malariafrei, weil großflächig Insektizide versprüht werden. Auf dem Festland besitzen angeblich 95 % der Haushalte ein imprägniertes Moskitonetz. Präsident *Kikwete* setzt große Hoffnungen auf die Malaria-Impfung und träumt von einem Land, das 2016 malariafrei sein könnte. Auf dem Papier (und in den Power-Point-Präsentationen der Geberländer) scheinen also viele Schlachten bereits gewonnen. Doch der Krieg spielt sich an zwei Fronten ab: an der, die der Westen beeinflussen kann und an der, die die Tansanier selbst lösen müssen.

Mütter sehen ihre Kinder häufig den ganzen Tag nicht. Sie wissen nicht, wo die Kinder spielen und können auf etwaige Symptome einer Malariaerkrankung nicht zeitgerecht reagieren. Zusätzlich sind die meisten Kinder mangelernährt, sodass sie die Krankheit mit keinerlei Abwehrkräften bekämpfen können. In manchen Gegenden oder zu gewissen Jahreszeiten ist es selbst in den Nächten sehr heiß und schwül. Wellblechdächer heizen die Häuser auf, die kleinen Lichtluken erlauben keinerlei Luftzirkulation. Unter den Moskitonetzen steht die Luft noch unerträglicher. Es ist also naheliegend, die Netze in der Nacht zu öffnen oder sie gar nicht zu verwenden. Überdies verweigern Dorfbewohner manchmal das Sprühen von Insektiziden in den Häusern, weil die Giftstoffe unangenehm riechen. Außerdem werden kaum Maßnahmen unternommen, um die Mückenpopulation auf natürlichem Weg zu kontrollieren, z. B. durch Trockenlegung von Tümpeln, regelmäßige Säuberungen in Wohngebieten sowie Hof- und Gartenpflege.

Mit all den ehrenamtlichen Schulmedizinern aus Europa und Amerika wurde auch die fixe Idee importiert, die Pharma- und Chemieindustrie hätte die „Lizenz zum Lebenretten". In nur wenigen Jahren hat sich die **Einstellung der Tansanier zur Schulmedizin** grundlegend verändert, denn anstelle der traditionellen Rindentees oder pflanzlichen Tinkturen wird nun bunten Pillen der Vorzug gegeben, legitimiert durch den Autoritätsträger „Arzt". Der Sohn eines befreundeten Universitätsangestellten litt an plötzlichem Durchfall. Da er das Geld für die Arztbehandlung auf die Schnelle nicht selbst aufbringen konnte, bat er uns um finanziellen Beistand. Natürlich halfen wir ihm aus, wobei wir uns aber nicht verkneifen konnten, ihn zu fragen, was denn seine Mutter im gleichen Falle getan hatte, als er noch klein war. Darauf erzählte er uns voller Stolz, dass seine Mutter ihm Tees aufgebrüht hatte und ihn Wurzeltinkturen schlucken ließ. Trotzdem, so sagte er im Nachsatz, würde er heute eher der westlichen Medizin der weißen Ärzte trauen als der Kräuterheilkunst seiner Mutter.

Echte **traditionelle Heiler** (vgl. das Kapitel „Hexen, Geister, Ahnen und der alltägliche Zauber") und einzelne Ethnien haben für manche Beschwerden tatsächlich effektivere und sanftere Heilmittel als die Schulmedizin. Die Maasai z. B. verwenden zur Prophylaxe und Behandlung von Malaria eine der *Artemisia annua* (Einjähriger Beifuss) verwandte Pflanze. Andere Heiler verfügen über wirkungsvolle Mittel gegen Magen-Darm-Probleme oder gar Diabetes, doch geht dieses Wissen langsam verloren.

Vielerorts suchen Menschen **Heiler** auf, weil die staatliche Gesundheitsversorgung mangelhaft ist oder weil sie Behandlungen in Krankenhäusern nicht bezahlen können. Traditionelle Heiler gelten aber auch oft als der letzte Ausweg bei Krankheiten. Der ausschlaggebende Punkt für die Regierung, die Arbeit der traditionellen Heiler besser zu überwachen, war der Fall des Heilers *Mwasapile* im Jahr 2011, der Millionen von Tansaniern mobilisierte, weil er Heilung durch das Trinken eines Tees versprochen hatte. 2013 wollte die Regierung daher die geschätzten 75.000 traditionellen Heiler registrieren. Dem Aufruf folgten nur ca. 1000 Heiler, es darf angenommen werden, dass unter den restlichen 74.000 die Zahl der Quacksalber recht hoch ist. Sie wollen weiterhin unbehelligt von staatlicher Bevormundung magische Getränke brauen oder mit Amuletten böse Geister vertreiben. Ihre Arbeit ist immerhin sehr lukrativ, ihr Klientel reicht vom armen Landwirt bis zum hoch dekorierten Geistlichen. Sogar ausgebildete Mediziner zählen zu ihrer Kundschaft. Nicht selten verdienen sie mehr als moderne Ärzte und das mit weit weniger Zeitaufwand.

Menschen mit Beeinträchtigungen

Der Umgang mit Albinos (beschrieben im Kapitel „Hexen, Geister, Ahnen“) zeigt einen kleinen Ausschnitt dessen, wie in Tansania mit **Menschen mit einer Behinderung** verfahren wird. Kinder mit einer körperlichen oder geistigen Behinderung werden als Strafe Gottes angesehen. Weder ihren Familien noch den Betroffenen selbst wird sonderlich viel Unterstützung oder gar staatliche Hilfe zuteil. Ganz im Gegenteil, Behinderte führen ein menschenunwürdiges Leben am Rande der Gesellschaft. Die Eltern schämen sich für diese Kinder. Sie verleugnen und verstecken sie. Die Kinder hausen oft in der Dunkelheit ihrer Hütte, lernen nie zu gehen und spielen nicht mit anderen Kindern; offiziell existieren sie gar nicht. Oft werden behinderte Neugeborene einfach an die Seite gelegt, wo sie sich allein überlassen sterben, oder sie werden vernachlässigt. Solche Kinder werfen ein ungünstiges Licht auf die Mutter, denn mit einer Frau, die kranke Kinder zur Welt bringt, kann etwas nicht stimmen. Es ist schmachvoll, ein Kind zu bekommen, das nicht dazu taugt, die Altersversorgung zu übernehmen. Mütter von behinderten Kindern gelten in vielen Dörfern als verhext. Viele Frauen verbergen diese Kinder oder ziehen aus dem angestammten Dorf weg, um der Schande zu entkommen. Oft werden sie aus der Familie oder dem Verband ausgestoßen und müssen zu den Eltern zurückkehren, da man von einem schlechten Charakter und der Nähe zum Bösen ausgeht. Manchmal gipfelt die Geburt eines behinderten Kindes in dessen Tötung, die der Kindsvater veranlassen kann. Wenn beeinträchtige Menschen ein selbständiges Leben führen können, ziehen sie häufig aus ihrem Dorf weg, um der Ablehnung zu entkommen. Deshalb sieht man körperlich versehrte Menschen auch viel häufiger in den Ballungszentren als im dörflichen Umfeld. In den Städten leben sie dann vom Betteln. Manche haben das Glück, in karitativen Einrichtungen unterzukommen, wie z. B. bei den *Wonder Welders* in Dar es Salaam oder bei *Shanga Shangaa* in Arusha.

Das Thema wird totgeschwiegen; es werden keine Zahlen erhoben. Dabei darf laut WHO davon ausgegangen werden, dass circa 20 % der tansanischen Bevölkerung als behindert oder beeinträchtigt eingestuft werden müssen. Blindheit, Taubheit und Epilepsie zählen hier ebenso dazu wie Albinismus, Down-Syndrom, geistige Behinderung, körperliche Beeinträchtigung, Cerebralparese (Bewegungs- und Haltungsstörungen durch Hirnschädigung) und andere Krankheiten. Die Behinderungen sind neben genetischer Veranlagung vor allem auf Fehlernährung, Abtreibungsversuche, Unfälle, Alkohol- und Drogenkonsum sowie infektiöse oder parasitäre Krankheiten zurückzuführen.

Wie behinderte Menschen in der tansanischen Gesellschaft aufgenommen werden, lässt sich daran erkennen, dass sie in Kiswahili, also **auf der rein sprachlichen Ebene,** nicht der Klasse der Lebewesen (M-/Wa-Klasse), sondern einer Klasse der Dinge (Ki-/Vi-Klasse) angehören. Menschen mit Behinderungen werden als *kiwete* (Mehrzahl *viwete*) oder Blinde als *kipofu* (Mehrzahl *vipofu*) bezeichnet. So entzieht allein schon der Sprachgebrauch, der immer ein Spiegel der jeweiligen Gesellschaft und ihrer Normen ist, Menschen mit Behinderung den Status des Menschseins.

Mode und Schönheit

„Mke ni nguo, mgomba lupalilia."
Wörtlich: „Eine Ehefrau bedeutet Kleider,
wie eine Bananenstaude jäten bedeutet."
(Sprichwort aus Tansania)

Der „kanga" ...

Es ist in Tansania nicht anders als in anderen Teilen der Welt: Frauen wollen schön sein. Das wohl typischste Kleidungsstück des Landes und zugleich **Inbegriff des Erstrebenswerten ist der „kanga".** Das bunt bedruckte Baumwolltuch mit den Maßen 1,50 x 1 m (das immer im Paar verkauft wird) verbindet die Tansanierinnen über Alters-, Gesellschafts- und Einkommensklassen hinweg. Traditionelle Frauen verlassen ihr Haus niemals ohne sich einen *kanga* anzulegen. Ebenso sieht man moderne, junge Frauen, die sich über die Jeans einen *kanga* binden. Und selbst Nonnen, üblicherweise in Nonnentracht gekleidet, verzichten nie darauf, bevor sie das Konventsgebäude verlassen. Getragen wird der *kanga* traditionell wie ein Wickelrock, also um die Hüften gebunden. Manchmal wird er auch oberhalb der Brust verknotet und ähnelt dann einem Kleid.

Modebewusste Sansibari-Frauen erfanden den *kanga* im 19. Jh., als sie mehrere *leso* (das sind Taschentücher, die die Portugiesen in Afrika eingeführt hatten) zu einem großen Wickeltuch zusammennähten. Die ersten Textilien glichen also eher einer Patchworkdecke als dem heutigen *kanga*. Ein Name war rasch gefunden, denn die weißen Punkte auf einigen Kanga-Mustern erinnerten an Perlhühner (auf Kiswahili *kanga*).

Doch der *kanga* ist viel mehr als nur ein simples Stoffrechteck, das zum Wickelrock oder -kleid umfunktioniert wird. Es werden beispielsweise Kinder darin gestillt und Lasten damit auf dem Kopf nach Hause transportiert. Auf der metaphorischen Ebene ist der *kanga* zusätzlich noch ein **Kommu-**

nikationsmittel für Dinge, die nicht offen ausgesprochen werden können oder dürfen. Denn neben den auffälligen Mustern in den schrillsten Farben werden die Tücher vor allem wegen der aufgedruckten Sinnsprüche und ihrer impliziten Botschaften gewählt. Ein *kanga* ohne Sinnspruch wäre kein *kanga.*

Die Botschaften und poetischen Sinnsprüche auf den *kangas* erlauben es den Tansaniern, **Tabuthemen** im zwischenmenschlichen Bereich anzusprechen – ohne explizit darüber reden zu müssen.

So ermöglichen die Statements auf den *kangas* den Frauen, ihre Ansichten darzulegen, sich gegen Sticheleien zu wehren oder Ratschläge zu geben. Wenn eine Frau beispielsweise einen *kanga* mit der Aufschrift *Tabia ni ngozi* trägt (dt.: „Eine Gewohnheit ist wie eine Haut" im Sinne von „Gewohnheiten kann man nur schwer ablegen"), so setzt sie sich gegen Kritikerinnen in ihrem Umfeld zur Wehr. Um des lieben Friedens willen könnte sie niemals der Nachbarin direkt entgegentreten, aber mit Hilfe des *kanga* kann sie klar und deutlich ihren Standpunkt vertreten. Übrigens sind fast alle kapiteleinleitenden **Sprichwörter in diesem KulturSchock-Band Kanga-Sprüche.**

Schüchterne Männer auf Brautschau werden von ihren Angebeteten gern ermuntert, indem sie beim nächsten Treffen einen *kanga* mit einem passenden Spruch tragen. Gebärende Frauen erhalten von ihren Schwiegermüttern einen *kanga* mit einem belehrenden Sinnspruch geschenkt, um ihnen durch die Blume gute Ratschläge für die Erziehung der Kinder oder die Ehe zu geben.

Männer, die sich eine Eskapade erlaubt haben, mögen beizeiten einen *kanga* mit dem Aufdruck *Mpenzi uwe radhi* („Liebling, es tut mir leid!") als Geschenk zur Wiedergutmachung wählen. Zukünftige Staatsoberhäupter machen sich die gesellschaftliche Kraft des *kanga* ebenso zunutze, indem sie ihn beispielsweise als Wahlgeschenk austeilen (versehen mit den passenden Parolen, versteht sich).

So können im zwischenmenschlichen Bereich Themen wie Sex, Gewalt, der tägliche Kampf um die Ressourcen, Politik, Religion oder Erziehung mit dem gebührenden Fingerspitzengefühl angegangen werden, ohne den nachbarlichen oder familiären Frieden zu gefährden. Allerdings hat der Kommunikationskanal *kanga* einen Makel: Wer mittels eines Sinnspruchs auf einem *kanga* angesprochen wird, muss selbst herausfinden, was der Spruch bedeutet und warum die Botschaft geschickt wurde.

Da es in Tansania keine nennenswerte Textilproduktion mehr gibt, stammen die meisten *kangas* aus Kenia, Indien und China. Jede Woche werden neue Modelle und Designs auf den Markt gebracht. Dem Langzeitreisenden wird auffallen, dass es auch **regionale Vorlieben** gibt. In manchen

Extrainfo 13 (s. S. 8): Anschauliches Video darüber, wie man *kangas* bindet und wofür man diese in Tansania verwendet.

Regionen dominieren gewisse Farben und Ornamente, die man im 50 km entfernten Dorf überhaupt nicht mehr sieht. Die Muster und Motive sind übrigens dem indischen, arabischen und afrikanischen Kontext entliehen und symbolisieren gewisse wünschenswerte Eigenschaften wie Fruchtbarkeit und Reichtum. Heutzutage sieht man aber auch Muster wie Fahrzeuge oder Flugzeuge auf den *kangas*.

Für ostafrikanische Frauen haben *kangas* noch eine weitere Bedeutung: Sie sind **Prestigeobjekt** und in gewissem Maße auch ihr **Sparkonto.** Jede Frau möchte so viele dieser Tücher wie nur irgend möglich besitzen. Ist eine Frau auf einer Hochzeit eingeladen, muss ein neues Paar *kangas* getragen werden. Wenn ein Mann um eine Frau wirbt, geht nicht selten sein ganzes Geld für Geschenke in Form von *kangas* drauf. Wenn eine Ehekrise droht, tut der Mann gut daran, seiner Frau ein paar besonders schöne Tücher mitzubringen. Sollte eine Frau in Geldnöten sein, dann verkauft sie den einen oder anderen *kanga* und begleicht mit dem Erlös ihre Schulden.

Kleidung und Modetrends

Aus dem traditionellen Baumwollstoff *kitenge* (ebenfalls bunt, aber ohne Sinnspruch und meistens fester gewebt) wird von Schneidern üblicherweise Kleidung genäht. **Farbenprächtige Ensembles aus Rock und Oberteil,** zumeist auch mit Kopfbedeckung, werden hergestellt – jeder Schneider hat seine Spezialschnitte. Für Frauen auf dem Land sind *kitenge* (und *kangas*) die einzige Möglichkeit, sich schön einzukleiden. In der Stadt lassen sich traditionsbewusste Frauen, die oft aus wohlhabendem Haus stammen oder berufstätig sind, üppige Kleider aus *kitenge* schneidern – um ein Statement abzugeben. Denn obwohl sie das Geld hätten, teurere Kleider westlicher Machart zu tragen, haben sie sich bewusst für traditionell tansanische Landestracht entschieden. Das ist Nationalstolz in Reinkultur!

Wenn sie es sich leisten können, greifen weniger wohlhabende Frauen gern zu chinesischen oder indischen **Synthetikkleidern von der Stange,** denn sie geben ihnen das Gefühl, en vogue zu sein. Zu Weihnachten wollten mein Mann und ich der Frau eines Freundes, *Mama Songo,* eine Freude machen. Sie wünschte sich ein Kleid, aber statt dass wir zum Markt gefahren wären, um einen *kitenge* auszuwählen, steuerte sie zielstrebig einen Laden in der Innenstadt von Dar es Salaam an, der rüschenbesetzte Kleider in den grellsten Regenbogenfarben aus China importierte. Auf die Frage, warum sie denn einem Synthetikkleid aus dem fernen Osten den Vorzug vor einem Baumwollkleid „Made in Tansania" gab, meinte sie nur lapidar, weil es eben in Mode sei und weil sie die letzten zwanzig Jahre immer nur Kleider vom Schneider hatte kaufen müssen.

057ts kk

So gibt es für tansanische Frauen, die etwas auf sich halten, auch so etwas wie **Modetrends.** Von Konsumdruck und Modezeitschriften, die über schön und hässlich befinden, sind tansanische Frauen zum Glück noch Jahre entfernt, aber eine gewisse Vorstellung, was sich für eine Frau oder einen Mann modetechnisch geziemt – sofern es die finanziellen Mittel zulassen – existiert doch. In erster Linie muss Kleidung sauber und ordentlich sein. Bewusst nachlässig kleiden sich weder Frauen noch Männer, zerschlissene Garderobe oder Schmutzflecken sind vielmehr das Ergebnis mangelnder Finanzkraft. Im Arbeitsalltag mag es vorkommen, dass Flipflops, ein löchriges T-Shirt und ein alter Rock ausreichen müssen, aber auf Festen, zum Kirchgang oder zu besonderen Feierlichkeiten putzen sich alle heraus. Frauen tragen geschlossene Schuhe mit Absätzen, lange Röcke, Blusen und oft eine Kopfbedeckung, während Männer meist langärmelige Hemden, Bundfaltenhosen und geschlossene Schuhe wählen. Kleine Mädchen schmücken sich gern mit rosaroten Rüschenkleidern und weißen Lackschuhen. Glitzernde Haarspangen oder rosa Haarbänder runden ihr Outfit perfekt ab. Wer samstags- oder sonntagsvormittags in den Straßen einer tansanischen Stadt unterwegs ist, wird sich wundern, wie fein gekleidet die Menschen sein können, die tags zuvor nur ein zerfetztes Hemd trugen.

Dieser Friseursalon ist Männern vorbehalten, Frauen flechten sich die Frisuren meist gegenseitig (unter Zuhilfenahme von künstlichen Haarteilen)

Hygiene

Ein gewisses Maß an Körperhygiene gehört zum guten Ton, doch wird sie weniger exzessiv als bei uns betrieben. So wie zum Kirchgang oder zu Feierlichkeiten das Festtagsgewand getragen wird, wäscht man sich in ländlichen Gegenden einmal die Woche, meist vor dem Wochenende. Es hängt von vielen Faktoren ab, wie oft man sich säubert, z. B. welcher Arbeit man nachgeht, ob man auf dem Land oder in der Stadt lebt, ob Wasser leicht erhältlich oder unendlich kostbar ist. Tendenziell waschen sich die Menschen umso öfter, je näher sie an den urbanen Zentren leben. Angestellte im Tourismus oder Leute, die Kundenkontakt haben, legen sehr **viel Wert auf tägliche Körperreinigung,** die übrigens selbst in Stadtwohnungen und Villen mit kaltem Wasser vollzogen wird. Für Tansanier ist es schier unvorstellbar, sich mit warmem Wasser zu waschen, da die Außentemperaturen ohnehin schon sehr hoch sind – eine Abkühlung mit kaltem Wasser kommt da gerade recht. Einfache Schichtseifen, die in ganzen Stangen verkauft werden, tun dabei ihren Dienst, auch für die Haare. Wenn Tansanier auf Reisen gehen, ist ihr Reisegepäck zwar meistens erstaunlich leicht, aber Zahnbürste und Zahnpasta sind immer dabei. Auf längeren Fahrten mit Bussen, Schiffen und mit der Bahn bemerkten wir, dass die Reisenden auf Zahnhygiene nicht verzichten wollten, wohingegen dieselbe Kleidung auch schon mal mehrere Tage lang im Einsatz war.

Secondhand

Alltags- und Arbeitsgarderobe – also nicht die obligaten Bundfaltenhosen für Männer oder die Rüschenblusen der Frauen – kaufen die Tansanier am liebsten auf dem **Secondhandmarkt.** Das ist erstens unschlagbar günstig (T-Shirts oder Jeans gibt es hier für wenige Tausend Schilling) und zweitens wird standhaft behauptet, dass die Qualität viel besser sei als bei Textilien aus heimischer Produktion. Die Secondhandkleidung, *mitumba* genannt, stammt aus **vermeintlich karitativen Altkleidersammlungen** aus dem Westen: Die gebrauchten, zu Ballen gepressten Sachen werden nach Tansania verschifft und hier verkauft, anstatt dass sie an Bedürftige verschenkt werden. So erklären sich auch all die exotischen Embleme auf den T-Shirts wie Colorado State University oder Namen aus der Bundesliga.

Infolge der schlechten Wirtschaftslage in den 1980er-Jahren konnte die tansanische Textilproduktion die Nachfrage nicht mehr decken. Veraltete Maschinen, schlechte Stoffqualität, Stromabschaltungen und immens hohe Produktionskosten führten dazu, dass auf **gebrauchte Kleidung aus dem Westen** ausgewichen wurde. Heute deckt der überwiegende Teil

Arabisches Schönheitsmittel

Seit Jahrhunderten schmücken sich afrikanische, arabische und indische Frauen mit kunstvollen ***Hennabemalungen*** *(Kiswahili „hina") an Händen, Füßen und Fußsohlen. Sie bringen die Schönheit der Frauen und Lebensfreude zum Ausdruck. Damals wie heute sind diese Hautverzierungen vornehmlich Bräuten oder verheirateten, moslemischen Frauen vorbehalten, denn das andere Geschlecht soll damit betört werden. Doch ist ein Aufweichen der Tradition auf den Straßen von Stone Town zu beobachten, wo bereits Kinder solche Bemalungen tragen.*

Besonders zu religiösen Feierlichkeiten, etwa dem Ende des Ramadan oder eben zur Hochzeit, dekorieren sich die Frauen. Hennamalereien gelten einer sansibarischen Braut als ***Glücksbringer für die Ehe.*** *Einige Bräute gehen sogar so weit, auch den Rücken und die Schultern verzieren zu lassen, um ihren Ehemann in der Hochzeitsnacht zu überraschen. Die kunstvollen rotbraunen bis schwarzen Muster werden in tagelanger mühevoller Kleinarbeit oft in mehreren Schichten aufgetragen und halten viele Tage. Die Intensität und Haltbarkeit hängt von der Mischung des Hennapulvers ab, von den Zutaten (Zitrone z. B. lässt die Farbe rötlicher werden) oder von der Art und der Anzahl der Auftragungen. Nach sansibarischer Tradition sind die frisch vermählten Ehefrauen so lange von jeglicher Hausarbeit entbunden, bis ihr Hochzeitshenna gänzlich verblasst ist.*

Die filigranen, floralen und orientalisch inspirierten Ornamente werden von sansibarischen Frauen anhand ihrer Symbolik ausgewählt. Bei ausländischen Reisenden hingegen spielt vielmehr die Ästhetik eine Rolle, weshalb in die Musterkataloge der am Strand arbeitenden Hennabemalerinnen auch keltische oder chinesische Zeichen Einzug gehalten haben.

der Bevölkerung seinen Kleidungsbedarf mit *mitumba.* Im *Kariakoo,* dem größten Markt Tansanias in Dar es Salaam, beispielsweise gibt es große Lager, wo tagtäglich ballenweise gebrauchte Kleidung an Straßen- und Markthändler verkauft wird. Oft bestreiten Frauen ihren Lebensunterhalt mit dem Kleiderverkauf im privaten Rahmen oder hinter Bürotüren. Meist beziehen sie die Gebrauchtware von Zwischenhändlern, die große Ballen mit Hunderten Kleidungsstücken en bloc erwerben und an kleinere Zwischenhändler weiterverkaufen. Die Altkleider werden in die entlegensten Dörfer gebracht, sie sind flächendeckend in ganz Tansania erhältlich.

Während der Altkleidermarkt für die Verbraucher ein Segen ist, stellt er für das **Textilgewerbe** ein großes Problem dar. Obwohl der Rohstoff Baumwolle im Land selbst angebaut wird, kann die heimische Textilindustrie mit den Dumpingpreisen der Secondhandkleidung schon lange nicht mehr mithalten. Viele Menschen können sich es schlichtweg nicht mehr leisten, traditionelle aus einheimischen Stoffen geschneiderte Gewänder zu tragen. So verkommen die Schneider zu Änderungschneidereien für importierte Altkleider und klagen ebenso über ihre schlechten Nähmaschinen wie über den Druck, den veränderten Konsumbedingungen der Tansanier Rechnung tragen zu müssen.

Die Altkleider müssen in den meisten Fällen angepasst werden. Tansanische Männer sind kleiner und drahtiger als westliche Männer und tansanische Frauen – deren Körperproportionen decken sich ganz und gar nicht mit denen der westlichen Frauen. **Erotisch und schön gelten Tansanierinnen,** wenn sie ausreichend Polster um die Mitte haben und gut genährt sind. Als besonders erotisch empfinden viele Männer einen gut gepolsterten Po. Im Gegensatz dazu hat die weibliche Brust wenig erotische Bedeutung, sie ist vielmehr nur Nahrungsspender für die Nachkommenschaft. Allein die Bezeichnung dafür lässt Schlüsse ziehen, denn das Wort *maziwa* steht für Milch und die weibliche Brust gleichzeitig.

Natur- und Umweltschutz

„Kuinamako ndiko kuinukako."
Wörtlich: „Verbeugen, aufrichten."
(Sprichwort aus Tansania)

Die **einzigartige Tier- und Pflanzenwelt** ist der Reichtum Tansanias, der Grund für Reisende von weither zu kommen. Doch in erster Linie ist Tansania ein Entwicklungsland, deren Menschen ums tägliche Überleben kämpfen, deren politische Vertreter gerade mal eine Dekade an versuchsweise gelebter Demokratie hinter sich haben. Ökologie und Umwelt werden kaum thematisiert, außer wenn es darum geht, bei Klimakonferenzen dem Westen ein schlechtes Gewissen zu machen, in der Hoffnung, es würde mehr Entwicklungsgelder geben.

Augenscheinlich für jeden Reisenden, der in den großen Ballungszentren Dar es Salaam oder Arusha ankommt, ist der überall gegenwärtige **Müll.** Der Abfall wird fallen gelassen, wo man gerade geht oder steht: blaue Plastiksäcke, unbrauchbar gewordene Plastik-Flipflops, zerrissene Textilien, Konservendosen. Produkte aus Plastik gehören hier wohl zu den größten Verschmutzern. Beim Einkauf von Obst, Brot, *mandasi* (süßes Hefegebäck) oder anderen einfachen Dingen sind selbst in den kleinsten Läden schnell blaue Plastiktüten zur Hand. Früher wurden die Dinge we-

Öko-Kollaps am Viktoriasee

Bis 1954 war der Lake Victoria, der größte Süßwassersee Afrikas, vor allem wegen seiner vielfältigen Fischfauna bekannt. Es soll Hunderte - vielfach endemische, also nur hier vorkommende - Buntbarscharten gegeben haben. Die ansässige Bevölkerung in drei Ländern (Tansania, Uganda, Kenia) lebte immer schon von und mit dem ***Lake Victoria.*** *Sie nutzte ihn als Fischfanggebiet, Trinkwasserreservoir und als Verkehrsweg in die Nachbarländer.*

Ende der 1940er-Jahre war der Fischbestand des Sees massiv bedroht. Wachsende Einwohnerzahlen und ein entsprechender Lebensmittelmehrbedarf ließen die britischen Kolonialbehörden ein folgenschweres Experiment starten: Sie setzten neue Fischspezies im See ein, darunter den bis zu 80 kg schweren Nilbarsch. Es dauerte eine Weile, bis er sich in der neuen Umgebung durchsetzen konnte, aber in den 1970er-Jahren schließlich füllte der **Viktoriabarsch,** *wie er auch genannt wird, kommerziell einträglich die Fischernetze. Die Ansiedlung erwies sich als Katastrophe, denn für den gefräßigen Raubfisch eröffnete sich zunächst ein Schlaraffenland - die viel kleineren Tilapia (so der zusammenfassende Name für die verschiedenen Buntbarscharten) hatten dem übermächtigen Feind nichts entgegenzusetzen. Die endemischen Fischbestände dezimierten sich drastisch - Experten sprechen davon, dass mittlerweile nur mehr eine Handvoll Buntbarscharten vorhanden sein dürfte.*

Die erhofften Gewinne für die einfachen Fischer blieben allerdings aus: Der als Viktoriabarsch gehandelte und weltweit beliebte Speisefisch erzielte wegen des Überangebots auf dem Markt einen viel geringeren Preis als der Tilapia, gleichzeitig verlangt er höhere Investitionen. Er muss zur Konservierung geräuchert werden, was wiederum zu Rodungen von Waldflächen führt. Außerdem benötigen die Fischer zum Fang der Barsche besonders starke und folglich teure Netze, die sich nicht jeder leisten kann. Seit einiger Zeit ist der Viktoriabarsch zwar in Europa en vogue, was aber nicht bedeutet, dass die Fischer vor Ort wesentlich davon profitieren würden. Den Großteil des Gewinns teilen sich Zwischen- und Großhändler sowie der Lebensmittelhandel. So verlagerte sich die Nutzung des Viktoriabarschs von der Subsistenzwirtschaft einzelner Fischer zu einem lukrativen Geschäft für einige große Unternehmen. Ihre fischverarbeitenden Fabriken liegen u. a. in der Umgebung von Mwanza.

Heute leben viel mehr Menschen an den Ufern des Lake Victoria, als das Ökosystem verkraften kann. Die Lake-Victoria-Region ist eines der am dichtesten besiedelten Gebiete Afrikas. Viele Tansanier sattelten um auf Fischfang, der lukrativer erschien als die Landwirtschaft und siedelten sich

096ts kk

hier an. Die Folgen waren ein ungebremstes Bevölkerungswachstum und das Entstehen von urbanen Zentren wie Mwanza, Bukoba oder Musoma. Weitere **Megastädte am Viktoriasee** gibt es auch in Kenia (Kisumu) und Uganda (Kampala, Entebbe). Die Abwässer der hier ansässigen Industrie werden ebenso in den See gelassen wie die der Anwohner. Daneben werden die Dünger und Chemikalien der intensiv bewirtschafteten Felder ins Wasser gespült.

Diese Melange war geradezu ein „gefundenes Fressen" für die **Wasserhyazinthe,** die sich eher zufällig im Lake Victoria angesiedelt hatte: Belgische Kolonialbeamte hatten mit der Schwimmpflanze ihr Anwesen verschönert, nicht ahnend, dass die Sporen durch den natürlichen Lauf der Dinge in den Lake Victoria gelangen würden. Ende der 1980er-Jahre wurde die Wasserhyazinthe zum ersten Mal auf dem See ausgemacht und seither überwuchert sie buchstäblich beim Zuschauen die Buchten. Innerhalb von nur zwei Wochen kann die Pflanze ihre Ausbreitungsfläche verdoppeln! Nach einem kurzfristigen Rückgang wächst sie seit dem Jahr 2006 wieder ungebremst, was für die ohnehin malträtierte Fischfauna zusätzlich verheerend wirkt: Bedingt durch den Lichtmangel unter der Pflanzendecke sterben die heimischen Wasserpflanzen und die noch verbliebenen Buntbarsche. Neben anderen Folgeerscheinungen behindert der Hyazinthenteppich insbesondere auch die Schifffahrt und die Fischerei.

Fast kleinlich klingen doch die anderen Plagen, die den See bedrohen, wie beispielsweise die Verbreitung von Bilharziose-Würmern im Wasser und der sinkende Wasserspiegel.

Nachdem der Lake Victoria vom Global Nature Fund zum „bedrohten See des Jahres 2005" erklärt wurde, ist es ruhiger geworden um ihn – gut für die Profiteure aus der Fischindustrie, schlecht für die Anrainer.

Der Schein trügt: Um den Viktoriasee ist es nicht gut bestellt

nigstens in verrottbare Verpackungsmaterialien wie Zeitungspapier oder Bananenblätter gewickelt ...

Während sich westliche Reisende in erster Linie in ihrer ästhetischen Empfindung beeinträchtigt fühlen, bedeutet der wachsende Müllberg für die einheimische Bevölkerung **erhebliche Gesundheitsrisiken.** Die Verschmutzung des Grundwassers und des Bodens begünstigt die Entstehung von Seuchen und Krankheit, Schadstoffe werden auf die Nutzpflanzen übertragen und das ohnehin schon geschwächte Immunsystem der Menschen wird in noch größerem Umfang in Mitleidenschaft gezogen.

Angesprochen auf die Gewohnheit, den Müll achtlos aus dem Fenster vor das Haus zu werfen oder am Strand zu beseitigen, reagieren Tansanier üblicherweise mit einem Schulterzucken. Darüber macht man sich keine großen Gedanken, denn schon seit Menschengedenken sind die Abfälle so entsorgt worden – nur mit dem kleinen Unterschied, dass der Müll früher ausschließlich organischer Natur war und verrottete. Vielerorts werden die Abfallberge in regelmäßigen Abständen abgebrannt, doch die unsägliche Tradition, den Müll einfach überall fallen zu lassen, lässt bei Weitem mehr davon entstehen, als je verbrannt werden könnte. Die Menschen nehmen den Müll als solchen gar nicht wahr. Deswegen sehen sie auch keine Notwendigkeit, ihn zu beseitigen. Dass er Krankheiten übertragen soll, bezweifeln viele, denn es fehlt das Wissen über Ansteckungswege. Insgesamt handelt es sich beim Thema Müll um ein schwieriges: Wenn es doch kein Problem gibt, warum sollte man dann dagegen etwas tun?

In den Städten hat die **Luftverschmutzung** gefährliche Ausmaße angenommen, Grund sind die Fahrzeugabgase (schlecht gewartete Fahrzeuge in Kombination mit minderwertigem Benzin) und Industrieemissionen. Zudem wird meist unter großer Rauchentwicklung auf dem offenen Feuer gekocht. Doch es ist schwierig, die Menschen auf die Gefahren hinzuweisen, denn sie erkennen und verstehen den ursächlichen Zusammenhang zwischen Autoabgasen, Rußentwicklung und Atemwegserkrankungen nicht. Schließlich sind die Partikel ja so winzig klein, dass sie mit blankem Auge nicht zu erkennen sind. Wie soll etwas, das man nicht sehen kann, gesundheitsgefährdend sein?

Ähnlich problematisch ist die Situation in Bezug auf das **Wasser.** Essenziell für den Fortbestand einer Zivilisation ist das Vorhandensein von sauberem Wasser, doch es gibt Anzeichen, dass die Pegelstände der großen Flüsse Tansanias rapide sinken. Abgesehen davon wird mit dem vorhandenen Wasser nicht sorgfältig umgegangen. Lecke Leitungen und tropfende Wassertonnen vernichten kostbares Nass, Wasserauffangreservoirs für Niederschläge gibt es nicht. Ausbleibende Regenfälle verschärfen die Situation zusätzlich. Auch hier fehlt bei den meisten Tansaniern das

Bewusstsein für den dringenden Handlungsbedarf, denn wie im nachfolgenden Kapitel beschrieben wird, ist die Zukunft im Swahili-Zeitbegriff keine Option. Im Selbstverständnis der Menschen ist die **Zukunft als erstrebenswertes zeitliches Konstrukt nicht präsent.** An morgen wird erst gedacht, wenn es soweit ist. So konsumiert man Wasser, solange es vorhanden ist, und denkt dabei nicht daran, dass es unter Umständen morgen oder übermorgen vielleicht versiegen könnte – solch ein abstraktes Zukunftsszenario überhaupt anzudenken ist schon absurd. Die Menschen müssten an zwei Fronten kämpfen – an der einen, wo das Wasser tatsächlich immer seltener und kostbarer wird, und an der anderen, wo keinerlei Maßnahmen für morgen getroffen werden. Das Wehklagen über Dürren und vertrocknete Ernten ist immer wieder groß, doch kaum ein Tansanier käme auf die Idee, für das nächste Mal – das so sicher wie das Amen in der Kirche ist – bessere Vorkehrungen zu treffen. So wird Wasser zum bestimmenden Faktor für das Wohlergehen von 45 Mio. Menschen.

Sicherlich tragen viele **landwirtschaftliche Großprojekte** (mit ausländischen Nutznießern) in Tansania zur prekären Wassersituation bei, aber im Laufe unserer Reisen durch das Land haben mein Mann und ich so viele undichte Leitungen und Wassertanks gesehen, dass wir sie nicht mehr zählen konnten. Daher ist es auf jeden Fall zu einfach, der internationalen Staatengemeinschaft und den Industrienationen vorzuwerfen, sie seien für das ausbleibende Wasser verantwortlich – zuerst müssten sich die Tansanier an die eigene Nase fassen.

Bereits seit mehreren Dekaden belasten **Abholzungen** den Lebensraum Tansania. Holz bildet einerseits die Lebensgrundlage eines jeden Einzelnen, da es entweder als Feuerholz oder Holzkohle unentbehrlich zum Kochen ist. Andererseits dient es wirtschaftlichen Interessen: als Baumaterial, zur Möbelfertigung und für den Export. Auch für die Tabakindustrie werden riesige Waldflächen gerodet, Tabak zählt zu den wichtigsten Exportgütern des Landes. Für das Trocknen der Tabakblätter werden Unmengen von Holz benötigt. In den letzten 50 Jahren soll sich der tansanische Waldbestand halbiert haben. Die Folgen sind deutlich spürbar: ausgerottete Tierarten, drastische Veränderungen innerhalb der Mikroklimata, Bodenerosion und -degeneration. Weder der Staat noch die Politiker oder die Bevölkerung scheinen beunruhigt. Die einen erhalten Steuereinnahmen und lukrative Einmalzahlungen, die anderen finden Arbeit auf den Holz- und Tabakplantagen. Das Morgen spielt im Heute keine Rolle. Solange die Bedürfnisse von heute gedeckt sind, braucht man sich um jene von morgen nicht zu kümmern.

Wer durch gewisse Landstriche fährt, dem fällt die **Überweidung** ins Auge. Obwohl Tansania über eine vergleichsweise große landwirtschaftlich

Extrainfo 14 (s. S. 8): Die Seite beschäftigt sich mit dem Naturschutz im gesamten Land.

nutzbare Fläche verfügt, scheint es nicht genug Boden für alle zu geben. Die Viehhirten brauchen Weideland, die Ackerbauern fruchtbaren Humus und die Haushalte haben hauptsächlich Bedarf an Brennholz.

Nicht, dass es nicht ausreichend Land und Baumbestand für die schnell wachsende Bevölkerung gäbe, **das fehlende Landnutzungsrecht** ist die eigentliche Herausforderung. Boden ist Allgemeingut und jeder darf ihn nutzen, solange er fruchtbar ist, und kann weiterziehen, wenn er ausgelaugt ist. Jeder Acker- und Viehbauer holt das Maximum für sich selbst heraus und überlässt die Weide oder das Feld dann den Kräften der Natur. Monokulturen und Überweidung verhindern, dass der Boden sich regenerieren kann. Die malträtierte Erde rächt sich: Sinkende Ernteerträge, komplette Ernteausfälle und Übersäuerung des Bodens tragen nicht gerade zur Lebensmittelstabilität des Landes bei. Solange man die Landnutzung nicht gesetzlich regelt, wird auch diese Art von Wegwerfmentalität nicht in den Griff zu kriegen sein.

Die beste Antwort auf die Ressourcenkrise wäre die **Forcierung von alternativen Energieformen.** Es ist paradox, dass in einem Land mit Sonnenschein das ganze Jahr hindurch die Solarenergie nicht weiter verbreitet ist. Einerseits fehlt das Bewusstsein, auch unter den ausländischen Finanziers, denn bis dato hatte man maximal in den Tourismus investiert. Andererseits möchte sich die Regierung natürlich nicht die Steuereinnahmen aus dem Verkauf von Dieselkraftstoffen entgehen lassen. Dabei wäre **Solarenergie** die Möglichkeit schlechthin ganz Tansania, ja ganz Afrika, flächendeckend mit verlässlicher Energie zu versorgen und die wirtschaftliche Entwicklung anzukurbeln. Mittlerweile sind insbesondere deutsche Projekte der Entwicklungszusammenarbeit in diesem Bereich federführend, wie beispielsweise die Einführung von Solarkochern, Solarleuchten und Fotovoltaikanlagen zeigen. Im Zuge der Klimaschutzdebatte hat die Solarenergie neuen Aufwind erhalten, doch von flächendeckender Versorgung ist Tansania noch weit entfernt.

Nach wie vor stützt sich fast die gesamte Stromproduktion in den Städten auf **Wasserkraft und Dieselgeneratoren,** auch in den Unterkünften und Luxusherbergen. Alle punktuellen Projekte werden von privaten ausländischen Organisationen getragen, die Regierung hält sich dezent im Hintergrund. Sie verharmlost das Problem und reagiert kaum auf entsprechende Berichte aus den einzelnen Regionen, außer, um immer wieder zu betonen, dass der Westen nicht genug Geld zahle, um diese in den Griff zu bekommen. Die Zeit wird zeigen, ob die Solarenergie von den Tansaniern akzeptiert wird oder ob die Bevölkerung, wenn die Entwicklungshelfer und ausländischen Freiwilligen die Projekte verlassen, wieder zum Altbewährten zurückkehren.

Im Rhythmus der Sonne

„Haraka haraka haina baraka."
Wörtlich: „Eile, Eile bringt kein Glück."
(Sprichwort aus Tansania)

Kaum schickt die Sonne in den frühen Morgenstunden – die Uhr zeigt noch nicht einmal sechs Uhr an – ihre ersten zaghaften Strahlen aus, ist bereits das ganze Dorf auf den Beinen. Die Hähne krähen, ein erster Plausch eröffnet den Tag und die Kinder spielen schon lautstark auf dem Vorplatz. **Tansanier leben mit der Sonne,** nicht nach der Uhr oder dem Wecker. Zeitig am Morgen stehen sie auf, da die Temperaturen noch erträglich sind und ein großer Teil der Arbeit jetzt verrichtet werden kann. Wie bei den Südeuropäern lädt später die drückende Mittagshitze zu einem Nickerchen unter dem Mangobaum oder hinter dem Haus ein. Nach Sonnenuntergang schließlich genießt man die üppigste Mahlzeit des Tages und stürzt sich in das gesellschaftliche Leben.

So wird der Tag durch den Lauf der Sonne strukturiert und nicht durch Uhrzeiten, Verpflichtungen oder Öffnungszeiten. **Die Zeit entsteht erst durch menschliches Handeln,** so lautet ein philosophisches Statement. Demnach hat jeder Mensch auch das Recht, so viel Zeit zu „machen", wie er möchte. Entscheidend ist nicht, wie schnell etwas getan wird, sondern dass es überhaupt getan wird. Im traditionellen tansanischen Zeitbegriff

059ts kk

gibt es nur zwei Zeitformen, die Gegenwart und die Vergangenheit. Die Zukunft, also Ereignisse, die noch nicht stattgefunden haben, oder gar die Möglichkeitsform, also dass etwas getan werden könnte, ist vielen Tansaniern fremd. Im Kiswahili gibt es zwar die Zukunftsform, doch das Konditional fehlt gänzlich. Formulierungen wie „ich würde" oder „ich hätte" werden nicht verstanden und führen oft zu Missverständnissen zwischen Tansaniern und Westlern. Ebenfalls ist es fast gänzlich unmöglich, einem Tansanier eine konkrete Zeitaussage für die Zukunft abzuringen. Auf die Frage, wann denn der Zug ankomme, erhält man die Antworten *baado* („bald", „noch nicht") und *labda leo* („vielleicht noch heute").

Zeit ist ein wertvolles Gut, für einen Tansanier gar das höchste Gut. Es gilt als unhöflich, keine Zeit oder etwa Zeitdruck zu haben. Obwohl das Gros der Menschen eine Uhr am Handgelenk trägt, ist das wohl eher ein Statussymbol als ein Zeitmesser. Man nimmt sich in alltäglichen Situationen viel Zeit, um dem jeweiligen Gegenüber den gebührenden Respekt zu zollen, z. B. in Form von ausführlichen Grußritualen. Stundenlang steht

Die Swahili-Zeit

Besucher müssen wissen, dass in Tansania selbst die Uhrzeit den Lauf der Sonne imitiert. Zusätzlich zur ganz normalen Weltzeit, d. h. GMT („Greenwich Mean Time") plus eine Stunde während der europäischen Sommerzeit sowie plus zwei Stunden während der Winterzeit, schlägt die ***Swahili-Zeit,*** *die sich nach dem Stand der Sonne richtet.*

Die Swahili-Zeitrechnung beginnt bei Sonnenaufgang sozusagen mit der Stunde Null (6 Uhr morgens). Dies ist die Zeit, wenn die meisten Tansanier aus den Federn steigen. Die erste Stunde des Tages endet um 7 Uhr morgens, woraus sich auch die Uhrzeit, nämlich 1 Uhr Swahili-Zeit („saa moja"), ableiten lässt. Entsprechend dieser Zeitrechnung (als Eselsbrücke subtrahiert oder addiert man jeweils sechs Stunden zu unserer Zeit) ist also 9 Uhr vormittags die dritte Stunde (3 Uhr, „saa tatu") oder 14 Uhr nachmittags die achte Stunde (8 Uhr Swahili-Zeit, „saa nane"). Ein Tag kann von Sonnenaufgang bis Sonnenuntergang maximal zwölf Stunden haben, weswegen nach der zwölften Stunde (18 Uhr abends nach westlicher Zeit) wieder bei eins zu zählen begonnen wird. Gewöhnlich benutzt man Touristen gegenüber die westlichen Zeitangaben – im Zweifelsfall (wie bei Abfahrtzeiten von Bussen) fragt man aber besser nach. Es kann immer wieder passieren, dass Tansanier, die des Englischen mächtig sind, einfach aus Gewohnheit ihre eigene Uhrzeit wortwörtlich übersetzen.

man, ohne die Fassung zu verlieren, am Bahnhof, um auf die Abfahrt des Zuges zu warten. Dem stundenlangen Warten beim Arzt, bei Behörden oder am Wasserbrunnen wird mit stoischer Ruhe begegnet, genauso wie dem tagelangen Warten auf ein Schiff am Lake Tanganyika oder Lake Malawi. Wenn der Bus eine Panne hat, hocken die Passagiere geduldig am Straßenrand, bis die Ersatzteile geliefert werden, notfalls auch bis tief in die Nacht. Ausreichend Zeit zu haben und sich nicht von äußeren Umständen „hetzen" zu lassen, ist das Gebot der Stunde. Dinge dauern einfach so lange, wie sie dauern. Zeitverschwendung, Zeit vertrödeln oder Zeit effizient nutzen sind Konzepte, die Afrikanern generell fremd sind.

Ungeduld und keine Zeit zu haben, betrachten Tansanier und Afrikaner als eine ebenso typische Unart des Westens wie **Pünktlichkeit.** Pünktlich zu Terminen zu erscheinen oder Menschen aus Höflichkeit nicht warten zu lassen, wirkt beides auf Tansanier befremdlich und erzeugt Unbehagen. Höhergestellte Personen, die sich selbst wichtig nehmen, setzen Unpünktlichkeit bewusst als Mittel ein, um die eigene Bedeutung zu unterstreichen. Veranstaltungen, egal ob im Familienkreis oder bei offiziellen Anlässen, beginnen erst, wenn die wichtigste Person eingetroffen ist, auch wenn sie erst zwei Stunden nach dem geplanten Beginn ankommt.

Der freie (und für Westler oft tatsächlich als befreiend empfundene) Umgang mit der Zeit hat nur eine Schwachstelle: **Man will sich der Zeit nicht unterordnen,** sich nicht den Zeitvorgaben anderer Personen beugen, sich nicht kontrollieren lassen – weder von Deadlines noch von Terminen. Es gibt keine Zeitplanung, kein Zeitmanagement. Wie oben beschrieben, sind Zeitangaben ungefährer Natur und können nicht für bare Münze genommen werden. Für einen Urlauber mag das für zwei, drei Wochen ganz angenehm sein; wer jedoch in Tansania lebt und arbeitet, hat große Mühe, angesichts dieser Methode den Qualitätskriterien zu entsprechen, die von den Touristen gefordert werden, die ja schließlich viel Geld für ihren Urlaub ausgegeben haben. Arbeiter kommen, wann es ihnen passt, Maßanfertigungen von Möbeln oder Bettwäsche können Monate in Anspruch nehmen, die Autoreparatur wird auf unbestimmte Zeit immer wieder verschoben. Warum langfristige angelegte, zielorientierte Entwicklungsprojekte bei dieser Einstellung zu Zeit und Planung nicht greifen können, mag nun nur noch klarer werden.

Angesichts dieses Zeitverständnisses, hat es also wenig Sinn, seinen Aufenthalt wie ein Schweizer Uhrwerk timen zu wollen. Besonders im zwischenmenschlichen Bereich sollte man **Zeitangaben eher als Richtwerte auffassen.** Züge, Busse oder Flüge sind im Großen und Ganzen relativ pünktlich. Im Allgemeinen herrscht also ein deutlich geruhsamerer Lebensrhythmus als in den vor Effizienz strotzenden Industrienationen, der

von *pole pole* („Langsam, immer mit der Ruhe") und *hamna shida* („Alles kein Problem!") geprägt ist. Es ist auch äußerst müßig, Einheimische zu fragen, wie lange man mit dem Auto für die Strecke von A nach B benötigt. Erstens messen sie Distanzen nicht in Autostunden (die meisten Tansanier besitzen selbst ja kein Auto) – und zweitens messen sie Distanzen überhaupt nicht in Zeit, sondern in Maßeinheiten, die für Westler nicht verständlich wären.

Das wohl schrägste Erlebnis hatten wir im Busch zwischen Tanga und Bagamoyo auf dem Weg in den Saadani National Park. Wegen Dauerregens war die Piste fast nicht mehr zu erkennen und wir fragten bei einem Radfahrer nach, wie lange es wohl noch bis zum Parkeingang dauern würde. Blumig erklärte er uns, dass das Tor noch sehr weit entfernt sei, vermutlich mehrere qualvolle Stunden mit dem Auto. Wir schlugen alle Ratschläge umzudrehen in den Wind und blieben mutig auf der Schlammpiste. 20 Minuten später standen wir vor einem großen Schild, das die Parkgrenzen markierte. Die Fehleinschätzung mag deshalb zustande gekommen sein, weil der Radfahrer möglicherweise das letzte Mal den Weg zu Fuß zurückgelegt hat oder aber weil er keinerlei Zeitbegriff über Minuten oder Stunden hat. Es könnte natürlich auch sein, dass er, um sein Gesicht nicht zu verlieren, einfach nicht zugeben konnte, dass er es schlicht nicht wusste.

Afrikanische Pioniere: Internet, Mobilfunk, Telekommunikation

„Sikio halilali na njaa."
Wörtlich: „Ein Ohr geht nie hungrig ins Bett."
(Sprichwort aus Tansania)

Mit allem rechnet man in Tansania – mit holprigen Straßen, Stromabschaltungen oder Kindern in Lumpen, aber nicht damit, dass mehr Menschen ein Mobiltelefon als ein Fahrrad besitzen.

Der **Mobilfunkmarkt** hat in den letzten Jahren ein rasantes Wachstum hingelegt: Laufend verschwinden weiße Mobilfunk-Flecken von der Landkarte, an die 80 % der Landfläche sollen bereits erschlossen sein. Heutzutage klappt der Empfang selbst in Nationalparks und im entlegenen Busch. Auf dem Gipfel des Kilimanjaro schicken überglückliche Touristen SMS in die Heimat und draußen auf dem Meer vor der Küste Sansibars telefonieren Fischer mit den Markthändlern, um Preise und Bedarf zu erfahren. Wenn die Nachfrage auf Sansibar lau ist, segeln sie kurzerhand nach Dar es Salaam, um ihren Fang besser verkaufen zu können.

Das Mobiltelefon, auf Kiswahili *simu,* wurde binnen weniger Jahre zum wichtigsten Konsumgut Tansanias. Für die meisten symbolisiert der Besitz eines Handys einen gewissen Status, besonders bei den jungen Leuten. Sie kennen die neuesten Modelle besser als die Namen der Nachbarstaaten. In urbanen Zentren ist die Handydichte besonders hoch. Das **Statussymbol Nummer eins** dient vor allem dem Zweck, den Kontakt mit der Familie und den Freunden zu halten und, grob gesagt, einfach „im Gespräch zu bleiben".

Rund um das Mobiltelefon haben sich **fantasiereiche Geschäftszweige** gebildet. Die einen handeln mit den Geräten selbst, die anderen verkaufen Guthabenkarten (Prepaidkarten) oder schalten gesperrte Telefone frei. Wieder andere vermieten ihr Handy an Dritte, damit diese Anrufe tätigen oder SMS versenden können. 2012 stellte die *Tanzania Communications Regulatory Authority (TCRA)* fest, dass 56 % aller tansanischen Haushalte über ein Mobiltelefon (bzw. über eine freigeschaltete SIM-Karte) verfügen. 63 % aller Tansanier haben Zugang zu einem Mobiltelefon, z. B. indem sie (gegen Gebühren) Handys von Bekannten mieten. Während

☒ Zeit spielt keine Rolle im Alltag, schon gar nicht in einem Fischerdorf, in dem die Menschen mit den Gezeiten, den Strömungen und den Winden leben

die Anzahl der Handybesitzer in den Städten höher ist, haben auf dem Land noch immer nur ca. 50 % der Menschen Zugang zu einem Mobiltelefon. In ländlichen Gegenden, wo nur wenige Häuser über Elektrizität verfügen, vermieten geschäftstüchtige Händler oder Bauern den Handybesitzern Strom. Hier wird sogar ein Fußmarsch von mehreren Kilometern in Kauf genommen, nur um sein Mobiltelefon gegen eine kleine Gebühr aufladen zu können. Bei den jungen Männern auf dem Land ist zudem ein Job als *askari* (Wachmann) für einen der zahlreichen Sendemasten sehr begehrt. Immerhin muss sichergestellt werden, dass der Diesel für den Stromgenerator nicht auf wundersame Weise über Nacht verschwindet oder dass kein Draht abgezweigt wird, den die Elektrotechniker dann auf dem nächstgelegenen Markt für gutes Geld wieder zurückkaufen müssen.

Wie sich so viele Menschen in einem Entwicklungsland **ein Handy überhaupt leisten können,** bleibt hingegen ein Rätsel, zumal die Telefone gemessen am Einkommen äußerst teuer sind. Viele Tansanier geben zu, dass zugunsten des Mobiltelefons viele andere Dinge auf der Strecke bleiben. Bis vor einigen Jahren boten die indischen oder tansanischen Läden die einzige Möglichkeit, legal Mobiltelefone zu kaufen, allerdings zu höheren Preisen als im Ausland. Lockangebote mit Bindungsfristen existieren nicht. Seit der Ankunft der chinesischen Händler wird der Markt mit chinesischen Billig-Telefonen und Raubkopien überschwemmt. Die billigsten Modelle sind bereits für 35.000 TSH (15 Euro) erhältlich. Viele Tansanier kaufen auf den großen Märkten, wie dem Kariakoo in Dar es Salaam, oder bei fliegenden Händlern Diebesgut, aber die Preise der chinesischen Raubkopien können kaum unterboten werden.

So wortgewaltig sich die Menschen im persönlichen Gespräch miteinander geben, so **einsilbig fallen häufig die Telefonate aus** – keine ausschweifenden Grußrituale, keine langatmigen Erklärungen, kein Small Talk. Zeit ist Geld und wenn wertvolle Gesprächsguthaben wie Schnee in der Äquatorsonne dahinschmelzen, kann sogar bei den sonst peinlichst genau eingehaltenen Höflichkeitsritualen ein Auge zugedrückt werden. Oft sieht man die Leute auch gar nicht telefonieren, sondern nur SMS verschicken, denn die Tarife dafür sind vergleichsweise günstig. Besonders beliebt ist das *beeping,* wo man den gewünschten Gesprächspartner zwar anruft, aber nach ein paar Klingelzeichen wieder auflegt, damit der Angerufene dann auf seine Kosten zurückruft. Als *mzungu,* also potenziell reicher Ausländer, wird man so gut wie ausschließlich „angebeept" – eine verständliche, wenn auch lästige Praxis. Viele Tansanier nutzen darüber hinaus die preiswerteren Nachttarife, um die Kosten niedrig zu halten. Trotz vieler findiger Sparpotenziale summieren sich die laufenden Ausgaben für ein Handy im Monat schnell auf 20.000 bis 30.000 TSH (ca. 10–15 Euro), ein kleines Vermögen angesichts des üblichen Durchschnittslohns von monatlich ca. 100.000 TSH (etwa 45 Euro).

Viele Menschen haben sogar **zwei oder gar drei Telefone** mit Telefonnummern von unterschiedlichen Providern, besonders jene, die viel unterwegs sind. So stellt man sicher, immer erreichbar zu sein, denn außerhalb der Städte werden Gebiete oft nur von einem Mobilfunkprovider bedient. Wenn die Vodacom-Nummer nicht funktioniert, stehen die Chancen hoch, dass das Gebiet von Airtel oder TIGO abgedeckt wird. Alle Provider bieten innerhalb ihres Netzes kostenlose Gespräche, deswegen ist es für Familienmitglieder oder Freunde wichtig, dieselben Anbieter zu nutzen.

Dass sich das Mobiltelefon so explosiv im tansanischen Alltag ausgebreitet hat, war nicht zu erwarten, ist aber nachvollziehbar. Schließlich boten die Festnetzanschlüsse nie eine attraktive Alternative, denn diese sind ja ausschließlich auf die urbanen Zentren beschränkt, wo Strom vorhanden sein muss. In nur fünf (!) Jahren hat die Nutzung von Mobiltelefonen die von Festnetzgeräten überholt. Großbritannien beispielsweise hat dafür 15 Jahre benötigt.

Weniger rasant, aber trotzdem noch bemerkenswert schnell verlief auch die **Verbreitung des Internets** in Tansania. Während es Internetcafés mittlerweile in jedem größeren Ort gibt, haben erst die internetfähigen Smartphones die Internet-Revolution so richtig ins Rollen gebracht. Die Zahl der Internetnutzer stieg zwischen 2010 und 2013 um 50 % (!). 2013 gab es 6,1 Mio. Menschen, die mobiles Internet nutzten, Tendenz steigend.

Tansania war und ist in vielen Belangen **Pionier in Sachen Telekommunikation** in Afrika. Dar es Salaam und Arusha sind die ersten beiden Städte in Afrika, die den ultra-schnellen Übertragsstandard G4 *(LTE – Long Term Evolution Standard)* einführen, weitere werden folgen. Bis 2015 sollen alle Ortschaften an das Breitband-Basisnetz (das so genannte *national backbone*) angeschlossen sein. Dieses wird wiederum durch die drei vorbildlichen Unterseeverbindungen gewährleistet, die Tansania nutzt. Andere innerafrikanische Länder haben bereits signalisiert, in puncto Internet andocken zu wollen, da sie selbst nicht über einen Zugang zu Unterwasserkabeln verfügen.

Hier hat sich die tansanische Regierung einmal durch **Weitsicht** ausgezeichnet, indem sie zu einem frühen Zeitpunkt Vorkehrungen traf und Verordnungen erließ, die es Internetprovidern ermöglichten, relativ leistungsfähige Verbindungen zu attraktiven Preisen anzubieten. Vorher wurden Internetverbindungen über teure und störanfällige Satelliten aufgebaut, aber von Anfang an war die Qualität und Schnelligkeit besser als in den Nachbarstaaten Kenia und Mosambik. Seit 2012 stehen leistungsfähige Glasfaserkabel zur Verfügung. Die flächendeckende Versorgung der

Bevölkerung mit Internet ist eines der ambitionierten Ziele des Entwicklungsplanes *Vision 2020.*

Aus persönlicher Sicht kann ich diese Zahlen nur bestätigen: Während meiner dreimonatigen Rechercheresise 2013 bereiste ich 90% des Landes – und es gab nur wenige Tage, an denen ich meine E-Mails nicht abrufen konnte oder aufgrund von Funklöchern nicht erreichbar war. Die einzige **Einschränkung** bestand darin, dass ich in einigen Gebieten, die nur durch GPRS abgedeckt waren, Dateianhänge nicht abrufen konnte.

Ähnlich wie beim Mobiltelefon stellt das Internet für die meisten Tansanier einen Kommunikationskanal dar, über den man sich mit Freunden, Familienmitgliedern oder auch ganz und gar Unbekannten in aller Welt vernetzen kann. Die meisten Einheimischen schreiben E-Mails, posten auf Facebook oder chatten über die diversen Programme. Kaum jemand liest die Onlineausgabe einer Zeitung oder sucht gezielt nach Informationen. Seit der Inbetriebnahme des SEAS-Unterseekabels 2012 haben sich die Internetkosten, z.B. in den Internetcafés, verdoppelt. Die **Durchschnittskosten** pro Stunde liegen bei etwa 1500 TSH (65 Cent), mancherorts auch höher. Vielerorts werden die Gebühren durch Gegengeschäfte umgangen, aber insgesamt werden die neuen Preise als zu teuer empfunden. In den Anfangsjahren des Internets kostete eine Stunde Internetnutzung im Café 500 TSH (20 Cent).

Die Technologie der Telekommunikation hat sogar das Geldwesen revolutioniert. Seit 2008 werden mobile **Geldtransferdienste** angeboten, die anfangs der ländlichen Bevölkerung zugute kamen, da diese so Geld an Verwandte senden konnten. Früher musste man sich erst umständlich mit den öffentlichen Verkehrsmitteln auf den Weg machen, wenn Geld an die Familie zu senden war. Aber heute genügt eine simple, schnelle Registrierung durch den Empfänger und binnen weniger Minuten kann Geld aus Mwanza (Nordwesttansania) für relativ geringe Gebühren in Mtwara (Südosttansania) empfangen werden. Der Sender muss nur einen der Abertausenden Agenten aufsuchen (meist erkennbar an Werbeaufschriften und -tafeln). Dieser nimmt den gewünschten Betrag entgegen, trägt ihn in eine Liste ein, verlangt je nach Höhe der Summe Gebühren von ein paar Tausend TSH und sendet gemeinsam mit der Nachricht einen Code an den Empfänger. Bei jedem registrierten Agenten kann das angewiesene Geld gegen Vorlage eines Ausweises und Vorweisen des Codes abgeholt werden.

Heute werden die mobilen Bezahlsysteme für alle Zahlungen wie selbstverständlich verwendet. Strom- und Wasserrechnungen, Steuern oder die monatlichen Raten für das Satellitenfernsehen werden ohne viel Aufhebens erledigt, wo vorher teures Reisen oder stundenlanges

Anstellen in den Ämtern notwendig war. Der umsatzstärkste Anbieter von Anfang an, M-pesa von Vodacom, brachte das System von Kenia nach Tansania. Doch die Konkurrenten holen auf, z. B. Tigo pesa (Mobilfunkprovider Tigo), Airtel Money (Mobilfunkprovider Airtel) oder Z-Pesa (Zantel). Bei einer Studie aus dem Jahr 2010 gab es bereits 4 Mio. registrierte User mit einem gesamten Transaktionsvolumen von 17 Mrd. TSH monatlich (rund 7,5 Mio. Euro). 2013 schätzte man, dass 18 Mio. Einwohner Geldtransfers über ihr Mobiltelefon tätigten.

Das Internet ist drauf und dran, das Leben der Tansanier auf den Kopf zu stellen. Schon heute können Kontoinhaber bei bestimmten Banken ihre Bankgeschäfte (ohne Computer oder Automaten) über registrierte Geldagenten tätigen, z. B. Geld vom Konto abheben oder Überweisungen in Auftrag geben. Weitere **Einsatzgebiete,** beispielsweise im Gesundheitswesen, werden bereits heftig erforscht und debattiert. So könnte man z. B. mobile Gesundheitsberatungen anbieten, effizienter Daten sammeln und auswerten oder die Ausbreitung von Epidemien besser kontrollieren.

Von solchen Wachstumsraten und Zukunftsaussichten kann das **Postwesen** nur träumen. Zwar gibt es in allen größeren Städten Postämter und der Versand von Briefen und Postkarten in die weite Welt funktioniert problemlos. Brenzlig wird es beim *Empfang* von Postsendungen, denn nicht alles, was im Ausland in die Briefe und Pakete eingepackt wurde, erreicht auch seine Empfänger in Tansania. So existieren weder Postleitzahlen noch eine Briefzustellung in Privathaushalte. Im Zweifelsfall muss man davon ausgehen, dass das Versandgut gar nicht am Bestimmungsort ankommt. Postsendungen, die größer als gewöhnliche Briefe sind, müssen zudem immer den Zoll passieren, was nicht nur zeitaufwendig und nervenaufreibend, sondern auch kostenintensiv ist. Ein ganzer Berufsstand, die *clearing agents,* ist daraus entstanden, dass Versandgut durch den Zoll geschleust werden soll – vorbei an unsinnigen Bestimmungen, überbordender Bürokratie und bornierten Zollbeamten. Hauszustellung gibt es ebenso keine. Wer Post empfangen möchte, muss ein Postfach (P. O. Box) bei einem der Postämter mieten. Kein Wunder also, dass Mobiltelefonie und Internet der Post den Rang abgelaufen haben.

NFL
ON

Als Fremder in Tansania

„Mgeni (ni) kuku mweupe."
Wörtlich: „Ein Fremder ist ein weißes Huhn."

(Sprichwort aus Tansania)

< Falsche Bilder des jeweils anderen gibt es in beiden Kulturen (Foto: 062ts kk)

Das Bild der Tansanier vom „weißen" Touristen

So unterschiedlich die westliche und ostafrikanische Kultur und Mentalität auch sein mögen – in einem Punkt sind wir uns ähnlicher, als uns vielleicht lieb ist: in der verklärten Sichtweise des jeweils anderen.

Als „weiß" empfindet ein Tansanier alle Hautfarben, die heller als die eigene sind. Damit fallen fast alle Menschen von anderen Kontinenten unter diese Kategorie, also auch Inder, Chinesen oder Südamerikaner. Für Europäer, Amerikaner (und alle Ausländer mit bleicher Hautfarbe) existiert dazu noch eine eigene Bezeichnung, nämlich **mzungu** (Mz.: *wazungu*). Diese Bezeichnung stammt aus einer Zeit, als europäische Kolonialpolitiker, fahrende Händler und Forschungsexpeditionen Ostafrika „entdeckten" und rastlos von einem Ort zum nächsten zogen. *Mzungu* steht nämlich für eine Person, die ziellos durch die Gegend fährt und herumstreunt. Andere Besucher wie z. B. Chinesen werden – sofern überhaupt eindeutig klassifizierbar – bei ihrer speziellen Bezeichung gerufen, also *mchina* („der Chinese", „die Chinesin"). Für alle Ausländer hellerer Hautfarbe gilt aber, dass sie als Kollektiv wahrgenommen werden, ebenso wie jeder Tansanier Teil eines Kollektivs ist. Das bedeutet, dass das Verhalten einer ausländischen Person auf alle ausländischen Personen gleichermaßen projiziert wird, egal ob es sich um gute oder schlechte Eigenschaften handelt.

Vieles von dem, **was Tansanier über den Westen denken,** ist positiv: Er kennt keine Armut, keine Krankheiten, keine Kriege, keine Korruption. Kinder sterben nicht an geheimnisvollen Krankheiten. Jeder ist frei und genießt ein hohes Maß an Bildung. Manchmal werden Reisende mit haarsträubenden „Kenntnissen" über Europa oder den Westen konfrontiert. Dabei stellt sich die Frage, wie denn die Tansanier zu diesen Halbwahrheiten kommen. Ein Großteil der **Klischees** stammt wohl aus den Erzählungen der Ausländer, in denen komplexe Sachverhalte vereinfacht dargestellt werden, die anschließend von den Tansaniern mit den lokalen Gegebenheiten abgeglichen werden.

Inzwischen haben **amerikanische Fernsehserien und Filme** dazu beigetragen, dass das Bild vom Westen negativer wird. So durften die Bewohner eines Dorfes am Lake Malawi, wo es weder Strom noch fließend Wasser gab, einmal pro Woche in der mit einem Generator ausgerüsteten Missionsstation fernsehen. Ich habe das Bild noch vor mir, wie große Augen „Pretty Woman" *Julia Roberts* beobachteten, die mit hochhackigen, kniehohen Stiefeln, kurzem Kleid und einer Kreditkarte von *Richard Gere* in den teuersten Boutiquen von Los Angeles einkaufte. Indem Filme derart unreflektiert, ungefiltert und ohne „Übersetzung" konsumiert werden, wachsen die Vorurteile gegenüber dem Westen. Im kollektiven Bewusstsein der Tansanier entsteht nämlich der Umkehrschluss, dass möglicherweise alle weißen Frauen so freizügig sind, wie im Film gesehen ...

Trotz Vorurteilen und Klischees stehen die meisten Tansanier den Weißen noch nicht feindlich gegenüber, obwohl eine **gewisse Distanz** spürbar ist. Noch hat die Verachtung der weißen Bevölkerung (also der Expats) keine Ausmaße wie in Namibia, Südafrika oder teilweise auch schon in Kenia angenommen. Natürlich missfällt es Tansaniern, dass Westler Land aufkaufen und dass aussichtsreiche, gut bezahlte Positionen mit Ausländern besetzt werden. Von Zeit zu Zeit fordern ein paar Meinungsmacher in den lokalen Zeitungen, dass man den Weißen überhaupt verbieten müsste, touristische Betriebe zu eröffnen. Doch in Wahrheit kann Tansania noch lange nicht auf ausländische Investoren verzichten.

„Weiße sind reich"

Die meisten Tansanier unterscheiden kaum, aus welchen Ländern Touristen kommen, denn dafür fehlt ihnen die Kenntnis über die verschiedenen Regionen, die jenseits ihrer eigenen Landesgrenzen existieren. Doch sie haben ganz klare Vorstellungen über das Leben dort: **Milch und Honig fließen und die Menschen sind unermesslich reich.** Für Tansanier ist schon die weiße Haut ein Indiz dafür, dass die Person in Geld schwimmen muss, auch wenn sich der betreffende Tourist das Reisebudget vielleicht mühsam zusammengespart hat.

Es grassieren die unterschiedlichsten Meinungen über die Länder der *wazungu*. Während die einen es sich nicht anders erklären können, als dass das Geld auf Bäumen wachsen müsse, glauben andere wiederum, dass die Weißen von ihren Regierungen Geld erhalten, um in Tansania Urlaub zu machen. Letztere Vermutung rührt vermutlich von einem Missverständnis und einer Vereinfachung komplexer Tatbestände. Es ist anzunehmen, dass Reisende zu erklären versuchten, dass es in gewissen europäischen Staaten Sonderzahlungen wie das 13. und sogar 14. Monatsgehalt gibt, also Weihnachts- und Urlaubsgeld. Aus der Vereinfachung der Situation wie z. B.: „In dem Land, wo ich herkomme, da erhält man von der Regierung zweimal jährlich Geld, mit dem man dann in Urlaub fahren kann", entsteht die Botschaft: „Die Regierung zahlt den Urlaub!", die sich durch die vielen Sozialkontakte der Tansanier in Windeseile im ganzen Land verbreitet. Da tansanischen Staatsbürgern solcherlei Sozialleistungen gänzlich fremd sind, ist es kaum möglich, ihnen europäische Gegebenheiten begreiflich zu machen.

Wie der vermeintliche Reichtum vieler westlicher Bürger zustande kommt – zumal **„sie ja ständig auf Urlaub sind"** –, kann sich kaum ein

Tansanier erklären. Hier ist Wohlstand schließlich nur der politischen und wirtschaftlichen Elite vorbehalten. Freilich, dass man arbeiten muss, um Geld zu verdienen, ist ihnen klar, und dass Weiße oft fleißig, strebsam und zielstrebig sind, bestreiten Tansanier auch nicht. Ganz im Gegenteil, das sind einige der positiven Eigenschaften, die sie hellhäutigen Ausländern zusprechen und sehnsüchtig davon träumen, sie auch selbst haben zu können. Doch mit den Begriffen Steuern, Wohlfahrtsstaat, Pensionsantrittsalter oder Krankenkassen kann ein Tansanier genauso wenig anfangen wie mit Schneeketten oder einer Gasetagenheizung.

Tansanier wissen auch, dass im Westen Krankenhäuser, Straßen und Gratisuniversitäten existieren oder dass es gepflegte Parks, eine Müllabfuhr und eine funktionierende Wasser- und Stromversorgung gibt. Als Reisender wird man vermutlich öfter als nur einmal gefragt, warum all diese Dinge in Europa funktionieren und in Tansania nicht. Nur wenigen Einheimischen ist klar, dass jeder einzelne Staatsbürger eines westlichen Landes seinen Teil zu diesem „Reichtum" beiträgt, indem er **Abgaben und Steuern** zahlt. Für Tansanier ist dieser Gedanke allein schon deshalb abwegig, weil dann vom kärglichen Lohn kaum noch etwas übrig bleiben würde. Außerdem haben Tansanier kaum Vertrauen in die Beamten und Behörden, die diese Abgaben einkassieren und verwalten müssten, denn sie wissen, dass Gelder im eigenen Land in unerklärlichen Löchern versickern. Außerdem besteht in Tansania kein Bewusstsein für Gemeinwohl und Wohlfahrt: Warum sollte ein Bürger aus Mwanza mit seinen Steuern ein Krankenhaus in Songea finanzieren, wenn er noch nie im Leben dort war und wahrscheinlich auch niemals dorthin kommen wird. Lokale Einheiten wie Großfamilien, Ethnien oder Dörfer haben immer Vorrang, mit der Regierung im fernen Dar es Salaam oder in Dodoma gibt es keine Berührungspunkte. Bei solchen oder ähnlichen Fragen sollte man die Dinge zwar vereinfacht, aber möglichst plausibel darstellen. Ein Erklärungsversuch könnte vielleicht so ausfallen: Fast jeder Staatsbürger in einem westlichen Land muss einen Teil seines Einkommens an die Regierung bezahlen, damit diese genug Geld hat, um Straßen, Spitäler und Schulen zu bauen.

Reichtum ist für Tansanier primär an die helle Hautfarbe gekoppelt, weswegen es übrigens immer wieder zu **peinlichen Situationen zwischen dunkelhäutigen Ausländern und Tansaniern** kommen kann. Diese werden grundsätzlich auf Kiswahili angesprochen (da man ja nur weiße Haut mit dem Westen assoziiert), sind manchmal Repressalien ausgesetzt (von Ordnungshütern, Beamten oder beim Zoll) und werden von den Angestellten im Tourismus häufig weniger überschwänglich behandelt als weiße Besucher.

Extrainfo 15 (s. S. 8): So sieht ein tansanischer Pfarrer Deutschland.

„Weiße sind rassistisch"

Häufig **fühlen sich Tansanier von Weißen rassistisch behandelt** und scheuen dann auch nicht davor zurück, dies offen und lautstark anzusprechen. Das **„Totschlagargument Rassismus"** ist ein beliebter Schachzug, um Weiße zum Schweigen zu bringen oder sie zu beschämen.

Gerade wenn sich ein Tourist beschwert, weil beispielsweise der verlangte Geldbetrag nicht in Relation zur erbrachten Leistung steht, wird gern die Beschuldigung vorgebracht, der Reisende sei rassistisch. Das führt meist zu reflexhaften Verteidigungsversuchen seitens des Touristen, denn angesichts des westlichen Wertes der *political correctness* ist ja kaum etwas moralisch verwerflicher, als rassistisch genannt zu werden. Liegt die „Rassismuskarte" erst einmal auf dem Tisch, gibt es keine angemessene Gesprächsgrundlage mehr und ein Rückzug ist das Verhalten der Wahl. Für die Tansanier ist dies allerdings die Bestätigung dafür, dass der Tourist tatsächlich rassistisch ist.

Eine Episode aus dem Arbeitsalltag in der Lodge macht den Konflikt deutlich. Die Lodge lag auf einem Hügel und aufgrund der exponierten Lage war von der Rezeption und vom Parkplatz aus jeder auch noch so geringe Laut in den *bandas* (gemauerte Cottages) zu hören. Es war frühmorgens und auf dem Parkplatz ging es hoch her. Mehrere Fahrer von unterschiedlichsten Agenturen unterhielten sich lautstark. Ich bat sie, etwas leiser zu sprechen, da die Gäste noch schliefen. Da plusterte sich der Anführer der Gruppe (vermutlich der ranghöchste *driver* unter den fünf Fahrern) vor mir auf und schnauzte mich an: *Africa is a free country and I can talk wherever I want!* Ich war zwar einigermaßen überrascht über die Antwort, gab aber nicht auf, da ich ja unsere Gäste schützen musste. Nachdem der erste Angriff offensichtlich an mir abprallte, wurde sogleich die Rassismus-Karte ausgespielt, denn wenn sonst nichts funktioniert – direkte Vorwürfe an Weiße, sie seien rassistisch, treffen die Personen in der Regel mitten ins Herz. Ich durfte nun keinen Streit vom Zaun brechen und in reflexhafte Verteidigungspositionen verfallen, stattdessen zog ich schließlich mit eingezogenem Schwanz von dannen. Für die fünf Fahrer allerdings war mein Rückzieher selbstverständlich ein Triumph.

Für Westler bedarf es schon einiger Mühe, um zu begreifen, dass **Afrikaner und Tansanier sich selbst als nicht rassistisch empfinden,** denn dieser Begriff ist ausschließlich für Weiße reserviert – ist also auf das Spannungsfeld zwischen „schwarz" und „weiß" bezogen. Die Afrikaner, und ganz besonders die Tansanier, deuten ihre Vielvölkerstaaten als Beweis dafür, dass sie nicht rassistisch sind. Ihr Selbstbild weicht dabei von den Fakten erheblich ab.

Kein Tansanier würde es als Rassismus empfinden, dass die unbeliebten, weil aufsässigen Maasai (nilotischer Abstammung) aus ihren angestammten Gebieten zwangsweise vertrieben werden, um neuen Nationalparks (so geschehen in der Ngoronogoro Conservation Area) oder einer Sodafabrik (am Lake Natron) Platz zu machen. Gleiches gilt für die als hinterwäldlerisch geltende Volksgruppe der Hadza (übrigens mit den Khoisan im südlichen Afrika verwandt), die jahrelang gegen die Enteignung ihres Jagdgebietes am Mbulu-Plateau kämpfen musste, um die Regierung am Verkauf des Landes an ein Jagdunternehmen der arabischen Emirate zu hindern. Die Proteste waren letztlich so massiv, dass die Regierung von ihren Plänen Abstand nehmen musste. Waren denn die arabischen Händler, die die afrikanischen Dorfbewohner versklavten, nicht rassistisch? Sind nicht die Hutus in Ruanda rassistisch, wenn sie in einem 100 Tage dauernden Gemetzel 75 % der Tutsi-Minderheit massakriert haben? Und sind nicht alle Stammeskriege und ethnischen Auseinandersetzungen rassistisch motiviert, weil eine Volksgruppe die andere als minderwertig einstuft? Solcherlei Rassismus fällt für Tansanier nicht unter Diskriminierung aufgrund ethnischer Merkmale. **Rassistisch sind nur die Weißen.** Geringschätzung, Diskriminierung und Ressentiments aufgrund ethnischer Zugehörigkeiten, Geschlecht, Herkunft oder niederer sozialer Stellung heißen bei den Tansaniern stattdessen Hierarchie, Korruption oder Politik.

„Weiße sind überlegen"

Viele Westler sind sehr oft peinlich berührt, wenn ihnen in Tansania geistige, intellektuelle und wirtschaftliche Überlegenheit nachgesagt wird. Nicht alle, aber ein Großteil der Tansanier empfindet Weiße höherwertiger als sich selbst. Gewisse Ethnien wie die stolzen Maasai sind glücklicherweise resistent gegen diesen Trend. Insgesamt ist zu beobachten, dass je höher eine tansanische Person in der Hierarchie steht und je höher ihr Bildungsgrad ist, desto weniger teilt sie diese Meinung. Auf dem Land, in einfachen Dörfern und bei vielen Leuten mit unzureichender Bildung hingegen werden die Fähigkeiten der Weißen für größer und wertvoller als die eigenen gehalten.

Die vermeintliche Minderwertigkeit der eigenen Kultur und die **Geringschätzung der eigenen Errungenschaften** lässt sich in vielen Bereichen gut erkennen, z. B. in Modefragen oder der Medizin. Junge Arbeitgeber – aufstrebende mittelständische Unternehmer, die oft im Ausland studiert haben – stellen ungern Tansanier ein, da diese ihrer Meinung nach aufgrund schlechter Arbeitsauffassung und Unehrlichkeit nicht für den Job geeignet wären.

063ts kk

Es kann sogar beobachtet werden, dass Tansanier Unternehmen als Arbeitgeber oder Dienstleister bevorzugen, die von Weißen geleitet werden, da Letztere nicht nur als intellektuell und wirtschaftlich überlegen angesehen werden, sondern man ihnen auch Eigenschaften wie Ehrlichkeit, Klugheit und Weitsicht zuspricht. Solchen Unternehmen haftet schnell der Mythos an, es würde weniger Korruptionsgeld fließen oder sie arbeiteten effizienter und die Angestellten würden besser bezahlt.

Vielleicht haben sich die Menschen in Tansania daran gewöhnt, von Ausländern bevormundet zu werden. Vor Jahrhunderten hatten die Araber das Sagen, später die Kolonialherren und heute befinden die Entwicklungshelfer darüber, was gut oder schlecht ist. Seit Generationen bestimmen ausländische Mächte die Geschicke der Tansanier und suggerieren ihnen, dass die Fremden viel besser Bescheid wüssten als die Einheimischen selbst.

Am ehesten resistent gegen die Moderne und den Westen sind die Maasai

„Weiße sind pessimistisch, kalt, egoistisch und respektlos"

Die Errungenschaften der westlichen Welt wie Wohlstand, Bildung oder auch Selbstbestimmung sehen Tansanier als äußerst positiv und nachahmenswert an – die Mentalität allerdings, die diese Wirtschaftswunder möglich macht, wird als negativ empfunden.

Fremde werden meist am idealisierten Selbstbild gemessen. Die Tansanier halten sich selbst für feurig, impulsiv und fröhlich, die Weißen hingegen seien introvertiert, **pessimistisch** und verschlossen. Besonders die positive Lebenseinstellung der Tansanier stehe in krassem Kontrast zum westlichen Weltbild. Diese Haltung mag daher rühren, dass man in Tansania oft schon froh sein muss, wenn sich eine (häufig unabänderliche) schwierige Situation nicht zur Katastrophe auswächst. Die Einheimischen tendieren dazu, auch scheinbar schreckliche Dinge gelassen und optimistisch zu sehen. Die Begrüßungsrituale verdeutlichen dies: Fragen nach dem Befinden werden grundsätzlich positiv beantwortet – auch wenn Schlimmes passiert ist. Die westliche Tendenz, das Negative oftmals überzubewerten und all die Annehmlichkeiten nicht mehr wirklich zu schätzen, wird als Freudlosigkeit und Pessimismus ausgelegt.

Gleichermaßen sind Weiße für Tansanier sozusagen der Inbegriff von **sozialer Kälte, mangelnder Solidarität und Egoismus.** Dieser Einschätzung liegt der Umstand zugrunde, dass es im Westen keine Großfamilien im afrikanischen Sinne mehr gibt. Die Aufgaben, für die in Tansania und anderen afrikanischen Ländern die Großfamilie und deren Familienmitglieder zuständig sind, übernimmt hier der unpersönliche Staat: Kinderbetreuung, Altenpflege, Versorgung von körperlich oder mental beeinträchtigten Menschen, Unterstützung bei Arbeitslosigkeit etc. Ebenso hat sich in Tansania herumgesprochen, dass in den Industriegesellschaften vergleichsweise wenige Kinder in die Welt gesetzt werden, was für die Menschen ein starkes Indiz dafür ist, dass der Westen egoistisch und unsozial ist.

Gleichzeitig empfinden Menschen aus Europa oder Amerika die Verhältnisse in Tansania oft als ungerecht und sozial kalt, z.B. weil es kaum einheimische Hilfsinitiativen und wenig Solidarität untereinander gibt und weil sich die Eliten maßlos selbst bereichern. Die Begriffe der „Nächstenliebe" und der sozialen Gesinnung sind eben in Afrika und im Westen unterschiedlich definiert.

Darüber hinaus empfinden Tansanier Weiße oft als respektlos. Hier geht es vor allem um den **Respekt vor dem Alter,** der sich im Status der tansanischen Senioren widerspiegelt. Diese Art von Respekt ist den Tansaniern und Afrikanern im Allgemeinen heilig, während Respekt im westlichen Sinne, z.B. Respekt vor fremdem Eigentum, respektvoller Umgang mit sozial Benachteiligten oder Respekt Fremden gegenüber, wenig Wertigkeit hat.

Zur allgemein abwertenden Haltung den Weißen gegenüber gesellt sich an der islamisch dominierten Küste und auf den Inseln auch noch eine **herabsetzende Einschätzung von Frauen.** Bedingt durch die kollektivistische Sichtweise auf die Welt werden alle westlichen Frauen gerne in einen Topf geworfen. Ihre freizügige Bekleidung, die Offenheit und Gleichrangigkeit gegenüber westlichen Männern lässt westliche Frauen bei einheimischen Männern moralisch in wenig schmeichelhaftem Licht erscheinen. Die einseitigen Informationen, die in Tansania über Frauen aus dem Westen erhältlich sind – Pornoseiten im Internet, seichte amerikanische Filme, schamlose Italienerinnen, deren Mini so kurz ist, dass man die Farbe des Intimpiercings erkennen kann –, verfälschen das Bild zusätzlich.

Offene Diskriminierung und unverhohlener Abscheu gegenüber ausländischen Frauen sind häufig die Folge – und zwar von beiden Geschlechtern gleichermaßen.

Afrikabilder in unseren Köpfen

„Cha kuvunda, hakina ubani."
Wörtlich: „Für den Gestank gibt es keinen Weihrauch."
(Sprichwort aus Tansania)

Ein wilde, unerklärliche Leidenschaft für Afrika befällt viele Menschen aus westlichen Ländern beim Gedanken an diesen Kontinent. Sehnsuchtsvoll stellt man sich dabei staubige, rote Pisten vor, weite goldbraune Savannen, knorrige Baobabbäume, die ungezähmte Tierwelt, romantische Wohnverhältnisse à la Lehmhütten mit Strohdach und die leuchtenden Farben der Stoffe und Kleider. Gleichzeitig sieht man in Lumpen gehüllte Kindersoldaten, unschuldige kaffeebraune Kulleraugen und ausgemergelte Körper vor dem geistigen Auge. Ein ambivalentes, seltsam verzerrtes Afrikabild herrscht im Westen vor.

Das Dilemma beginnt schon bei der **Wahrnehmung des afrikanischen Kontinents.** Er wird in der Regel als Einheit empfunden, der Begriff „Afrika" steht nebulös für alles, was auch nur im Entferntesten afrikanisch sein könnte. Diese Sichtweise wäre ungefähr damit vergleichbar, alle Länder Europas über einen Kamm zu scheren. So wie sich Deutsche und Österreicher, Briten und Italiener, Franzosen und Ungarn in Mentalität, Arbeitsauffassung, Gestaltung von zwischenmenschlichen Beziehungen oder im Humor unterscheiden, so breit ist auch die Palette der afrikanischen Unterschiede gefächert. Dazu ein Beispiel: Bedingt durch das Erbe von Ministerpräsident *Jomo Kenyatta,* der Kapitalismus und Industrialisierung über alles stellte, sehen sich die **Kenianer** selbst als hart arbeitende Unternehmertypen. In Tansania macht man sich hinter vorgehaltener Hand über die kenianische Geschäftstüchtigkeit lustig und beharrt darauf, dass das Leben aus mehr als nur Arbeiten bestehe. Dies verdanken die Tansanier *Julius Nyerere,* der den afrikanischen Sozialismus erfand und statt kapitalistischem Handeln dem Frieden zwischen den Völkern oberste Priorität beimaß. In Sambia aber schwärmen die Menschen ehrfürchtig vom tansanischen Fleiß und der guten Organisation im Land. Nun stelle man sich vor, wie groß erst die Unterschiede zwischen weit auseinander liegenden Ländern, wie z. B. Tansania und Nigeria oder Namibia sein mögen.

Der österreichische Künstler *Hubert von Goisern,* der Ende der 1990er-Jahre eine Dokumentation über die in Tansania lebende Primatenforscherin *Jane Goodall* drehte, hat über Afrika Folgendes gesagt: „Du weißt, dass du dir nicht vorstellen kannst, wie es in Afrika ist, also stellst du es dir erst gar nicht vor. Und dann bist du unten und es ist ganz anders, als du es dir nicht vorgestellt hast.“ Im Großen und Ganzen trifft das den Kern der Sache. **Es ist Menschen mit westlicher Prägung nicht möglich, afrikanische Mentalität zu begreifen.** Im besten Falle können Westler sie akzeptieren oder tolerieren, aber wohl nicht nachvollziehen.

Wie soll eine Person, die in einem Klima von staatlicher Absicherung aufgewachsen ist, begreifen, wie wichtig Großfamilie und Kinder als Altersvorsorge sind? Wie kann jemand, der selbst in einer Welt groß geworden ist, in der Individualität, Freiheit und Gleichheit als oberste Prinzipien gelten, auch nur im Entferntesten nachvollziehen, was es heißt, autoritätshörig und hierarchiebestimmt zu leben? Wie kann man Menschen verstehen, die ihr Leben in die Hand von Geistern und bösen Mächten legen, wenn die wichtigste Maxime des eigenen Lebens lautet, dass jeder seines eigenen Glückes Schmied ist?

Menschen aus dem Westen haben kaum eine Ahnung vom tansanischen Selbstverständnis und maßen sich dennoch oftmals an, es bewerten zu dürfen und notfalls korrigieren zu können. Das gilt im Übrigen auch für mich als Autorin. Unsere Gesellschaftsform und unsere Art zu leben gelten als das Maß aller Dinge. Schließlich haben wir es im Westen zu einem vergleichsweise hohen Wohlstand, zu Emanzipation und einer relativen Sicherheit gebracht haben, während Afrika und andere Kontinente bestenfalls an der Schwelle dazu stehen. Diese Errungenschaften geben uns scheinbar das Recht, darüber entscheiden zu können, was gut und verwerflich ist oder gar welche Art von Fortschritt richtig wäre.

Eine adäquate Sichtweise auf den Kontinent Afrika wird verhindert, indem Menschen, Kulturen und Traditionen an westlichen Wertvorstellungen gemessen werden. Das Problem für Afrika daran ist, dass **westliche Werte das Idealbild** sind: Arbeit bis zum Burn-out, Zukunftsvorsorge und Existenzsicherung oder Effizienz und Pünktlichkeit werden als Tugenden und als Maßstäbe für einen „guten" Menschen gehandelt. Dass Intelligenz, Moral oder Gerechtigkeit in anderen Ländern anderen Mechanismen unterliegen, kommt uns gar nicht in den Sinn. So wird beispielsweise Intelligenz von Kultur zu Kultur unterschiedlich interpretiert. Die Luo in Kenia oder einzelne Stämme in Uganda und Tansania verstehen darunter vor allem Respekt und Verantwortungsgefühl gegenüber der Familie. Im Westen steht Intelligenz für eine hohe Denkgeschwindigkeit, was in anderen Kulturen als unklug angesehen wird. Ebenso unterschiedlich ist die Auffassung von Solidarität: Im Westen ist damit die Gesellschaft gemeint, in Afrika erstreckt sie sich nur auf die Familie.

Im Vergleich zu den Bewohnern westlicher Industriestaaten **gelten die Menschen in Afrika als unterlegen,** unterprivilegiert, unzivilisiert und unterentwickelt. Afrikanische Kulturen werden als einfach und unkomplex angesehen, sodass man nur nach wenigen Tagen Urlaub bereits erkannt hat, woran es hakt und wie es besser gemacht werden könnte. Beispiele dafür ergeben sich für Reisende fast täglich. Westler nehmen beispielsweise an, dass Frauen damit geholfen sei, einen Brunnen im Dorf zu bauen, damit sie Wasser nicht über weite Entfernungen tragen müssen. Zurück in Europa setzt man womöglich sogar Himmel und Hölle in Bewegung, um ein Brunnenprojekt auf die Beine zu stellen. Später in Tansania müsste man dann aber feststellen, dass die an sich gute Idee den Frauen möglicherweise mehr schadet als nützt. Denn aufgrund der Arbeitserleichterung verbrächten sie mehr Zeit im Dorf und würden möglicherweise zu leichten Opfern gewaltsamer Übergriffe durch gelangweilte Männer. Im Endeffekt könnte das Projekt niemandem im Dorf wirklich geholfen haben – außer dem Ego der Initiatoren. Nach Abzug der letzten weißen Inspektoren würde der Brunnen vermutlich ohnehin wieder brachliegen. Es wäre wünschenswert, dass Ausländer, die durch ihre Projekte einen langfristigen Effekt in Tansania erzielen wollen, sich viele Monate, am besten Jahre, im Land aufhalten, um fundierte Einblicke und Kenntnisse in Bezug auf **die kulturellen Eigenheiten und die sozialen Strukturen** zu erlangen. Denn je länger sich eine Person im Land aufhält, desto mehr würde ihr bewusst werden, dass Tansania nicht weniger komplex ist als andere Länder und Kulturen. Und nur unter Einbezug dieser Komplexität, der vorhandenen Vorstellungen und des Sozialgefüges wäre Nachhaltigkeit überhaupt möglich.

Das Bild von Afrika wird bewusst gesteuert

In erster Linie muss man sich darüber im Klaren sein, dass das gängige Bild von Afrika und Tansania **von den Medien geschaffen** wird. Sie bestimmen, welche Ausschnitte des Alltags in der Sonntagszeitung in kleinen verdaulichen Happen serviert werden. Menschen in Europa oder Amerika nehmen Bezug auf Erfahrungen, die von Journalisten und Redakteuren gefiltert und für den Markt medientauglich aufbereitet wurden.

In der Berichterstattung dominieren Krisen, Krankheiten, korrupte Despoten, Bürgerkriege, Korruption, Skandale, Gemetzel, Piratenübergriffe etc. Afrika ist eigentlich ein einziges humanitäres Desaster: aufgeblähte Kinderbäuche, Seuchen, tragische Zustände in Flüchtlingslagern. **Es ist immer das Gleiche, was aus Afrika vermeldet wird** – sodass selbst die Menschen, die gewillt wären, zwischen den Zeilen zu lesen, allmählich abstumpfen. Der schwedische Krimiautor *Henning Mankell,* der für seine innige Verbundenheit zu Mosambik bekannt ist, formulierte das so: „Wir lernen heute alles darüber, wie Afrikaner sterben, aber nichts darüber, wie sie leben." Mit all den exotischen Traditionen, Praktiken oder afrikanischen Eigenheiten können Westler in der Regel wenig anfangen. Mit Mord, Totschlag und Seuchen hingegen schon.

Auch die Durchschnittsbevölkerung kommt in den westlichen Medien schlecht weg. Frauen stampfen Getreide, während ein Baby auf ihrem Rücken hängt – engagierte Rechtsanwältinnen, die anderen Frauen zu ihrem Recht verhelfen, passen anscheinend nicht in das vorherrschende Afrikabild. Männer finden hauptsächlich im Zusammenhang mit illegalem Aufenthalt oder kriminellen Machenschaften Erwähnung. Ob sich wohl eine Story über einen findigen tansanischen Unternehmer oder einen begnadeten Künstler gut verkaufen würde?

Eine einseitige Darstellung ist eine Sache, die allgemeine **Geringschätzung für alles Afrikanische** eine andere. Afrikaner sind für manche Europäer bestenfalls hilflose Kinder, denen man zeigen muss, wie das Leben funktioniert. Allzu oft wird die Berichterstattung über Afrika und Tansania allerdings auch **von den Entwicklungsorganisationen und den afrikanischen Regierungen bestimmt,** um das Spendenaufkommen zu steigern. Ein Beispiel dazu: Während unserer Zeit in Tansania rief mich meine Mutter ganz aufgeregt an, voller Sorge darüber, ob mein Mann und ich denn genügend zu essen hätten. In den österreichischen Nachrichten wurde nämlich gemeldet, dass es im Norden des Landes eine Hungerkatastrophe verheerenden Ausmaßes gäbe. An jenem Tag waren wir gerade vom Ol Doinyo Lengai und dem Lake Natron zurückgekehrt und hatten ein paar Tage in einem Maasai-Dorf verbracht. Die Hungersnot konnten wir nicht bestätigen, denn obwohl das Gebiet schon seit Längerem immer trockener wird, hatten wir von den Maasai erfahren, dass es ihnen in diesem Jahr einmal besser ginge, weil es recht ausgiebige Regenfälle gegeben habe. Interessanterweise wussten die Menschen in Österreich besser über die ausbleibenden Regenfälle Bescheid als die Bewohner des tansanischen Nordens selbst. Punktuell wird es ganz sicher in einer Region Probleme gegeben haben, aber in den Medien wurde die Situation völlig überzeichnet und gleich der „ganze Norden Tansanias" daraus gemacht – nur um die Kassen klingeln zu lassen.

065ts kk

Afrika als Paradies

Trotz der scheinbar so furchtbaren afrikanischen Verhältnisse wird der Kontinent in Fernsehsendungen und Kinofilmen andererseits **zu einer Art „Garten Eden" hochstilisiert.** Jene Orte, die die Massenmedien zuvor zum Katastrophengebiet erklärt hatten, sind plötzlich Schauplätze einer heilen Welt; eine Welt, die noch nicht dem Turbokapitalismus geopfert worden ist, wo Konsumdruck und Technologiehörigkeit noch in weiter Ferne liegen, wo die mächtigen Konzerne und manipulativen Medien noch keinen Einfluss haben. Die unbändige Ursprünglichkeit der afrikanischen Natur, ein Rudel Löwen, das träge im Schatten von Akazien döst, kaffeebraune Menschen in farbenprächtigen Kleidern und mit bunten Perlen im Haar, bäuerliche, unschuldige und unverfälschte Lebensweisen – das ist der Stoff, aus dem die Afrikaträume sind.

Wir projizieren auf Afrika das, was die westliche Industriegesellschaft scheinbar längst verloren hat. Positiv besetzt v. a. die **afrikanischen Naturräume sowie die Pflanzen- und Tierwelt:** Afrikanische Länder werden

⌃ Der Maasai-Junge, der Kühe und Ziegen hütet, ist schlicht gekleidet, wirkt aber gut genährt und gesund. Die meisten deutschen Medien würden das Foto mit Sicherheit anders interpretieren.

seitens der Touristikbranche als Hort unverfälschter Kulturen, als Enklave natürlichen Lebens und als Oase der letzten noch intakten Naturräume der Erde verkauft. Als Gegenpol zur westlichen tristen, gefühllosen und kaputten Welt steigt Afrika als Ort des Sinnlichen und Ursprünglichen wie Phönix aus der Asche.

Keines dieser Bilder stimmt mit der **Realität** überein. Denn auch in allen afrikanischen Ländern gibt es beispielsweise Fernsehen und billige, die Traditionen aufweichende Filme. Das Mobiltelefon ist in Tansania fast bis in den letzten Winkel vorgedrungen. Die Naturräume in Tansania haben mit schwerwiegenden, ökologischen Problemen zu kämpfen, denn die Gratwanderung zwischen Naturschutz und Existenzsicherung der Bevölkerung scheint nicht zu gelingen.

Tief verwurzelte Ideologien

Woher die falschen und irreführenden Vorstellungen vom afrikanischen Kontinent kommen, man mag es ahnen – das Erbe der Kolonialzeit verfolgt die Nachkommen bis heute. Die Kolonialherren und Kaufleute sahen die wirtschaftlichen Möglichkeiten und fühlten sich bemüßigt, den „Wilden" die Zivilisation zu bringen. Missionare wollten die Tansanier von Barbaren zu guten Christen bekehren. Ingenieure verbesserten die Infrastruktur, bauten Postämter, Eisenbahnen und Schiffe. Journalisten begleiteten die „Entdecker" und brachten die frohe Kunde vom Naturreichtum und den christianisierten Afrikanern nach Europa. Das Gleiche gilt vice versa: Das Bild der Tansanier von Westlern ist auch von dieser Zeit geprägt.

Die wenig schmeichelhaften Bilder über Afrika sitzen tief in unseren kollektiven Anschauungen. Mit schwarzer Hautfarbe wird nach wie vor Bosheit und Minderwertigkeit verbunden. Das Kinderspiel **„Wer fürchtet sich vorm schwarzen Mann?"** prägt heute noch ganze Generationen. Täglich werden Reisende, insbesondere Langzeitbesucher, an ihre Grenzen stoßen, wenn sich ihre Gewohnheiten und Einstellungen nicht mit den tansanischen Lebensbedingungen decken. Wem es gelingt, möglichst nur zu beobachten, nicht zu werten und schon gar nicht zu glauben, es besser zu wissen, der wird am ehesten mit Tansaniern auf gleicher Augenhöhe kommunizieren können. Trotzdem kann es schwierig werden, denn selbst wenn Besucher versuchen ihre Vorurteile abzulegen, gibt es noch immer die Tansanier selbst, deren vorgefasste Urteile über die Weißen das Verhältnis trüben mögen.

[>] Weder Kinder noch Erwachsene kennen Berührungsängste

Kontakte, Gespräche und Einladungen

„Milima haikutani, lakini binadamu hukutana."
Wörtlich: „Berg und Tal kommen nicht zusammen, aber Menschen."
(Sprichwort aus Tansania)

Ins Gespräch kommen

Wenn doch alles so einfach wäre in Tansania: Ein freundliches *mambo vipi* („Wie geht es Dir?"), ein Lachen im Gesicht und die ersten zarten Kontakte sind geknüpft. Tansanische Männer bleiben nicht lange allein, sie finden schnell Anschluss. Man ist gesprächig, sucht nach Anknüpfungspunkten wie dem Geburtsort oder Städten, die beide kennen. Nach drei Minuten quatscht man miteinander, als ob man sich schon ein Leben lang kennen würde. Frauen sind mit anderen Frauen ebenso schnell im **Gespräch.** Männer können Frauen problemlos ansprechen, z. B. um Informationen zu erhalten. Es kann aber vorkommen, dass schüchterne Mädchen oder scheue Landpomeranzen nicht antworten. Umgekehrt werden Männer selten von Frauen angesprochen. Die erste Kontaktaufnahme ist eindeutig den Männern vorbehalten.

066ts kk

Missgeschicke oder ein Unglück anzusprechen, ist kein Tabu

Wenn einem anderen ein Unglück passiert, ist man in Tansania überhaupt nicht peinlich berührt. Ganz im Gegenteil: Derjenige, dem ein Unglück oder ein Missgeschick widerfahren ist, erfährt vollstes Mitgefühl und dies wird auch ohne Umschweife ausgedrückt: ***„pole sana" („Es tut mir sehr leid")*** *oder einfach „pole". Egal ob einem der Bus vor der Nase weggefahren ist, ein Familienmitglied gerade an Malaria laboriert, der Sohn seine Arbeit verloren hat oder ob jemand im Dorf verstorben ist - „pole" ist immer angemessen, wenn es gilt, seinem Gegenüber das Bedauern auszusprechen. Übersetzungversuche ins Deutsche scheitern schon allein daran, dass es diese Art von Mitgefühl im Westen nicht gibt. Im Westen ist man in solchen Fällen eher peinlich berührt und schummelt sich aus der Situation am liebsten schweigend heraus. „Es tut mir leid" oder „Sie haben mein Mitgefühl" wären wohl noch die geeignetsten Übersetzungen.*

Die Offenheit der Menschen macht es angenehm, in Tansania zu reisen. Willige Gesprächspartner finden sich an jeder Ecke, **Tansanier sind sehr kontaktfreudig.** Ein fragender Blick die Straße entlang oder eine kleine Verschnaufpause an einem Getränkestand, und schon hat man Gesellschaft. Oft genügt allein der Blickkontakt. Tansanier brauchen auch gar keinen besonderen Grund, um einen Besucher anzusprechen. Ein Plausch mit einem Touristen hat viele Vorteile: Er bringt Unterhaltung in den Tag, man erfährt etwas Neues und vielleicht schaut am Ende sogar ein kleiner Deal dabei heraus.

Jedes Gespräch mit einem Tansanier beginnt mit dem **Begrüßungsritual,** das im Normalfall das Klima zwischen den Gesprächspartnern nachhaltig prägt. Dafür muss immer Zeit sein, auch wenn man zwischen Tür und Angel steht und beispielsweise in Stone Town der Imam schon mahnend zum Gebet ruft. Für den sehr wahrscheinlichen Fall, in eine Unterhaltung verwickelt zu werden, wäre es gut, **ein paar Worte Kiswahili** zu beherrschen. Die ersten Worte und Phrasen sind nicht schwer zu erlernen und mit ein bisschen Übung hat man bald ein stattliches Repertoire zusammen, um alltägliche Situationen meistern zu können. Wer sich einige Grundkenntnisse der Sprache aneignen möchte, der ist mit dem Kauderwelsch Sprachführer „Kisuaheli – Wort für Wort" vom Reise Know-How Verlag gut beraten.

Entscheidend für das Gesprächsklima ist eine **respektvolle Anrede.** Tansanier können blitzschnell einschätzen, ob eine Person jünger oder älter ist als sie selbst und ob sie höher gestellt oder wichtiger ist. Für Gleichaltrige werden andere Begrüßungsfloskeln verwendet als für ältere oder höhergestellte Personen. Das Repertoire an unterschiedlichen Dialogen ist schier grenzenlos. Auf meinen Reisen durch Tansania staune ich immer wieder darüber, wie kreativ und situativ einfühlsam die Dialoge ausfallen.

Die jüngere Person grüßt die ältere zuerst mit dem Wort *shikamoo* („Ich fasse deine Füße an"), woraufhin das Gegenüber mit *marahaba* („Umsonst" oder „Es ist nicht nötig") antwortet. Danach erfolgt das eigentliche **Begrüßungsritual** (s. S. 274). Bei Touristen tun sich Einheimische häufig schwer, den gesellschaftlichen Rang oder das Alter zu bestimmen. Deswegen werden sie sicherheitshalber wie eine Respektsperson mit *shikamoo* angesprochen.

Danach prasselt eine Salve von Fragen auf die zuvor noch unbekannte Person ein. *Unaitwa nani?* oder *Jina lako nani?* („Wie heißt du?") wird die erste Frage sein, darauf folgt *Unatoka wapi?* („Woher kommst Du?") oder *Unakaa wapi?* („Wo wohnst Du?"). Als Nächstes ist man neugierig, wohin der weitere Weg führen soll *(Unaenda wapi?).* Auch nach dem Beruf oder der Arbeit wird man sich erkundigen *(Unafanya kazi gani?).* Einen konkreten Grund für diese beinah inquisitorische Befragung gibt es nicht. Tansanier sind im Allgemeinen einfach neugierig auf neue Gesichter, neue Gesprächspartner und neue Geschichten. Das gleiche Fragenbombardement geht auch auf durchreisende Touristen nieder, denn jeder Besucher bringt Neuigkeiten und Abwechslung in das Dorf.

Selbst falls man im Zuge der Unterhaltung den Namen seines Gesprächspartners herausgefunden hat, **sprechen sich die Einheimischen eher der Altersklasse entsprechend an.** Gleichaltrige junge und kinderlose Menschen nennen sich gegenseitig *dada* (Schwester) oder *kaka* (Bruder). Älteren Herrschaften, die unserem europäischen Verstädnis nach Senioren darstellen, gebührt die Titulierung *bibi* (für Frauen) oder *mzee* (für Männer). Eine Frau, die Kinder hat und zudem verheiratet ist, wird mit dem Wort *mama* angesprochen, während Männer hingegen die Anrede *bwana* schätzen.

Während Begrüßungen unendlich wichtig sind, gibt man sich bei **Verabschiedungen** eher wortkarg. Das dem Deutschen oder Englischen angepasste *Kwa heri* („Auf Wiedersehen") verwenden Tansanier fast nur in Gesprächen mit Ausländern. Viel eher wünscht man jemandem eine gute Reise *(Safari njema!)* oder einen schönen Tag *(Siku njema!),* wofür man sich dann mit *Nashukuru sana* oder *Ahsante sana* bedankt und den Wunsch mit *Na wewe pia* („Dir auch") zurückgibt.

So viel Zeit muss immer sein – das Begrüßungsritual

Der Begrüßungsreigen wird mit „Hujambo" („Wie geht es dir?") eröffnet, das Gegenüber pariert mit einem „Sijambo" („Mir geht es gut"). Darauf folgen detaillierte Erkundigungen über Familie, Kinder, Gesundheit, Arbeit oder einfach den heutigen Tag. Die Frage nach den Befindlichkeiten der Familie ist das Mindestmaß an Höflichkeit, das erwartet wird: „Habari za familija?" („Gibt es Neuigkeiten in der Familie?"), „Habari za kazi?" („Gibt es Neuigkeiten auf der Arbeit?"), „Habari yako?" („Welche Neuigkeiten gibt es bei dir?") oder „Habari za leo?" („Was gibt es für Neuigkeiten vom heutigen Tag?"). Beantwortet wird all dies meist mit positiven Statements wie „Nzuri!" oder „Safi!" („Gut!") oder auch „Nzuri kabisa!" („Absolut gut!"). Selten hingegen hört man ein „Mbaya!" („Schlecht!"). Nach dieser Runde setzt der bisher nur Antwortende zu Gegenfragen über dieselben Themen an. Das kann minutenlang hin- und hergehen.

Außenstehende mögen dies vielleicht für oberflächliche Höflichkeitsfloskeln halten, doch in der Dorf- oder Familiengemeinschaft ist es wichtig, über die Vorgänge im Nachbarhaus Bescheid zu wissen. Und oft verwickelt man sich nebenbei auch in echte Gespräche und Erläuterungen.

Neben den formellen Begrüßungen zwischen Älteren und Jüngeren gibt es auch ganz informelle, die zumeist unter Jugendlichen oder jüngeren Gleichaltrigen praktiziert werden. „Mambo?", „Mambo vipi?" oder „Vipi?" („Wie stehen die Dinge?"), worauf man „Poa!" („Gut!") antwortet. Darauf folgt ein „Na wewe?" („Und wie steht es bei Dir?"), das mit „Nzuri tu!" („Nur gut!") beantwortet werden kann. Die Variationen sind endlos und der Fantasie sind keine Grenzen gesetzt ... Hauptsache, man beginnt die Konversation mit freundlichen, höflichen Worten, interessiert sich für den Gesprächspartner und nimmt sich Zeit - das höchste Gut, das man zur Verfügung hat.

Auch der Fremde tut gut daran, nicht gleich mit der Tür ins Haus zu fallen. Selbst eine kurze Frage nach dem Weg oder eine simple Auskunft über die Abfahrtszeiten des Busses setzen ein Begrüßungsritual voraus, möchte man sein Gegenüber nicht brüskieren. So viel Zeit muss man einfach aufbringen.

In einer Gruppe von Erwachsenen gibt es eine Menge Themen, die besser nicht angeschnitten werden. **Tabuthemen und Kritik** zu vermeiden, sichert nicht nur den Frieden innerhalb der tansanischen Familien- und Dorfgemeinschaft, sondern auch zwischen Tansaniern und ausländischen Besuchern. Am unverfänglichsten sind Gespräche über Familie, Arbeit, harmlose Krankheiten oder den hiesigen Alltag. Gern lauschen Tansanier auch Geschichten aus fernen Ländern, die so ganz anders sind als das eigene. Vermutlich wird man sich auch ohne Weiteres über Politik oder gar Korruption unterhalten können, aber dafür sollte man die Gesprächspartner ein wenig besser kennen. Tabuthemen hingegen stellen definitiv Sexualität, Seitensprünge, AIDS, die Folgen von Armut, gewisse Praktiken wie Genitalverstümmelung oder Beschneidungen dar. Es hängt in hohem Maße vom Bildungsgrad des Gegenübers ab, wie mit dem jeweiligen Thema umgegangen wird, es könnte sogar sein, dass sich die Person offen dazu äußern möchte. Generell sollten Besucher behutsam dabei vorgehen, das Leben im Westen zu beschreiben. Irreversible Missverständnisse entstehen dadurch, dass Tansanier ihre Lebenswirklichkeit mit dem abgleichen, was Besucher über ihre Heimatländer aussagen. Ein Maasai, der barfuß im Busch aufgewachsen und möglicherweise nie in die Schule gegangen ist, kann über Politik kaum philosophieren. Auch die smarte Kellnerin steht vor der gleichen Herausforderung: Nur weil sie weiß, wie Wein zu servieren ist (weil sie punktuell dafür trainiert wurde), weiß sie noch lange nicht, wie der Wein schmeckt und mit welchen Speisen er besonders harmoniert. Als Besucher will man nicht herablassend auftreten, aber Fakt ist, dass die meisten Tansanier nur ganz wenig von dem einordnen können, was Touristen beschäftigt.

Es empfiehlt sich, offen und herzlich auf Einheimische zuzugehen, denn introvertiertes Verhalten kann den Aufenthalt unnötig erschweren. Trotzdem – ein **gewisses Maß an Vorsicht** ist angebracht, denn neben harmlosen Plaudertaschen muss man auch auf Gauner und Tunichtgute vorbereitet sein. Wer einmal keine Lust auf Konversation hat, der geht einfach gesenkten Hauptes durch die Straßen und ignoriert alle Zurufe freundlicher und weniger freundlicher Natur. Die Tansanier können den Wunsch nach Ruhe und Einsamkeit zwar nur schwer verstehen, werden ihn aber respektieren. In den allermeisten Fällen wird ausländischen Besuchern Achtung, ehrliche Aufmerksamkeit und Offenheit entgegengebracht.

Als „mzungu" in der Öffentlichkeit

Als hellhäutiger Besucher sticht man auf der Straße heraus wie ein beleuchteter Christbaum. Egal, wo man in Tansania hinkommt, man gilt als **Attraktion.** Die einen wittern ein Geschäft, die anderen ein bisschen Abwechslung. *Mzungu!,* hallt es aus der Tür, vom Strand oder vom Fußballplatz. Kinder lieben es, mzungu-brüllend durch die Straßen zu laufen und ergötzen sich an ihren frechen Wortspielen. Besser man gewöhnt sich gleich daran, dass man erstens sofort im Mittelpunkt des Interesses steht und zweitens, dass die Kunde vom angekommenen *mzungu* lautstark verbreitet wird. Ob es sich um eine herablassende Bezeichnung oder einfach um einen neutralen Begriff handelt, lässt sich schwer sagen. In alltäglichen Konversationen mit Erwachsenen fällt das Wort sicherlich öfter – ohne beleidigend gemeint zu sein.

In abgelegenen Gegenden, die weit abseits von Touristen- und Entwicklungshelferrouten liegen, ist die Ankunft eines Weißen das Ereignis des Jahres – wenn nicht des Jahrhunderts. Schnell finden sich ein paar mutige Buben zusammen, die lärmend und lachend das Auto der Reisenden umringen und versuchen, ihre Englischkenntnisse auszuprobieren. „Good morning, Mr. Teacher“, schallte es einem oft entgegen und einige Kinder versuchen, einen Blick auf die ungewöhnlichen Habseligkeiten der Fremden zu werfen oder auf sich selbst im Spiegel des Geländewagens. Andere wagen es, dreist um *pipi* („Süßigkeiten“) oder *zawadi* („Geschenke“) zu betteln. Meist lassen auch die Erwachsenen nicht lange auf sich warten, Begrüßungszeremonien und die obligatorischen Fragen folgen.

Die Ankunft eines Ausländers spricht sich schnell herum. Häufig wird dem Bürgermeister oder einem hochrangigen Vertreter des Dorfes die Ehre zuteil, die illustren Gäste zu begrüßen. Man wird vor die Hütte zu einem Erfrischungsgetränk geladen, von irgendwoher werden klapprige Stühle und ein Tisch in den Schatten eines Baumes gezaubert. Die Hausfrau lugt schüchtern aus dem dunklen Inneren der Behausung. Natürlich spielt ein gewisses Maß an Eitelkeit mit, wenn Besucher auffallend selbstlos begrüßt und bewirtet werden. Immerhin ist **der Gastgeber** – neben den Besuchern – die Attraktion des Tages. Er hat Neuigkeiten erfahren, über Europa, über Dar es Salaam oder einfach nur über die nächstgelegene Stadt und darf sich im Glanz der unerwarteten Fremdlinge sonnen.

Im ländlichen Bereich existiert vielerorts noch der traditionelle Ehrenkodex Gästen gegenüber. Wir wurden immer herzlich empfangen und bewirtet und haben es uns deshalb zur Routine werden lassen, etwas zurückzugeben. Wenn Menschen Verletzungen hatten, konnten wir sie aufgrund entsprechender Fachkenntnisse fachmännisch versorgen – natürlich nicht, ohne Schutzmaßnahmen wie Latexhandschuhe zu nutzen. Wenn wir in der Nähe einer Schule waren, ließen wir sie uns zeigen, sprachen mit Lehrern und Kindern und verschenkten Stifte, Papier oder Kreide. Gleichzeitig hatten wir es uns auch zur Gewohnheit gemacht, **niemandem Geld zu geben.** Einzige Ausnahme: Wenn wir in einem Dorf unser Zelt aufstellen

› „Wazungu“ stehen unweigerlich überall im Mittelpunkt

067ts kk

durften, bezahlten wir die Jungs, die nachts unsere Unterkunft als Schutz vor Überfällen bewachten, für ihre Arbeit.

Wenn ein Dorfbewohner schon nicht offen auf die Fremden zugeht, dann beobachtet er wenigstens. Viele Tansanier sind ohne augenscheinliche Beschäftigung, dösen unter einem Dachvorsprung und harren der Dinge, die da kommen mögen. Die Ankunft eines *mzungu* zu ignorieren, ist ein Ding der Unmöglichkeit. Jede Bewegung, jeder Schritt wird haarscharf beobachtet. Der unbewusste Griff nach der obligaten Bauchtasche mit Geld und Pässen wird ebenso wahrgenommen wie ein verstohlener Blick auf den Hintersitz, ob wohl noch alle Habseligkeiten da sind. Ein ausländischer Tourist verrät sich durch all seine unbewussten Gesten. Keinem Tansanier bleibt es also verborgen, dass die Ausländer ihr Geld in komischen Taschen unter dem Hemd verstecken.

Man sollte sich bewusst machen, dass man konstant im Rampenlicht steht. Das macht einen umso verwundbarer, wenn es um die Einhaltung der Etikette geht. In erster Linie sind **Demonstrationen gegenseitiger Zuneigung** in der Öffentlichkeit (auch für westliche Paare) verpönt. Küssen, Händchen halten oder Umarmen werden nicht gern gesehen. Selbst in der fortschrittlichen Millionenmetropole Dar es Salaam würde solch ein Verhalten Unmut hervorrufen und womöglich in offenen Attacken gipfeln.

Ebenso muss die **Kleidung** einem strengen Blick standhalten. Auf allzu Freizügiges sollte verzichtet werden. Dazu zählen bei Frauen u. a. Miniröcke, bauchfreie Tops, Leggins oder Tops mit Spaghettiträgern. Vielerorts werden Frauen auch unverblümt angestarrt, wenn sie kurze Hosen tragen. Am besten hat sich in den Tropen luftige, weite und lang- oder kurzärmelige Kleidung bewährt (luftige Baumwoll-Shirts mit Ärmeln, dünne langärmelige Leinenblusen oder Baumwolltunikas, bequeme knielange oder längere Röcke oder lange Hosen aus Funktionsmaterial), auch wegen der Hitze und der Sonnenbrandgefahr. Gleiches gilt für Männer: Shorts, die bis zu den Knien reichen, kurzärmelige T-Shirts oder Hemden sollten üblicherweise getragen werden. Enge, kurze Hosen, Tanktops oder Ähnliches sind nicht angebracht. Zwar kommt es selten vor, dass jemand an ungeeigneter Kleidung vernehmlich Anstoß nimmt, doch verliert der betroffene Ausländer sogleich an Respekt.

Für Westler ist es meist gewöhnungsbedürftig, dass sich das Leben in Tansania meist **außerhalb der vier Wände abspielt.** Das beginnt schon damit, dass draußen gekocht und die Mahlzeiten vor dem Haus eingenommen werden. Auch das gesellschaftliche Leben findet im Freien statt: auf der Straße, am Straßenrand, vor einer kleinen Kneipe am Dorfplatz, auf dem Dorfplatz selbst. Selbst in der Stadt sind die Gehsteige und Straßenränder voller Leben und Menschen, die hier entweder ihre Freizeit verbringen oder aber ihre Arbeit verrichten. Privatsphäre im westlichen Sinn existiert kaum. Tansanier sind die Gemeinschaft gewohnt, wachsen in einem Verbund auf und haben von klein auf wenig Möglichkeit, sich zurückzuziehen. Außerdem definieren sich die Menschen Tansanias über Gruppen wie Altersklassen oder geschlechtliche Zugehörigkeit. Jeder Tansanier hat in einer Gemeinschaft einen festen Platz – entweder durch Alter, durch Familienehre oder durch den Stellenwert der Ethnie im Völkergemisch.

Allein sein zu wollen – dafür hat ein Tansanier folglich kaum Verständnis. Tansanier nehmen in ihren Familien und Gruppen feste Plätze mit festen Regeln ein. Die Beziehungen untereinander geben Halt und Identität und sorgen sowohl für Ablenkung als auch für Gesprächspartner. Mit Unverständnis, vielleicht auch mit ein wenig Bewunderung, reagieren Einheimische, wenn sie auf allein reisende Westler treffen. Noch weniger können sie verstehen, dass Reisende sich zurückziehen möchten, in aller Ruhe ein Getränk einnehmen oder einfach nur ein Buch durchblättern möchten. Was der Reisende womöglich als Belästigung empfindet, ist häufig gut gemeint. Schließlich würden sich Einheimische langweilen, wenn sie allein unterwegs wären, also werden dem Reisenden Unterhaltung und Begleitung angeboten.

Es wird schwierig sein, allzu redsame Begleiter abzuschütteln. Man kann versuchen, ihnen klarzumachen, dass man nicht in der Stimmung oder zu müde ist, um Konversation zu betreiben. Man kann auch einfach gesenkten Hauptes weitergehen und sie ignorieren. **Frauen sollten kleine Notlügen benutzen,** um Verehrer abzuwehren. Sie könnten behaupten, sie wären verheiratet und dürften nicht mit fremden Männern sprechen, am besten unterstützt durch einen Ring am Finger und ein Foto von einem Mann in der Geldbörse. Frauen, die abends allein oder in Gesellschaft anderer Frauen ausgehen, müssen dementsprechend forsch auftreten, denn vermutlich wird der erste Interessent nicht lange auf sich warten lassen. Ein paar freundliche, aber bestimmte Worte sollten die Grenzen aber abstecken.

Vom Geben und Nehmen: Geschenke, Bettler und Langfinger

„Mti huponzwa na tundaze."
Wörtlich: „Ein Baum wird durch seine Früchte in Probleme gebracht."
(Sprichwort aus Tansania)

Schenken

Das tansanische Selbstverständnis basiert auf dem **Prinzip von Geben und Nehmen:** Teilen gilt als Tugend und wird moralisch erwartet. Diese Erwartungshaltung gilt natürlich auch gegenüber Ausländern, insbesondere weil sie ja viel mehr zum Teilen zur Verfügung haben.

Fast alle Reisende werden deshalb wahrscheinlich in die Situation kommen, von Einheimischen um etwas gebeten zu werden: um Geld, die Sonnenbrille, um Fotos oder Geschenke. Im tansanischen Kontext werden solche Leistungen, die teils recht frech und forsch eingefordert werden, als fair empfunden, denn **Reiche haben mit den Armen zu teilen.** Dabei gibt es keine falsch Scheu. Wer nicht fragt, ist selbst schuld. Zumindest probiert sollte man es haben, dann kann man sich keinen Vorwurf machen ... Westler enttäuschen und brüskieren solche Forderungen häufig. Sie fühlen sich übervorteilt oder ausgenommen. Die Folge sind Missverständnisse, die die gegenseitigen Stereotypen nur noch unterstreichen: „Die Weißen sind egoistisch und kaltherzig, weil sie nicht teilen." – „Die Tansanier sind unverschämt und fordernd und haben es nur auf das Geld der Ausländer abgesehen."

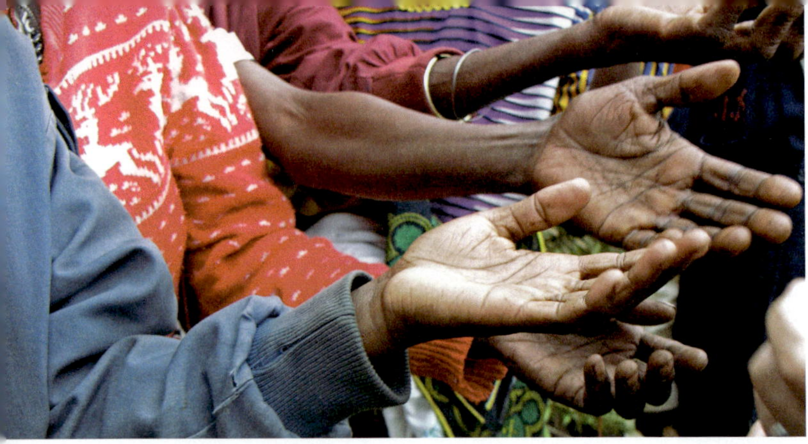

068ts kk

Natürlich kann man als Besucher nicht ständig allen Leuten, die einen um Geld oder Geschenke bitten, etwas geben. Doch das ist die gute Nachricht: Es erwartet auch niemand. Denn das Gefühl von **Gerechtigkeit** im westlichen Sinne ist Tansaniern fremd. Man nimmt, was man kriegen kann, ist aber nicht verletzt, wenn man leer ausgeht. Wenn eine Familie drei Kinder hat, erwartet niemand in der Familie (und am allerwenigsten die Kinder), dass alle drei gleichwertige Gaben erhalten. Es würde schon reichen, ein einziges Geschenk mitzubringen und es einem der drei zu geben. Die anderen müssten sich damit abfinden, dass sie leer ausgegangen sind. Immerhin hat der Geber das Recht, sich auszusuchen, für wen das Mitbringsel gedacht ist. Ähnlich verhält es sich auch mit dem Trinkgeld. (Siehe dazu auch den Exkurs „Das leidige Thema Trinkgeld".)

Sobald Besucher in persönliche Beziehungen mit Tansaniern treten, wird das „Problem" der Geschenke auf sie zukommen. Es zu ignorieren oder zu versuchen, es elegant zu umschiffen, wird nicht möglich sein. Nichts zu geben, würde als Fauxpas interpretiert werden und Unfrieden schaffen. Also überreicht man am besten einer Person, die einem am nächsten steht oder am sympathischsten ist, eine kleine Aufmerksamkeit.

Man könnte es sich auch zur Richtlinie machen, dass nur diejenigen etwas bekommen, die eine Art von Gegenleistung erbracht haben. Kleine praktische Gaben, *zawadi* („Geschenke"), sind gern gesehen. Dazu gehören Gratisduftproben aus Parfümerien, Werbe-T-Shirts, Kugelschreiber, kleine Schreibblöcke oder Hefte, Kreide, Feuerzeuge oder Ähnliches. Weniger sinnvoll hingegen sind Geschenke wie Bonbons oder Schokolade, denn die Ernährung ist in Tansania per se schon einseitig genug. Wer in wirklich abgeschiedenen, ländlichen Gegenden unterwegs ist, könnte Hühnereier an die Kinder verteilen, denn daran mangelt es den Menschen am allermeisten: an Proteinen. Zudem sind Eier, gemessen am durchschnittlichen tansanischen Einkommen, relativ teuer.

Doch bei alldem sollte man bedenken: **Unmotiviertes Schenken** auf der Straße, nur weil ein Kind besonders niedlich aussieht, vermittelt den Menschen die falsche Botschaft, dass die weißen Touristen kommen und einfach ihre Sachen herschenken, weil sie so unermesslich viel Geld haben.

Bettler

Auf **Bettler** trifft man fast ausschließlich in den Ballungs- und Touristenzentren. Während es sich in Dar es Salaam größtenteils um blinde, körperbehinderte oder kranke Menschen und um verarmte Frauen mit Kindern handelt, die mit Betteln ihren Lebensunterhalt bestreiten müssen, trifft man in Arusha oder Mwanza vermehrt auf verwahrloste Kinder und Jugendliche.

Bettler und Straßenkinder stehen oft an strategisch günstigen Plätzen wie Straßenkreuzungen. Selten werden Fußgänger behelligt, meist sind es Autofahrer. Vielleicht sind sie der Meinung, dass jemand, der sich ein Auto leisten kann, auch ein paar Schilling freiwillige Spende entbehren kann. Nicht viele Autofahrer kurbeln die Fenster runter, aber einige werden so wenigstens die überflüssigen Münzen los, mit denen eigentlich kaum etwas bezahlt werden kann. Man sollte meinen, dass in einem Kulturkreis, wo doch das solidarische Miteinander so hochgehalten wird, mehr Leute Mitleid mit eklatant benachteiligten Mitmenschen haben. Doch die **Solidarität gilt nur der eigenen Großfamilie gegenüber,** außerhalb des Familiengefüges bleiben die meisten Tansanier erstaunlich hart.

Anders gehen die Muslime mit Bettlern um. Jeder finanziell gut gestellte **Moslem hat die Pflicht, Almosen zu geben.** Gerade am Freitag, dem heiligsten Tag der Woche im Islam, ziehen zerlumpte Frauen mit Kindern von Geschäft zu Geschäft und bitten um Almosen. Einige Geschäftsleute stecken ihnen Münzen zu, andere decken sich am Morgen vorsorglich mit *mandasi* (süßes Hefegebäck) oder anderen Lebensmitteln ein, um sie später zu verteilen.

Bei **bettelnden Kindern** sieht die Sachlage ein wenig anders aus. Obwohl sie einem leidtun können, wird hier mit einer milden Gabe eher das falsche Signal gesetzt. Viele Kinder verdienen mit Betteln mehr Geld als ihre Eltern mit regulärer Arbeit. So werden Kinder (von ihrer Familie) dazu angetrieben, betteln zu gehen, anstatt eine Schule zu besuchen. Die Verlierer dieses Teufelskreises sind zweifelsohne die Kinder selbst.

Das leidige Thema Trinkgeld

Das Trinkgeld sollte auf alle Fälle angemessen für Tansania sein - und nicht für den europäischen Teil der Erdkugel. Wenig hilfreich ist hier die in Europa übliche Regel von 10 bis 15 % der Kaufsumme, da die tansanischen Reallöhne und die Touristenpreise weit auseinander klaffen.

Viele Dienstleister und Angestellte glauben, dass Trinkgeld („tip") sei eine ***verpflichtende finanzielle Zuwendung der Touristen,*** *die teilweise recht frech eingefordert wird - ohne dabei zu realisieren, dass der Obulus an Leistungen gekoppelt ist. Es kommt häufig vor, dass sich Angestellte lauthals bei den Gästen über die Höhe des erhaltenen Betrages beschweren. In diesem Fall sollte man sich nicht verunsichern lassen, seinen Standpunkt vertreten und auch schon mal einen schärferen Ton anschlagen. Es gehört zur Mentalität der Tansanier, sich schnell zu beschweren, frei nach dem Motto: „Wenns schon nix hilft, schaden tuts auch nicht." Jeder versucht einfach, das Maximum für sich selbst herauszuholen, wird aber auch nicht böse oder nachtragend sein, wenn seine Versuche nicht fruchten.*

Die ***Höhe des Trinkgeldes*** *hängt von vielen Faktoren ab, z. B. von der Preisklasse einer Lodge, der Aufenthaltsdauer, dem Service, der Freundlichkeit, den in Anspruch genommenen Leistungen und der subjektiven Zufriedenheit. In den meisten Lodges ist man inzwischen dazu übergegangen, eine „tip box" zu installieren - um die Problematik für die Gäste zu erleichtern und um Fairness unter den Angestellten walten zu lassen. So kommen auch die vielen unsichtbaren Helferlein eines Hotelalltags in den Genuss des Trinkgeldes.*

„Driver" (oder auch „driverguides") eines „Tour Operators" (Safari-Agentur, die die Gäste durch die Lande kutschieren) erwarten ein in der Regel besonders fürstliches Trinkgeld. Ob man dem „driver" nun auch Getränke und Mahlzeiten spendieren möchte, sei jedem selbst überlassen. Es kommt immer wieder vor, dass Fahrer das soziale Gewissen von Touristen ausnutzen und sich lautstark über die eher niedrige Qualität des Personalquartiers („staff quarter") beschweren, die in landesüblicher Qualität ausgestattet sind. In solch einem Fall sollte man sich keineswegs auf die wohlkalkulierten Spielchen einlassen, denn auf diese Art wollen „driver" u. U. zusätzliches Geld für Essen und Schlafen (vielleicht im nahe gelegenen Dorf) von den Gästen erwirken. Übrigens: Wenn „driver" am Tisch mit den Gästen essen und in einem Hotelzimmer schlafen möchten, dann muss dafür auch entsprechend der normalen Hotelpreisliste gezahlt werden.

Für Kilimanjaro- oder Meru-Besteigungen werden von den Crew-Mitgliedern meist üppige Trinkgelder erwartet. Viele Führer verdienen sich ihren Obolus auch redlich durch aufmerksame Fürsorge - doch einigen ist die

Koppelung an die Qualität der Leistung nicht bewusst. Es kann passieren, dass die Begleiter bei Besteigungen, wo an allen Ecken und Enden gespart wird, bereits auf dem Gipfel, also noch vor dem Abstieg, davon sprechen wie viel Trinkgeld sie sich vorstellen. Sie verknüpfen teilweise ihre Forderungen ganz gekonnt mit der Drohung, die Gäste nicht mehr den Berg hinunter zu führen und setzen die ohnehin schon entkräfteten Bergsteiger damit gehörig unter Druck. Solche Erpressungsversuche sollte man möglichst gelassen hinnehmen und die Crew mit belanglosen Versprechungen hinhalten. Abgerechnet wird schließlich doch erst am Ende der Tour. Sehr willkommen als Trinkgeld in „Naturalien" sind übrigens gebrauchte Ausrüstungsgegenstände. Oft ist man auf einer Gruppenreise mit mehreren einheimischen Angestellten eines Unternehmens unterwegs, z. B. bei einer Camping-Safari oder einer Bergbesteigung. Um eventuelle **Unstimmigkeiten** in Bezug auf das Trinkgeld für alle Beteiligten vorwegzunehmen, empfiehlt sich folgende Vorgehensweise: Zuerst muss sichergestellt werden, welche Begleiter nun wirklich mit von der Partie waren, so man sie nicht ohnehin kennt. Alle Beteiligten werden auf einer Liste vermerkt. Dann bespricht man innerhalb der Reisegruppe, wie hoch das Trinkgeld für jeden Einzelnen (gemessen an der Tätigkeit, der Dauer der Tour etc.) ausfallen soll und trägt die Summe in die Liste ein. Beim Abschied wird dann vor der versammelten Belegschaft (!) bekannt gegeben, welchen Betrag jede Person erhält. Die Verteilung des Geldes kann dann dem Chef des Teams zusammen mit der Liste überantwortet werden.

Geschenke und Gelder sollten grundsätzlich immer vor Zeugen übergeben werden, damit sie auch wirklich fair aufgeteilt werden und jeder weiß, wie viel ihm zusteht.

097ts kk

△ Träger, Guides und Safariguides erwarten allesamt ein Trinkgeld

Bestohlen werden

Teilen hin und Betteln her, weniger lustig wird es für Reisende, wenn das „Teilen" nicht mehr freiwillig geschieht. Fast jeder Besucher erzählt von dem einen oder anderen Vergehen, mit dem er in Tansania konfrontiert wurde. Das Gros der **Kleinkriminalität** besteht in Raubdelikten und Taschendiebstählen, die jedoch seltener geplant sind, sondern eher nach dem Grundsatz „Gelegenheit macht Diebe" passieren. Gaunereien beim Begleichen der Rechnung, Einbrüche in Hotelzimmer, diebische Elstern unter Hotelangestellten, Übergriffe auf flanierende Touristen oder auf Fahrzeuge, in denen Touristen transportiert werden, machen den Großteil der Kriminalität aus. Leider ist hier die Tendenz steigend. In den seltensten Fällen kommen Menschen bei den Übergriffen zu Schaden. Beliebtes Diebesgut sind Uhren, Mobiltelefone, Computer – und natürlich das Bargeld der Touristen. Diebstähle kommen selbst in den besten Hotels vor. Auch Safes in der Rezeption bieten keine 100%ige Sicherheit, denn wer kann schon überprüfen, wie viele Hotelangestellte Zugang zu den entsprechenden Schlüsseln haben. Je preiswerter die Unterkunft, desto schlechter muss tendenziell die Sicherheitslage eingeschätzt werden.

Wenn wildfremde Menschen oder auch Hotelangestellte **Geschichten** von „armen Schülern" oder „kranken Kindern" auftischen, muss davon ausgegangen werden, dass sie in aller Regel erlogen sind. Außer man ist der Familie bekannt und weiß um die wahre Dimension einer Tragödie, ist von Geldgaben abzuraten.

Insbesondere in den **Städten und Ballungszentren** sind beständige Vorsicht und Achtsamkeit angebracht. Spitzenreiter in der Kriminalstatistik sind Dar es Salaam und Arusha, doch andere tansanische Städte holen kontinuierlich auf. So wächst die kriminelle Bedrohung auf Sansibar ebenso wie in Mwanza oder gar in Morogoro.

In den nördlichen Regionen (Northern Circuit) kann es sogar vorkommen, dass **ausländische Banden** aus Somalia und Kenia die Safari-Fahrzeuge mit Touristen überfallen. Leider sind die Kriminellen bis an die Zähne bewaffnet: mit Handgranaten, Kalaschnikows und Pistolen aus dem somalischen Kriegsfundus. Bei solchen Überfällen heißt es, sich defensiv zu verhalten und alle Wertgegenstände anstandslos zu überreichen.

Auch als Reisender in einer organisierten Gruppe sollte man sich vorher in Arusha, Mwanza oder Tanga erkundigen, wie sich die **allgemeine Sicherheitslage** präsentiert. Falls sich Negativmeldungen häufen, sind bestimmte Gebiete schlichtweg zu meiden, denn die Polizei ist nicht zur Stelle (und auch heillos überfordert) und – im Gegensatz zu den Tansaniern – schrecken Kenianer oder Somalier selbst vor körperlicher Gewalt

Extrainfo 16 (s. S. 8): Regelmäßig aktualisierte Reise- und Sicherheitshinweise des deutschen Auswärtigen Amtes

und Totschlag nicht zurück. Im Notfall sollte man sich auch nicht auf Unterstützung seitens der begleitenden Einheimischen verlassen, denn einerseits könnten sie in den Überfall verwickelt sein, andererseits könnten sie aber auch nur genauso verängstigt und erschreckt sein wie man selbst. Hier ist also auch bei organisierten Reisen **Eigenverantwortung** vonnöten, um aus solch einer Situation wieder heil herauszukommen.

Viele Tansanier stehen Diebstählen und Übergriffen auf Weiße kritisch gegenüber: Sie sind nicht erfreut über die fehlende Moral und Ehre der eigenen Mitbürger. Andere wiederum sehen es als ihr gutes Recht an, am

⌃ Belebte Straßen bieten ein gewisses Maß an Sicherheit, doch Taschendiebstähle oder Überfälle in der Dunkelheit können jederzeit vorkommen

Kuchen mitnaschen zu dürfen, und empfinden es keineswegs als sträflich, wenn Westler bestohlen werden, da diese ohnehin von allem im Übermaß hätten. In städtischen Ballungszentren, wo die Not groß ist und Moral keinen *ugali* (Maisbrei) kaufen kann, werden kriminelle Handlungen zum Überlebensfaktor.

Man wird es in Tansania nicht komplett vermeiden können, Opfer von Überfällen und Diebstählen zu werden. Doch kann man den **Schaden möglichst klein halten.** Vorsicht (im wahrsten Sinne des Wortes) und die Vorwegnahme von brenzligen Situationen sind hierbei die wichtigsten Verhaltenstipps. In erster Linie sollten die meisten **Wertsachen** zu Hause gelassen werden. Dazu gehören Schmuck, Uhren, Taschencomputer, teure Mobiltelefone und Ähnliches. Man glaubt gar nicht, wie überflüssig Wertsachen in Tansania sind, denn was nützt das neueste iPhone, wenn man permanent darauf aufpassen muss? Zweitens ist es ratsam, Wertsachen und „Reichtum" nicht zur Schau zu stellen. Es erstaunt immer wieder, wie naiv und fahrlässig sich Touristen oftmals verhalten, sie fordern Zwischenfälle geradezu heraus. Wer beispielsweise in Dar es Salaam am Fährhafen seine 2000-Euro-Kamera stolz vor der Brust pendeln lässt, ist sozusagen selbst schuld, wenn sie ihm in einer unachtsamen Sekunde einfach heruntergeschnitten wird. Ebenso zu vermeiden sind lose steckende Geldbeutel oder um den Hals gehängte Mobiltelefone. Zudem sollten Wertsachen weder im Fahrzeug noch im Hotelzimmer frei sichtbar liegen gelassen werden. Bargeld und Dokumente nimmt man am besten entweder mit oder verschließt sie im (Hotel- oder Zimmer-)Safe (am besten gegen Quittung). Gelegenheitsdiebe unter den Hotelangestellten können durch einfache Sicherheitsschlösser an den Taschen, Koffern und gar dem Handgepäck abgehalten werden. Erzählen Sie unbeteiligten Einheimischen nicht, in welchem Hotel Sie nächtigen, z.B. in Arusha oder auf Sansibar. Außer dem Taxifahrer und dem akkreditierten Tourguide braucht niemand zu wissen, wo Sie zu finden sind.

Wenn die Wertsachen **im Rucksack oder der Tasche** mitgenommen werden, darf diese unter keinen Umständen aus den Augen gelassen werden. Taschen hält man fest am Körper und Rucksäcke gehören vorne getragen, insbesondere auf Spaziergängen, an Stränden und im Straßengewühl. Wer Kamerataschen achtlos auf dem Boden absetzt, um einen lohnenswerten Schnappschuss zu tätigen oder Taschen und Beutel offen oder unbeaufsichtigt stehen lässt, darf sich nicht wundern, wenn jemand versucht, sie an sich zu reißen.

Obwohl man auch im Getümmel nicht vor Überfällen gefeit ist, sind **einsame Gegenden** genauso zu meiden, sowohl tagsüber als natürlich auch in der Nacht. Deshalb ist unbedingt vor Ort abzuklären, welche

Strandabschnitte und Gebiete für Spaziergänge geeignet sind – doch hier sollte man nach Einsetzen der Dunkelheit (Sonnenuntergang) möglichst nicht mehr herumspazieren. Dies gilt für alle Städte, größeren Siedlungen und auch für die Strände (auch wenn sie noch so harmlos und friedvoll erscheinen mögen), mit der einzigen Ausnahme von Stone Town. Durch die Architektur der historischen Altstadt, dem Umstand, dass in den engen Gassen keine Autos verkehren und nicht zuletzt durch die Dominanz des Islam ist Stone Town für eine afrikanische Stadt noch relativ sicher. Dennoch sollte man spätestens vor Mitternacht im Hotel sein, um unangenehme Situationen zu vermeiden.

Im Übrigen **sind Einheimische die beste Versicherung,** weswegen für Touren, Wanderungen, Ausflüge oder notwendige Wege Guides angeheuert werden sollten.

Wer länger unterwegs ist, wird die Erfahrung machen, dass sich die Lage entspannt, je weiter man sich von Ballungs- und Touristenzentren entfernt. Auf dem Land existiert noch großteils das traditionelle Sozialgefüge, wo Ehre, Gastfreundschaft und Moral hochgehalten werden. Immerhin könnte der Nachbar die unerfreuliche Szene beobachten ... Trotzdem gilt als Faustregel, dass jedem Menschen – egal ob Einheimischer oder Mitreisender – **mit gesundem Misstrauen** begegnet werden muss. Selbst nach einem vertrauenswürdigen Beginn kann man jederzeit negativ überrascht werden. Es ist notwendig, sich unentwegt darüber im Klaren zu sein, dass jede weiße Person für einen Tansanier potenziell reich ist – und damit Begehrlichkeiten weckt. Die größte Gefahr besteht für Touristen, wenn der eigene Radarschirm nicht genügend ausgefahren ist – Unaufmerksamkeit, der Tagestrott oder auch das (vermutlich überzogene) Gefühl der eigenen Stärke können die Sinne trüben und zu Unvorsichtigkeit verleiten.

Falls trotz aller Vorsichtsmaßnahmen doch ein Übergriff stattfindet, so sollte jegliche Gegenwehr vermieden und das Heil in der Flucht gesucht werden. So schwer es fallen mag, sollten alle Wertsachen (oder andere geforderten Dinge) ausgehändigt werden.

Im Falle von Geldverlust oder Diebstahl der Kreditkarten ist neben der Sperrung der Kreditkarte das **zuständige Konsulat oder die Botschaft zu kontaktieren.** Während die Konsulate von Österreich und der Schweiz in Dar es Salaam liegen, können deutsche Besucher neben ihrer großen Botschaft ebenda auch auf Honorarkonsulate in Arusha und Stone Town zurückgreifen. Sollten alle Stricke reißen und man buchstäblich ohne Geld dastehen, dann können Reisende ihre Verwandten zu Hause bitten, die Überweisung von Geldern über die Auslandsvertretung abzuwickeln. In besonderen Einzelfällen kann sogar um Überbrückungsgeld gebeten werden, das der Botschaft natürlich zurückgezahlt werden muss.

Etwaige Überfälle oder Diebstähle der **Polizei** zu melden, ist müßig. Polizisten sind wie alle anderen Tansanier sich selbst und ihrer Großfamilie am nächsten. In den seltensten Fällen wird Weißen wirklich geholfen, stattdessen müssen sich Ausländer mit idiotischer Bürokratie, auf Kiswahili verfassten (und damit nicht überprüfbaren) Protokollen, Häme und Spott sowie einem laxen Umgang mit Zeit und Gesetzen herumschlagen. Nichts spricht dafür, sich bei einfachen Betrugs- und Warendelikten diesem sinnlosen und langwierigen Prozedere zu unterziehen.

Bei **ernsteren Straftaten** wie beispielsweise Körperverletzungen oder Verkehrsunfällen ist neben der Meldung bei der konsularischen Vertretung aber eine Anzeige bei der Polizei fällig. Am besten lässt man sich von der Botschaft ein paar Tipps geben, worauf bei der jeweiligen Polizeitruppe zu achten ist. Es kann zu verschiedenen Problemen kommen, zum Beispiel wenn der Text der Anzeige nicht den Tatsachen entspricht (was aber manchmal schwer nachvollziehbar ist, denn die Anzeigen werden unter Umständen auf Kiswahili aufgenommen) oder wenn der Beamte sich weigert, eine Anzeige überhaupt aufzunehmen. Dies könnte nämlich eine indirekte Aufforderung für *chai* (Bestechungsgeld, wörtlich: „Tee") sein. In jedem Fall sind Dienstnummer des Beamten und Protokollnummer der Anzeige zu notieren, denn ohne Nummern gibt es auch keinen „Fall".

Auf Reisen in Tansania

„Msafiri kafiri."
Wortwörtlich: „Ein Reisender ist (wie) ein Ungläubiger".
(Tansanisches Sprichwort)

Individualverkehr

Wer in Dar es Salaam ankommt, wird von kilometerlangen Staus vom Flughafen bis in die Innenstadt begleitet. In den letzten fünf Jahren ist die Verkehrslage in Dar es Salaam immer schlimmer geworden, **Staus** treten vom Flughafen über die Innenstadt bis nach Tegeta nördlich der Stadt auf. Von 6 bis 9 Uhr morgens und von 16 Uhr bis weit nach 20 Uhr geht meist nichts mehr. Nach der Arbeit zwei Stunden im Stau zu stehen, ist für die Bewohner mittlerweile Routine.

Am Verkehrskollaps lässt sich gut die aufstrebende Mittelschicht erkennen, die mit dem eigenen Fahrzeug zur Arbeit fährt. Den **Traum vom Auto** können sich schließlich immer mehr Leute leisten. Waren es vor zehn Jahren noch ausschließlich große Geländewagen, prägen nun auch kleine Stadtflitzer und komfortable Kleinwagen das Stadtbild. Aufgrund der geringeren Miet- und Hauspreise leben viele Bewohner am Stadtrand, was zu den Stoßzeiten die Staus verursacht. Ähnliche Szenarien, obgleich nicht im selben Ausmaß, spielen sich in Arusha, Mwanza und Mbeya ab.

Mit dem wirtschaftlichen Aufschwung wird sich das Verkehrschaos noch verschlimmern. Man fährt in Zweier- und Dreierlinien auf einer einspurigen Fahrbahn nebeneinander, dazwischen zwängen sich Mopedtaxis und *bajaji* durch die Lücken. Huptiraden flankieren das Chaos, als Fußgänger ist man auf verlorenem Posten. Vereinzelt gestikulieren ein paar Polizisten missmutig und halbherzig – sie verschlimmern das Chaos anstatt es zu lindern. Ohne Ordnungshüter funktioniert der Verkehr am allerbesten.

Ein paar Kilometer außerhalb der Stadtgrenzen ist das Verkehrschaos bereits Geschichte – der motorisierte Individualverkehr ist hauptsächlich auf die Städte beschränkt.

Busse

Busse sind das beliebteste, billigste und leider auch gefährlichste Transportmittel in Tansania. Jedes noch so entlegene Dorf kann erreicht werden, entweder mit den Minibussen oder mit den großen Überlandbussen. Wenn der fehlende Komfort in den Bussen nicht als Hindernis empfunden wird, sind sie das preisgünstigste Fortbewegungsmittel.

Für den Nahverkehr werden vielerorts **daladalas** verwendet. Dabei handelt es sich überwiegend um visuell aufgepeppte japanische Kleinbusse in mehr oder weniger fahrtüchtigem Zustand. Vorn steht genau drauf, woher sie kommen und wohin sie fahren – hinten werden sie gern mit religiösen Sprüchen ausgestattet. Oftmals sind die *daladalas* so kunstvoll und fantasiereich geschmückt, dass man sich wünschen würde, für die Wartung der Bremsen oder die Reparatur der Scheinwerfer wäre ebenso viel Zeit aufgewendet worden. Die originellen kleinen Minibusse haben ein zugelassenes Fassungsvermögen von lediglich zehn bis zwölf Personen. Daher hat man sie aus dem Stadtzentrum von Dar es Salaam oder Arusha verbannt, da sie aufgrund der Fülle ihrer Anzahl primär für die Verkehrsstaus verantwortlich gemacht werden. In den Innenstädten sieht man nun längere Minibusse mit einem größeren Fassungsvermögen, die Tansanier *coasters* nennen. Diese werden auch auf gut frequentierten Überlandstrecken eingesetzt.

Bei Minibussen handelt es sich zwar um öffentliche Verkehrsmittel (Linien sowie Fahrpreise werden staatlich reguliert), doch die Busse selbst sind in privater Hand. Sie gehören Unternehmern, denen Fahrer *(dereva)* und Schaffner *(kondakta)* täglich bestimmte Geldbeträge abliefern müssen. Die verbleibende Differenz dient den beiden sozusagen als Lohn. Aus diesem Grund gibt es auch keine Fahrpläne: Es geht erst los, wenn

070ts kk

alle Plätze doppelt belegt sind und die Fahrt sich rentiert. Da Minibusse oft anhalten, um Passagiere abzusetzen oder mitzunehmen, muss mit langen Fahrzeiten gerechnet werden. Wer zusteigen möchte, zeigt dies einfach durch Handzeichen an einer der (nicht gekennzeichneten) Busstationen oder den vielen kleinen Busbahnhöfen an.

Relativ komfortabel und schnell (zu schnell, s. u.) sind dagegen die **Überlandbusse,** die auf den Hauptrouten verkehren. Sie halten nur in größeren Städten und dürfen höchstens so viele Passagiere mitnehmen, wie Sitzplätze vorhanden sind, weshalb Letztere auch im Voraus gebucht werden müssen. Die Busbahnhöfe machen ihrem schlechten Ruf alle Ehre und in der Regel gehört deren Einzugsgebiet zu den unsichersten Gegenden überhaupt. Außer für den Ticketkauf und die An- und Abfahrt ist ein großer Bogen um sie zu machen. Die Busbahnhöfe liegen normalerweise zentral, nur in größeren Städten wie in Dar es Salaam gibt es verschiedene Abfahrtsplätze für unterschiedliche Fahrtrichtungen oder Gesellschaften.

Überlandbusse haben feste Abfahrtszeiten, die in der Regel auch eingehalten werden. Nachtfahrten sind generell nicht zugelassen, deshalb brechen viele Fahrer für große Distanzen schon recht früh auf. Die Zeitpläne sind sehr eng, was (teilweise) die enorm hohe Anzahl der leider oftmals tödlichen Unfälle mit Bussen erklärt. Die fehlende Verkehrssicherheit ist der einzige Wermutstropfen in dem sonst so gut etablierten Bussystem. Busfahrer sind als brutale und rücksichtslose Rowdies bekannt, die weder von Geschwindigkeitsbeschränkungen noch von *speed bumps* (Rüttelschwellen) oder von miserablen Straßenverhältnissen gebremst werden können. Man möge sich hüten, den Fahrer um Drosselung der Geschwindigkeit zu bitten, denn dies bewirkt meist genau das Gegenteil. Der Fahrer ist der Boss in einem Bus und alle haben ihm zu folgen. Leider verfügen die Straßenpolizisten über wenig Autorität, die Straßenverkehrsordnung wird nach Belieben übertreten und wenn ein Unfall passiert, dann ist es für den Fahrer ein Leichtes, unterzutauchen und in einem weit entfernten Dorf ein neues Leben zu beginnen. Erschwerend kommt noch hinzu, dass sich die Busse oft in katastrophalem technischem Zustand befinden.

Die Gefahr eines Unfalls ist keinesfalls zu unterschätzen – die Tageszeitungen sind voll von Berichten. Die Menschen haben keine Ahnung von Erster Hilfe und stehen einem Unglück in der Regel genauso hilflos gegenüber wie man selbst. Oft werden schwer Verwundete einfach sich selbst überlassen, da eine adäquate medizinische Versorgung nicht möglich ist. Auch kommen häufig Überfälle nach Busunfällen vor, insbesondere auf weiße Fahrgäste.

Schiffsverkehr

Schiffe verkehren nur in eingeschränktem Maße. Genauso wie die Eisenbahn leidet dieses Verkehrsmittel unter notorisch veraltetem Material, funktionsuntüchtigen Schiffen und einem Fahrplan ohne Verpflichtungen. Die einzige verlässliche Bootsverbindung existiert zwischen Dar es Salaam und Sansibar, denn die Fährschiffe legen mehrmals täglich ab. Auf den großen Seen verkehren altersschwache Boote und Fähren. Unfälle im Schiffsverkehr sind zwar nicht an der Tagesordnung, doch sie kommen vor, meist wegen Überladung. In den letzten Jahren haben sich rund um Sansibar mehrere Schiffsunglücke ereignet, meist, weil die zugelassene Nutzlast überschritten wurde. Bei einem Unglück waren die raue See und menschliches Versagen Schuld. Mehrere Botschaften warnen vor der Nutzung von Fähren.

☒ „Daladalas“ sind die wichtigsten Regionalverkehrsmittel

Extrainfo 17 (s. S. 8): Bunter, lauter Alltag auf den Busbahnhöfen des Landes

Historische Bahnlinien – noch heute in Betrieb

*Die „**Central Line**" verbindet Dar es Salaam mit Kigoma am Lake Tanganyika (1254 km) und mit der Northern Line nach Mwanza (1229 km). Die in der deutschen Kolonialzeit kurz vor 1914 entstandene und seitdem im Wesentlichen unveränderte Bahnlinie ist von jeher dafür berüchtigt, dass besonders viele Zugreisende in ein Abteil gepfercht werden, da der Zug aufgrund der katastrophalen Straßenbedingungen das einzige zumutbare öffentliche Verkehrsmittel der Region ist. Gewöhnlich benötigt die Bahn an die 40 Stunden (2 Nächte) von Dar es Salaam bis nach Kigoma oder Mwanza. Heute ist die Central Line ein Häufchen Elend. Sie muss schon bei den geringsten Regenfällen ihren Dienst einstellen und ist für ihren notorisch schlechten Service bekannt. Eine vorübergehende Privatisierung 2007–2011 mit indischen Eigentümern brachte der Central Line, die seitdem offiziell Tanzania Railway Ltd., kurz TRL, heißt, nicht die bitter notwendige Modernisierung, sondern sorgte durch Korruption für negative Schlagzeilen. Die Linie, die inzwischen wieder vom Staat übernommen wurde, verfällt zusehends. Ob sie eine empfehlenswerte Alternative für gemächliche Fahrten an den Lake Tanganyika ist, muss im Zweifelsfall unbedingt vor Ort am Bahnhof der „Central Line" in Dar es Salaam (in der Nähe des Fährhafens) abgeklärt werden. Die „Northern Line" nach Mwanza wurde vorläufig eingestellt.*

*Die „Tazara", die „**Tanzania-Zambia-Railway**", ist noch nicht ganz so alt wie die „Central Line" und daher auch wesentlich komfortabler. Sie fährt 1860 km von Dar es Salaam über Mbeya nach New Kapiri Mposhi in Sambia, wobei das Selous Game Reserve durchquert wird. Wer bei Tageslicht unterwegs ist, hat die realistische Chance, vom Abteil aus eine kleine, feine Zug-Safari zu erleben. Giraffen, Elefanten, Impala, Zebras, ja sogar Löwen wurden an der Bahnlinie schon gesichtet. Konzipiert wurde die Eisenbahnverbindung, um das im Inneren des Kontinents liegende Sambia mit seinen Kupfervorkommen unabhängig von den Verkehrswegen durch Rhodesien (das heutige Simbabwe) und Südafrika zu machen. Finanziert und fertiggestellt wurde die „Tazara" schließlich 1976 von der chinesischen Regierung, die schon damals ihr Interesse an Rohstoffen bekundete. Wer genau hinschaut, wird chinesische Schriftzeichen in den Bahnhöfen erkennen können. Die Chinesen unterstützen die Tazara nach wie vor mit Geldmitteln und zinslosen Krediten, während sich die Linie selbst in tansanischer Hand befindet. Die Fahrt nach Sambia dauert gute 48 Stunden, bis nach Mbeya etwa 24 Stunden, sofern es keine größeren Pannen gibt. In der Stadt Dar es Salaam liegt der Bahnhof auf dem Weg zum internationalen Flughafen.*

071ts kk

Zug

Im Vergleich dazu **ist Bahnfahren weitaus sicherer,** wenngleich es keine adäquate Alternative ist, da es nur zwei Bahnlinien für Personentransporte gibt. Die Durchschnittsgeschwindigkeit liegt bei 40 km/h, für den flotten Transport von A nach B sind Züge also denkbar ungeeignet. Zudem ist das gesamte Schienennetz vollkommen vernachlässigt, die Züge sind veraltet und die Fahrpläne bieten eher ungefähre Richtwerte als exakte Zeitangaben. Um die Landschaft genießen zu können oder mit Einheimischen ins Gespräch zu kommen, dafür sind Bahnfahrten allerdings prädestiniert. Wer dafür Zeit hat, sollte sich diesen Leckerbissen unter keinen Umständen entgehen lassen.

Generell ist im Zug **erhöhte Aufmerksamkeit** angebracht. Das Gepäck sollte immer in Sichtweite stehen. In der 1. und 2. Klasse müssen während der Nacht Türen und Fenster geschlossen gehalten werden. Immer wieder kommt es zu Vorfällen mit unechten Schaffnern und Polizisten, die es gern auf Barschaft oder Wertsachen von weißen Reisenden abgesehen haben. Wenn möglich sollten sich Reisende in Gruppen zusammenfinden und gegenseitig achtgeben.

Bahnfahren ist perfekt, um ins Gespräch zu kommen

Flugzeug

Viel zuverlässiger und sicherer sind da schon die **Inlandflüge,** die gerade im Tourismus oft die einzige vernünftige Transportalternative darstellen. Das Binnenflugnetz ist relativ gut ausgebaut, überall verteilt gibt es Landepisten *(air strip, air field)* und alle großen Safari-Attraktionen sind per Flugzeug erreichbar. Auch dies kann Teil einer Safari sein: das beeindruckende Dach Afrikas – den Kilimanjaro, die smaragdgrünen Inseln im türkisblauen Indischen Ozean oder den verästelten Rufiji River im Wildreservat Selous Game Reserve von oben zu sehen. Ebenso kommt bei solch einem Flug in einer kleinen Cessna, wenn vielleicht vor dem Abflug noch grasende Impalas von der holprigen Landepiste gescheucht werden müssen, eine prickelnde Abenteuerstimmung auf.

Gerade im Süden, im Westen und dem Eastern Circuit ist diese Form des Transports unerlässlich. Nach Sansibar sollten ebenfalls Inlandflüge gebucht werden, da das geschäftige Treiben rund um die Fährhäfen vor allem auf Afrika-Greenhorns beängstigend und verwirrend wirken kann.

Taxis, Mopedtaxis und bajaji

Vor allem innerhalb der Stadtgrenzen von Dar es Salaam, Arusha, Moshi und Stone Town bieten Taxis flotte Alternativen zu öffentlichen Verkehrsmitteln. In weniger weitläufigen Städten stehen Mopedtaxis *(bodaboda, pikipiki)* oder Tuktuks *(bajaji)* bereit. Alle Tarife müssen im Voraus – also noch vor dem Einsteigen – ausgehandelt werden. Mopedtaxis sind in der Regel am billigsten. Für eine Fahrt sollte man nicht mehr als 1000 TSH (40 Cent) bezahlen. Ein *bajaji* sollte nicht mehr als 2000 TSH (90 Cent) kosten. Für Taxis gelten meist innerstädtische Tarife von 4000–5000 TSH (ca. 2 Euro), Überlandfahrten sind wesentlich teurer. Einheimische nehmen vor allem die billigeren Mopedtaxis und *bajaji* in Anspruch.

Bevor man Taxipreise verhandelt, tut man gut daran, eine **ungefähre Vorstellung der üblichen Preise** zu haben. Es ist davon auszugehen, dass der erstgenannte Preis völlig überzogen ist, aber je nach Verhandlungsgeschick lässt sich die genannte Fantasiezahl halbieren. Allerdings impliziert die Vergabe einer Taxilizenz in Tansania nicht unbedingt Ortskenntnisse des Fahrers. Straßennamen sind selten geläufig. Wesentlich besser bekannt sind den Taxifahrern die großen Bürokomplexe, gut frequentierte Hotels, Restaurants oder namhafte Großbanken. Unbedingt empfehlenswert ist das Versperren der Autotür von innen, sobald man auf dem Rücksitz Platz genommen hat, und das Schließen der Fenster.

▷ „Bajaji" sind vielerorts anzutreffen, obwohl sie gefährlich rasant unterwegs sind

058ts kk

Sicherheit als Selbstfahrer

Tansanias Straßen gleichen einem Schlachtfeld – das gilt seit dem Ausbau vieler Straßen mehr als je zuvor. Unfälle werden hauptsächlich durch Raserei, Alkohol am Steuer, Übermüdung und Fahrzeuge in desolatem Zustand verursacht. Die Straßen von Tansania zählen mit durchschnittlich mehr als zehn gemeldeten Verkehrstoten pro Tag zu den gefährlichsten der Welt. Vermutlich sind die Zahlen aber höher, da nicht alle Unfälle gemeldet werden. Fußgänger und Fahrzeuginsassen (nicht der Fahrer) kommen dabei am häufigsten zu Schaden. Reisende sind also gut beraten, sich ihre Transportmittel sorgfältig auszuwählen. Man hört selten von verletzten oder bei Unfällen getöteten Touristen, aber es gibt sie – und nicht zu knapp.

Auf organisierten Reisen werden die Besucher von **driverguides** gefahren, was das Risiko minimiert. Anders gestaltet sich die Lage, wenn man als Selbstfahrer unterwegs ist. Man muss dann nicht nur sein Hab und Gut schützen, sondern umsichtig und vorausschauend Auto fahren.

Die Autotüren sind immer von innen zu verschließen, egal ob in der Stadt oder auf dem Land. Alarmsysteme können Diebe – wenigstens kurzfristig – schockieren und warnen die Umgebung. Lenkradsperren und große Vorhängeschlösser schrecken ebenfalls ab. Zündunterbrecher können verhindern, dass Diebe allzu weit mit dem gestohlenen Wagen fahren. Lose Sachen müssen auf dem Dach festgekettet werden, z. B. Ersatzreifen oder Gepäck. Wertsachen sollten in einer kleinen Metallbox mit Schlössern gesichert und gut versteckt werden.

Die Gesetze der Straße in Afrika sind hart und unmenschlich. Unter keinen Umständen darf man sich – aus welchen Gründen auch immer – anhalten lassen. Das heißt im Klartext: Auch wenn die Situation nach europäischem Ermessen nach Hilfe schreit, am besten aufs Gas steigen und weiterfahren. Bei **Unfällen mit Personenschaden,** auch wenn man sie nicht selbst verursacht hat, muss man unbedingt direkt zur nächsten Polizeistation fahren – und gleichzeitig die Botschaft und einen Anwalt mobilisieren. Dem Gesetz nach ist man nicht zur Erste-Hilfe-Leistung verpflichtet und Lynchjustiz – egal ob nun ein schuldhaftes Verhalten bestand oder nicht – ist an der Tagesordnung. So muss beispielsweise jemand, der stehen bleibt, um zu helfen, nicht nur damit rechnen, ausgeraubt zu werden, sondern auch noch zur Zielscheibe von Aggressionen, Gewalt oder falschen Anschuldigungen zu werden. Es ist vorgekommen, dass Westler als Unbeteiligte bei einem Unfall Erste Hilfe geleistet haben und dann nach Eintreffen der Polizei von allen Anwesenden eindeutig als Unfallfahrer identifiziert wurden. Schließlich könnten sich eventuelle Hinterbliebene nur an reichen Weißen schadlos halten. Gefängnis, Reisepassentzug, Geldstrafen, Schwierigkeiten in unvorstellbaren Dimensionen – all das kann einem passieren, wenn man eigentlich nur helfen wollte.

Ebenso wenig darf man auf **Winkzeichen** vom Straßenrand her oder aus anderen Fahrzeugen reagieren. Es kann sich wirklich um eine Panne handeln, aber auch ein **fingierter Notfall** ist nicht auszuschließen. Bei plötzlichen Reifenschäden in der Stadt sollte man als Erstes an eine Falle denken und sich – wenn möglich – in die nächste Tankstelle flüchten. Ebenso „gut gemeinte" Hinweise durch Passanten auf Ölaustritt oder platte Reifen müssen misstrauisch bewertet werden und sollten erst in sicherer Umgebung wie einem Hotelparkplatz oder einer Tankstelle überprüft werden.

Wenn die **Polizei** winkt, sollte man stehen bleiben – aber auch nur, wenn man eindeutig erkennen kann, dass es sich wirklich um Polizei handelt. Auch hier sind schon viele weiße Fahrer in Fallen getappt und um ihr Hab und Gut betrogen worden. Überhaupt sind die tansanischen Polizisten überhaupt nicht mit unseren Ordnungshütern zu vergleichen. Sie sind schlecht ausgebildet, haben kaum Verantwortungsbewusstsein und zählen zur korruptesten Berufsgruppe. Wer gibt da ein besseres Opfer ab als weiße Autofahrer, die mit Sicherheit mehr Geld haben als die allermeisten Einheimischen! Mehr zum Umgang mit der Polizei auf Seite 298.

☒ Auf Pisten, auf denen man nur langsam fahren kann, passieren weniger Unfälle als auf besser ausgebauten Straßen. Überladung und Fahrzeuge in schlechtem Zustand können aber dennoch zu Unfällen führen.

Extrainfo 18 (s. S. 8): Atmosphärisches Video über den Stadtverkehr in Dar es Salaam

Grundsätzlich sind **bewachte Unterkünfte oder Campingplätze** zu bevorzugen. Wildes Camping ist nicht überall zu empfehlen, am ehesten noch in Gebieten mit wenig Tourismus. Zusätzlich sollten einige Sicherheitsvorkehrungen beachtet werden, z. B. ausreichend Vorhängeschlösser am Fahrzeug und kleine, am Dachträger montierte Fernscheinwerfer, die bei Bedarf manuell eingeschaltet werden können. Wer in der Nähe eines Dorfes campiert, kann auch den Bürgermeister um einen Wachmann bitten – natürlich gegen Bezahlung.

Sicherheit in öffentlichen Verkehrsmittteln

In puncto Straßenverkehrssicherheit sind die **Mopedtaxis** *(bodaboda, pikipiki)* und *bajaji* sehr kritisch zu bewerten. Überhöhte Geschwindigkeit, schlecht gewartete Fahrzeuge und vor allem schlechte Straßen stellen nicht zu unterschätzende Gefahren dar. Häufig werden *bajaji* Opfer von Unfällen am unbefestigten Fahrbahnrand oder durch unerwartete Löcher im Randstreifen.

Das größte Problem bei **Bussen** sind überhöhte Geschwindigkeit und schlecht gewartete Fahrzeuge. Tendenziell gilt: Je teurer das Ticket ist, desto sicherer sind die Busse. Dazu zählen die *luxury buses,* die häufig über Klimaanlagen verfügen und meist sogar Snacks servieren. Sie sind in jedem Fall den *ordinary* oder *semi-luxury buses* vorzuziehen.

Wer mit der **Fähre** nach Sansibar oder Pemba fahren möchte, wählt am besten die Azam-Marine-Fähren. Zur Zeit der Recherche waren dies die einzigen Fähren, die sich an die vorgeschriebenen Passagierzahlen hielten und zudem über ausreichend Schwimmwesten verfügten. Aber vor menschlichem Versagen - oder besser gesagt Überforderung - sind selbst die komfortablen und sicheren Fähren der Firma *Azam Marine* nicht gefeit, wie ein Unglück Anfang 2014 bewies, als hoher Seegang einen Katamaran fast kippen ließ. Gepäckstücke und mehrere Passiere gingen über Bord, über 20 Menschen starben.

Unrühmlich ist die Sicherheitslage bei den **Taxis.** In den Städten Dar es Salaam und Arusha werden vermehrt Fahrgäste ausgeraubt, erpresst oder gezwungen, hohe Geldbeträge zu überweisen. Aus diesem Grund sollte man nur in Taxis steigen, die von Hotelrezeptionen vermittelt oder von vertrauenswürdigen Personen als empfehlenswert eingestuft werden. Insbesondere ist Vorsicht geboten, in unbekannte Taxis an Fährhäfen, an den Busstationen und an den Bahnhöfen zu steigen. Es ist also nicht ratsam, ein Taxi spontan von der Straße runterzuwinken.

Vom Umgang mit Behörden und Polizei

Nicht immer sind die Naturwunder Tansanias das, woran man sich nach einem Aufenthalt im Land am eindrücklichsten erinnert. **Bestechung und Korruption** gehören zu Tansania wie die Butter aufs Brot. Polizisten, Funktionäre, Soldaten, Lehrer, Ärzte - sie alle leben von der Bestechung. Westler sind selbstverständlich nicht vor Aufforderungen zu Schmiergeldzahlungen gefeit. Reisende, die nicht im Schutz einer Gruppe unterwegs sind, haben in der Regel relativ viel Kontakt zu Einheimischen, was die Wahrscheinlichkeit von unangemessenen Geldforderungen deutlich erhöht.

Eine universell gültige Bedienungsanleitung für den nervenschonenden Umgang mit tansanischen Beamten und Behörden gibt es nicht. Grundsätzlich gilt: Wofür man keine Quittung ausgestellt bekommt, das verschwindet in den tiefen Taschen der Beamtenhosen. Außerdem gilt, dass man am besten bestimmt und freundlich auftritt, denn kleinlaute, **eingeschüchterte Touristen zahlen das Doppelte.** Ein bisschen Small Talk, möglichst verbunden mit ein paar Brocken Kiswahili: So überrumpelt man schon gleich einmal das Gegenüber, denn womit Tansanier am wenigsten rechnen, sind Weiße, die Zeit haben und einem Schwätzchen nicht abgeneigt sind. Manchmal kann auch eine ganz offen ausgesprochene Weigerung, das Bußgeld zu bezahlen, Erfolg bringen, vor allem, wenn es auf Kiswahili gelingt, an die Ehre und die Ehrlichkeit der Person zu appellieren. Wenn alle Stricke reißen, könnte man zu einer Notlüge greifen: Nehmen Sie das Telefon und drohen Sie damit, dass Sie einen **Rechtsanwalt** *(lawyer)* in Dar es Salaam anrufen. Mit ihnen wollen sich Polizisten lieber nicht anlegen, denn Schmiergeld zu verlangen, ist gesetzlich verboten.

Verhältnismäßig selten kommt es bei der **Ankunft** auf den internationalen Flughäfen zu Problemen: Mittlerweile läuft die Visumsausstellung elektronisch ab. Einziges Relikt aus der guten alten Zeit: die gelbe, offizielle Zahlungsbestätigung, die wunderbar archaisch neben dem modernen Visum wirkt. Sollte es beim **Zoll** Meinungsverschiedenheiten wegen der Einfuhr von Videokameras, Fotoapparaten oder Laptops geben, so müssen alle Waren unbedingt als persönliche Güter (*personal affects* oder *personal belongings*) deklariert und dem Beamten verdeutlicht werden, dass man wieder ausreist und die Güter dann mitnimmt. Gesetzt den unwahrscheinlichen Fall, dass man dennoch zur Kasse gebeten wird, sollte man unbedingt eine Zahlungsbestätigung verlangen. Spätestens dann wird der eifrige Herr am Schalter einen Rückzieher machen.

Es kann vorkommen, dass das **Flughafenpersonal** die Besucher einzuschüchtern versucht. Plötzlich wird einem erklärt, das Gepäck sei viel zu schwer, der Koffer hätte ordnungswidrige Maße oder Ähnliches. Durch die vielen erfolgreichen Versuche wird hier immer dreister und selbstsicherer vorgegangen. Besucher sollten in diesem Fall Ärger riskieren, denn **Schmiergeldforderungen sind illegal.** Die Frage nach dem Vorgesetzten, der Hinweis auf das Gesetz oder gar einen Rechtsanwalt könnten in der Situation helfen.

Wer mit einem eigenen **Wagen oder einem Mietfahrzeug** unterwegs ist, muss sich auf Polizisten einstellen, die sich ein Zubrot durch Bestechungsgelder verdienen wollen. Meist sind die Polizeibeamten zwar sehr freundlich, fragen nach den Papieren, prüfen die Vorschriften und lassen Ausländer weiterfahren. Sie können aber auch unverblümt nach Geld fragen und dem Reisenden Schwierigkeiten bereiten. Beliebt sind fingierte Radarpistolen oder frei erfundene Vorschriften. Am besten sollte man in solchen Fällen bestimmt und freundlich auftreten, ein bisschen Small Talk mit den Beamten führen und auf Zeit spielen. Diskussionen können zeitraubend sein, kaum ein Polizist spricht ausreichend Englisch. Von Vorteil sind dabei sicher Kiswahili-Grundkenntnisse, da die Polizisten dann davon ausgehen, dass man neben der Sprache auch die lokalen Gepflogenheiten kennt. Oft sollte man die Sache einfach nur aussitzen, nach wenigen Minuten wird der Polizist aufgeben, denn er lässt sich ja in der Zwischenzeit all die anderen vorbeibrausenden Autos entgehen. Wenn diese Taktiken nicht helfen, sollte man am besten um einen offiziellen Strafzettel bitten, für den üblicherweise 25.000 TSH (10 Euro) bezahlt werden müssen.

Es ist zwar hochgradig unfair, für ein Vergehen bestraft zu werden, dass man nicht begangen hat, aber wenigstens kann sich der Polizist nicht unrechtmäßig bereichern.

Noch viel unangenehmer können Begegnungen mit Angehörigen des **Militärs** ausfallen. Jegliche Konfrontation muss vermieden werden, denn im Notfall ziehen die Herren und Damen auch schon mal die Pistole. Mit Soldaten ist nicht zu spaßen, denn sie gebärden sich – anders als die Polizisten – als oberste Kontrollinstanz, die prinzipiell immer im Recht ist. Militärkonvois sind mit Vorsicht zu genießen: Überholmanöver sind erst ratsam, wenn man weitergewunken wird. Truppen, die auf der Straße Sport betreiben, sind zügig zu überholen. Unter keinen Umständen dürfen Soldaten fotografiert werden.

Von „beachboys", „flycatchers" und selbsternannten „Guides"

Ein Urlaub in Tansania ist ohne Guides („Fremdenführer") fast ein Ding der Unmöglichkeit. Ein *guide* ermöglicht den Besuch eines Maasai-Marktes, ohne dass man ständig behelligt wird. Er stellt sicher, dass Gelegenheitsdiebe in den Usambara Mountains in Schach gehalten werden. Er weist den Weg zu Sehenswürdigkeiten, die aufgrund der fehlenden Beschilderung sonst unauffindbar wären. Für seinen Service erwartet ein *guide* natürlich eine monetäre Gegenleistung, die vorher ausgehandelt werden muss. Auch wenn es **gewöhnungsbedürftig** ist, können und sollten Urlauber in Tansania möglichst keinen Schritt allein tun.

Bei den **Guides** handelt es sich um junge Männer, die sich darauf spezialisiert haben, Touristen bei alltäglichen Dingen unter die Arme zu greifen. Sie sind aber nicht mit den professionellen und angestellten *driverguides* (oder *drivers*) der Safari-Agenturen oder mit den ebenfalls dort angestellten Guides für die Bergbesteigungen zu verwechseln. Die „selbsternannten" Guides arbeiten unabhängig. Sie sprechen potenzielle Kunden auf der Straße, am Busbahnhof oder in Cafés an und hoffen auf Mundpropaganda unter den Touristen.

Der enorme Vorteil der Guides besteht darin, dass sie ortskundig sind, mit den typischen Gepflogenheiten des Landes vertraut und noch dazu des Kiswahili mächtig. Zusätzlich sorgen sie dafür, dass man in relativer Ruhe sein Besuchsprogramm absolvieren kann, denn Touristen, die bereits einen *guide* an ihrer Seite haben, sind für andere Führer tabu.

Keineswegs darf man allerdings von solchen Guides touristische, geschichtliche oder zoologische Kenntnisse erwarten. Sie wissen meist nicht einmal, wie die Straße um die Ecke heißt und wo das nächste Konsulat ist.

▷ Beim Bergsteigen, Trekking, Wandern oder bei Ausflügen sind Guides wertvolle Begleiter (hier bei der Besteigung des Mount Meru)

072ts kk

Sicherlich können sie auch nicht zur Fauna in den Pare-Bergen Stellung nehmen. Sie wissen aber, wo man Erkundigungen für die nächste Busfahrt einholt und wie man am einfachsten zu einem bestimmten Markt gelangt.

Für die Tätigkeit der Guides gibt es weder Reglements noch Konzessionen und schon gar keine Gesetze. Wem der Sinn danach steht, startet eine Karriere als *guide* – entweder in einem Unternehmen oder eben als Freischaffender. In den meisten Fällen sind die jungen Männer harmlos und ohne kriminelle Absichten, doch würde man auch in Deutschland keinem wildfremden Menschen seine Tasche zum Aufpassen anvertrauen oder ihm in zweifelhafte Gegenden folgen. Nicht jeder *guide* ist vertrauenswürdig und manche sind regelrechte Schlitzohren, während einige durchaus zu längerfristigen Reisepartnern werden können. In den touristischen Regionen gibt es akkreditierte Guides, die gut geschult sind und Prüfungen absolvieren müssen. Da ihre Lizenzen an recht hohe, jährlich zu entrichtende Gebühren gebunden sind, arbeiten diese geschulten Guides ausschließlich in seriösen Agenturen. Daher ist davon auszugehen, dass freischaffende Guides auf der Straße keine Lizenzen vorweisen können. Sie tun es aber trotzdem, allerdings sind alle diese Lizenzen gefälscht! Man trifft solche Guides besonders in Moshi, Sansibar und Arusha an, wo die akkreditieren Guides bei der Tourismuskommission gemeldet sein müssen.

Flycatcher lautet die wenig schmeichelhafte Bezeichnung für Männer, die unaufgefordert ratlos blickende Touristen auf der Straße, am Taxistand, am Busbahnhof, am Fährhafen oder sogar auf dem Flugplatz ansprechen, um ihnen günstige Safaris, Bergbesteigungen oder Ausflüge zu verkaufen. Sie werden von Besitzern landestypischer Unterkünfte oder drittklassigen *Tour Operators* mit Provisionen geködert. Wenn also ein *guide* behauptet, die gebuchte Unterkunft sei geschlossen, überfüllt, *no good* oder der gewählte Safari-Veranstalter nicht besonders empfehlenswert, dann sollte man dem lieber keinen Glauben schenken. In den wenigsten Fällen ist nämlich davon auszugehen, dass ein Tansanier die Qualität einer Unterkunft mit den Augen eines Touristen sieht, da er komplett andere Ansprüche an ein Zimmer mit Bad hat. Mit diesen Äußerungen sollen die Touristen zu einer Änderung ihrer Pläne veranlasst werden, damit die *flycatcher* ihre Provisionen kassieren können. Oft sind diese Vermittler drogen- oder alkoholabhängig und verfügen über keinerlei solide Ausbildung.

Man findet sie überall, wo es Touristen gibt. In Stone Town nennt man sie *papaasi* („Zecken", „Blutsauger"). *Papaasi* können einfache, anständige Männer sein, doch im Zweifelsfall ist davon auszugehen, dass sie betrügerische Absichten hegen, vor allem wenn Drogen im Spiel sind. In den letzten Jahren wurde das Verhalten der *flycatcher* und *papaasi* zunehmend aggressiver, wohl auch weil der Überlebensdruck größer geworden ist.

Der Umgang mit den diversen Dienstleistern hängt von der Persönlichkeit des Reisenden ab. Einige werden versuchen, **sie sich vom Leib zu halten.** Hier empfiehlt es sich immer, bestimmt aufzutreten und vehement an der eigenen Buchung oder beispielsweise einer Empfehlung festzuhalten. Notfalls, wenn alle Strategien versagen, sind die *flycatcher* mit purer Ignoranz zu strafen. Andere Reisende hingegen **empfinden die Dienstleister als hilfreich,** da sie ihnen eine Menge Aufwand ersparen, wenn sie z. B. nach einer Zehn-Stunden-Fahrt hundemüde in Arusha ankommen. Dass man zu einer Unterkunft geführt wird, die zwar nicht die beste ist, aber am meisten *commission* für den *flycatcher* abwirft, dürfte klar sein. Solche Dienstleister können am nächsten Tag auch dabei helfen, Exkursionen zu arrangieren oder Tauchkameraden zu finden, doch in diesem Fall sind Vermittlungsgebühren für die Dienste einzurechnen. Es hängt ganz besonders vom **Reisestil** ab, ob solche Dienstleister in Anspruch genommen werden oder nicht. Wenn der Preis eine untergeordnete und die subjektiv empfundene Sicherheit eine wichtige Rolle spielen, dann ist von *flycatchern* oder inoffiziellen Guides abzuraten. Wenn der Preis z. B. einer Bootsexkursion im Vordergrund steht und man auch bereit ist, qualitative Einbußen hinzunehmen, dann kann man sich genauso gut von diesen Herren weitervermitteln lassen. Die Qualität der Exkursionen unterscheidet sich vor allem im Informationsgehalt, der Verpflegung, aber auch in der Pünktlichkeit und Verlässlichkeit der Guides. Wem die eigene Sicherheit heilig ist, der sollte von *flycatchern* jedenfalls die Finger lassen.

Safaris, Bergbesteigungen oder Trekkingtouren sollten **unter keinen Umständen** von *flycatchern,* selbsternannten Guides o. Ä. organisiert werden, denn es geht nicht nur um viel Geld, sondern vor allem um die Sicherheit. Bei preisgünstigen Safaris wird unter anderem an der Wartung des Fahrzeugs, am Benzin und an der Qualität der *driverguides* gespart. Bei preisgünstigen Bergbesteigungen knapst man am Essen, an den Löhnen der Begleiter, an der Ausrüstung und an Sicherheitsvorkehrungen. Höhere Preise für eine Safari sind meist gerechtfertigt, denn damit erkauft man im Normalfall seine eigene Sicherheit und zuverlässige, gut informierte *driver* und Guides. Empfehlenswerte Safari-Agenturen gibt es in jeder Preisklasse. Es sollte also – abgesehen von denen, die sich durch *flycatcher* vermitteln lassen – nicht schwer sein, die richtige für das eigene Budget zu finden.

Auf Sansibar wird man auf *beachboys* treffen. Die Warenpalette dieser **Strandverkäufer** reicht von Schnitzereien über Tingatinga-Gemälde (typische tansanische Malerei im naiven Stil) bis hin zu Tüchern (*kanga, kitenge* und *kikoy*) und anderen typischen Souvenirs. Manchmal bieten sich Frauen als Masseurinnen oder Henna-Bemalerinnen an, einige junge Männer versuchen sich auch im Verkaufen von Ausflügen. Es reicht im Normalfall ein bestimmtes *No, thank you,* um ihnen verständlich zu machen, dass man nicht an Souvenirs oder Ausflügen interessiert ist. Sollte die höfliche Variante keinen Erfolg zeigen, dann wird harsche Ignoranz zum Ziel führen. Wer von *beachboys* Exkursionen kauft, darf sich nicht über schlechte Qualität, fehlende Sicherheit oder gar Kleinkriminalität wundern. Im Endeffekt zahlt man drauf, auch wenn der Preis anfangs verlockend gewirkt hat. Übrigens: Die Polizei hilft bei Schwierigkeiten mit freischaffenden Guides oder *flycatchers* nicht. Wer die Gunst eines Guides verspielt hat, ist auf sich allein gestellt.

Anhang

☒ Dieser Mann in Tanga verdient sich seinen Lebensunterhalt, indem er Wasser kauft und verkauft (Foto: 076ts kk)

Glossar

- **askari** – Wachmann, Soldat
- **bajaji** – indische Tuktuks
- **banda** – 1.: traditionelle Hütte, 2.: Chalet oder Cottage in einer Hotelanlage im lokalen Stil mit Makuti-Dach (kann einfach, aber auch luxuriös sein)
- **baraza** – gemauerte Bänke vor den Häusern, insbesondere heute noch gut erhalten in den alten Swahili-Städten wie Stone Town, Bagamoyo, Kilwa oder auf Pemba und Mafia Island
- **beachboys** (engl.) – Strandverkäufer in den von Touristen frequentierten Küstenorten
- **bodaboda** – Mopedtaxi (ursprünglich stammt der Name von Transferfahrten mit dem Moped zwischen zwei Grenzposten, von „border" zu „border")
- **boma** – 1.: runde traditionelle Hütte der Maasai, 2.: ehemals deutsches Kolonialregierungsgebäude
- **braindrain (engl.)** – Abwanderung gut ausgebildeter oder talentierter Menschen, was dem Herkunftsland volkswirtschaftlich schadet
- **buibui** – schwarze Gewänder der moslemischen Frauen
- **cash crops** – Feldfrüchte, die im großen Stil für den Verkauf und Export angebaut werden, z. B. Baumwolle, Kaffee, Cashewnüsse oder Mais
- **chai** – 1.: wörtlich: „Tee", 2.: Synonym für Bestechungsgeld
- **daladala** – Minibus, wichtigstes tansanisches Nahverkehrsmittel
- **dhow** (engl.)– an der Küste verbreiteter Typ von Segelboot
- **dispensary** (engl.) – kleine Klinik mit Medikamentenausgabe
- **driver** (engl.) – Fahrer, wichtiger und angesehener Beruf in Tansania
- **driverguide** (engl.) – ein *guide,* der mit den Touristen auf Safari fährt, das bedeutet, dass er zum einen über fundierte Kenntnisse der Wildtiere verfügen sollte, zum anderen er auch das Autofahren beherrschen muss
- **duka** (Mz.: *maduka*) – jede Art von landestypischem Geschäftslokal
- **emanyatta** – Kriegerdorf der Maasai, in dem nur Krieger leben
- **emorata** – Beschneidungszeremonie bei den männlichen Maasai, mit der die jüngste Altersklasse, der *ilaiyok,* endet
- **enkang** – Runddorf (Kraal) eines Familienverbandes bei den Maasai
- **enkaji** – Hütte der Maasai
- **eunoto** – wichtige Zeremonie bei den Maasai-Männern, die ihr Kriegerdasein beendet
- **Expat** (engl.) – kurz für *expatriate* (im Land lebende Ausländer, Auswanderer)

- **flycatcher** (engl.) – Straßenverkäufer, der Safaris oder Ausflüge auf der Straße anbietet (solchen verlockenden Angeboten sollte man tunlichst widerstehen!)
- **guide** (engl.) – Begleiter, seltener: sachkundiger Führer
- **harusi** – Hochzeit
- **informeller Sektor** – Kleinstgewerbeunternehmen und Selbstständige, sogenannte *machinga,* die sich völlig der staatlichen Kontrolle entziehen, z. B. Markt- und Lebensmittelstände, Garküchen, einfache Reparaturwerkstätten, kleine Taxiunternehmen etc.
- **junior moran** – frisch gebackener Juniorkrieger nach der Emorata-Zeremonie
- **kabila** – Stamm, Ethnie
- **kanga** – typische, bunte Baumwolltücher der tansanischen Frauen mit aufgedruckten Sinnsprüchen
- **kikoy** – traditioneller, besonders farbenfroher Baumwollstoff der Swahili, der zu besonderen Anlässen getragen wird; heute beliebt bei westlichen Touristen
- **kitenge** – bunt bedruckte Baumwolltücher ohne Sinnsprüche
- **Kraal/Kral** – traditionelle Runddörfer der Maasai
- **laiyoni** – jüngste Altersklasse bei den Maasai, bis ca. 18 Jahre, endet mit der Beschneidungszeremonie *emorata*
- **machinga** – Händler im informellen Sektor, abgeleitet vom englischen Ausdruck *marching guys,* herumwandernde Jungs
- **Makuti-Dach** – meist steil aufragendes Dach aus getrockneten Kokospalmenblättern
- **mandasi** – süßes Hefegebäck
- **mashuka** – die blauen, roten und grünen Umhänge der Maasai
- **mbege** – Gebräu aus vergorenen Bananen und Hirse
- **mchawi** – Quacksalber
- **mganga** – traditioneller Medizinmann
- **moran** – Altersklasse der Maasai-Krieger
- **mungu** – Gott
- **mzungu** (Mz.: *wazungu*) – Weißer, Westler (Europäer, Amerikaner)
- **NGO** (engl.) – *Non-Governmental Organization,* Hilfsorganisation
- **ngoma** – Tanz, Trommeln, Fest, Musik
- **papaasi** – Straßenverkäufer in Stone Town, die so ziemlich alles an die Frau oder den Mann bringen wollen
- **pesa** (auch: *fedha, hela*) – Geld
- **pikipiki** – Modedtaxi (von „pick up“)
- **pilau** – aromatisches Reisgericht
- **safari** – (jede Art von) Reise

- **Safari njema!** – Gute Reise!
- **senior moran** – Altersklasse bei den Maasai, ausgediente Krieger nach der Eunoto-Zeremonie
- **Shirazi** – Ethnie aus Persien, die im 8./9. Jh. nach Tansania kam und hier erste Siedlungen baute
- **simu** – Telefon, Mobiltelefon
- **soda** – kohlensäurehaltige Zuckerlimonaden
- **soko** – Markt
- **staff quarter** (engl.) – Wohnheim für Angestellte, zumeist bei Hotels
- **tingatinga** – Bezeichnung einer in den 1960er-Jahren in Tansania entstandenen und nach ihrem Begründer, *Edward Saidi Tingatinga* (1932–1972), benannten Kunstform der naiven Malerei
- **tip** (engl.) – Trinkgeld
- **TSH** – Die offizielle Währung in Tansania ist der Tansanische Schilling (TSH, TZS). Wechselkurs Stand Juli 2010: 1000 TSH = 0,56 €. Als inoffizielle Zweitwährung gilt der US-Dollar.
- **tour operator** (engl.) – Reiseagentur, die geführte Rundreisen (Safaris) und Bergbesteigungen organisiert
- **ugali** – Maisbrei
- **ukimwi** – AIDS
- **Verbrannte Erde** – eine seit 1907 völkerrechtlich untersagte Kriegstaktik, bei der die Lebensgrundlage der Menschen wie Lebensmittel, Felder oder Infrastruktur zur Gänze vernichtet wird
- **wali** – gekochter Reis

Literaturtipps

In den letzten Jahren ist eine gewisse Inflation an Afrikabüchern festzustellen, die besonders seit der Veröffentlichung von „Die Weiße Massai" aberwitzige Blüten treibt, denn beinah jeder scheint irgendwie sein Herz an und in Afrika verlieren zu wollen (und schlimmer noch, darüber schreiben zu wollen). Die vorliegenden Lesetipps klammern diese Art von Literatur aus und konzentrieren sich auf Publikationen, die ein realistisches Bild von Afrika (und Tansania) zeichnen.

- **Abdullah, Muhammed Said:** *Der Geisterwald der Ahnen* (2010) und *Der Brunnen von Giningi* (2012); Kalamu Verlag Berlin. Detektiv *Bwana Msa* löst verschiedene Kriminalfälle auf Sansibar. Im ersten Fall geht es um einen mysteriösen Geisterwald der Ahnen, alte Traditionen und Vorurteile sowie den verschwundenen *Bwana Ali.* Im zweiten

Fall stehen Hexen, ein verwunschener Brunnen und eine betörende Frau, die bestohlen wurde, im Mittelpunkt. Geschichten mit echtem Lokalkolorit!

- **Barley, Nigel:** *Traumatische Tropen. Notizen aus meiner Lehmhütte;* dtv 1997. Unterhaltsam und erfrischend ehrlich wird beschrieben, wie man in Afrika schon an der Ausstellung einer Stempelmarke scheitern kann.
- **Bitala, Michael:** *Der Löwe im Keller des Palastes. Ostafrikanische Erfahrungen;* Picus Verlag 2003. Der Afrikaspezialist der „Süddeutschen Zeitung" malt ein freundliches, lebensfrohes Bild von Menschen in Alltagssituationen in der chaotischen, totalitären Welt Ostafrikas.
- **Capus, Alex:** *Eine Frage der Zeit;* btb 2009. Historischer Roman über drei Männer, die 1913 im Auftrag des deutschen Kaisers ein Schiff von Deutschland an den Lake Tanganyika schaffen müssen und sich im kolonialen Deutsch-Ostafrika zurechtfinden müssen. Dieses Boot, die ehemalige Graf von Götzen (heute MV Liemba), versieht noch heute ihren Dienst.
- **Dambisa, Moyo:** *Dead Aid. Warum Entwicklungshilfe nicht funktioniert und was Afrika besser machen kann;* Haffmans & Tolkemitt 2011. Die sambische Gegnerin der Entwicklungshilfe darf aussprechen, wofür westliche Kritiker Anfeindungen und Beschimpfungen ernten. Eine Streitschrift für mehr Fairness und weniger Hilfe. Deutsch.
- **Friedrich, Christoph:** *Kauderwelsch, Kisuaheli – Wort für Wort;* Reise Know-How Verlag 2010. Ein leicht verständlicher, gut aufgebauter kleiner Sprachführer, der mit den Grundlagen der Sprache vertraut macht und für die wichtigsten Alltagssituationen passende Sätze und Vokabeln vorschlägt.
- **Grill, Bartholomäus:** *Ach, Afrika. Berichte aus dem Inneren eines Kontinents;* Goldmann 2005. Der ZEIT-Journalist *Bartholomäus Grill* versucht mit journalistischer Neugier, die realistischen Fakten und seine Begeisterung für Afrika zu einem Gesamtbild verschmelzen zu lassen, das beidem Rechnung trägt: der grausamen Wahrheit und den Emotionen, die Afrika weckt.
- **Gurnah, Abdulrazak:** *Die Abtrünnigen;* Berlin Verlag 2006. Inmitten der politischen Wirren der 1950er-Jahre wachsen auf Sansibar drei Geschwister auf. Das Buch erzählt die Geschichte des Erwachsenwerdens der Jugendlichen, gespickt mit historischen Parallelen. Tansanische Erzählung.
- **Hamann, Christof; Alexander Honold:** *Kilimandscharo. Die deutsche Geschichte eines afrikanischen Berges;* Verlag Klaus Wagenbach 2011. Geschichtliche Aufarbeitung des „Kaiser-Wilhelm-Spitz", wie

der Kilimanjaro zur deutschen Kolonialzeit hieß, von Anbeginn der europäischen Erkundung bis heute. Deutsch.

- **Hasse, Rolf:** *Deutsche Spuren in Ostafrika;* Eigenverlag 2012. *Rolf Hasse* gilt als größter Experte deutscher Kolonialarchitektur. Dies ist bereits sein zweites Buch zur Kolonialgeschichte und -architektur in Tansania.
- **Hippler, Stefan** und **Bartholomäus Grill:** *Gott, AIDS, Afrika. Eine Streitschrift;* Bastei Lübbe 2009. Kritische Auseinandersetzung mit der weltfremden Haltung der römisch-katholischen Amtskirche in Bezug auf Sexualität und AIDS in Afrika.
- **Joynson-Hicks, Paul:** *Tanzania - Portrait of a Nation;* Quiller Press 2001. Der in Tansania lebende Fotograf zeichnet ein farbenprächtiges und spektakuläres Bild der unbekannten Vielfalt des Landes, ohne sich dabei in den so gern verwendeten Klischees zu verlieren. Englisch.
- **Kapuściński, Ryszard:** *Afrikanisches Fieber. Erfahrungen aus vierzig Jahren;* Piper 2001. Der 2007 verstorbene legendäre polnische Journalist malt anhand von politischen Ereignissen und persönlichen Erlebnissen ein akkurates, realistisches und äußerst warmherziges Bild des afrikanischen Kontinents.
- **Kitereza, Aniceti:** *Die Kinder der Regenmacher;* Unionsverlag. Von dieser tansanischen Familiensage gibt es zwei Teile („Die Ehe" und „Die Familie"), die in bildhafter, afrikanischer Erzähltradition vom Leben in Tansania vor 100 Jahren berichtet.
- **Knauss, Sybille:** *Eden;* Verlag Hoffmann und Campe 2009. Das Ehe- und Forscherleben der berühmten Archäologen *Louis* und *Mary Leakey* wird hier beschrieben. Der Roman ist ein spannendes Konglomerat aus Forscherbiografie, paläoanthropologischem Sachbuch und fantasievoller Fiktion.
- **Mankell, Henning:** *Der Chronist der Winde;* dtv 2011. Obwohl die Geschichte in Maputo (Mosambik) spielt, könnte der Straßenjunge Nelio, der im Sterben liegt und sein Leben Revue passieren lässt, überall in Afrika zu Hause sein. Von *Mankell,* der zeitweise in Mosambik gelebt hat, sind noch mehrere Schriften aus seiner Afrikareihe erhältlich.
- **Mari, Carlo:** *Mein Traum von Afrika;* Frederking & Thaler 2003. Fantastischer Tansania- und Kenia-Bildband von einem der beeindruckendsten Naturfotografen Afrikas.
- **Richburg, Keith:** *Jenseits von Amerika. Eine Konfrontation mit Afrika, dem Land meiner Vorfahren;* Ullstein 1999. Interessante Annäherung an das Thema Afrika, denn der Autor, ein afroamerikanischer Journalist und ehemaliger Auslandskorrespondent in Nairobi, darf Dinge beim Namen nennen, die Weißen nicht gestattet sind.

- **Ruete, Emily:** *Leben im Sultanspalast. Memoiren aus dem 19. Jahrhundert;* EVA 2010. Leicht bearbeiteter Neudruck von *Memoiren einer arabischen Prinzessin* aus dem Jahr 1886. Die gebürtige Prinzessin Salme von Oman und Sansibar übersiedelte der Liebe wegen nach Deutschland und heiratete den Kaufmann Heinrich Ruete. Sie erzählt über das luxuriöse Leben am Hof, über die Intrigen und ihre Flucht. Bemerkenswerterweise wurde das Original in deutscher Sprache verfasst.
- **Russel, Joan:** *Swahili;* Aus der Teach-Yourself-Reihe; McGraw-Hill 2003. Ausgezeichnetes Buch, um Swahili im Selbststudium zu erlernen – wenn man des Englischen ausreichend mächtig ist. Englisch.
- **Sauper, Hubert:** *Darwin's Nightmare;* 2005. Der Dokumentarfilm ist ein mutiges Zeitzeugnis über die zerstörerischen Auswirkungen der Globalisierung und des Kapitalismus, der nur wenige Gewinner zurücklässt. Er deckt Machenschaften am Lake Victoria rund um den lukrativen Handel mit Victoria-Barsch auf und porträtiert realistisch den Alltag der Einheimischen. Englisch (mit deutschem Untertitel erhältlich).
- **Scholl-Latour, Peter:** *Afrikanische Totenklage. Der Ausverkauf des Schwarzen Kontinents;* Goldmann 2003. Ausschließlich Tatsachen schildert der deutsche Journalist, der seit 50 Jahren den Kontinent bereist und ein immenses Wissen über Afrika zusammengetragen hat.
- **Schulz, Hermann:** *Mandela & Nelson – das Länderspiel;* Carlsen 2010 und *Mandela & Nelson – das Rückspiel;* Aladin 2013. Unterhaltsame Fußballgeschichten über *Nelson* und seine Schwester *Mandela*. Die Bücher richten sich an Jugendliche, sind aber auch für Erwachsene interessant. Der landeskundige Autor *Hermann Schulz* hat zahlreiche weitere Romane mit Tansania-Bezug geschrieben.
- **Seitz, Volker:** *Afrika wird armregiert oder Wie man Afrika wirklich helfen kann;* dtv premium 2009. *Volker Seitz,* seit 1965 mit Afrika tief verbunden, zeigt auf, dass der viel zitierte Kolonialismus nicht allein für den desolaten Zustand der afrikanischen Staaten verantwortlich ist. Als Insider nennt er die Dinge unverblümt beim Namen.
- **Theroux, Paul:** *Dark Star Safari – Overland from Cairo to Cape Town;* Penguin 2003. Der Reiseschriftsteller *Paul Theroux* durchquert den afrikanischen Kontinent von Kairo bis nach Kapstadt und setzt sich kritisch mit dem Land, der Mentalität, den Glaubenssätzen und dem Alltag auseinander. Englisch.
- **Trojanow, Ilija:** *Der Weltensammler;* dtv 2007. Hoch gelobter, historisch belegter Roman über den Forschungsreisenden *Richard Burton* (1821–1890), der mehr Freude daran hat, fremde Sprachen zu lernen als britische Sitten zu pflegen. Der Roman führt ihn von Indien nach Mekka und schließlich nach Ostafrika. Deutsch.

Informatives aus dem Internet

Empfehlenswerte deutsche Websites

- **www.bonner-aufruf.eu** – Appell für eine bessere Entwicklungspolitik
- **www.diezeit.de/afrika** – exzellentes, facettenreiches Afrika Know-How der „Zeit"
- **www.safari-portal.de** – ausführliches Verzeichnis für Reisen in das subsaharische Afrika
- **http://suche.sueddeutsche.de/afrika** – Afrikaschwerpunkt der „Süddeutschen Zeitung"
- **www.univie.ac.at/ecco/stichproben** – Wiener Zeitschrift für kritische Afrikastudien
- **www.bagamoyo.com** – informative Website über Bagamoyo im Speziellen und Tansania im Allgemeinen, Literatur- und Veranstaltungstipps sowie aktuelle Nachrichten
- **www.tansania-information.de** – Informationsportal der Mission der Evangelisch-Lutherischen Kirche Bayerns über Tansania und dortige Projekte, guter Überblick über Medienlandschaft und aktuelle Nachrichten

Empfehlenswerte englische Websites

- **www.african-times.com** – englischsprachige Monatszeitung aus Deutschland
- **http://allafrica.com und http://allafrica.com/tanzania** – Nachrichtenportal mit Informationen aus ganz Afrika
- **www.bbc.co.uk/africa** – Nachrichtenportal der BBC mit Fokus auf Afrika
- **www.dw-world.de** – Deutsche Welle mit Nachrichten in Kiswahili
- **www.janegoodall.org** – führende Forschungseinrichtungen für Schimpansen mit interessantem Blog aus dem Gombe Nationalpark
- **www.ngorongorocrater.com** – offizielle Website zum Ngorongoro Crater und zur Ngorongoro Conservation Area
- **www.serengeti.org** – offizielle Website zur Serengeti
- **http://swahilionline.com** – Swahili-Kultur und -Tradition
- **http://tanzaniatouristboard.com** – offizielle Website des *Tanzania Tourist Board*

Tansanische und ostafrikanische Zeitungen

- **www.businesstimes.co.tz** – Wirtschaftsnachrichten aus Tansania, auf Englisch
- **www.dailynews.co.tz** – Internetauftritt einer großen tansanischen Tageszeitung, Englisch
- **www.ippmedia.com** – Internetauftritt einer der wichtigsten tansanischen Medienkonzerne, der mehrere Zeitungen und Magazine auf Kiswahili und Englisch publiziert, Englisch
- **www.theeastafrican.co.ke** – Internetauftritt des kritisch-zynischen (und erfrischend ehrlichen) Wochenmagazins *The East African*
- **http://thecitizen.co.tz** – Internetauftritt der Tageszeitung *The Citizen*
- **www.thisday.co.tz** – Internetauftritt der Tageszeitung *This Day*

Mit Reise Know-How ans Ziel

Landkarten

aus dem *world mapping project*™
bieten beste Orientierung – weltweit.

Landkarte Tansania (1:1,2 Mio.)

ISBN 978-3-8317-7126-4

Euro 8,90[D]

- Aktuell über **180** Titel lieferbar
- Optimale Maßstäbe
- 100%ig wasserfest
- Praktisch unzerreißbar
- Beschreibbar wie Papier
- GPS-tauglich

Register

Tansania und Ostafrika

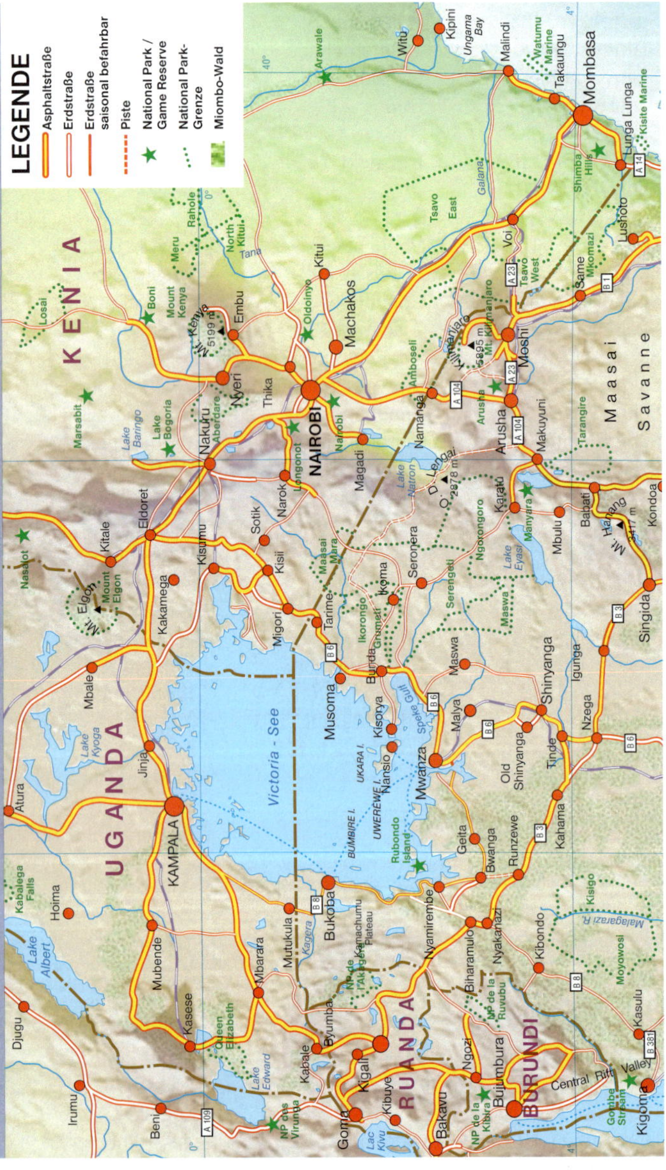

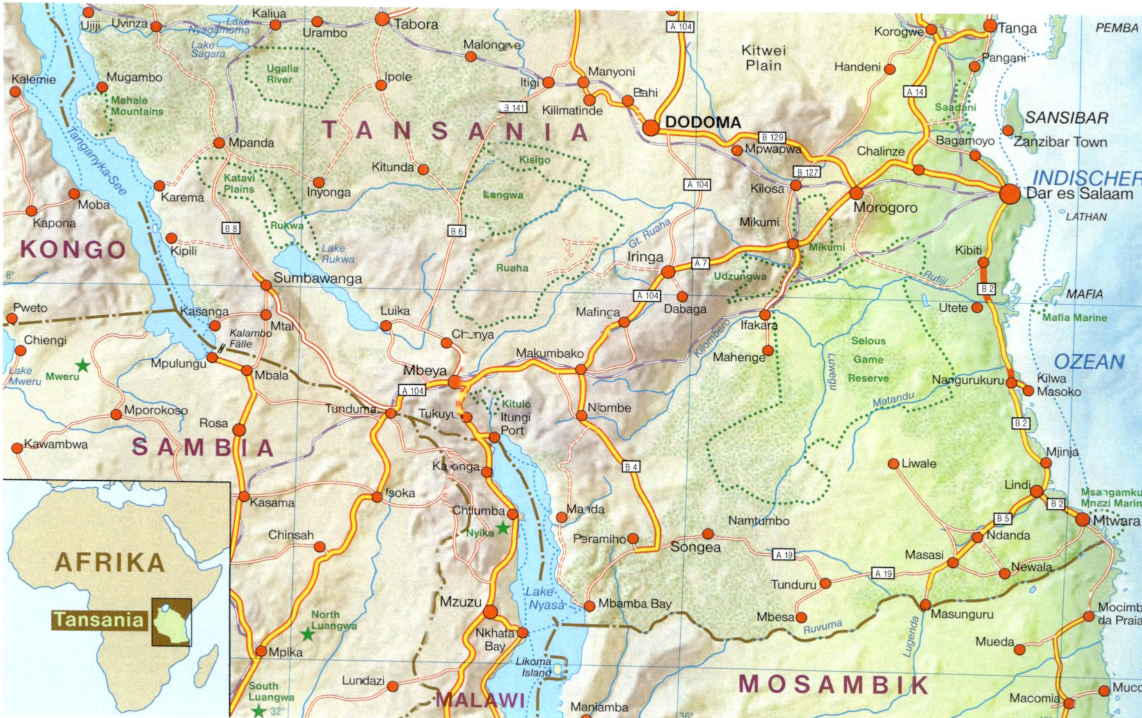
TANSANIA
KONGO
SAMBIA
MALAWI
MOSAMBIK
INDISCHER OZEAN
AFRIKA
Tansania
SANSIBAR
PEMBA
MAFIA
LATHAN
DODOMA
Dar es Salaam
Tanga
Pangani
Zanzibar Town
Bagamoyo
Saadani
Korogwe
Handeni
Kitwei Plain
Chalinze
Morogoro
Kilosa
Mikumi
Mpwapwa
Manyoni
Bahi
Itigi
Kilimatinde
Malongwe
Tabora
Urambo
Kaliua
Uvinza
Ujiji
Kalemie
Mugambo
Mahale Mountains
Lake Nyagamoma
Lake Sagara
Ugalla River
Ipole
Mpanda
Katavi Plains
Rukwa
Lake Rukwa
Kitunda
Inyonga
Kisigo
Lungwa
Ruaha
Gt. Ruaha
Iringa
Dabaga
Udzungwa
Mikumi
Ifakara
Mahenge
Kilombero
Rufiji
Kibiti
Utete
Mafia Marine
Selous Game Reserve
Luwegu
Matandu
Nangurukuru
Kilwa Masoko
Mjinja
Lindi
Mtwara
Msangamkuu-Mnazi Marine
Liwale
Ndanda
Masasi
Newala
Namtumbo
Songea
Tunduru
Mbesa
Ruvuma
Masunguru
Lugenda
Mueda
Mocímboa da Praia
Macomia
Mucojo
Mafinga
Makumbako
Njombe
Peramiho
Manda
Mbamba Bay
Lake Nyasa
Likoma Island
Maniamba
Mbeya
Chunya
Luika
Kitulo
Itungi Port
Tukuyu
Tunduma
Karonga
Chilumba
Nyika
Mzuzu
Nkhata Bay
Isoka
Lundazi
Sumbawanga
Mtai
Kalambo Fälle
Kasanga
Kipili
Karema
Moba
Kapona
Tanganyika-See
Pweto
Chiengi
Lake Mweru
Mweru
Mpulungu
Mbala
Mporokoso
Rosa
Kawambwa
Kasama
Chinsah
North Luangwa
Mpika
South Luangwa
A 104
A 14
A 7
A 19
B 129
B 127
B 141
B 6
B 8
B 2
B 4
B 5
8°
12°
32°
36°
40°

079ts kk

Die Autorin

2005 verkauften und verschenkten die Österreicher Daniela Eiletz-Kaube (1972) und Kurt Kaube (1971) ihr Hab und Gut, stiegen eines grauen Morgens in den Flieger nach Tansania und landeten in einer anderen Welt: heiß, bunt, unergründlich. Über ein Jahr lang bereisten sie mit ihrem unverwüstlichen Landcruiser Ostafrika. Anschließend leiteten sie gemeinsam im Selous Game Reserve in Tansania eine Lodge. 15.000 Fotos und mehrere vollgekritzelte schwarze Moleskine-Notizbücher später ist die anfängliche verklärte Euphorie einem gesunden Respekt und einer unbefangenen Zuneigung gewichen. Seitdem bereisen sie Ostafrika regelmäßig.

Ihr Wohnsitz ist die Welt: Mal übersiedelt die Autorin mit ihrem Mann für einige Monate nach La Réunion oder entflieht allzu kalten Wintern nach Indonesien. Ihr „Basislager“ liegt im österreichischen Graz. Die Koffer stehen immer gepackt in einer Ecke. Dem Reisen, Schreiben, Tansania und Afrika ist Daniela Eiletz-Kaube innig verbunden. Sie arbeitet als freie Reisebuchautorin und organisiert als Reiseveranstalter unkonventionelle und individuelle Privat-Safaris nach Tansania (http://safari-insider.com). Jedes Jahr bereist sie Tansania für mehrere Monate.

Von derselben Autorin wurden weitere Reisehandbücher in verschiedenen Verlagen veröffentlicht.

Bildnachweis

Soweit nicht direkt an den Fotos vermerkt, stammen die Aufnahmen in diesem Buch und auf dem Umschlag von Kurt Kaube. Wir bedanken uns für die freundliche Abdruckgenehmigung!